W0181143

Die berühmte Forderung des Novalis lautet: »Die Welt muß romantisiert werden.« Dahinter steht das Ungenügen der Romantiker an der zeitgenössischen Wirklichkeit, die ihnen allzu normal, alltäglich und ohne Wunder schien. Eine Veränderung der unbefriedigenden Realität sollte durch die Literatur erreicht werden, wobei dem Märchen die oberste Rolle zukam; es galt den Romantikern als der Inbegriff der Poesie überhaupt.

Im vorliegenden Band werden zwölf der bekanntesten und wichtigsten Kunstmärchen der deutschen Romantik vorgestellt, die einen Eindruck von der Vielfalt der Themen und Motive des »Romantisierens« vermitteln. Die Märchen (von Tieck, Wakkenroder, Novalis, Brentano, Hoffmann, Chamisso, Arnim, Fouqué, Eichendorff und Hauff) entwerfen in unterschiedlichen Erzählformen eine wunderbare, in den Alltag eindringende Gegenwelt.

Der in den einzelnen Märchen verborgenen »Wahrheit« der romantischen Träume von den utopischen Zauberreichen der Phantasie auf die Spur zu kommen ist das Ziel der vorliegenden Sammlung, die einen Bogen schlägt von der Frühromantik bis zum beginnenden Biedermeier. Der Leser hat dabei die Möglichkeit, sich im magischen Spiegel dieser Märchen selber zu entdecken.

Dr. phil. habil. Franz Loquai, der Verfasser des Anhangs zu dieser Sammlung romantischer Kunstmärchen, ist Privatdozent für Neuere deutsche Literatur an der Universität Bamberg. Buchveröffentlichungen u. a.: *Künstler und Melancholie in der Romantik* (1984), *Deutschland und Hamlet. Zur literarischen Shakespeare-Rezeption im 20. Jahrhundert* (1993), *Christoph Meckel* (Hrsg., 1993), *Gerhard Köpf* (Hrsg., 1993), *Gerold Späth* (Mithrsg., 1993), *Vom Gehen in der Literatur* (1993). Ferner zahlreiche Aufsätze zur Literatur des 18. bis 20. Jahrhunderts sowie Kritiken in verschiedenen Tages- und Wochenzeitungen.

ALLER ZAUBER DIESER WELT

DIE SCHÖNSTEN KUNSTMÄRCHEN DER DEUTSCHEN ROMANTIK

GOLDMANN VERLAG

Umschlagbild: »Allee«
von Friedrich Hechelmann

Umwelthinweis:
Alle bedruckten Materialien dieses Taschenbuches
sind chlorfrei und umweltschonend.

Der Goldmann Verlag
ist ein Unternehmen der Verlagsgruppe Bertelsmann

Made in Germany · 1. Auflage · 5/94
Alle Rechte vorbehalten
Umschlagentwurf: Design Team München
Umschlagfoto: Friedrich Hechelmann / Aquamarin-Verlag, Grafing
Satz: IBV Satz- und Datentechnik GmbH, Berlin
Druck: Presse-Druck Augsburg
Verlagsnummer: 7637
Lektorat: Martin Vosseler
Herstellung: Sebastian Strohmaier
ISBN 3-442-07637-4

Inhalt

Ludwig Tieck
Der blonde Eckbert

In einer Gegend des Harzes wohnte ein Ritter, den man gewöhnlich nur den blonden Eckbert nannte. Er war ohngefähr vierzig Jahr alt, kaum von mittler Größe, und kurze, hellblonde Haare lagen schlicht und dicht an seinem blassen, eingefallenen Gesichte. Er lebte sehr ruhig für sich und war niemals in den Fehden seiner Nachbarn verwickelt, auch sah man ihn nur selten außerhalb den Ringmauern seines kleinen Schlosses. Sein Weib liebte die Einsamkeit ebensosehr, und beide schienen sich von Herzen zu lieben, nur klagten sie gewöhnlich darüber, daß der Himmel ihre Ehe mit keinen Kindern segnen wolle.

Nur selten wurde Eckbert von Gästen besucht, und wenn es auch geschah, so wurde ihretwegen fast nichts in dem gewöhnlichen Gange des Lebens geändert, die Mäßigkeit wohnte dort, und die Sparsamkeit selbst schien alles anzuordnen. Eckbert war alsdann heiter und aufgeräumt, nur wenn er allein war, bemerkte man an ihm eine gewisse Verschlossenheit, eine stille, zurückhaltende Melancholie.

Niemand kam so häufig auf die Burg als Philipp Walther, ein Mann, dem sich Eckbert angeschlossen hatte, weil er an diesem ohngefähr dieselbe Art zu denken fand, der auch er am meisten zugetan war. Dieser wohnte eigentlich in Franken, hielt sich aber oft über ein halbes Jahr in der Nähe von Eckberts Burg auf, sammelte Kräuter und Steine und beschäftigte sich damit, sie in Ordnung zu bringen; er lebte von einem kleinen Vermögen und war von niemand abhängig. Eckbert begleitete ihn oft auf seinen einsamen Spaziergängen, und mit jedem Jahr entspann sich zwischen ihnen eine innigere Freundschaft.

Es gibt Stunden, in denen es den Menschen ängstigt, wenn er

vor seinem Freunde ein Geheimnis haben soll, was er bis dahin oft mit vieler Sorgfalt verborgen hat; die Seele fühlt dann einen unwiderstehlichen Trieb, sich ganz mitzuteilen, dem Freunde auch das Innerste aufzuschließen, damit er um so mehr unser Freund werde. In diesen Augenblicken geben sich die zarten Seelen einander zu erkennen, und zuweilen geschieht es wohl auch, daß einer vor der Bekanntschaft des andern zurückschreckt.

Es war schon im Herbst, als Eckbert an einem neblichten Abend mit seinem Freunde und seinem Weibe Bertha um das Feuer eines Kamines saß. Die Flamme warf einen hellen Schein durch das Gemach und spielte oben an der Decke, die Nacht sah schwarz zu den Fenstern herein, und die Bäume draußen schüttelten sich vor nasser Kälte. Walther klagte über den weiten Rückweg, den er habe, und Eckbert schlug ihm vor, bei ihm zu bleiben, die halbe Nacht unter traulichen Gesprächen hinzubringen und dann noch in einem Gemache des Hauses bis am Morgen zu schlafen. Walther ging den Vorschlag ein, und nun ward Wein und die Abendmahlzeit hereingebracht, das Feuer durch Holz vermehrt und das Gespräch der Freunde heitrer und vertraulicher.

Als das Abendessen abgetragen war und sich die Knechte wieder entfernt hatten, nahm Eckbert die Hand Walthers und sagte: »Freund, Ihr solltet Euch einmal von meiner Frau die Geschichte ihrer Jugend erzählen lassen, die seltsam genug ist.« – »Gern«, sagte Walther, und man setzte sich wieder um den Kamin.

Es war jetzt gerade Mitternacht, der Mond sah abwechselnd durch die vorüberflatternden Wolken. »Ihr müßt mich nicht für zudringlich halten«, fing Bertha an, »mein Mann sagt, daß Ihr so edel denkt, daß es unrecht sei, Euch etwas zu verhehlen. Nur haltet meine Erzählung für kein Märchen, so sonderbar sie auch klingen mag.

Ich bin in einem Dorfe geboren, mein Vater war ein armer Hirte. Die Haushaltung bei meinen Eltern war nicht zum besten bestellt, sie wußten sehr oft nicht, wo sie das Brot hernehmen sollten. Was mich aber noch weit mehr jammerte, war, daß mein Vater und meine Mutter sich oft über ihre Armut entzweiten und einer dem andern dann bittere Vorwürfe machte. Sonst hört' ich beständig von mir, daß ich ein einfältiges, dummes Kind sei, das nicht das unbedeutendste Geschäft auszurichten wisse, und wirklich war ich äußerst ungeschickt und unbeholfen, ich ließ alles aus den Händen fallen, ich lernte weder nähen noch spinnen, ich konnte nichts in der Wirtschaft helfen, nur die Not meiner Eltern verstand ich sehr gut. Oft saß ich dann im Winkel und füllte meine Vorstellungen damit an, wie ich ihnen helfen wollte, wenn ich plötzlich reich würde, wie ich sie mit Gold und Silber überschütten und mich an ihrem Erstaunen laben möchte; dann sah ich Geister heraufschweben, die mir unterirdische Schätze entdeckten oder mir kleine Kiesel gaben, die sich in Edelsteine verwandelten, kurz, die wunderbarsten Phantasien beschäftigten mich, und wenn ich nun aufstehn mußte, um irgend etwas zu helfen oder zu tragen, so zeigte ich mich noch viel ungeschickter, weil mir der Kopf von allen den seltsamen Vorstellungen schwindelte.

Mein Vater war immer sehr ergrimmt auf mich, daß ich eine so ganz unnütze Last des Hauswesens sei; er behandelte mich daher oft ziemlich grausam, und es war selten, daß ich ein freundliches Wort von ihm vernahm. So war ich ungefähr acht Jahr alt geworden, und es wurden nun ernstliche Anstalten gemacht, daß ich etwas tun oder lernen sollte. Mein Vater glaubte, es wäre nur Eigensinn oder Trägheit von mir, um meine Tage in Müßiggang hinzubringen, genug, er setzte mir mit Drohungen unbeschreiblich zu; da diese aber doch nichts fruchteten, züchtigte er mich auf die grausamste Art, indem er sagte, daß diese Strafe mit jedem Tag wiederkehren sollte, weil ich doch nur ein unnützes Geschöpf sei.

Die ganze Nacht hindurch weint' ich herzlich, ich fühlte mich so außerordentlich verlassen, ich hatte ein solches Mitleid mit mir selber, daß ich zu sterben wünschte. Ich fürchtete den Anbruch des Tages, ich wußte durchaus nicht, was ich anfangen sollte, ich wünschte mir alle mögliche Geschicklichkeit und konnte gar nicht begreifen, warum ich einfältiger sei als die übrigen Kinder meiner Bekanntschaft. Ich war der Verzweiflung nahe.

Als der Tag graute, stand ich auf und eröffnete, fast ohne daß
ich es wußte, die Tür unsrer kleinen Hütte. Ich stand auf dem
freien Felde, bald darauf war ich in einem Walde, in den der Tag
kaum noch hineinblickte. Ich lief immerfort, ohne mich umzusehen, ich fühlte keine Müdigkeit, denn ich glaubte immer, mein
Vater würde mich noch wieder einholen und, durch meine
Flucht gereizt, mich noch grausamer behandeln.

Als ich aus dem Walde wieder heraustrat, stand die Sonne
schon ziemlich hoch; ich sah jetzt etwas Dunkles vor mir liegen,
welches ein dichter Nebel bedeckte. Bald mußte ich über Hügel
klettern, bald durch einen zwischen Felsen gewundenen Weg
gehn, und ich erriet nun, daß ich mich wohl in dem benachbarten
Gebirge befinden müsse, worüber ich anfing, mich in der Einsamkeit zu fürchten. Denn ich hatte in der Ebene noch keine
Berge gesehen, und das bloße Wort Gebirge, wenn ich davon
hatte reden hören, war meinem kindischen Ohr ein fürchterlicher Ton gewesen. Ich hatte nicht das Herz, zurückzugehen,
meine Angst trieb mich vorwärts; oft sah ich mich erschrocken
um, wenn der Wind über mir weg durch die Bäume fuhr oder ein
ferner Holzschlag weit durch den stillen Morgen hintönte. Als
mir Köhler und Bergleute endlich begegneten und ich eine
fremde Aussprache hörte, wäre ich vor Entsetzen fast in Ohnmacht gesunken.

Ich kam durch mehrere Dörfer und bettelte, weil ich jetzt
Hunger und Durst empfand; ich half mir so ziemlich mit meinen
Antworten durch, wenn ich gefragt wurde. So war ich ohngefähr
vier Tage fortgewandert, als ich auf einen kleinen Fußsteig geriet,
der mich von der großen Straße immer mehr entfernte. Die Felsen um mich her gewannen jetzt eine andre, weit seltsamere Gestalt. Es waren Klippen, so aufeinander gepackt, daß es das Ansehn hatte, als wenn sie der erste Windstoß durcheinanderwerfen
würde. Ich wußte nicht, ob ich weitergehen sollte. Ich hatte des
Nachts immer im Walde geschlafen, denn es war gerade zur
schönsten Jahrszeit, oder in abgelegenen Schäferhütten; hier traf
ich aber keine menschliche Wohnung und konnte auch nicht vermuten, in dieser Wildnis auf eine zu stoßen; die Felsen wurden

immer furchtbarer, ich mußte oft dicht an schwindlichten Abgründen vorbeigehen, und endlich hörte sogar der Weg unter meinen Füßen auf. Ich war ganz trostlos, ich weinte und schrie, und in den Felsentälern hallte meine Stimme auf eine schreckliche Art zurück. Nun brach die Nacht herein, und ich suchte mir eine Moosstelle aus, um dort zu ruhen. Ich konnte nicht schlafen; in der Nacht hörte ich die seltsamsten Töne, bald hielt ich es für wilde Tiere, bald für den Wind, der durch die Felsen klage, bald für fremde Vögel. Ich betete, und ich schlief nur spät gegen Morgen ein.

Ich erwachte, als mir der Tag ins Gesicht schien. Vor mir war ein steiler Felsen; ich kletterte in der Hoffnung hinauf, von dort den Ausgang aus der Wildnis zu entdecken und vielleicht Wohnungen oder Menschen gewahr zu werden. Als ich aber oben stand, war alles, soweit nur mein Auge reichte, ebenso wie um mich her, alles war mit einem neblichten Dufte überzogen, der Tag war grau und trübe, und keinen Baum, keine Wiese, selbst kein Gebüsch konnte mein Auge erspähn, einzelne Sträucher ausgenommen, die einsam und betrübt in engen Felsenritzen emporgeschossen waren. Es ist unbeschreiblich, welche Sehnsucht ich empfand, nur eines Menschen ansichtig zu werden, wäre es auch, daß ich mich vor ihm hätte fürchten müssen. Zugleich fühlte ich einen peinigenden Hunger, ich setzte mich nieder und beschloß zu sterben. Aber nach einiger Zeit trug die Lust zu leben dennoch den Sieg davon, ich raffte mich auf und ging unter Tränen, unter abgebrochenen Seufzern den ganzen Tag hindurch; am Ende war ich mir meiner kaum noch bewußt, ich war müde und erschöpft, ich wünschte kaum noch zu leben und fürchtete doch den Tod.

Gegen Abend schien die Gegend umher etwas freundlicher zu werden, meine Gedanken, meine Wünsche lebten wieder auf, die Lust zum Leben erwachte in allen meinen Adern. Ich glaubte jetzt das Gesause einer Mühle aus der Ferne zu hören, ich verdoppelte meine Schritte, und wie wohl, wie leicht ward mir, als ich endlich wirklich die Grenzen der öden Felsen erreichte; ich sah Wälder und Wiesen mit fernen, angenehmen Bergen wieder vor mir liegen. Mir war, als wenn ich aus der Hölle in ein Paradies getreten wäre, die Einsamkeit und meine Hülflosigkeit schienen mir nun gar nicht fürchterlich.

Statt der gehofften Mühle stieß ich auf einen Wasserfall, der meine Freude freilich um vieles minderte; ich schöpfte mit der Hand einen Trunk aus dem Bache, als mir plötzlich war, als höre ich in einiger Entfernung ein leises Husten. Nie bin ich so angenehm überrascht worden als in diesem Augenblick, ich ging näher und ward an der Ecke des Waldes eine alte Frau gewahr, die auszuruhen schien. Sie war fast ganz schwarz gekleidet, und eine schwarze Kappe bedeckte ihren Kopf und einen großen Teil des Gesichtes, in der Hand hielt sie einen Krückenstock.

Ich näherte mich ihr und bat um ihre Hülfe, sie ließ mich neben sich niedersitzen und gab mir Brot und etwas Wein. Indem ich aß, sang sie mit kreischendem Ton ein geistliches Lied. Als sie geendet hatte, sagte sie mir, ich möchte ihr folgen.

Ich war über diesen Antrag sehr erfreut, so wunderlich mir auch die Stimme und das Wesen der Alten vorkam. Mit ihrem Krückenstocke ging sie ziemlich behende, und bei jedem Schritte verzog sie ihr Gesicht so, daß ich im Anfange darüber lachen mußte. Die wilden Felsen traten immer weiter hinter uns zurück, wir gingen über eine angenehme Wiese und dann durch einen ziemlich langen Wald. Als wir heraustraten, ging die Sonne gerade unter, und ich werde den Anblick und die Empfindung dieses Abends nie vergessen. In das sanfteste Rot und Gold war alles verschmolzen, die Bäume standen mit ihren Wipfeln in der Abendröte, und über den Feldern lag der entzückende Schein, die Wälder und die Blätter der Bäume standen still, der reine Himmel sah aus wie ein aufgeschlossenes Paradies, und das Rieseln der Quellen und von Zeit zu Zeit das Flüstern der Bäume tönte durch die heitre Stille wie in wehmütiger Freude. Meine junge Seele bekam jetzt zuerst eine Ahndung von der Welt und ihren Begebenheiten. Ich vergaß mich und meine Führerin, mein Geist und meine Augen schwärmten nur zwischen den goldenen Wolken.

Wir stiegen nun einen Hügel hinan, der mit Birken bepflanzt

war, von oben sah man in ein grünes Tal voller Birken hinein, und unten mitten in den Bäumen lag eine kleine Hütte. Ein munteres Bellen kam uns entgegen, und bald sprang ein kleiner behender Hund die Alte an und wedelte; dann kam er zu mir, besah mich von allen Seiten und kehrte mit freundlichen Gebärden zur Alten zurück.

Als wir vom Hügel hinuntergingen, hörte ich einen wunderbaren Gesang, der aus der Hütte zu kommen schien, wie von einem Vogel; es sang also:

>Waldeinsamkeit,
die mich erfreut,
So morgen wie heut
in ew'ger Zeit,
O wie mich freut
Waldeinsamkeit.<

Diese wenigen Worte wurden beständig wiederholt; wenn ich es beschreiben soll, so war es fast, als wenn Waldhorn und Schalmeie ganz in der Ferne durcheinander spielen.

Meine Neugier war außerordentlich gespannt; ohne daß ich auf den Befehl der Alten wartete, trat ich mit in die Hütte. Die Dämmerung war schon eingebrochen, alles war ordentlich aufgeräumt, einige Becher standen auf einem Wandschranke, fremdartige Gefäße auf einem Tische, in einem glänzenden Käfig hing ein Vogel am Fenster, und er war es wirklich, der die Worte sang. Die Alte keichte und hustete, sie schien sich gar nicht wieder erholen zu können, bald streichelte sie den kleinen Hund, bald sprach sie mit dem Vogel, der ihr nur mit seinem gewöhnlichen Liede Antwort gab; übrigens tat sie gar nicht, als wenn ich zugegen wäre. Indem sie so betrachtete, überlief mich mancher Schauer, denn ihr Gesicht war in einer ewigen Bewegung, indem sie dazu wie vor Alter mit dem Kopfe schüttelte, so daß ich durchaus nicht wissen konnte, wie ihr eigentliches Aussehn beschaffen war.

Als sie sich erholt hatte, zündete sie Licht an, deckte einen

ganz kleinen Tisch und trug das Abendessen auf. Jetzt sah sie sich
nach mir um und hieß mir einen von den geflochtenen Rohrstüh-
len nehmen. So saß ich ihr nun dicht gegenüber, und das Licht
stand zwischen uns. Sie faltete ihre knöchernen Hände und betete laut, indem sie ihre Gesichtsverzerrungen machte, so daß es
mich beinahe wieder zum Lachen gebracht hätte; aber ich nahm
mich sehr in acht, um sie nicht zu erbosen.

Nach dem Abendessen betete sie wieder, und dann wies sie
mir in einer niedrigen und engen Kammer ein Bett an; sie schlief
in der Stube. Ich blieb nicht lange munter, ich war halb betäubt,
aber in der Nacht wachte ich einigemal auf, und dann hörte ich
die Alte husten und mit dem Hunde sprechen, und den Vogel dazwischen, der im Traum zu sein schien und immer nur einzelne
Worte von seinem Liede sang. Das machte mit den Birken, die
vor dem Fenster rauschten, und mit dem Gesang einer entfernten
Nachtigall ein so wunderbares Gemisch, daß es mir immer nicht
war, als sei ich erwacht, sondern als fiele ich nur in einen andern,
noch seltsamern Traum.

Am Morgen weckte mich die Alte und wies mich bald nachher
zur Arbeit an. Ich mußte spinnen, und ich begriff es nun auch
bald, dabei hatte ich noch für den Hund und für den Vogel zu
sorgen. Ich lernte mich schnell in die Wirtschaft finden, und alle
Gegenstände umher wurden mir bekannt; nun war mir, als
müßte alles so sein, ich dachte gar nicht mehr daran, daß die Alte
etwas Seltsames an sich habe, daß die Wohnung abenteuerlich
und von allen Menschen entfernt liege und daß an dem Vogel etwas Außerordentliches sei. Seine Schönheit fiel mir zwar immer
auf, denn seine Federn glänzten mit allen möglichen Farben, das
schönste Hellblau und das brennendste Rot wechselten an seinem Halse und Leibe, und wenn er sang, blähte er sich stolz auf,
so daß sich seine Federn noch prächtiger zeigten.

Oft ging die Alte aus und kam erst am Abend zurück, ich ging
ihr dann mit dem Hunde entgegen, und sie nannte mich Kind
und Tochter. Ich ward ihr endlich von Herzen gut, wie sich unser Sinn denn an alles, besonders in der Kindheit, gewöhnt. In
den Abendstunden lehrte sie mich lesen, ich fand mich leicht in

die Kunst, und es ward nachher in meiner Einsamkeit eine
Quelle von unendlichem Vergnügen, denn sie hatte einige alte
geschriebene Bücher, die wunderbare Geschichten enthielten.

Die Erinnerung an meine damalige Lebensart ist mir noch bis
jetzt immer seltsam: von keinem menschlichen Geschöpfe besucht, nur in einem so kleinen Familienzirkel einheimisch, denn
der Hund und der Vogel machten denselben Eindruck auf mich,
den sonst nur längst gekannte Freunde hervorbringen. Ich habe
mich immer nicht wieder auf den seltsamen Namen des Hundes
besinnen können, so oft ich ihn auch damals nannte.

Vier Jahre hatte ich so mit der Alten gelebt, und ich mochte
ohngefähr zwölf Jahre alt sein, als sie mir endlich mehr vertraute
und mir ein Geheimnis entdeckte. Der Vogel legte nämlich an jedem Tage ein Ei, in dem sich eine Perl' oder ein Edelstein befand.
Ich hatte schon immer bemerkt, daß sie heimlich in dem Käfige
wirtschaftete, mich aber nie genauer darum bekümmert. Sie trug
mir jetzt das Geschäft auf, in ihrer Abwesenheit diese Eier zu
nehmen und in den fremdartigen Gefäßen wohl zu verwahren.
Sie ließ mir meine Nahrung zurück und blieb nun länger aus,
Wochen, Monate; mein Rädchen schnurrte, der Hund bellte, der
wunderbare Vogel sang, und dabei war alles so still in der Gegend umher, daß ich mich in der ganzen Zeit keines Sturmwin-
des, keines Gewitters erinnere. Kein Mensch verirrte sich dorthin, kein Wild kam unserer Behausung nahe, ich war zufrieden
und arbeitete mich von einem Tage zum andern hinüber. – Der
Mensch wäre vielleicht recht glücklich, wenn er so ungestört sein
Leben bis ans Ende fortführen könnte.

Aus dem wenigen, was ich las, bildete ich mir ganz wunderliche Vorstellungen von der Welt und den Menschen, alles war
von mir und meiner Gesellschaft hergenommen: wenn von lustigen Leuten die Rede war, konnte ich sie mir nicht anders vorstellen wie den kleinen Spitz, prächtige Damen sahen immer wie der
Vogel aus, alle alte Frauen wie meine wunderliche Alte. Ich hatte
auch von Liebe etwas gelesen und spielte nun in meiner Phantasie
seltsame Geschichten mit mir selber. Ich dachte mir den schönsten Ritter von der Welt, ich schmückte ihn mit allen Vortreff-

lichkeiten aus, ohne eigentlich zu wissen, wie er nun nach allen meinen Bemühungen aussah: aber ich konnte ein rechtes Mitleid mit mir selber haben, wenn er mich nicht wiederliebte; dann sagte ich lange, rührende Reden in Gedanken her, zuweilen auch wohl laut, um ihn nur zu gewinnen. – Ihr lächelt! wir sind jetzt freilich alle über diese Zeit der Jugend hinüber.

Es war mir jetzt lieber, wenn ich allein war, denn alsdann war ich selbst die Gebieterin im Hause. Der Hund liebte mich sehr und tat alles, was ich wollte; der Vogel antwortete mir mit seinem Liede auf alle meine Fragen, mein Rädchen drehte sich immer munter, und so fühlte ich im Grunde nie einen Wunsch nach Veränderung. Wenn die Alte von ihren langen Wanderungen zurückkam, lobte sie meine Aufmerksamkeit, sie sagte, daß ihre Haushaltung, seit ich dazu gehöre, weit ordentlicher geführt werde, sie freute sich über mein Wachstum und mein gesundes Aussehen, kurz, sie ging ganz mit mir wie mit einer Tochter um.

›Du bist brav, mein Kind!‹ sagte sie einst zu mir mit einem schnarrenden Tone; ›wenn du so fortfährst, wird es dir auch immer gut gehen: aber nie gedeiht es, wenn man von der rechten Bahn abweicht, die Strafe folgt nach, wenn auch noch so spät.‹ – Indem sie das sagte, achtete ich eben nicht sehr darauf, denn ich war in allen meinen Bewegungen und meinem ganzen Wesen sehr lebhaft; aber in der Nacht fiel es mir wieder ein, und ich konnte nicht begreifen, was sie damit hatte sagen wollen. Ich überlegte alle Worte genau, ich hatte wohl von Reichtümern gelesen, und am Ende fiel mir ein, daß ihre Perlen und Edelsteine wohl etwas Kostbares sein könnten. Dieser Gedanke wurde mir bald noch deutlicher. Aber was konnte sie mit der rechten Bahn meinen? Ganz konnte ich den Sinn ihrer Worte noch immer nicht fassen.

Ich war jetzt vierzehn Jahr alt, und es ist ein Unglück für den Menschen, daß er seinen Verstand nur darum bekömmt, um die Unschuld seiner Seele zu verlieren. Ich begriff nämlich wohl, daß es nur auf mich ankomme, in der Abwesenheit der Alten den Vogel und die Kleinodien zu nehmen und damit die Welt, von der ich gelesen hatte, aufzusuchen. Zugleich war es mir dann vielleicht möglich, den überaus schönen Ritter anzutreffen, der mir immer noch im Gedächtnisse lag.

Im Anfange war dieser Gedanke nichts weiter als jeder andre Gedanke, aber wenn ich so an meinem Rade saß, so kam er mir immer wider Willen zurück, und ich verlor mich so in ihm, daß ich mich schon herrlich geschmückt sah und Ritter und Prinzen um mich her. Wenn ich mich so vergessen hatte, konnte ich ordentlich betrübt werden, wenn ich wieder aufschaute und mich in der kleinen Wohnung antraf. Übrigens, wenn ich meine Geschäfte tat, bekümmerte sich die Alte nicht weiter um mein Wesen.

An einem Tage ging meine Wirtin wieder fort und sagte mir, daß sie diesmal länger als gewöhnlich ausbleiben werde, ich solle ja auf alles ordentlich achtgeben und mir die Zeit nicht lang werden lassen. Ich nahm mit einer gewissen Bangigkeit von ihr Abschied, denn es war mir, als würde ich sie nicht wiedersehen. Ich sah ihr lange nach und wußte selbst nicht, warum ich so beängstigt war; es war fast, als wenn mein Vorhaben schon vor mir stände, ohne mich dessen deutlich bewußt zu sein.

Nie hab ich des Hundes und des Vogels mit einer solchen Emsigkeit gepflegt; sie lagen mir näher am Herzen als sonst. Die Alte war schon einige Tage abwesend, als ich mit dem festen Vorsatze aufstand, mit dem Vogel die Hütte zu verlassen und die sogenannte Welt aufzusuchen. Es war mir enge und bedrängt zu Sinne, ich wünschte wieder da zu bleiben, und doch war mir der Gedanke widerwärtig, es war ein seltsamer Kampf in meiner Seele, wie ein Streiten von zwei widerspenstigen Geistern in mir. In einem Augenblicke kam mir die ruhige Einsamkeit so schön vor, dann entzückte mich wieder die Vorstellung einer neuen Welt mit allen ihren wunderbaren Mannigfaltigkeiten.

Ich wußte nicht, was ich aus mir selber machen sollte, der Hund sprang mir unaufhörlich an, der Sonnenschein breitete sich munter über die Felder aus, die grünen Birken funkelten: ich hatte die Empfindung, als wenn ich etwas sehr Eiliges zu tun hätte, ich griff also den kleinen Hund, band ihn in der Stube fest und nahm dann den Käfig mit dem Vogel unter den Arm. Der

Hund krümmte sich und winselte über diese ungewöhnte Behandlung, er sah mich mit bittenden Augen an, aber ich fürchtete mich, ihn mit mir zu nehmen. Noch nahm ich eins von den Gefäßen, das mit Edelsteinen angefüllt war, und steckte es zu mir, die übrigen ließ ich stehn.

Der Vogel drehte den Kopf auf eine wunderliche Weise, als ich mit ihm zur Tür hinaustrat; der Hund strengte sich sehr an, mir nachzukommen, aber er mußte zurückbleiben.

Ich vermied den Weg nach den wilden Felsen und ging nach der entgegengesetzten Seite. Der Hund bellte und winselte immerfort, und es rührte mich recht inniglich; der Vogel wollte einigemal zu singen anfangen, aber da er getragen ward, mußte es ihm wohl unbequem fallen.

Sowie ich weiter ging, hörte ich das Bellen immer schwächer, und endlich hörte es ganz auf. Ich weinte und wäre beinahe wieder umgekehrt, aber die Sucht, etwas Neues zu sehen, trieb mich vorwärts.

Schon war ich über Berge und durch einige Wälder gekommen, als es Abend ward und ich in einem Dorfe einkehren mußte. Ich war sehr blöde, als ich in die Schenke trat, man wies mir eine Stube und ein Bette an, ich schlief ziemlich ruhig, nur daß ich von der Alten träumte, die mir drohte.

Meine Reise war ziemlich einförmig, aber je weiter ich ging, je mehr ängstigte mich die Vorstellung von der Alten und dem kleinen Hunde; ich dachte daran, daß er wahrscheinlich ohne meine Hülfe verhungern müsse; im Walde glaubt' ich oft, die Alte würde mir plötzlich entgegentreten. So legte ich unter Tränen und Seufzern den Weg zurück; so oft ich ruhte und den Käfig auf den Boden stellte, sang der Vogel sein wunderliches Lied, und ich erinnerte mich dabei recht lebhaft des schönen verlassenen Aufenthalts. Wie die menschliche Natur vergeßlich ist, so glaubt' ich jetzt, meine vormalige Reise in der Kindheit sei nicht so trübselig gewesen als meine jetzige; ich wünschte wieder in derselben Lage zu sein.

Ich hatte einige Edelsteine verkauft und kam nun nach einer Wanderschaft von vielen Tagen in einem Dorfe an. Schon beim

Eintritt ward mir wundersam zumute, ich erschrak und wußte nicht worüber; aber bald erkannt' ich mich, denn es war dasselbe Dorf, in welchem ich geboren war. Wie ward ich überrascht! Wie liefen mir vor Freuden, wegen tausend seltsamer Erinnerungen, die Tränen von den Wangen! Vieles war verändert, es waren neue Häuser entstanden, andre, die man damals erst errichtet hatte, waren jetzt verfallen, ich traf auch Brandstellen; alles war weit kleiner, gedrängter, als ich erwartet hatte. Unendlich freute ich mich darauf, meine Eltern nun nach so manchen Jahren wieder-zusehn; ich fand das kleine Haus, die wohlbekannte Schwelle, der Griff der Tür war noch ganz so wie damals, es war mir, als hätte ich sie nur gestern angelehnt; mein Herz klopfte ungestüm, ich öffnete sie hastig – aber ganz fremde Gesichter saßen in der Stube umher und stierten mich an. Ich fragte nach dem Schäfer Martin, und man sagte mir, er sei schon seit drei Jahren mit seiner Frau gestorben. – Ich trat schnell zurück und ging laut weinend aus dem Dorfe hinaus.

Ich hatte es mir so schön gedacht, sie mit meinem Reichtume zu überraschen; durch den seltsamsten Zufall war es nun wirk-lich geworden, was ich in der Kindheit immer nur träumte – und jetzt war alles umsonst, sie konnten sich nicht mit mir freuen, und das, worauf ich am meisten immer im Leben gehofft hatte, war für mich auf ewig verloren.

In einer angenehmen Stadt mietete ich mir ein kleines Haus mit einem Garten und nahm eine Aufwärterin zu mir. So wun-derbar, als ich es vermutet hatte, kam mir die Welt nicht vor, aber ich vergaß die Alte und meinen ehemaligen Aufenthalt etwas mehr, und so lebt' ich im ganzen recht zufrieden.

Der Vogel hatte schon seit lange nicht mehr gesungen; ich er-schrak daher nicht wenig, als er in einer Nacht plötzlich wieder anfing, und zwar mit einem veränderten Liede. Er sang:

> ›Waldeinsamkeit,
> Wie liegst du weit!
> Oh, dich gereut
> Einst mit der Zeit. –

> Ach, einz'ge Freud',
> Waldeinsamkeit.‹

Ich konnte die Nacht hindurch nicht schlafen, alles fiel mir von neuem in die Gedanken, und mehr als jemals fühlt' ich, daß ich Unrecht getan hatte. Als ich aufstand, war mir der Anblick des Vogels sehr zuwider, er sah immer nach mir hin, und seine Gegenwart ängstigte mich. Er hörte nun mit seinem Liede gar nicht wieder auf, und er sang es lauter und schallender, als er es sonst gewohnt gewesen war. Je mehr ich ihn betrachtete, je bänger machte er mich; ich öffnete endlich den Käfig, steckte die Hand hinein und faßte seinen Hals, herzhaft drückte ich die Finger zusammen, er sah mich bittend an, ich ließ los. Aber er war schon gestorben. – Ich begrub ihn im Garten.

Jetzt wandelte mich oft eine Furcht vor meiner Aufwärterin an, ich dachte an mich selbst zurück und glaubte, daß sie mich auch einst berauben oder wohl gar ermorden könne. – Schon lange kannt' ich einen jungen Ritter, der mir überaus gefiel, ich gab ihm meine Hand – und hiermit, Herr Walther, ist meine Geschichte geendigt.«

»Ihr hättet sie damals sehn sollen«, fiel Eckbert hastig ein – »ihre Jugend, ihre Schönheit, und welch einen unbegreiflichen Reiz ihr ihre einsame Erziehung gegeben hatte. Sie kam mir vor wie ein Wunder, und ich liebte sie ganz über alles Maß. Ich hatte kein Vermögen, aber durch ihre Liebe kam ich in diesen Wohlstand; wir zogen hierher, und unsre Verbindung hat uns bis jetzt noch keinen Augenblick gereut.«

»Aber über unser Schwatzen«, fing Bertha wieder an, »ist es schon tief in die Nacht geworden – wir wollen uns schlafen legen.«

Sie stand auf und ging nach ihrer Kammer. Walther wünschte ihr mit einem Handkusse eine gute Nacht und sagte: »Edle Frau, ich danke Euch, ich kann mir Euch recht vorstellen, mit dem seltsamen Vogel, und wie Ihr den kleinen *Strohmian* füttert.«

Auch Walther legte sich schlafen, nur Eckbert ging noch unruhig im Saale auf und ab. – »Ist der Mensch nicht ein Tor?« fing er endlich an; »ich bin erst die Veranlassung, daß meine Frau ihre Geschichte erzählt, und jetzt gereut mich diese Vertraulichkeit! – Wird er sie nicht mißbrauchen? Wird er sie nicht andern mitteilen? Wird er nicht vielleicht, denn das ist die Natur des Menschen, eine unselige Habsucht nach unsern Edelgesteinen empfinden und deswegen Plane anlegen und sich verstellen?«

Es fiel ihm ein, daß Walther nicht so herzlich von ihm Abschied genommen hatte, als es nach einer solchen Vertraulichkeit wohl natürlich gewesen wäre. Wenn die Seele erst einmal zum Argwohn gespannt ist, so trifft sie auch in allen Kleinigkeiten Bestätigungen an. Dann warf sich Eckbert wieder sein unedles Mißtrauen gegen seinen wackern Freund vor und konnte doch nicht davon zurückkehren. Er schlug sich die ganze Nacht mit diesen Vorstellungen herum und schlief nur wenig.

Bertha war krank und konnte nicht zum Frühstück erscheinen; Walther schien sich nicht viel darum zu kümmern und verließ auch den Ritter ziemlich gleichgültig. Eckbert konnte sein Betragen nicht begreifen; er besuchte seine Gattin, sie lag in einer Fieberhitze und sagte, die Erzählung in der Nacht müsse sie auf diese Art gespannt haben.

Seit diesem Abend besuchte Walther nur selten die Burg seines Freundes, und wenn er auch kam, ging er nach einigen unbedeutenden Worten wieder weg. Eckbert ward durch dieses Betragen im äußersten Grade gepeinigt; er ließ sich zwar gegen Bertha und Walther nichts davon merken, aber jeder mußte doch seine innerliche Unruhe an ihm gewahr werden.

Mit Berthas Krankheit ward es immer bedenklicher; der Arzt ward ängstlich, die Röte von ihren Wangen war verschwunden, und ihre Augen wurden immer glühender. – An einem Morgen ließ sie ihren Mann an ihr Bette rufen, die Mägde mußten sich entfernen.

»Lieber Mann«, fing sie an, »ich muß dir etwas entdecken, das mich fast um meinen Verstand gebracht hat, das meine Gesundheit zerrüttet, so eine unbedeutende Kleinigkeit es auch an sich scheinen möchte. – Du weißt, daß ich mich immer nicht, sooft ich von meiner Kindheit sprach, trotz aller angewandten Mühe auf den Namen des kleinen Hundes besinnen konnte, mit welchem ich so lange umging; an jenem Abend sagte Walther beim Abschiede plötzlich zu mir: ›Ich kann mir Euch recht vorstellen, wie Ihr den kleinen *Strohmian* füttert.‹ Ist das Zufall? Hat er den Namen erraten, weiß er ihn, und hat er ihn mit Vorsatz genannt? Und wie hängt dieser Mensch dann mit meinem Schicksale zusammen? Zuweilen kämpfe ich mit mir, als ob ich mir diese Seltsamkeit nur einbilde, aber es ist gewiß, nur zu gewiß. Ein gewaltiges Entsetzen befiel mich, als mir ein fremder Mensch so zu meinen Erinnerungen half. Was sagst du, Eckbert?«

Eckbert sah seine leidende Gattin mit einem tiefen Gefühle an; er schwieg und dachte bei sich nach, dann sagte er ihr einige tröstende Worte und verließ sie. In einem abgelegenen Gemache ging er in unbeschreiblicher Unruhe auf und ab. Walther war seit vielen Jahren sein einziger Umgang gewesen, und doch war dieser Mensch jetzt der einzige in der Welt, dessen Dasein ihn drückte und peinigte. Es schien ihm, als würde ihm froh und leicht sein, wenn nur dieses einzige Wesen aus seinem Wege gerückt werden könnte. Er nahm seine Armbrust, um sich zu zerstreuen und auf die Jagd zu gehen.

Es war ein rauher stürmischer Wintertag, tiefer Schnee lag auf den Bergen und bog die Zweige der Bäume nieder. Er streifte umher, der Schweiß stand ihm auf der Stirne, er traf auf kein Wild, und das vermehrte seinen Unmut. Plötzlich sah er sich etwas in der Ferne bewegen, es war Walther, der Moos von den Bäumen sammelte; ohne zu wissen, was er tat, legte er an, Walther sah sich um und drohte mit einer stummen Gebärde, aber indem flog der Bolzen ab, und Walther stürzte nieder.

Eckbert fühlte sich leicht und beruhigt, und doch trieb ihn ein Schauder nach seiner Burg zurück; er hatte einen großen Weg zu machen, denn er war weit hinein in die Wälder verirrt. – Als er ankam, war Bertha schon gestorben; sie hatte vor ihrem Tode noch viel von Walther und der Alten gesprochen.

Eckbert lebte nun eine lange Zeit in der größten Einsamkeit; er war schon sonst immer schwermütig gewesen, weil ihn die seltsame Geschichte seiner Gattin beunruhigte und er irgendeinen unglücklichen Vorfall, der sich ereignen könnte, befürchtete, aber jetzt war er ganz mit sich zerfallen. Die Ermordung seines Freundes stand ihm unaufhörlich vor Augen, er lebte unter ewigen inneren Vorwürfen.

Um sich zu zerstreuen, begab er sich zuweilen nach der nächsten großen Stadt, wo er Gesellschaften und Feste besuchte. Er wünschte durch irgendeinen Freund die Leere in seiner Seele auszufüllen, und wenn er dann wieder an Walther zurückdachte, so erschrak er vor dem Gedanken, einen Freund zu finden; denn er war überzeugt, daß er nur unglücklich mit jedwedem Freunde sein könne. Er hatte so lange mit Bertha in einer schönen Ruhe gelebt, die Freundschaft Walthers hatte ihn so manches Jahr hindurch beglückt, und jetzt waren beide so plötzlich dahingerafft, daß ihm sein Leben in manchen Augenblicken mehr wie ein seltsames Märchen als wie ein wirklicher Lebenslauf erschien.

Ein junger Ritter, Hugo, schloß sich an den stillen, betrübten Eckbert und schien eine wahrhafte Zuneigung gegen ihn zu empfinden. Eckbert fand sich auf eine wunderbare Art überrascht, er kam der Freundschaft des Ritters um so schneller entgegen, je weniger er sie vermutet hatte. Beide waren nun häufig beisammen, der Fremde erzeigte Eckbert alle möglichen Gefälligkeiten, einer ritt fast nicht mehr ohne den andern aus, in allen Gesellschaften trafen sie sich, kurz, sie schienen unzertrennlich.

Eckbert war immer nur auf kurze Augenblicke froh, denn er fühlte es deutlich, daß ihn Hugo nur aus einem Irrtume liebe; jener kannte ihn nicht, wußte seine Geschichte nicht, und er fühlte wieder denselben Drang, sich ihm ganz mitzuteilen, damit er versichert sein könne, ob jener auch wahrhaft sein Freund sei. Dann hielten ihn wieder Bedenklichkeiten und die Furcht, verabscheut zu werden, zurück. In manchen Stunden war er so sehr von seiner Nichtswürdigkeit überzeugt, daß er glaubte, kein Mensch, für den er nicht ein völliger Fremdling sei, könne ihn seiner Achtung würdigen. Aber dennoch konnte er sich nicht widerstehn; auf einem einsamen Spazierritte entdeckte er seinem Freunde seine ganze Geschichte und fragte ihn dann, ob er wohl einen Mörder lieben könne. Hugo war gerührt und suchte ihn zu trösten; Eckbert folgte ihm mit leichterm Herzen zur Stadt.

Es schien aber seine Verdammnis zu sein, gerade in der Stunde des Vertrauens Argwohn zu schöpfen, denn kaum waren sie in den Saal getreten, als ihm beim Schein der vielen Lichter die Mienen seines Freundes nicht gefielen. Er glaubte ein hämisches Lächeln zu bemerken, es fiel ihm auf, daß er nur wenig mit ihm spreche, daß er mit den Anwesenden viel rede und seiner gar nicht zu achten scheine. Ein alter Ritter war in der Gesellschaft, der sich immer als den Gegner Eckberts gezeigt und sich oft nach seinem Reichtum und seiner Frau auf eine eigne Weise erkundigt hatte; zu diesem gesellte sich Hugo, und beide sprachen eine Zeitlang heimlich, indem sie nach Eckbert hindeuteten. Dieser sah jetzt seinen Argwohn bestätigt, er glaubte sich verraten, und eine schreckliche Wut bemeisterte sich seiner. Indem er noch immer hinstarrte, sah er plötzlich Walthers Gesicht, alle seine Mienen, die ganze, ihm so wohlbekannte Gestalt, er sah noch immer hin und ward überzeugt, daß niemand als *Walther* mit dem Alten spreche. – Sein Entsetzen war unbeschreiblich; außer sich stürzte er hinaus, verließ noch in der Nacht die Stadt und kehrte nach vielen Irrwegen auf seine Burg zurück.

Wie ein unruhiger Geist eilte er jetzt von Gemach zu Gemach, kein Gedanke hielt ihm stand, er verfiel von entsetzlichen Vorstellungen auf noch entsetzlichere, und kein Schlaf kam in seine Augen. Oft dachte er, daß er wahnsinnig sei und sich nur selber durch seine Einbildung alles erschaffe; dann erinnerte er sich wieder der Züge Walthers, und alles ward ihm immer mehr ein Rätsel. Er beschloß, eine Reise zu machen, um seine Vorstellungen wieder zu ordnen; den Gedanken an Freundschaft, den Wunsch nach Umgang hatte er nun auf ewig aufgegeben.

Er zog fort, ohne sich einen bestimmten Weg vorzusetzen, ja er betrachtete die Gegenden nur wenig, die vor ihm lagen. Als er im stärksten Trabe seines Pferdes einige Tage so fortgeeilt war, sah er sich plötzlich in einem Gewinde von Felsen verirrt, in denen sich nirgend ein Ausweg entdecken ließ. Endlich traf er auf einen Bauer, der ihm einen Pfad, einem Wasserfall vorüber,

zeigte; er wollte ihm zur Danksagung einige Münzen geben, der
Bauer aber schlug sie aus. – »Was gilt's«, sagte Eckbert zu sich
selber, »ich könnte mir wieder einbilden, daß dies niemand anders als Walther sei?« – Und indem sah er sich noch einmal um,
und es war niemand anders als Walther. – Eckbert spornte sein
Roß, so schnell es nur laufen konnte, durch Wiesen und Wälder,
bis es erschöpft unter ihm zusammenstürzte. – Unbekümmert
darüber setzte er nun seine Reise zu Fuß fort.

Er stieg träumend einen Hügel hinan; es war, als wenn er ein
nahes, munteres Bellen vernahm, Birken säuselten dazwischen,
und er hörte mit wunderlichen Tönen ein Lied singen:

> »Waldeinsamkeit
> Mich wieder freut,
> Mir geschieht kein Leid,
> Hier wohnt kein Neid,
> Von neuem mich freut
> Waldeinsamkeit.«

Jetzt war es um das Bewußtsein, um die Sinne Eckberts geschehn; er konnte sich nicht aus dem Rätsel herausfinden, ob er
jetzt träume oder ehemals von einem Weibe Bertha geträumt
habe; das Wunderbarste vermischte sich mit dem Gewöhnlichsten, die Welt um ihn her war verzaubert und er keines Gedan-
kens, keiner Erinnerung mächtig.

Eine krummgebückte Alte schlich hustend mit einer Krücke
den Hügel heran. »Bringst du mir meinen Vogel? Meine Perlen?
Meinen Hund?« schrie sie ihm entgegen. »Siehe, das Unrecht bestraft sich selbst: niemand als ich war dein Freund Walther, dein
Hugo.«

»Gott im Himmel!« sagte Eckbert stille vor sich hin – »in welcher entsetzlichen Einsamkeit hab ich dann mein Leben hingebracht!«

»Und Bertha war deine Schwester.«

Eckbert fiel zu Boden.

»Warum verließ sie mich tückisch? Sonst hätte sich alles gut und schön geendet, ihre Probezeit war ja schon vorüber. Sie war die Tochter eines Ritters, die er bei einem Hirten erziehn ließ, die Tochter deines Vaters.«

»Warum hab ich diesen schrecklichen Gedanken immer geahndet?« rief Eckbert aus.

»Weil du in früher Jugend deinen Vater einst davon erzählen hörtest; er durfte seiner Frau wegen diese Tochter nicht bei sich erziehn lassen, denn sie war von einem andern Weibe.«

Eckbert lag wahnsinnig und verscheidend auf dem Boden; dumpf und verworren hörte er die Alte sprechen, den Hund bellen und den Vogel sein Lied wiederholen.

WILHELM HEINRICH WACKENRODER

Ein wunderbares morgenländisches Märchen von einem nackten Heiligen

Das Morgenland ist die Heimat alles Wunderbaren, in dem Altertume und der Kindheit der dortigen Meinungen findet man auch höchst seltsame Winke und Rätsel, die immer noch dem Verstande, der sich für klüger hält, aufgegeben werden. So wohnen dort in den Einöden oft seltsame Wesen, die wir wahnsinnig nennen, die aber dort als übernatürliche Wesen verehrt werden. Der orientalische Geist betrachtet diese nackten Heiligen als die wunderlichen Behältnisse eines höhern Genius, der aus dem Reiche des Firmaments sich in eine menschliche Gestalt verirrt hat und sich nun nicht nach Menschenweise zu gebärden weiß. Auch sind ja alle Dinge in der Welt so oder anders, nachdem wir sie so oder anders betrachten; der Verstand des Menschen ist eine Wundertinktur, durch deren Berührung alles, was existiert, nach unserm Gefallen verwandelt wird.

So wohnte einer dieser nackten Heiligen in einer abgelegenen Felsenhöhle, der ein kleiner Fluß vorüberströmte. Niemand konnte sagen, wie er dorthin gekommen, seit einigen Jahren war er dort bemerkt, eine Karawane hatte ihn zuerst entdeckt, und seitdem geschahen häufige Wallfahrten nach seiner einsamen Wohnung.

Dieses wunderliche Geschöpf hatte in seinem Aufenthalte Tag und Nacht keine Ruhe, ihm dünkte immer, er höre unaufhörlich in seinen Ohren das Rad der Zeit seinen sausenden Umschwung nehmen. Er konnte vor dem Getöse nichts tun, nichts vornehmen, die gewaltige Angst, die ihn in immerwährender Arbeit anstrengte, verhinderte ihn, irgend etwas zu sehn und zu hören, als wie sich mit Brausen, mit gewaltigem Sturmwindssausen das fürchterliche Rad drehte und wieder drehte, das bis an die Sterne und hinüber reichte. Wie ein Wasserfall von tausend und aber tausend brüllenden Strömen, die vom Himmel herunterstürzten, sich ewig, ewig ohne augenblicklichen Stillstand, ohne die Ruhe einer Sekunde ergossen, so tönte es in seine Ohren, und alle seine Sinne waren mächtig nur darauf hingewandt, seine arbeitende Angst war immer mehr und mehr in den Strudel der wilden Verwirrung ergriffen und hineingerissen, immer ungeheurer verwilderten die einförmigen Töne durcheinander: er konnte nun nicht ruhn, sondern man sah ihn Tag und Nacht in der angestrengtesten, heftigsten Bewegung wie eines Menschen, der bemüht ist, ein ungeheures Rad umzudrehen. Aus seinen abgebrochenen, wilden Reden erfuhr man, daß er sich von dem Rade fortgezogen fühle, daß er dem tobenden, pfeilschnellen Umschwunge mit der ganzen Anstrengung seines Körpers zu Hülfe kommen wolle, damit die Zeit ja nicht in die Gefahr komme, nur einen Augenblick stillzustehn. Wenn man ihn fragte, was er tue, so schrie er wie in einem Krampf die Worte heraus: »Ihr Unglückseligen! hört ihr denn nicht das rauschende Rad der Zeit?« Und dann drehte und arbeitete er wieder noch heftiger, daß sein Schweiß auf die Erde floß, und mit verzerrten Gebärden legte er die Hand auf sein pochendes Herz, als wolle er fühlen, ob das große Räderwerk in seinem ewigen Gange sei. Er wütete, wenn er sah, daß die Wanderer, die zu ihm wallfahrteten, ganz ruhig standen und ihm zusahen oder hin- und widergingen und miteinander sprachen. Er zitterte vor Heftigkeit und zeigte ihnen den unaufhaltsamen Umschwung des ewigen Rades, das einförmige, taktmäßige Fortsausen der Zeit; er knirschte mit den Zähnen, daß sie von dem Getriebe, in dem auch sie verwickelt und fortgezogen würden, nichts fühlten und bemerkten; er schleuderte sie von sich, wenn sie ihm in der Raserei zu nahe kamen. Wollten sie sich nicht in Gefahr setzen, so mußten sie seine angestrengte Bewegung lebhaft nachahmen. Aber noch viel wilder und gefährlicher wurde seine Raserei, wenn es sich zutrug, daß in seiner Nähe irgendeine körperliche Arbeit vorgenommen wurde, wenn ein Mensch, der ihn nicht kannte, etwa bei seiner Höhle Kräuter sammelte oder Holz fällte. Dann pflegte er wild aufzulachen, daß unter dem gräßlichen Fortrollen der Zeit noch jemand an diese kleinlichen irdischen Beschäftigungen denken konnte; wie ein Tigertier war er dann mit einem einzigen Sprunge aus seiner Höhle, und wenn er den Unglücklichen erhaschen konnte, schlug er ihn mit einem einzigen Schlage tot zu Boden. Schnell sprang er dann in seine Höhle zurück und drehte noch heftiger als zuvor das Rad der Zeit; er wütete aber noch lange fort, und sprach in abgebrochenen Reden, wie es den Menschen möglich sei, noch etwas anders zu treiben, ein taktloses Geschäft vorzunehmen.

Er war nicht imstande, seinen Arm nach irgendeinem Gegenstande auszustrecken oder etwas mit der Hand zu ergreifen; er konnte keinen Schritt mit den Füßen tun wie andre Menschen. Eine zitternde Angst flog durch alle seine Nerven, wenn er nur ein einzigmal versuchen wollte, den schwindlichten Wirbel zu unterbrechen. Nur manchmal in schönen Nächten, wenn der Mond auf einmal vor die Öffnung seiner finstern Höhle trat, hielt er plötzlich inne, sank auf den Boden, warf sich umher und winselte vor Verzweiflung; auch weinte er bitterlich wie ein Kind, daß das Sausen des mächtigen Zeitrades ihm nicht Ruhe lasse, irgend etwas auf Erden zu tun, zu handeln, zu wirken und zu schaffen. Dann fühlte er eine verzehrende Sehnsucht nach unbekannten schönen Dingen; er bemühte sich, sich aufzurichten und Hände und Füße in eine sanfte und ruhige Bewegung zu bringen, aber vergeblich! Er suchte etwas Bestimmtes, Unbekanntes, was er ergreifen und woran er sich hängen wollte; er wollte sich außerhalb oder in sich vor sich selber retten, aber vergeblich! Sein Weinen und seine Verzweiflung stieg aufs höchste, mit lautem Brüllen sprang er von der Erde auf und drehte wieder an dem gewaltig sausenden Rade der Zeit. Das währte mehrere Jahre fort, Tag und Nacht.

Einst aber war eine wunderschöne, mondhelle Sommernacht, und der Heilige lag wieder weinend und händeringend auf dem Boden seiner Höhle. Die Nacht war entzückend: an dem dunkelblauen Firmamente blinkten die Sterne wie goldene Zierden an einem weit übergebreiteten, beschirmenden Schilde, und der

Mond strahlte von den hellen Wangen seines Antlitzes ein sanf-
tes Licht, worin die grüne Erde sich badete. Die Bäume hingen in
dem zauberhaften Schein wie wallende Wolken auf ihren Stämmen, und die Wohnungen der Menschen waren in dunkle Fel-
sengestalten und dämmernde Geisterpaläste verwandelt. Die
Menschen, nicht mehr vom Sonnenglanze geblendet, wohnten
mit ihren Blicken am Firmamente, und ihre Seelen spiegelten sich
schön in dem himmlischen Scheine der Mondnacht.

Zwei Liebende, die sich ganz den Wundern der nächtlichen
Einsamkeit ergeben wollten, fuhren in dieser Nacht auf einem
leichten Nachen den Fluß herauf, der der Felsenhöhle des Heiligen vorüberströmte. Der durchdringende Mondstrahl hatte den
Liebenden die innersten, dunkelsten Tiefen ihrer Seele erhellt
und aufgelöst, ihre leisesten Gefühle zerflossen und wogten vereinigt in uferlosen Strömen daher. Aus dem Nachen wallte eine
ätherische Musik in den Raum des Himmels empor, süße Hörner, und ich weiß nicht welche andre zauberische Instrumente,
zogen eine schwimmende Welt von Tönen hervor, und in den
auf- und niederwallenden Tönen vernahm man folgenden Gesang:

Süße Ahndungsschauer gleiten
Über Fluß und Flur dahin,
Mondesstrahlen hold bereiten
Lager liebetrunknem Sinn.
Ach, wie ziehn, wie flüstern die Wogen,
Spiegelt in Wellen der Himmelsbogen.

Liebe in dem Firmamente
Unter uns in blanker Flut,
Zündet Sternglanz, keiner brennte,
Gäbe Liebe nicht den Mut:
Uns, vom Himmelsodem gefächelt,
Himmel und Wasser und Erde lächelt.

Mondschein liegt auf allen Blumen,
Alle Palmen schlummern schon,
In der Waldung Heiligtumen
Waltet, klingt der Liebe Ton:
Schlafend verkündigen alle Töne,
Palmen und Blumen der Liebe Schöne.

Mit dem ersten Tone der Musik und des Gesanges war dem nackten Heiligen das sausende Rad der Zeit verschwunden. Es waren die ersten Töne, die in diese Einöde fielen; die unbekannte Sehnsucht war gestillt, der Zauber gelöst, der verirrte Genius aus seiner irdischen Hülle befreit. Die Gestalt des Heiligen war verschwunden, eine engelschöne Geisterbildung, aus leichtem Dufte gewebt, schwebte aus der Höhle, streckte die schlanken Arme sehnsuchtsvoll zum Himmel empor und hob sich nach den Tönen der Musik in tanzender Bewegung von dem Boden in die Höhe. Immer höher und höher in die Lüfte schwebte die helle Luftgestalt, von den sanftschwellenden Tönen der Hörner und des Gesanges emporgehoben; – mit himmlischer Fröhlichkeit tanzte die Gestalt hier und dort, hin und wider auf den weißen Gewölken, die im Luftraume schwammen, immer höher schwang er sich mit tanzenden Füßen in den Himmel hinauf und flog endlich in geschlängelten Windungen zwischen den Sternen umher; da klangen alle Sterne und dröhnten einen hellstrahlenden, himmlischen Ton durch die Lüfte, bis der Genius sich in das unendliche Firmament verlor.

Reisende Karawanen sahen erstaunend die nächtliche Wundererscheinung, und die Liebenden wähnten, den Genius der Liebe und der Musik zu erblicken.

NOVALIS
Atlantis-Märchen

Ein alter König hielt einen glänzenden Hof. Weit und breit
strömten Menschen herzu, um Theil an der Herrlichkeit seines
Lebens zu haben, und es gebrach weder den täglichen Festen an
Überfluß köstlicher Waaren des Gaume[n]s, noch an Musik,
prächtigen Verzierungen und Trachten, und tausend abwechselnden Schauspielen und Zeitvertreiben, noch endlich an sinn-
reicher Anordnung, an klugen, gefälligen, und unterrichteten
Männern zur Unterhaltung und Beseelung der Gespräche, und
an schöner, anmuthiger Jugend von beyden Geschlechtern, die
die eigentliche Seele reitzender Feste ausmachen. Der alte König,
der sonst ein strenger und ernster Mann war, hatte zwey Neigun-
gen, die der wahre Anlaß dieser prächtigen Hofhaltung waren,
und denen sie ihre schöne Einrichtung zu danken hatte. Eine war
die Zärtlichkeit für seine Tochter, die ihm als Andenken seiner
früh verstorbenen Gemahlin und als ein unaussprechlich liebens-
würdiges Mädchen unendlich theuer war, und für die er gern alle
Schätze der Natur und alle Macht des menschlichen Geistes auf-
geboten hätte, um ihr einen Himmel auf Erden zu verschaffen.
Die Andere war eine wahre Leidenschaft für die Dichtkunst und
ihre Meister. Er hatte von Jugend auf die Werke der Dichter mit
innigem Vergnügen gelesen; an ihre Sammlung aus allen Sprachen großen Fleiß und große Summen gewendet, und von jeher
den Umgang der Sänger über alles geschätzt. Von allen Enden
zog er sie an seinen Hof und überhäufte sie mit Ehren. Er ward
nicht müde ihren Gesängen zuzuhören, und vergaß oft die wichtigsten Angelegenheiten, ja die Bedürfnisse des Lebens über einem neuen, hinreißenden Gesange. Seine Tochter war unter Gesängen aufgewachsen, und ihre ganze Seele war ein zartes Lied

geworden, ein einfacher Ausdruck der Wehmuth und Sehnsucht.
Der wohlthätige Einfluß der beschützten und geehrten Dichter
zeigte sich im ganzen Lande, besonders aber am Hofe. Man genoß das Leben mit langsamen, kleinen Zügen wie einen köstlichen Trank, und mit desto reinerem Wohlbehagen, da alle widrige gehässige Leidenschaften, wie Mißtöne von der sanften harmonischen Stimmung verscheucht wurden, die in allen Gemü-
thern herrschend war. Frieden der Seele und innres seeliges Anschauen einer selbst geschaffenen, glücklichen Welt war das Ei-
genthum dieser wunderbaren Zeit geworden, und die Zwietracht
erschien nur in den alten Sagen der Dichter, als eine ehemalige
Feindinn der Menschen. Es schien, als hätten die Geister des Gesanges ihrem Beschützer kein lieblicheres Zeichen der Dankbar-
keit geben können, als seine Tochter, die alles besaß, was die sü-
ßeste Einbildungskraft nur in der zarten Gestalt eines Mädchens
vereinigen konnte. Wenn man sie an den schönen Festen unter
einer Schaar reitzender Gespielen, im weißen glänzenden Gewande erblickte, wie sie den Wettgesängen der begeisterten Sänger mit tiefem Lauschen zuhörte, und erröthend einen duftenden
Kranz auf die Locken des Glücklichen drückte, dessen Lied den
Preis gewonnen hatte: so hielt man sie für die sichtbare Seele jener herrlichen Kunst, die jene Zaubersprüche beschworen hätten, und hörte auf sich über die Entzückungen und Melodien der
Dichter zu wundern.

Mitten in diesem irdischen Paradiese schien jedoch ein ge-
heimnißvolles Schicksal zu schweben. Die einzige Sorge der Bewohner dieser Gegenden betraf die Vermählung der aufblühenden Prinzessin, von der die Fortdauer dieser seligen Zeiten und
das Verhängniß des ganzen Landes abhing. Der König ward immer älter. Ihm selbst schien diese Sorge lebhaft am Herzen zu liegen, und doch zeigte sich keine Aussicht zu einer Vermählung
für sie, die allen Wünschen angemessen gewesen wäre. Die heilige Ehrfurcht für das königliche Haus erlaubte keinem Unter-
than, an die Möglichkeit zu denken, die Prinzessin zu besitzen.
Man betrachtete sie wie ein überirdisches Wesen, und alle Prinzen aus andern Ländern, die sich mit Ansprüchen auf sie am

Hofe gezeigt hatten, schienen so tief unter ihr zu seyn, daß kein
Mensch auf den Einfall kam, die Prinzessin oder der König
werde die Augen auf einen unter ihnen richten. Das Gefühl des
Abstandes hatte sie auch allmählich alle verscheucht, und das
ausgesprengte Gerücht des ausschweifenden Stolzes dieser königlichen Familie schien Andern alle Lust zu benehmen, sich
ebenfalls gedemüthigt zu sehn. Ganz ungegründet war auch dieses Gerücht nicht. Der König war bey aller Milde beynah unwillkührlich in ein Gefühl der Erhabenheit gerathen, was ihm jeden
Gedanken an die Verbindung seiner Tochter mit einem Manne
von niedrigerem Stande und dunklerer Herkunft unmöglich
oder unerträglich machte. Ihr hoher, einziger Werth hatte jenes
Gefühl in ihm immer mehr bestätigt. Er war aus einer uralten
Morgenländischen Königsfamilie entsprossen. Seine Gemahlin
war der letzte Zweig der Nachkommenschaft des berühmten
Helden Rustan gewesen. Seine Dichter hatten ihm unaufhörlich
von seiner Verwand[t]schaft mit den ehemaligen übermenschli-
chen Beherrschern der Welt vorgesungen, und in dem Zauber-
spiegel ihrer Kunst war ihm der Abstand seiner Herkunft von
dem Ursprunge der andern Menschen, die Herrlichkeit seines
Stammes noch heller erschienen, so daß es ihn dünkte, nur durch
die edlere Klasse der Dichter mit dem übrigen Menschenge-
schlechte zusammenzuhängen. Vergebens sah er sich mit voller
Sehnsucht nach einem zweyten Rustan um, indem er fühlte, daß
das Herz seiner aufblühenden Tochter, der Zustand seines
Reichs, und sein zunehmendes Alter ihre Vermählung in aller
Absicht sehr wünschenswerth machten.

Nicht weit von der Hauptstadt lebte auf einem abgelegenen
Landgute ein alter Mann, der sich ausschließlich mit der Erziehung seines einzigen Sohnes beschäftigte, und nebenher den
Landleuten in wichtigen Krankheiten Rath erteilte. Der junge
Mensch war ernst und ergab sich einzig der Wissenschaft der Natur, in welcher ihn sein Vater von Kindheit auf unterrichtete. Aus
fernen Gegenden war der Alte vor mehreren Jahren in dies fried-
liche und blühende Land gezogen, und begnügte sich den wohlthätigen Frieden, den der König um sich verbreitete, in der Stille

zu genießen. Er benutzte sie, die Kräfte der Natur zu erforschen, und diese hinreißenden Kenntnisse seinem Sohne mitzutheilen, der viel Sinn dafür verrieth und dessen tiefem Gemüth die Natur bereitwillig ihre Geheimnisse anvertraute. Die Gestalt des jungen Menschen schien gewöhnlich und unbedeutend, wenn man nicht einen höhern Sinn für die geheimere Bildung seines edlen Gesichts und die ungewöhnliche Klarheit seiner Augen mitbrachte. Je länger man ihn ansah, desto anziehender ward er, und man konnte sich kaum wieder von ihm trennen, wenn man seine sanfte, eindringende Stimme und seine anmuthige Gabe zu sprechen hörte. Eines Tages hatte die Prinzessin, deren Lustgärten an den Wald stießen, der das Landgut des Alten in einem kleinen Thale verbarg, sich allein zu Pferde in den Wald begeben, um desto ungestörter ihren Fantasien nachhängen und einige schöne Gesänge sich wiederhohlen zu können. Die Frische des hohen Waldes lockte sie immer tiefer in seine Schatten, und so kam sie endlich an das Landgut, wo der Alte mit seinem Sohne lebte. Es kam ihr die Lust an, Milch zu trinken, sie stieg ab, band ihr Pferd an einen Baum, und trat in das Haus, um sich einen Trunk Milch auszubitten. Der Sohn war gegenwärtig, und erschrak beynah über diese zauberhafte Erscheinung eines majestätischen weiblichen Wesens, das mit allen Reizen der Jugend und Schönheit geschmückt, und von einer unbeschreiblich anziehenden Durchsichtigkeit der zartesten, unschuldigsten und edelsten Seele beynah vergöttlicht wurde. Während er eilte ihre wie Geistergesang tönende Bitte zu erfüllen, trat ihr der Alte mit bescheidner Ehrfurcht entgegen, und lud sie ein, an dem einfachen Herde, der mitten im Hause stand, und auf welchem eine leichte blaue Flamme ohne Geräusch emporspielte, Platz zu nehmen. Es fiel ihr, gleich beym Eintritt, der mit tausend seltenen Sachen gezierte Hausraum, die Ordnung und Reinlichkeit des Ganzen, und eine seltsame Heiligkeit des Ortes auf, deren Eindruck noch durch den schlicht gekleideten ehrwürdigen Greis und den bescheidenen Anstand des Sohnes erhöhet wurde. Der Alte hielt sie gleich für eine zum Hof gehörige Person, wozu ihre kostbare Tracht, und ihr edles Betragen ihm Anlaß genug gab. Während

der Abwesenheit des Sohnes befragte sie ihn um einige Merkwürdigkeiten, die ihr vorzüglich in die Augen fielen, worunter
besonders einige alte, sonderbare Bilder waren, die neben ihrem
Sitze auf dem Heerde standen, und er war bereitwillig sie auf eine
anmuthige Art damit bekannt zu machen. Der Sohn kam bald
mit einem Kruge voll frischer Milch zurück, und reichte ihr denselben mit ungekünsteltem und ehrfurchtsvollem Wesen. Nach
einigen anziehenden Gesprächen mit beyden, dankte sie auf die
lieblichste Weise für die freundliche Bewirthung, bat erröthend
den Alten um die Erlaubniß wieder kommen, und seine lehrrei-
chen Gespräche über die vielen wunderbaren Sachen genießen zu
dürfen, und ritt zurück, ohne ihren Stand verrathen zu haben, da
sie merkte, daß Vater und Sohn sie nicht kannten. Ohnerachtet
die Hauptstadt so nahe lag, hatten beyde, in ihre Forschungen
vertieft, das Gewühl der Menschen zu vermeiden gesucht, und es
war dem Jüngling nie eine Lust angekommen, den Festen des
Hofes beyzuwohnen; besonders da er seinen Vater höchstens auf
eine Stunde zu verlassen pflegte, um zuweilen im Walde nach
Schmetterlingen, Käfern und Pflanzen umher zu gehn, und die
Eingebungen des stillen Naturgeistes durch den Einfluß seiner
mannichfaltigen äußeren Lieblichkeiten zu vernehmen. Dem Alten, der Prinzessin und dem Jüngling war die einfache Begebenheit des Tages gleich wichtig. Der Alte hatte leicht den neuen tiefen Eindruck bemerkt, den die Unbekannte auf seinen Sohn
machte. Er kannte diesen genug, um zu wissen, daß jeder tiefe
Eindruck bey ihm ein lebenslänglicher seyn würde. Seine Jugend
und die Natur seines Herzens mußten die erste Empfindung dieser Art zur unüberwindlichen Neigung machen. Der Alte hatte
lange eine solche Begebenheit herannahen sehen. Die hohe Lie-
benswürdigkeit der Erscheinung flößte ihm unwillkührlich eine
innige Theilnahme ein, und sein zuversichtliches Gemüth entfernte alle Besorgnisse über die Entwickelung dieses sonderbaren Zufalls. Die Prinzessin hatte sich nie in einem ähnlichen Zustande befunden, wie der war, in welchem sie langsam nach
Hause ritt. Es konnte vor der einzigen, helldunklen wunderbar
beweglichen Empfindung einer neuen Welt, kein eigentlicher

Gedanke in ihr entstehen. Ein magischer Schleyer dehnte sich in weiten Falten um ihr klares Bewußtseyn. Es war ihr, als würde sie sich, wenn er aufgeschlagen würde, in einer überirdischen Welt befinden. Die Erinnerung an die Dichtkunst, die bisher ihre ganze Seele beschäftigt hatte, war zu einem fernen Gesange geworden, der ihren seltsam lieblichen Traum mit den ehemaligen Zeiten verband. Wie sie zurück in den Pallast kam, erschrak sie beynah über seine Pracht und sein buntes Leben, noch mehr aber bey der Bewillkommung ihres Vaters, dessen Gesicht zum erstenmale in ihrem Leben eine scheue Ehrfurcht in ihr erregte. Es schien ihr eine unabänderliche Nothwendigkeit, nichts von ihrem Abentheuer zu erwähnen. Man war ihre schwärmerische Ernsthaftigkeit, ihren in Fantasieen und tiefes Sinnen verlornen Blick schon zu gewohnt, um etwas Außerordentliches darin zu bemerken. Es war ihr jetzt nicht mehr so lieblich zu Muthe; sie schien sich unter lauter Fremden, und eine sonderbare Bänglichkeit begleitete sie bis an den Abend, wo das frohe Lied eines Dichters, der die Hoffnung pries, und von den Wundern des Glaubens an die Erfüllung unsrer Wünsche mit hinreißender Begeisterung sang, sie mit süßem Trost erfüllte und in die angenehmsten Träume wiegte. Der Jüngling hatte sich gleich nach ihrem Abschiede in den Wald verlohren. An der Seite des Weges war er in Gebüschen bis an die Pforten des Gartens ihr gefolgt, und dann auf dem Wege zurückgegangen. Wie er so ging, sah er vor seinen Füßen einen hellen Glanz. Er bückte sich danach und hob einen dunkelrothen Stein auf, der auf einer Seite außerordentlich funkelte, und auf der Andern eingegrabene unverständliche Chiffern zeigte. Er erkannte ihn für einen kostbaren Karfunkel, und glaubte ihn in der Mitte des Halsbandes an der Unbekannten bemerkt zu haben. Er eilte mit beflügelten Schritten nach Hause, als wäre sie noch dort, und brachte den Stein seinem Vater. Sie wurden einig, daß der Sohn den andern Morgen auf den Weg zurückgehn und warten sollte, ob der Stein gesucht würde, wo er ihn dann zurückgeben könnte; sonst wollten sie ihn bis zu einem zweyten Besuche der Unbekannten aufheben, um ihr selbst ihn zu überreichen. Der Jüngling betrachtete fast

die ganze Nacht den Karfunkel und fühlte gegen Morgen ein un-
widerstehliches Verlangen einige Worte auf den Zettel zu schreiben, in welchen er den Stein einwickelte. Er wußte selbst nicht
genau, was er sich bey den Worten dachte, die er hinschrieb:

> Es ist dem Stein ein räthselhaftes Zeichen
> Tief eingegraben in sein glühend Blut,
> Er ist mit einem Herzen zu vergleichen,
> In dem das Bild der Unbekannten ruht.
> Man sieht um jenen tausend Funken streichen,
> Um dieses woget eine lichte Flut.
> In jenem liegt des Glanzes Licht begraben,
> Wird dieses auch das Herz des Herzens haben?

Kaum daß der Morgen anbrach, so begab er sich schon auf den
Weg, und eilte der Pforte des Gartens zu.

Unterdessen hatte die Prinzessin Abends beym Auskleiden
den theuren Stein in ihrem Halsbande vermißt, der ein Andenken ihrer Mutter und noch dazu ein Talisman war, dessen Besitz
ihr die Freyheit ihrer Person sicherte, indem sie damit nie in
fremde Gewalt ohne ihren Willen gerathen konnte.

Dieser Verlust befremdete sie mehr, als daß er sie erschreckt
hätte. Sie erinnerte sich, ihn gestern bey dem Spazierritt noch gehabt zu haben, und glaubte fest, daß er entweder im Hause des
Alten, oder auf dem Rückwege im Walde verloren gegangen seyn
müsse; der Weg war ihr noch in frischem Andenken, und so beschloß sie gleich früh den Stein aufzusuchen, und ward bey diesem Gedanken so heiter, daß es fast das Ansehn gewann, als sey
sie gar nicht unzufrieden mit dem Verluste, weil er Anlaß gäbe jenen Weg sogleich noch einmal zu machen. Mit dem Tage ging sie
durch den Garten nach dem Walde, und weil sie eilfertiger ging
als gewöhnlich, so fand sie es ganz natürlich, daß ihr das Herz
lebhaft schlug, und ihr die Brust beklomm. Die Sonne fing eben
an, die Wipfel der alten Bäume zu vergolden, die sich mit sanftem
Flüstern bewegten, als wollten sie sich gegenseitig aus nächtlichen Gesichtern erwecken, um die Sonne gemeinschaftlich zu

begrüßen, als die Prinzessin durch ein fernes Geräusch veranlaßt, den Weg hinunter und den Jüngling auf sich zueilen sah, der in demselben Augenblick ebenfalls sie bemerkte.

Wie angefesselt blieb er eine Weile stehn, und blickte unverwandt sie an, gleichsam um sich zu überzeugen, daß ihre Erscheinung wirklich und keine Täuschung sey. Sie begrüßten sich mit einem zurückgehaltenen Ausdruck von Freude, als hätten sie sich schon lange gekannt und geliebt. Noch ehe die Prinzessin die Ursache ihres frühen Spazierganges ihm entdecken konnte, überreichte er ihr mit Erröthen und Herzklopfen den Stein in dem beschriebenen Zettel. Es war, als ahndete die Prinzessin den Inhalt der Zeilen. Sie nahm ihn stillschweigend mit zitternder Hand und hing ihm zur Belohnung für seinen glücklichen Fund beynah unwillkührlich eine goldne Kette um, die sie um den Hals trug. Beschämt kniete er vor ihr und konnte, da sie sich nach seinem Vater erkundigte, einige Zeit keine Worte finden. Sie sagte ihm halbleise, und mit niedergeschlagenen Augen, daß sie bald wieder zu ihnen kommen, und die Zusage des Vaters sie mit seinen Seltenheiten bekannt zu machen, mit vieler Freude benutzen würde.

Sie dankte dem Jünglinge noch einmal mit ungewöhnlicher Innigkeit, und ging hierauf langsam, ohne sich umzusehen, zurück. Der Jüngling konnte kein Wort vorbringen. Er neigte sich ehrfurchtsvoll und sah ihr lange nach, bis sie hinter den Bäumen verschwand. Nach dieser Zeit vergingen wenig Tage bis zu ihrem zweyten Besuche, dem bald mehrere folgten. Der Jüngling ward unvermerkt ihr Begleiter bey diesen Spaziergängen. Er holte sie zu bestimmten Stunden am Garten ab, und brachte sie dahin zurück. Sie beobachtete ein unverbrüchliches Stillschweigen über ihren Stand, so zutraulich sie auch sonst gegen ihren Begleiter wurde, dem bald kein Gedanke in ihrer himmlischen Seele verborgen blieb. Es war, als flößte ihr die Erhabenheit ihrer Herkunft eine geheime Furcht ein. Der Jüngling gab ihr ebenfalls seine ganze Seele. Vater und Sohn hielten sie für ein vornehmes Mädchen vom Hofe. Sie hing an dem Alten mit der Zärtlichkeit einer Tochter. Ihre Liebkosungen gegen ihn waren die entzükkenden Vorboten ihrer Zärtlichkeit gegen den Jüngling. Sie ward bald einheimisch in dem wunderbaren Hause; und wenn sie dem Alten und dem Sohne, der zu ihren Füßen saß, auf ihrer Laute reitzende Lieder mit einer überirdischen Stimme vorsang, und letzteren in dieser lieblichen Kunst unterrichtete: so erfuhr sie dagegen von seinen begeisterten Lippen die Enträthselung der überall verbreiteten Naturgeheimnisse. Er lehrte ihr, wie durch wundervolle Sympathie die Welt entstanden sey, und die Gestirne sich zu melodischen Reigen vereinigt hätten. Die Geschichte der Vorwelt ging durch seine heiligen Erzählungen in ihrem Gemüth auf; und wie entzückt war sie, wenn ihr Schüler, in der Fülle seiner Eingebungen, die Laute ergriff und mit unglaublicher Gelehrigkeit in die wundervollsten Gesänge ausbrach. Eines Tages, wo ein besonders kühner Schwung sich seiner Seele in ihrer Gesellschaft bemächtigt hatte, und die mächtige Liebe auf dem Rückwege ihre jungfräuliche Zurückhaltung mehr als gewöhnlich überwand, so daß sie beyde ohne selbst zu wissen wie einander in die Arme sanken, und der erste glühende Kuß sie auf ewig zusammenschmelzte, fing mit einbrechender Dämmerung ein gewaltiger Sturm in den Gipfeln der Bäume plötzlich zu toben an. Drohende Wetterwolken zogen mit tiefem nächtlichen Dunkel über sie her. Er eilte sie in Sicherheit vor dem fürchterlichen Ungewitter und den brechenden Bäumen zu bringen: aber er verfehlte in der Nacht und voll Angst wegen seiner Geliebten den Weg, und gerieth immer tiefer in den Wald hinein. Seine Angst wuchs, wie er seinen Irrthum bemerkte. Die Prinzessin dachte an das Schrecken des Königs und des Hofes; eine unnennbare Ängstlichkeit fuhr zuweilen, wie ein zerstörender Strahl, durch ihre Seele, und nur die Stimme ihres Geliebten, der ihr unaufhörlich Trost zusprach, gab ihr Muth und Zutrauen zurück, und erleichterte ihre beklommne Brust. Der Sturm wüthete fort; alle Bemühungen den Weg zu finden waren vergeblich, und sie priesen sich beyde glücklich, bey der Erleuchtung eines Blitzes eine nahe Höhle an dem steilen Abhang eines waldigen Hügels zu entdecken, wo sie eine sichere Zuflucht gegen die Gefahren des Ungewitters zu finden hoften, und eine Ruhestätte für ihre erschöpften Kräfte. Das Glück begünstigte ihre Wünsche. Die Höhle war trocken und mit reinlichem Moose bewachsen. Der Jüngling zündete schnell ein Feuer von Reisern und Moos an, woran sie sich trocknen konnten, und die beyden Liebenden sahen sich nun auf eine wunderbare Weise von der Welt entfernt, aus einem gefahrvollen Zustande gerettet, und auf einem bequemen, warmen Lager allein nebeneinander.

Ein wilder Mandelstrauch hing mit Früchten beladen in die Höhle hinein, und ein nahes Rieseln ließ sie frisches Wasser zur Stillung ihres Durstes finden. Die Laute hatte der Jüngling mitgenommen, und sie gewährte ihnen jetzt eine aufheiternde und beruhigende Unterhaltung bey dem knisternden Feuer. Eine höhere Macht schien den Knoten schneller lösen zu wollen, und brachte sie unter sonderbaren Umständen in diese romantische Lage. Die Unschuld ihrer Herzen, die zauberhafte Stimmung ihrer Gemüther, und die verbundene unwiderstehliche Macht ihrer süßen Leidenschaft und ihrer Jugend ließ sie bald die Welt und ihre Verhältnisse vergessen, und wiegte sie unter dem Brautgesange des Sturms und den Hochzeitfackeln der Blitze in den süßesten Rausch ein, der je ein sterbliches Paar beseligt haben mag. Der Anbruch des lichten blauen Morgens war für sie das Erwachen in einer neuen seligen Welt. Ein Strom heißer Thränen, der jedoch bald aus den Augen der Prinzessin hervorbrach, verrieth ihrem Geliebten die erwachenden tausendfachen Bekümmernisse ihres Herzens. Er war in dieser Nacht um mehrere Jahre älter, aus einem Jünglinge zum Manne geworden. Mit überschwenglicher Begeisterung tröstete er seine Geliebte, erinnerte sie an die Heiligkeit der wahrhaften Liebe, und an den hohen Glauben, den sie einflöße, und bat sie, die heiterste Zukunft von dem Schutzgeist ihres Herzens mit Zuversicht zu erwarten. Die Prinzessin fühlte die Wahrheit seines Trostes, und entdeckte ihm, sie sey die Tochter des Königs, und nur bange wegen des Stolzes und der Bekümmernisse ihres Vaters. Nach langen reiflichen Überlegungen wurden sie über die zu fassende Entschließung einig, und der Jüngling machte sich sofort auf den Weg, um seinen Vater aufzusuchen, und diesen mit ihrem Plane bekannt zu machen. Er versprach in kurzen wieder bey ihr zu seyn, und verließ sie beruhigt und in süßen Vorstellungen der künftigen Entwicklung dieser Begebenheiten. Der Jüngling hatte bald seines Vaters Wohnung erreicht, und der Alte war sehr erfreut, ihn unverletzt ankommen zu sehen. Er erfuhr nun die Geschichte und den Plan der Liebenden, und bezeigte sich nach einigem Nachdenken bereitwillig ihn zu unterstützen. Sein Haus lag ziemlich versteckt, und hatte einige unterirdische Zimmer, die nicht leicht aufzufinden waren. Hier sollte die Wohnung der Prinzessin seyn. Sie ward also in der Dämmerung abgeholt, und mit tiefer Rührung von dem Alten empfangen. Sie weinte nachher oft in der Einsamkeit, wenn sie ihres traurigen Vaters gedachte: doch verbarg sie ihren Kummer vor ihrem Geliebten, und sagte es nur dem Alten, der sie freundlich tröstete, und ihr die nahe Rückkehr zu ihrem Vater vorstellte.

Unterdeß war man am Hofe in große Bestürzung gerathen, als Abends die Prinzessin vermißt wurde. Der König war ganz außer sich, und schickte überall Leute aus, sie zu suchen. Kein Mensch wußte sich ihr Verschwinden zu erklären. Keinem kam ein heimliches Liebesverständniß in die Gedanken, und so ahndete man keine Entführung, da ohnedies kein Mensch weiter fehlte. Auch nicht zu der entferntesten Vermuthung war Grund da. Die ausgeschickten Boten kamen unverrichteter Sache zurück, und der König fiel in tiefe Traurigkeit. Nur wenn Abends seine Sänger vor ihn kamen und schöne Lieder mitbrachten, war es, als ließe sich die alte Freude wieder vor ihm blicken; seine Tochter dünkte ihm nah, und er schöpfte Hofnung, sie bald wieder zu sehen. War er aber wieder allein, so zerriß es ihm von neuem das Herz und er weinte laut. Dann gedachte er bey sich selbst: Was hilft mir nun alle die Herrlichkeit, und meine hohe Geburt. Nun bin ich doch elender als die andern Menschen. Meine Tochter kann mir nichts ersetzen. Ohne sie sind auch die Gesänge nichts, als leere Worte und Blendwerk. Sie war der Zauber, der ihnen Leben und Freude, Macht und Gestalt gab. Wollt' ich doch lieber, ich wäre der geringste meiner Diener. Dann hätte ich meine Tochter noch; auch wohl einen Eydam dazu und En-

kel, die mir auf den Knieen säßen: dann wäre ich ein anderer König, als jetzt. Es ist nicht die Krone und das Reich, was einen König macht. Es ist jenes volle, überfließende Gefühl der Glückseligkeit, der Sättigung mit irdischen Gütern, jenes Gefühl der
überschwänglichen Gnüge. So werd' ich nun für meinen Über-
muth bestraft. Der Verlust meiner Gattin hat mich noch nicht genug erschüttert. Nun hab' ich auch ein grenzenloses Elend. So
klagte der König in den Stunden der heißesten Sehnsucht. Zuweilen brach auch seine alte Strenge und sein Stolz wieder hervor. Er zürnte über seine Klagen; wie ein König wollte er dulden
und schweigen. Er meinte dann, er leide mehr, als alle Anderen,
und gehöre ein großer Schmerz zum Königthum; aber wenn es
dann dämmerte, und er in die Zimmer seiner Tochter trat, und
sah ihre Kleider hängen, und ihre kleineren Habseligkeiten
stehn, als habe sie eben das Zimmer verlassen: so vergaß er seine
Vorsätze, gebehrdete sich wie ein trübseliger Mensch, und rief
seine geringsten Diener um Mitleid an. Die ganze Stadt und das
ganze Land weinten und klagten von ganzem Herzen mit ihm.
Sonderlich war es, daß eine Sage umherging, die Prinzessin lebe
noch, und werde bald mit einem Gemahl wiederkommen. Kein
Mensch wußte, woher die Sage kam: aber alles hing sich mit frohem Glauben daran, und sah mit ungeduldiger Erwartung ihrer
baldigen Wiederkunft entgegen. So vergingen mehrere Monden,
bis das Frühjahr wieder herankam. Was gilts, sagten einige in
wunderlichem Muthe, nun kommt auch die Prinzessin wieder.
Selbst der König ward heitrer und hoffnungsvoller. Die Sage
dünkte ihm wie die Verheißung einer gütigen Macht. Die ehemaligen Feste fingen wieder an, und es schien zum völligen Aufblü-
hen der alten Herrlichkeit nur noch die Prinzessin zu fehlen. Eines Abends, da es gerade jährig wurde, daß sie verschwand, war
der ganze Hof im Garten versammelt. Die Luft war warm und
heiter; ein leiser Wind tönte nur oben in den alten Wipfeln, wie
die Ankündigung eines fernen fröhlichen Zuges. Ein mächtiger
Springquell stieg zwischen den vielen Fackeln mit zahllosen
Lichtern hinauf in die Dunkelheit der tönenden Wipfel, und begleitete mit melodischem Plätschern die mannichfaltigen Ge-

sänge, die unter den Bäumen hervorklangen. Der König saß auf
einem köstlichen Teppich, und um ihn her war der Hof in festlichen Kleidern versammelt. Eine zahlreiche Menge erfüllte den
Garten, und umgab das prachtvolle Schauspiel. Der König saß
eben in tiefen Gedanken. Das Bild seiner verlornen Tochter
stand mit ungewöhnlicher Klarheit vor ihm; er gedachte der
glücklichen Tage, die um diese Zeit im vergangenen Jahr ein
plötzliches Ende nahmen. Eine heiße Sehnsucht übermannte ihn,
und es flossen häufige Thränen von seinen ehrwürdigen Wangen; doch empfand er eine ungewöhnliche Heiterkeit. Es dünkte
ihm das traurige Jahr nur ein schwerer Traum zu seyn, und er
hob die Augen auf, gleichsam um ihre hohe, heilige, entzückende
Gestalt unter den Menschen und den Bäumen aufzusuchen.
Eben hatten die Dichter geendigt, und eine tiefe Stille schien das
Zeichen der allgemeinen Rührung zu seyn, denn die Dichter hatten die Freuden des Wiedersehns, den Frühling und die Zukunft
besungen, wie sie die Hoffnung zu schmücken pflegt.

Plötzlich wurde die Stille durch leise Laute einer unbekannten
schönen Stimme unterbrochen, die von einer uralten Eiche her-
zukommen schienen. Alle Blicke richteten sich dahin, und man
sah einen Jüngling in einfacher, aber fremder Tracht stehen, der
eine Laute im Arm hielt, und ruhig in seinem Gesange fortfuhr,
indem er jedoch, wie der König seinen Blick nach ihm wandte,
eine tiefe Verbeugung machte. Die Stimme war außerordentlich
schön, und der Gesang trug ein fremdes, wunderbares Gepräge.
Er handelte von dem Ursprunge der Welt, von der Entstehung
der Gestirne, der Pflanzen, Thiere und Menschen, von der allmächtigen Sympathie der Natur, von der uralten goldenen Zeit
und ihren Beherrscherinnen, der Liebe und Poesie, von der Erscheinung des Hasses und der Barbarey und ihren Kämpfen mit
jenen wohlthätigen Göttinnen, und endlich von dem zukünftigen Triumph der letztern, dem Ende der Trübsale, der Verjün-
gung der Natur und der Wiederkehr eines ewigen goldenen Zeitalters. Die alten Dichter traten selbst von Begeisterung hingeris-
sen, während des Gesanges näher um den seltsamen Fremdling
her. Ein niegefühltes Entzücken ergriff die Zuschauer, und der

König selbst fühlte sich wie auf einem Strom des Himmels weggetragen. Ein solcher Gesang war nie vernommen worden, und Alle glaubten, ein himmlisches Wesen sey unter ihnen erschienen, besonders da der Jüngling unterm Singen immer schöner, immer herrlicher, und seine Stimme immer gewaltiger zu werden schien. Die Luft spielte mit seinen goldenen Locken. Die Laute schien sich unter seinen Händen zu beseelen, und sein Blick schien trunken in eine geheimere Welt hinüber zu schauen. Auch die Kinderunschuld und Einfalt seines Gesichts schien allen übernatürlich. Nun war der herrliche Gesang geendigt. Die bejahrten Dichter drückten den Jüngling mit Freudenthränen an ihre Brust. Ein stilles inniges Jauchzen ging durch die Versammlung. Der König kam gerührt auf ihn zu. Der Jüngling warf sich ihm bescheiden zu Füßen. Der König hob ihn auf, umarmte ihn herzlich, und hieß ihn sich eine Gabe ausbitten. Da bat er mit glühenden Wangen den König, noch ein Lied gnädig anzuhören, und dann über seine Bitte zu entscheiden. Der König trat einige Schritte zurück und der Fremdling fing an:

> Der Sänger geht auf rauhen Pfaden,
> Zerreißt in Dornen sein Gewand;
> Er muß durch Fluß und Sümpfe baden,
> Und keins reicht hülfreich ihm die Hand.
> Einsam und pfadlos fließt in Klagen
> Jetzt über sein ermattet Herz;
> Er kann die Laute kaum noch tragen,
> Ihn übermannt ein tiefer Schmerz.

> Ein traurig Loos ward mir beschieden,
> Ich irre ganz verlassen hier,
> Ich brachte Allen Lust und Frieden,
> Doch keiner theilte sie mit mir.
> Es wird ein jeder seiner Habe
> Und seines Lebens froh durch mich;
> Doch weisen sie mit karger Gabe
> Des Herzens Forderung von sich.

Man läßt mich ruhig Abschied nehmen,
Wie man den Frühling wandern sieht;
Es wird sich keiner um ihn grämen,
Wenn er betrübt von dannen zieht.
Verlangend sehn sie nach den Früchten,
Und wissen nicht, daß er sie sät;
Ich kann den Himmel für sie dichten,
Doch meiner denkt nicht Ein Gebet.

Ich fühle dankbar Zaubermächte
An diese Lippen festgebannt.
O! knüpfte nur an meine Rechte
Sich auch der Liebe Zauberband.
Es kümmert keine sich des Armen,
Der dürftig aus der Ferne kam;
Welch Herz wird Sein sich noch erbarmen
Und lösen seinen tiefen Gram?

Er sinkt im hohen Grase nieder,
Und schläft mit nassen Wangen ein;
Da schwebt der hohe Geist der Lieder
In die beklemmte Brust hinein:
Vergiß anjetzt, was du gelitten,
In Kurzem schwindet deine Last,
Was du umsonst gesucht in Hütten,
Das wirst du finden im Palast.

Du nahst dem höchsten Erdenlohne,
Bald endigt der verschlungne Lauf;
Der Myrthenkranz wird eine Krone,
Dir setzt die treuste Hand sie auf.
Ein Herz voll Einklang ist berufen
Zur Glorie um einen Thron;
Der Dichter steigt auf rauhen Stufen
Hinan, und wird des Königs Sohn.

So weit war er in seinem Gesange gekommen, und ein sonderbares Erstaunen hatte sich der Versammlung bemächtigt, als während dieser Strophen ein alter Mann mit einer verschleyerten weiblichen Gestalt von edlem Wuchse, die ein wunderschönes Kind auf dem Arme trug, das freundlich in der fremden Versammlung umhersah, und lächelnd nach dem blitzenden Diadem des Königs die kleinen Händchen streckte, zum Vorschein kamen, und sich hinter den Sänger stellten; aber das Staunen wuchs, als plötzlich aus den Gipfeln der alten Bäume, der Lieblingsadler des Königs, den er immer um sich hatte, mit einer goldenen Stirnbinde, die er aus seinen Zimmern entwandt haben mußte, herabflog, und sich auf das Haupt des Jünglings niederließ, so daß die Binde sich um seine Locken schlug. Der Fremdling erschrak einen Augenblick; der Adler flog an die Seite des Königs, und ließ die Binde zurück. Der Jüngling reichte sie dem Kinde, das darnach verlangte, ließ sich auf ein Knie gegen den König nieder, und fuhr in seinem Gesange mit bewegter Stimme fort:

Der Sänger fährt aus schönen Träumen
Mit froher Ungeduld empor;
Er wandelt unter hohen Bäumen
Zu des Pallastes ehrnem Thor.
Die Mauern sind wie Stahl geschliffen,
Doch sie erklimmt sein Lied geschwind,
Es steigt von Lieb' und Weh ergriffen
Zu ihm hinab des Königs Kind.

Die Liebe drückt sie fest zusammen,
Der Klang der Panzer treibt sie fort;
Sie lodern auf in süßen Flammen,
Im nächtlich stillen Zufluchtsort.
Sie halten furchtsam sich verborgen,
Weil sie der Zorn des Königs schreckt;
Und werden nun von jedem Morgen
Zu Schmerz und Lust zugleich erweckt.

Der Sänger spricht mit sanften Klängen
Der neuen Mutter Hoffnung ein;
Da tritt, gelockt von den Gesängen
Der König in die Kluft hinein.
Die Tochter reicht in goldnen Locken
Den Enkel von der Brust ihm hin;
Sie sinken reuig und erschrocken,
Und mild zergeht sein strenger Sinn.

Der Liebe weicht und dem Gesange
Auch auf dem Thron ein Vaterherz,
Und wandelt bald in süßem Drange
Zu ewger Lust den tiefen Schmerz.
Die Liebe giebt, was sie entrissen,
Mit reichem Wucher bald zurück,
Und unter den Versöhnungsküssen
Entfaltet sich ein himmlisch Glück.

Geist des Gesangs, komm du hernieder,
Und steh auch jetzt der Liebe bey;
Bring die verlorne Tochter wieder,
Daß ihr der König Vater sey! –
Daß er mit Freuden sie umschließet,
Und seines Enkels sich erbarmt,
Und wenn das Herz ihm überfließet,
Den Sänger auch als Sohn umarmt.

Der Jüngling hob mit bebender Hand bey diesen Worten, die sanft in den dunklen Gängen verhallten, den Schleyer. Die Prinzessin fiel mit einem Strom von Thränen zu den Füßen des Königs, und hielt ihm das schöne Kind hin. Der Sänger kniete mit gebeugtem Haupte an ihrer Seite. Eine ängstliche Stille schien jeden Athem festzuhalten. Der König war einige Augenblicke sprachlos und ernst; dann zog er die Prinzessin an seine Brust, drückte sie lange fest an sich und weinte laut. Er hob nun auch den Jüngling zu sich auf, und umschloß ihn mit herzlicher Zärtlichkeit. Ein helles Jauchzen flog durch die Versammlung, die sich dicht zudrängte. Der König nahm das Kind und reichte es mit rührender Andacht gen Himmel; dann begrüßte er freundlich den Alten. Unendliche Freudenthränen flossen. In Gesänge brachen die Dichter aus, und der Abend ward ein heiliger Vorabend dem ganzen Lande, dessen Leben fortan nur Ein schönes Fest war. Kein Mensch weiß, wo das Land hingekommen ist. Nur in Sagen heißt es, daß Atlantis von mächtigen Fluten den Augen entzogen worden sey.

Clemens Brentano
Von dem traurigen Untergang zeitlicher Liebe

Es war Gott immer wohlgefällig und den Menschen eine Handlung der Andacht, die Erstlinge der Früchte und Tiere dem Herrn zu opfern; er nahm sie als einen kindlichen Beweis menschlicher Liebe, denn er genießt ihrer nicht. Durch dieses Opfer ward der Herr gleichsam ein Gast des Menschen, und das Mahl ward geheiliget und gesegnet durch die Gesinnung. Damit nun auch unser ganzes Leben geheiliget und gesegnet werde, so sollen wir Gott die Erstlinge, die ersten Früchte unsrer Seele, die von ihm ist, aufopfern, und dies ist die erste Liebe. Wenn wir zuerst jene allmächtige Neigung des Wohlwollens, das durch alle Grade des Verlangens bis zur innigsten Vereinigung steigt, in unsrer Brust empfinden, so sollen wir die Knospe dieser göttlichen Flamme an Gottes Sonne erschließen, daß seine Liebe sie entwickle und jener allmächtige Trieb in uns, der göttlichen Ursprungs ist, gleich nach seiner Geburt seinem Vater in die Arme gelegt werde, zu erkennen seinen Ursprung und sich hinzukehren mit aller Macht nach dem Himmel, von dem er ausgegangen. Es liegt kein Segen auf dem Menschen, der in die Fremde geht, ohne seinen Freunden eine Träne zu weinen. Der fromme Wanderer bleibt lange auf dem Hügel stehen und schaut mit tiefer Bewegung nach seiner Heimat nochmals zurück, und dann erst setzt er mutig seinen Wanderstab vorwärts, indem er gleichsam sein Vaterland recht in seine Brust aufgenommen und wie ein heilbringendes Kleinod auf seinen Wegen mit sich trägt. Also auch soll die Bahn des Lebens begonnen werden mit dem Rückblick auf unsre Heimat in Gott; die sollen wir mit der ersten Liebe lieben und so in unsre Liebe aufnehmen, daß alle unsre Liebe, auf ewig dadurch geheiligt, von irdischen Ängsten frei wie ein Held, in dessen glänzenden Waffen sich die Sonne und der trübe Himmel abspiegelt, mutig durch das Leben schreite. Viele aber sind wie der verlorene Sohn, der sich grausam und im Streit von seinem gütigen Vater trennte, sein Erbteil begehrte und hinging in alle Welt, es zu verschleudern; also auch die Gemüter, welche mit allen herrlichen Eigenschaften der Seele in frechem Selbstvertrauen dem Leben entgegensehen, ohne sich erst mit ganzer Liebe dem Vater der Liebe zu nähern. All ihr Treiben ist zeitlich und wird untergehen in der Zeit, und sie werden trostlos weinen wie der verlorne Sohn um das vergeudete Gut im Elend; aber sie sollen zurückkehren gleich ihm und sich versöhnen mit Gott. Doch ist die Rückkehr der Seele schwerer als die des Menschen, denn die Seele vergeudete ewiges, der Mensch nur zeitliches Gut. Es ist aber das Wesen der Zeit, daß sie nie ruht und ewig verschwindet wie ein verschlingender Strudel, und hat uns der barmherzige Gott die ewige Seele gegeben, daß wir triumphieren können über die Vergänglichkeit. Wer hat aber ein Recht, sein Geschick zu beklagen, wenn er es freiwillig in den Tod säet? Wer aber seine Liebe in Gott, im Licht, im Leben aufgehen läßt, der wird eine Aussaat gewinnen, die in jeglichem Boden Früchte trägt, alle Liebe, die sich ihr verbindet, veredelt und heiliget, über den Tod triumphierend zum Himmel treibt, ja selbst auf dem niederreißenden Wirbel der Zeit, wie eine Wasserlilie schwimmend, leben und blühen kann. So haben die drei törichten Jungfräulein, die hier abgebildet sind, nicht getan. Ihre Geschichte ist also:

Es waren drei Schwestern, denen hatte es geträumt, sie sollten am Meeresufer schöne Perlen finden bei Aufgang der Sonnen, und gingen sie vor Tag hinaus an den Strand. Der Sand rasselte unter ihren Füßen, es lag Nebel auf Land und Meer und war gar einsam, auch hatten sie noch nicht gebetet. Wie sie nun fast in Sorgen standen, hörten sie ein Glöcklein läuten und zugleich einen wunderbar lieblichen Gesang. Da warden sie uneins, denn die Jüngste sagte: »Ich will nach dem Schall des Glöckleins gehen, da find ich eine Kapelle und kann ich erst mein Gebet verrichten.« Die zwei andern aber wollten dem Gesang nachgehn und sagten: »Das ist gewiß ein schöner Jüngling, der auch Perlen sucht und der uns welche gibt, wenn er uns sieht.« Da trennten sie sich, und ging die eine nach dem Glöcklein. Die zwei andern aber schworen sich törichte Liebe zu und wollten beinander sein bis in den Tod, und so gingen sie dem Gesang nach, der immer hinreißender und lieblicher tönte, ihre jüngste Schwester rief ihnen noch zuweilen, ihr zu folgen, aber sie hörten es nicht, und ihr Schritt war stürzend immer schneller gegen den Gesang, als gingen sie einen Berg herab. Da fanden sie das Ufer und ein kleines schlechtes Schifflein ohne Segel und Ruder, sie hatten die Arme untereinander verschlungen und setzten sich hinein. Da hörten sie den Gesang immer lieblicher, da kam die Flut und trieb das Schifflein auf das offene Meer. Nun wich der Nebel, und stieg die Sonne aus den Wellen heraus, da hörten sie den Gesang immer lieblicher, aber auch ihrer Schwester Stimme hörten sie ängstlich von der Kapelle aus, denn diese stand hoch und sah sie mit Schrecken auf dem weiten Meere. Da sie so gar traurig gegen das Meer zu klagte, wendete sich ein alter Fischer zu ihr, der auch da gebetet hatte, und fragte sie, was sie erschrecke. Da er aber sah die zwei Jungfräulein auf dem Kahn, sagte er: »O weh, sie sind verloren! Es ist mein Kahn, ich wohne auf jenem Felsen, in dessen Strudel der lockende Perlengeist wohnt, der bald als eine Jungfrau, bald als ein Jüngling erscheint und die törichten Weltkinder verschlingt. Ich fahre täglich herüber, hier zu beten, mein Ruder und Segel nehme ich mit in die Kapelle; ach, wir wollen das Glöcklein recht anziehn, daß sie an Gott gedenken und beten.« Da zogen sie miteinander das Glöcklein an, daß es ängstlich hin und her schlug. Aber die Jungfrauen hörten nicht drauf, sie sahen nur nach der Seite des Gesanges; da sprachen sie: »Kühl und lieblich ist die Luft. Sieh, dort steigt der Sonnengott aus dem Ozean; o des süßen Gesanges, der mich durchdringt!« Da begannen sie ihre Locken zu ordnen, weil es Tag ward, und waren ängstlich, ihre Augen seien trüb, weil sie so früh aufgestanden. »Du bist sehr blaß«, sagte eine zur andern, und da färbten sie sich ihre Wangen mit falschem Rote.

Nun sahen sie vor sich zwei große Felsen, und plötzlich

tauchte ein schöner Jüngling aus der Flut, der ihnen winkte und die süßesten Lieder sang. Der zog mit der Hand lange Perlenschnuren, mit der andern Korallen aus den Wellen und spielte damit. »Ach, die schönen Perlen!« rief die eine aus, »ach, der schöne Jüngling!« die andere. Da zog ihr Schifflein wie ein Pfeil zwischen die Felsen und kam in den Strudel und begann sich im Zirkel zu drehen. Anfangs glaubten sie, es sei zur Lust, auch blies der Jüngling einen schönen Tanz dazu auf einer schimmernden Muschel, aber es drehte sich der Strudel immer heftiger, und unter schrecklichem Angstgeschrei riß er das Schifflein mit den eitlen weltliebenden Jungfrauen hinab in seinen Schoß.

Unter großem Jammer hatte das Jungfräulein und der alte Schiffer das Schifflein der beiden Schwestern aus den Augen verloren. »Ach, lieber Schiffer«, sprach sie, »wenn wir nur einen Kahn hätten, daß wir ihnen folgen könnten; vielleicht sind sie noch zu retten.« »Hier ist kein Kahn als meiner, hier hält sich kein Fischer auf, und den meinigen haben sie mitgenommen, und ich werde nun hinüberschwimmen müssen, was ich nun Alters halben nicht mehr leicht wage. Ach, ich wollte den Kahn gern verschmerzen, wenn nur deine armen Schwestern nicht umgekommen wären!« »Ach«, weinte die Jungfrau, »so sind sie dann verloren; ach, hätte ich sie doch zurückgehalten, aber ich rief ihnen oft und bat sie, da gaben sie mir schlimme Worte.« »Gott erbarme sich ihrer!« sagte der Schiffer und sah ins Meer. »Sieh, dort treibt mein Kahn leer wieder ans Ufer!« Da gingen sie beide von der Kapelle herab in den Kahn und weinten bitterlich; die Jungfrau trug das Ruder, der Schiffer das Segel, und da sie alles geordnet hatten, sang der Schiffer ein frommes Lied, und sang die Jungfrau mit. Da erhob sich ein frischer Wind, das Segel schwoll, und fuhren sie auf einem Umweg nach der Insel. Als sie angelangt waren, wollte die Jungfrau auf den kleinen Felsentreppen schnell über das Gestein laufen, um nach ihren Schwesterlein zu suchen, aber der Schiffer hielt sie zurück und sprach: »Nein, meine Tochter, bleibe hier, denn du magst sie nicht erretten, und jenseits ist der Felsen so schlüpferig, und würde dich der Gesang des Perlengeistes so verwirren, daß du leicht auch hinabstürztest.« Da wollte sie mit aller Gewalt hin, bis ihr der Schiffmann versprach, ihr auf den Abend ihre Schwestern zu zeigen. Da fragte sie ihn, wie er auf die Insel zu wohnen gekommen sei und was er hier treibe. Da sagte ihr der Schiffer, daß er hierher gezogen sei, die Unglücklichen, welche durch den verführerischen Gesang gelockt würden, zu warnen und, wenn er könne, die schon Untergehenden zum Gebet zu ermahnen, für die Verlornen aber zu beten. »Wer hat dich aber zuerst hierhergeführt?« sprach die Jungfrau. Da sprach der alte Schiffer: »Ach, das ist eine gar traurige Geschichte, und will ich sie dir heute abend erzählen, wenn ich dir deine Schwestern zeige.«

Da gingen sie in die kleine Hütte des Schiffers, die gar reinlich war; das Jungfräulein mußte Feuer machen, und er holte seine Netze hervor und fing einige Fische, die sie dann brieten und freundlich miteinander aßen; ihre Teller aber und alle ihre Küchengeräte bestanden aus mancherlei großen Muscheln, und schimmerte die ganze Wohnung von dem bunten Perlemutter, das hie und da zu verschiedenem Gebrauch angebracht war. »Habt Ihr die Hütte gebaut?« fragte die Jungfrau. »Nein«, sprach der Schiffer, »der Schöne Bettler hat sie gebaut.« »Wer ist der?« sagte die Jungfrau. »Er wohnte vor mir hier, und will ich dir ihn heute abend zeigen, wenn du deine Schwestern siehst.« Dann ging der alte Schiffer in eine Kammer und brachte ein Buch heraus, dessen Decke auch von schimmernden Muschelplatten war; das schlug er auf und sprach: »Diesen letzten Teil des Buchs, Gedichte und Lieder und Abbildungen der Sterne, hat alle der Schöne Bettler geschrieben während zehen Jahren, die er hier wohnte; das Buch selbst hat er hier gefunden, und war schon vieles hineingeschrieben.«

Da betrachtete die Jungfrau das Buch, nachdem sie den Fischer versichert hatte, daß sie nicht lesen könne, denn sonst hätte er es ihr nicht erlaubt, und sah sie mit großer Verwunderung, daß mehrere der ersten Pergamentseiten des Buchs oft halb von Perlemutter fest zusammengeschlossen waren; auch waren hie und da in der Schrift schimmernde feste Stellen, wie von zerflossenen Perlen. Da sie ihn fragte, was das sei, wiederholte er wieder: »Das will ich alles erzählen, wenn du deine Schwestern siehst.« Da schlug er ein Blatt auf, auf welchem der Abendstern abgebildet war, und las: »Wenn der Abendstern über dem Meere leuchtet und man singet *Ave maris stella*, so müssen die Lieder des Perlengeistes verstummen, und kann man von dem äußersten Felsen ohne Gefahr in das Wasserschloß sehen, wo der Becher von Thule zwischen zwei großen Platten von Bernstein eingewachsen ist; da sind viel Wunder zu schauen, aber wenn man dorten die Unglücklichen nicht sieht, so muß man in die Herzkammer der Steinernen Trauer gehen, da muß man leis die Decke des Bittern Brunnens erheben, wo man in die Kammer der Weinenden blicken mag.« Da schloß er das Buch und gab es der Jungfrau zu halten. Dann setzten sie sich vor die Hütte, und lehrte er sie das Lied. Da die Jungfrau aber vor sich nieder sah auf die glänzende Decke des Buchs, auf welchem des Himmels Abbild schimmerte, da rief sie plötzlich, nachdem sie das Lied ganz richtig nachgesprochen hatte: »Der Abendstern! Der Abendstern!« und blickte gegen Himmel. Zugleich sprang sie auf und bat den Alten, sie hinzuführen, wo sie ihre Schwestern sehen könnte. Da ging der Alte vorher und führte sie über manchen schlüpfrichen Pfad, durch Klippen und Felsen, die oft in bunten Farben schimmerten und wie Eis glatt waren, und beide sangen das Lied. Endlich kamen sie in ein altes Gemäuer, auf den äußersten Rand des Felsen gebaut; da hörten sie, wie das Lied des Perlengeistes vor ihrem verstummte, und blickten durch ein hohes Fenster hinab in den Strudel. Der war ruhig und klar, und schimmerte zwischen den tausendzackigen Felsen ein mildes Licht. Da sah sie den Becher von Thule zwischen zwei Bernsteinplatten aufrecht eingeklemmt, aber es waren ihre Schwestern nicht zu sehen, nur sah sie den Schleier der ältesten an einem Felsenhaken hängend. Da sagte der Schiffer: »So müssen wir sie im Bittern Brunnen suchen, der eine Kammer des Perlengeistes ist, denn er hat mancherlei Höhlen unter dem Felsen. Das alte Fenster ist das Fenster, von dem der König von Thule den Becher vor seinem Tode hinabwarf, den ihm seine Geliebte gegeben, wie in dem Buche steht. Nun will ich dich in die Steinerne Trauer führen.«

Nun gingen sie links immer auf Felsen hin, bis hin an eine große Klippe, da hörten sie Bäche rauschen, und die Jungfrau sprach: »Ach Gott, mir graut, denn ich sehe den Felsen wie ein trauriges Antlitz an dem hellen Himmel abgezeichnet.« Da sprach der Schiffmann: »Sei ruhig, dieses ist die Steinerne Trauer, ein Fels, der gleich einer liegenden weinenden Jungfrau gestaltet ist; aus ihren Augen fließen die Quellen, die du rauschen hörst, und hier ist das Gewölbe, ihre Herzkammer.« Da gingen sie in ein kleines Gewölbe, und der Schiffer steckte eine Lampe an. Da die Jungfrau aber an den Wänden hintappte, stieß sie mit dem Antlitz an etwas Kaltes, und da es Licht ward, sah sie vor sich das Bild einer sitzenden Jungfrau; auf ihrem Schoß lag ein toter Jüngling, und beide waren von einer dichten Masse verschmolzener Perlen überrindet, die aus der Jungfrau Augen wie Tropfenstein niederwuchsen und sich über die Erde verbreitet hatten. »Dies ist der Schöne Bettler und seine Braut, die seinen Leichnam und sich mit ihren Tränen kristallisiert hat. Aber jetzt helfe mir die Decke des Brunnens aufheben, und dann setze dich still an seinen Rand und sehe hinab.« Da hoben sie die Decke des Bittern Brunnens. Da saß eine große Menge Menschen, Männer und Frauen, in einem Zirkel unterm Wasser, und hatte jedes ein Bekken vor sich und weinten. Da sah sie mit unendlichem Jammer auch ihre zwei Schwesterlein sitzen, die waren noch ganz frisch; die andern Gestalten sahen sehr alt aus, viele waren wie Fische mit Schuppen bedeckt und mit wildem Schilfhaar; da sah sie auch Herrn Peter von Stauffenberg sitzen, den die Meerfei getötet hatte, und Herr Regnard von Lusignan und viele andere. Die schauten alle nach ihren Schwesterlein; in der Mitten aber lag ein abscheulicher Wurm auf einer großen Muschel und schlief; aber keiner der Unglücklichen konnte schlafen, denn sie waren mit ihren Haaren in das Gestein gewachsen, und wenn sie mit dem Kopfe nickten, litten sie Schmerzen. So sah die Jungfrau lang hinab und weinte mit in ihren Schoß. Der Schiffer aber ging hinaus und sah nach dem Gestirn, und da er wiederkehrte, sprach er: »Jetzt gehe hinweg, denn ich muß den Brunnen schließen, weil ich sehe, daß ein Stern über dem Felsen steht, der heißt Wermut,

von dem in der Offenbarung Johannis steht, und wenn er senkrecht über dem Brunnen steht, da erwacht der Perlengeist.« Da
schlossen sie den Brunnen, und da die Jungfrau in ihren Schoß
sah, lag er voller Perlen, die hatte sie geweint. Da sprach sie:
»Ach, wie kommen die Perlen in meinen Schoß?« Da sprach der
Schiffer: »Das sind deine Tränen, die du aus Mitleid um deine
Schwestern geweint hast; solche Tränen sind köstlich wie Perlen,
und da du vorhin mit deinem Antlitz an das Bild der schönen
Bettlerin gerühret, haben sie auch die Gestalt der Perlen erhalten,
und kannst du nun immer Perlen weinen und durch Kummer
und Elend gar große weltliche Güter erwerben.« »Das will ich
nicht«, sprach das Jungfräulein, »ich will hier bei dir bleiben und
beten; aus den Perlen aber will ich einen Rosenkranz machen
und ihn täglich für meine armen Schwestern beten, daß Gott sich
ihrer erbarme.« Da lobte sie der Schiffer, und gingen sie nach
Haus; es war schon Nacht, der Mond stand über dem Meere, die
Quellen der Steinernen Trauer rauschten laut und wehklagend
zwischen den Falten ihres Felsenkleides hinab, und der Stern
Wermut ergoß einen bittern Glanz zur Erde.

Als sie nach Haus kamen und den Rest der Fische von Mittag
gegessen hatten, sprach das Jungfräulein: »Nun, mein Lieber,
sage mir die Geschichte des Schönen Bettlers und seiner Braut,
und was mir sonst von der Insel zu wissen gut ist; denn ich will
bei dir wohnen als eine Einsiedlerin oder als deine Tochter, und
nach deinem Tod will ich wie du die Menschen hier warnen.« »Es
ist gut«, sagte der Schiffer, »daß wir zwei sind, so ist die Insel
doch nie ohne einen Schutzengel, wenn ich hinübergehe, zu beten und die Fische zu verkaufen. Daneben in der Kammer ist ein
starkes Netz, in welchem eine Matte liegt, an der Decke ausge-
spannt, darin kannst du schlafen; oben an dem Dach aber ist eine
Klappe, die du eröffnen kannst, wenn du schlaflos liegst, von da
aus kannst du die Sterne sehen und freudiger beten.« Dann setzte
er sich hin, schlug das Buch auf und las teils, teils erzählte er folgende Geschichte. Die Jungfrau aber zog sich mehrere ihrer langen blonden Haare aus, drehte sie in einen Faden und reihte ihre
Tränen zu einem Rosenkranz an den Faden.

»Liebe Tochter«, sprach der alte Schiffer, »was von dem Ursprung dieser Inseln, von der Entstehung der Felsen und vielen wunderbaren andern Geschichten in diesem Buche steht, wage ich dir nicht zu erzählen, und wenn du erst lange hier gewohnt hast und in Gebet und Tugend stark geworden bist, magst du alles selbst lesen ohne Gefahr. Denn du mußt wissen, der Schöne Bettler selbst ist durch die Lieder, die es enthält, in seiner Tugend wankend geworden und in Sünde gestorben. Was aber darin steht, sind die Lieder des Perlengeistes, die einige starke Seelen, welche in frühern Zeiten hier gewohnt, ihm abgehorcht und in das Buch geschrieben haben, um durch Erzählung derselben die Unglücklichen von ihrem Untergange abzuhalten. Sie enthalten teils die Geschichte des Perlengeistes bis vor der Sündflut, teils sind es die Geschichten der Unglücklichen, die in seine Gefangenschaft gefallen sind und das ewige Leben um zeitliche Lust hingegeben haben. Du sahst sie im Brunnen sitzen, und oft kürzen sie sich die jammervolle Zeit mit Erzählung ihrer Schuld. Der Perlengeist ist aber der Geist der weltlichen Eitelkeit und Liebe, der irdischen Freude und der sie begleitenden Trauer. Alle Menschen, die das Ewige vergessen über der Zeit, den Geist über dem Leib, sie werden der ewigen Sünde und der Trauer hingegeben. Und die da unten sitzen, sie müssen nur weinen, weinen und immer weinen, daß das Meer bitter werde, und so ernähren sie alles Gewürm und Ungeheuer des Meers und sitzen in der Bitterkeit ihrer Tränen. Aber in aller Trauer ist etwas Göttliches, denn die Trauer ist ein Streit gegen das, was der leiblichen oder geistlichen Vollkommenheit wehe tut, und so gibt es mancherlei Tränen. Die, welche in der Strafe um den Schmerz fließen, sind bitter und gesalzen; also weinen die Unglücklichen, die du sahst.« Da brach das Jungfräulein abermals in Tränen aus, und die Perlen rollten auf den Tisch. »Ach, so ist denn keine Rettung für meine armen Schwestern?«

Da fuhr der Schiffer fort: »Die Tränen aber eines Menschen liebenden Mitleids sind köstlich und sie verwandlen sich in Perlen, wie du siehst. Nun will ich dir aber sagen, was die göttlichsten Tränen sind. Es sind die Tränen der Andacht, welche fließen

um das Leiden des Herrn, um die eigne Unvollkommenheit, um
die Sünde der Welt und um das Lamm, welches sie getragen.
Diese Tränen werden von der Sonne aufgeküßt, und morgens
stehen sie als Perlen des Taues segnend auf den Auen, sie mehren
die Gnade des Herrn und seinen Segen. Nun will ich dir aber
noch sagen, daß wohl eine Rettung für die Unglücklichen ist;
denn wie alle Trauer etwas Göttliches in sich hat, so haben auch
ihre Tränen eine Perle in sich, aber sie müssen oft gar lange weinen, bis sie diese Perle weinen. Wenn sie sich endlich selbst vergessen, wenn sie ihren Schmerz gering halten für ihre Torheit
und durch die Leiden ihrer Gesellen gerührt werden, dann hört
ihre Empfindung auf; sie verwandlen sich in harte Muscheln, in
denen eine Perle fest verschlossen ist, und dies ist ihre Träne des
Mitleids. Nun muß ich dir aber noch sagen, wie unrecht es ist,
sich selbst den Tränen der edleren Trauer unmäßig zu überlassen. Da diese Trauer doch immer ein Opfer ist, welches wir der
Zeitlichkeit und ihrem Geschicke bringen, und nicht ganz göttlichen Ausgangs und Eingangs ist, so liegt auch in den Perlen noch
etwas Weltliches und kann manch Böses dadurch entstehn, denn
sie werden oft der Schmuck eitler Frauen und buhlerischer Jungfrauen, sie sind eine Zierde irdischer Kronen und haben hohen
Preis in dem Kram niedrigerer Wucherer, die der Herr aus dem
Tempel geworfen hat. So mehren sie die Sünde, oft aber werden
sie auch zur Zierde heiliger Gewänder und Gefäße, zum
Schmuck der Reliquien und der von frommer Kunst gebildeten
Kreuze und Marienbilder gebraucht, und so mehren sie die Andacht. Also hat der Herr diese Früchte der Weltlichkeit wieder
der Freiheit der Menschen übergeben, denn er ist gerecht. Und
darum schließen die Muschlen sich so fest um die Perlen und geben sie nur, wenn man sie erbricht und tötet, weil sie lieber sterben wollen als von neuem Böses stiften. Da sie seine Strafe, unendlichen Schmerz, fürchten, leiden sie seine Folge, die Vernich-
tung, und gehen über in die Materie. So sind sie aus einem Eben-
bilde Gottes zurückgegangen in den rohen Stoff, weil sie sich von
dem Schöpfer zur Kreatur gewendet haben.
Von der Steinernen Trauer aber will ich dir folgendes erzäh-

len: Sie war, ehe der Herr in seinem Zorn die Menschen und Tiere von der Erde vertilgt hatte, eine herrliche Königin, nahm sich aber solches Stolzes an, daß sie ihre Schönheit der göttlichen gleich pries, und ließ sich und ihren Kindern Opfer bringen. Da trafen die Blitze Gottes ihre Kinder, und sie begann in unsäglichem Jammer zu weinen; eine ihrer Töchter hatte sich früher einem bösen Geiste des Meeres verbunden, denn die Menschen hatten in Blindheit und Laster ihr göttliches Ziel aus den Augen verloren, und alle Geschöpfe hatten sich untereinander verwirrt. Da die unglückliche Königin ihre Kinder verloren hatte, lag sie weinend am Meer und flehte nach dieser ihrer Tochter; aber sie kehrte nicht nach ihr zurück, denn sie fürchtete die Blitze des Herrn. Da aber bald hierauf die Erde von der Wasserflut gereiniget wurde, da war das ganze menschliche Geschlecht wieder in die Erde und das Gestein aufgelöst, und alle Berge, Klippen und Quellen waren dem neuen Geschlecht in wunderbaren Gestalten als warnende Bilder zurückgeblieben; so auch ist dieser Fels in Gestalt eines weinenden Weibes hervorgekommen; ihre Tochter aber wühlte unter den Steinen zu ihr herauf und hat den Bittern Brunnen unter dem Gewölbe in ihrer Herzkammer gebildet; sie aber liegt da als ein ewiges Denkmal weltlichen Stolzes und weltlichen Elends, und aus ihren Augen rinnen zwei Quellen, die ins Meer fließen. Der Perlengeist aber ist ein Nachkomme dieser Königstochter und des sündlichen Geschlechts der irdischen Lust, gegen die wir ewig kämpfen müssen, um als Sieger das ewige Leben zu gewinnen; denn nach dem Fall des ersten Menschen ist Kampf das Los des Menschen, denn der Herr sprach: ›Du sollst dein Brot im Schweiße des Angesichts erringen.‹ Er erscheint aber bald als ein Weib, bald als ein Jüngling und zieht durch seine liebliche Musik die Menschen zu sich hinab ins Verderben; oft auch hat er sich als eine liebliche Jungfrau in heimliche Ehe auf Erden begeben und edle Männer mit weltlicher Liebe und Treue und großen Glücksgütern von dem rechten Wege scheinheilig geführt. Wenn ihre Gatten aber sich gesammelt und zu wissen begehrt, wer sie sei, hat sie dieselben verlassen und ihren baldigen Tod verursacht. So sitzt Herr Raimund von Poitier,

Herr Peter Diemring von Stauffenberg im Bittern Brunnen, welche sie als Melusine betrogen; auch ein armer Fischer weint da unten, den sie hinabgelockt mit schönen Lügen; und den König von Thule, der vor langer Zeit hier ein Schloß hatte, kannst du auch im Brunnen sehen und sein Lied singen hören. Er hat lange mit einer schönen unbekannten Jungfrau in unordentlicher Liebe gelebt, die ihn sehr geliebt; da er aber in sie gedrungen, ihren Namen zu nennen, ist sie vor Gram gestorben und gab ihm einen goldnen Becher, den er nun über alles liebte, und so hat sie ihn noch nach ihrem Verschwinden bis an sein Ende verstrickt. Da er nun sterben wollte, reist er hierher auf sein Schloß, wo er sie zuerst gesehn, und warf vor seinem Tode den goldnen Becher hinunter in die Flut, wo du ihn gesehen. Er selbst aber ließ sich in ein Felsengrab legen, das nicht mehr gefunden wird, da es der Geist unterwühlt hat. Und nun will ich von dem Schönen Bettler sagen.

Drüben am Ufer lebte einst ein armer Fischer; er war sehr arm, aber arbeitsam und lebte vergnügt; er hatte nur einen Kummer, das war sein Sohn. Dieser war ein wunderschöner Jüngling, auch fromm und tugendhaft, aber er wollte nie mit seinem Vater fischen, ja warf ihm sogar oft die gefangenen Fische wieder heimlich ins Wasser, und wenn ihn der Vater darum strafte, so sagte er: »Das will ich gern leiden, wenn nur die armen Fische wieder glücklich sind.« So bezeigte er ein seltsames Mitleiden gegen alle Tiere und wollte überhaupt kein Gewerbe ergreifen. Er hütete die Schafe auf den Hügeln, am liebsten aber die Gänse am Meer, denn wenn er ein Schaf dem Fleischer abliefern sollte, so weinte er wie ein Kind, und einmal, da er wußte, morgen würden viele seiner wollichten Freunde zum Tode geführt werden, führte er in der Nacht die ganze Herde auf einsames Gebürg, um sie zu retten. So daß man ihn dieses Amtes entsetzen mußte. Der Vater hielt ihm seine Torheit mit harten Worten vor und bat ihn, der Schwanen, Gänse und Enten am Meeresstrand mit mehr Menschenverstand zu hüten, und mit Vergnügen übernahm er sein neues Amt, denn er liebte sehr im Meere herumzuschwimmen, und das tat er nun mit seinen Freunden um die Wette. Aber da

nun sein Vater sah, daß er immer im Wasser lag, bat er ihn herzlich, nie darin zu schwimmen, ohne Gott vorher anzurufen;
›denn‹, sagte er, ›ich bin einst in großes Unglück dadurch geraten.‹ Bei allem dem liebte er ihn herzlich, denn er war so schön,
daß man ihn nicht ohne große Liebe ansehen konnte, und wer
ihn sah, der dankte Gott für seinen Anblick und bedauerte, daß
er sich zu keinem Geschäfte schicken wollte. Er aber bekümmerte sich um nichts, war stolz und nahm kein Geschenk an;
auch war er nicht faul, sondern in beständiger Arbeit mit seinen
Gedanken, nur tat er nichts von allem dem, was man so unter den
Leuten Arbeiten nennt. Er flocht sich ein künstliches Schilfhaus,
schnitt sich Flöten und blies sie auf die lieblichste Art; oft lag er
ganze Nächte unter freiem Himmel und sah die Sterne an, die ihn
sehr erfreuten; auch erfand er wunderschöne Lieder und sang sie
mit entzückender Stimme. Kräuter, Steine und Muscheln betrachtete er mit großer Aufmerksamkeit, machte sich wunderbare Gedanken darüber und legte sie oft in eine Ordnung an die
Erde, wie er die Sterne am Himmel sah. So war er bereits acht-
zehn Jahre alt geworden und konnte noch nicht lesen und schreiben. Aber seine Religion hatte er sehr gut im Gedächtnis und im
Herzen; denn morgens, wenn er am Meer saß vor Tag, da kam
ein alter Einsiedler von der Insel nach jener Kapelle gefahren, wo
du mich heute fandst, mit dem hatte er Freundschaft aufgerichtet, und dieser unterrichtete ihn mündlich von allem, wenn sie in
der Kapelle gebetet hatten. Sein Vater war aber gar alt und fühlte
sein Stündlein nahen. Da rief er seinen Sohn an sein Lager, um
mit ihm vor seinem Ende nochmals herzlich zu reden.«

Hier unterbrach sich der Schiffer und sagte zu dem Jungfräulein, welches gar aufmerksam zuhörte: »Komme mit mir ans
Fenster.« Da zeigte er ihr nach der Meerseite hinaus weit in der
Ferne ein Licht und sprach: »Sieh, dort wo das Licht scheint,
liegt auf einer Insel ein Schloß; das gehörte einst mein, dort
wohnte mein Weib und meine Tochter!« Dabei flossen ihm einige Tränen von den Augen, die auch Perlen waren. Da machte er
den Laden zu und gab der Jungfrau die Perlen mit den Worten:
»Reihe diese Tränen auch in deinen Rosenkranz und bete sie im-

mer zum Heil meiner Seele, wenn ich nicht mehr bin. Ich habe lange nicht da hinaus gesehen, lange nicht von den Meinigen geredet und will es auch nie wieder, wenn ich dir die Geschichte erzählt habe.« Dann fuhr er fort:

»Ich kannte den alten Fischer gar wohl, er fuhr mich oft nach dem Schloß zurück, wenn ich auf dem festen Lande gewesen war; und da ich einstens Frau und Kind gesegnet hatte, um eine Fahrt ins Heilige Land zu tun, kam ich morgens in seine Hütte, auch von ihm Abschied zu nehmen und ihn einzuladen, manchmal die Meinigen in der Abwesenheit im Guten zu ermahnen. Da ich aber hereintrat, wollte der Alte grade sterben, und kniete der Schöne Bettler vor seinem Lager. Der Vater unterbrach seine Ermahnungen an seinen Sohn, der kein Wort redete, und nahm im wahren Sinne des Worts Abschied von mir. Dann fuhr er in seiner Rede an seinen Sohn fort und sprach ihm besonders wegen seinem Müßiggang in die Seele, und vor allem stellte er ihm seine Schönheit vor und die Gefahr, die er laufe, in weltlicher Liebe zugrunde zu gehen. ›O mein Sohn‹, sprach er, ›verweile nie ohne Geschäft zur bloßen Lust in den Wellen dieses Meeres; denn dort drüben wohnt in den Klippen eine Sirene, die weltliche Lust und Liebe, die dich hinabziehen kann mit ihrem süßen Gesang in den Strudel der ewigen Trauer.‹ Da begann der Sohn ihn anzureden und sprach mit einer wunderbaren Begeisterung und einer rührenden Weisheit zu meiner und des Vaters Verwunderung, denn wir hatten ihn, wie alle Welt, für einen törichten Menschen gehalten. ›Teurer Vater‹, sprach er, ›Ihr brechet das Siegel meiner Lippen, denn Ihr brechet mein Herz. O, fasset die wenigen Minuten Eures Lebens, Euch mit Eurem Gott auszusöhnen, und nehmet den einzigen Dank, den ich Euch für alle Eure Liebe geben kann, nehmt aus meinen Worten die Versicherung mit in Euer Grab, daß Euer Sohn nicht als eine Beute seiner Torheit zurückbleibt; denn erfahret aus meinen Worten, daß ich gedacht habe und in der Seele gearbeitet, wenn mich gleich Ihr und das Volk den müßigen Toren nannten.‹ Und nun begann er mit einer so erquickenden Art seinem sterbenden Vater von der Ewigkeit, von Gott und seiner Barmherzigkeit zu reden, daß der Alte und

ich in Tränen zerflossen. Er aber war sehr ernst und freudig wie
ein Engel, und da er seinen Vater gar sehr bewegte, sprach dieser:
›O mein Gott, wie herrlich ist dein Todesengel!‹ Dann ward der
Alte unruhig und schien etwas Schweres auf dem Herzen zu haben, aber die Sprache fehlte ihm. Da ergriff sein Sohn ein Saitenspiel, das er sich selbst über eine Muschel gespannt hatte, und
sang ein wunderbares beruhigendes Lied, daß sein Vater ruhig
sterben möchte. Dieser sah ihn nochmals an, sehr wehmütig, und
stammelte das Wort ›Sirene‹ und entschlief. Der Sohn küßte ihn
und weinte nicht. Da umarmte ich diesen Menschen und fragte
ihn, ob er mir auf meiner Reise folgen wollte. Er sprach aber:
›Gestern hätte ich es getan, aber jetzt will ich beten.‹ Ich wollte
ihm einen Beutel mit Geld geben, aber er ward unmutig und
sprach: ›Soll ich hier bei dem Tod für mein Leben sorgen?‹ Da
sprach ich: ›Aber morgen willst du leben?‹ Da sprach er stolz:
›Ich will bettln!‹ und verließ mich; worauf ich das Geld in den
Kasten seines Vaters legte, damit er es als sein Erbe ansehen
möge, und mich nach dem Hafen begab, wo mich die Schiffer
längst erwarteten. Da sein Vater begraben ward, gingen viele
arme Leute, seine ehemaligen Freunde und Standesgenossen, mit
dem Zug, und der Sohn hielt eine Rede an seinem Grabe, die alle
die alten Leute in Verwunderung setzte. Nachher lud er sie alle
zu sich in seine Hütte ein und verschenkte alles das wenige Ge-
räte, was sein Vater zurückgelassen hatte, und bat sie, des Verstorbenen dabei zu gedenken. Auch sogar die Türen und Fenster
waren vor seiner Freigebigkeit nicht sicher, und nachdem nichts
Bewegliches mehr übrig war, begab er sich an das Meer und
stürzte sich fröhlich hinein. Noch sahen alle die Beschenkten mit
stummer Verwunderung ihm nach, wie er fortschwamm, als hinter ihnen die Hütte in Rauch aufging, denn er hatte Feuer in das
Strohdach gelegt. Dann kehrten sie in die Stadt zurück und erzählten, wie der müßige Tor sich ertränkt habe.

Mit leichter Mühe gelangte der rasche Schwimmer auf diesen
Felsen zu seinem Freunde, dem Einsiedler, aber in den Wellen
gedachte er ernstlich der Ermahnung seines Vaters und betete
fromm, daß er nicht in den Strudel kam. Nun verließ er die Insel

nicht mehr und genoß einige Jahre den Unterricht des Einsiedlers über alles, was ich dir gesagt habe. Nie aber ließ ihn dieser an
jenen Rand der Klippe, wo sich der Geist aufhält, weil er ihn
noch nicht für stark genug hielt, seine Lieder zu ertragen. Während dieser Zeit schwamm er oft hinüber ans feste Land, für sich
und den Einsiedler zu betteln; aber er kam nie vor die Hütten derer, denen er sein Habe verschenkt hatte; er begehrte auch nie mit
Demut, sondern mit einer so edlen Ruhe, daß ihm jedermann
gern gab, ja man erwartete ihn, man ging ihm entgegen seiner
großen Schönheit wegen, und nun hieß er allgemein der Schöne
Bettler. Der Einsiedler ging nun nicht mehr nach dem festen
Lande in die Kapelle, denn der Schöne Bettler richtete ihm einen
Altar und ein Kreuz in einer Grotte auf, die ich dir morgen zeigen will. Da er diesen Betort fertig hatte, fehlte ihm nur noch ein
Kelch, denn der Einsiedler war ein Priester; und da ihm dieser
von dem Becher von Thule gesprochen hatte, so konnte er der
Versuchung nicht länger widerstehen, als der Alte entschlafen
war, sich hin nach den alten Ruinen zu begeben, wo ich dich hin-
geführt, um zu sehen, ob er den Becher nicht erhalten könne.
Kaum aber hatte er sich dem alten Fenster genähert und zwar mit
seinem Saitenspiel in der Hand, als vor ihm ein wunderschönes
Weib aus der Flut tauchte und mit allen Liebesmächten des Gesangs, der Gebärde und des Lieds ihn bezaubern wollte; er aber
ließ sich nicht stören, sondern begann mit seiner nicht minder
schönen Kunst ihren Liedern und ihrem Begehren Hohn zu singen. Da begann endlich der Geist, gar kläglich zu tun und mit
rührenden Gebärden ihn anzureden: ›Was begehrest du von mir,
daß du mich verspottest?‹ Da erwiderte der Schöne Bettler: ›Ich
begehre den Becher, der hier unten liegt.‹ Da sprach der Geist:
›Gibst du mir den Ring dafür, den du am Finger trägst, so sollst
du den Becher haben.‹ Der Schöne Bettler wollte den Ring nicht
geben, denn sein Vater hatte ihn getragen, und sagte dies. Da
sprach der Geist: ›O mein Sohn, willst du deiner Mutter den
Trauring nicht wiedergeben?‹ ›Wenn dem so ist‹, sprach er da,
›verflucht die Minute, die ich ihn länger am Finger trage; gib den
Becher, hier ist der Ring!‹ Er warf ihn hinab, aber der Geist lachte

ihn aus und gab den Becher nicht. Da erzürnte der Bettler und faßte eine ganze Wand der Ruine im Grimm und stieß sie hinab auf das Gespenst, daß das Wasser in die Höhe schlug. Mit großem Unwill kehrte er nun zurück und trocknete sich die Wangen ab, denn die Wellen hatten ihn bespritzt. Plötzlich blieb er aber stehn und dachte daran, daß sein Vater ihm nie von seiner Mutter geredet, daß er ihn immer so geheimnisvoll vor jenem Strudel gewarnt, daß er noch sterbend ihm das Wort ›Sirene‹ zugerufen. Da ward er sehr traurig und ging in die Grotte an den Altar und betete unter heftigen Tränen für seinen Vater und flehte zu Gott um Stärke, gegen die Lockungen seiner Mutter zu kämpfen.

Nach einem Jahr starb der Einsiedler, und der Bettler begrub ihn in der Kapelle. Nun begann der Zurückgebliebene eine ganz neue Ordnung. Der Einsiedler hatte, wie noch ich, die Gewohnheit, unglückliche Verirrte zu warnen, daß er, wenn er ein Schifflein oder einen Schwimmer sich nahen sah, denselben entgegenfuhr und sie warnte; er aber setzte sich in seinem Saitenspiel ans Ufer und zersang mit unaussprechlicher Kunst die lockenden Lieder der Sirene, und man könnte sagen, daß, wo die Torheit der Verirrten übergroß war, das Rechte zu erwählen, er dieselben zum Guten verführte. Auch vermied er nicht, dem Wassergeist zu begegnen, er war so stolz, daß er ihn rief und mit ihm sprach, ihn auch wohl gar mit seinen Gesängen selbst zu bekehren suchte.

So lebte der Bettler lange und stiftete viel Gutes, aber es erzeugte sich in seiner Seele eine unendliche Wißbegierde, den ganzen Ursprung des Bösen zu wissen, um es gründlich bekriegen zu können, und dabei fühlte er nicht, daß er schon weit von der Demut entfernt war und sich ein geheimer Stolz seines Herzens bemächtigte. Er begab sich nun oft in die Herzkammer der Steinernen Trauer, deckte den Bittern Brunnen auf und lauschte auf die Gesänge der Verlornen, ja er begann sich in den Felsen dort ein geräumiges Lager zu meißeln, wo er ganze Nächte lag und lauschte, statt daß er wie ehedem in dem Netze geschlummert, welches ich dir heute zur Schlafstelle angewiesen habe, und dem Gesang der Sphären zugehört. Da er aber sein Lager dort erwei-

tern wollte, fand er das Buch in einer Öffnung des Felsens verschlossen. Freudig lief er damit nach der Hütte, betrachtete die
schimmernde Decke und, da er es öffnete, bedauerte er zum erstenmal, nicht lesen zu können. Besonders aber wunderten ihn
viele Abbildungen von Gestirnen, die, mit den heidnischen
Sternbildern bezeichnet, mit wunderbar schimmernden Farben
ausgeziert waren. Dann fand er zwischen dem Geschriebenen
ganz unzählig viele Bilder von mancherlei Geschichten, Könige,
Ritter und Jungfrauen von so fremder Gestalt und Tracht und
mit so reizenden Händen begriffen, daß er den ganzen Tag über
dem Buche gesessen hatte, als ihm plötzlich einfiel, daß er noch
gar nicht auf der Wache gewesen sei. Er verschloß daher sein
Buch, so sorgsam er konnte, und eilte nach der Ruine. Kaum war
er dort angekommen, als der Wassergeist sehr bestürzt und traurig erschien und ihn fragte, ob er ihm nicht ein Buch entwendet
hätte? ›Ja‹, sagte der Bettler, ›ich habe ein Buch gefunden, welches wahrscheinlich der Einsiedler zurückließ, und das du, Lü-
gengeist, dir gerne zueignen möchtest.‹ ›Ach‹, klagte die Sirene,
›dies Buch ist das edelste Kleinod, das ich besaß; es ist die Chro-
nik meines ganzen Stammes, und stehet darin all meine Natur
und mein Kalender, alle meine Kunst und Wissenschaft, die Geschichte aller derer, die sich mir ergeben, meine Lieder und der
Geburtstag meiner Kinder.‹ ›Wenn ich das Blatt finde, worauf
das letzte steht, was du beklagst‹, sprach der Bettler zornig, ›so
will ich es zerreißen und dir wiedergeben.‹ Der Geist flehte noch
lang, der Bettler aber sprach: ›Ich nehme das Buch für meinen
Ring, den du mir abgeschwätzt hast; ich will deine Geschichte
studieren und dir dann Anmerkungen dazu machen und ein Register, das dich so peinigen soll, daß die Geschichte ein Ende
kriegt‹, und nun ging er zurück. Nun lächelte der Geist für sich,
denn die Schlinge zu des Bettlers Verderben war gelegt.

   Da er nach Hause kam, schlug er gleich das Buch wieder auf,
und seine Begierde, darin lesen zu können, wuchs ungemein.
Und wer sollte es ihn lehren? Nach der Stadt wagte er mit diesem
Schatze nicht zu gehen, weil er fürchtete, er möchte ihm geraubt
werden; er warf also seine Augen nach jenem Inselschloß, wo er

vorher nie gewesen war. Er nahm sein Saitenspiel mit und
schwamm hinüber. Die Jungfrau des Schlosses befand sich in einem Garten. Der Schöne Bettler ging ruhig auf sie zu. Seine
Schönheit bestürzte die Jungfrau, sie hatte nie einen Mann gesehen außer ihrem Vater, der abwesend war, und einigen Dienern.
Sie fragte den Jüngling, was er wolle. Er bettelte Brot und Obst.
Sie eilte, es ihm zu bringen, und bebte, ihn anzuschauen. Dann
fragte sie ihn über seine Heimat und warum er bettle; aber er
sprach nur wenig und bat sie, ihm zu sagen, ob niemand auf der
Insel wohne, der ihn lesen und schreiben lehren könne. Die
Jungfrau sprach: ›Hier ist niemand, der es kann als ich; aber ob
ich es lehren kann, weiß ich nicht.‹ Der Bettler antwortete: ›Hier
kann es mir auch nicht helfen, denn ich kann das Buch nicht mitbringen, das ich lesen möchte.‹ Und nun beschrieb er ihr das
Buch. Da geriet die Jungfrau in ein seltsames Entzücken, ihn anzuschauen, und als er ihr einige Lieder sang, die sein Vater immer
gesungen hatte, mußte er weinen. Da sah sie, daß er Perlen
weinte, und ward ganz wie unsinnig um ihn. Er aber bat sie, ihn
doch lesen und schreiben zu lehren; sie solle nachdenken, wie sie
es machen wolle, morgen werde er wieder kommen, und dann
stürzte er sich wieder ins Meer und kehrte zurück. Für die Jungfrau war nun alle Ruhe verloren, sie konnte nicht mehr leben und
nicht sterben, so heftig hatte sie das Wesen des Schönen Bettlers
entzündet, und da er am folgenden Tage wiederkam, versprach
sie, ihm durch die Wellen zu folgen, wenn er harren wolle, bis
ihre Mutter zu Bette sei. Der Bettler harrte, die Jungfrau traf einige Vorkehrungen und schwamm mit dem Bettler hinüber.
Kaum war sie in seiner Hütte und kaum hatte er ein prasselndes
Feuer angezündet, als er auch gleich das Buch aufschlug und ihren Unterricht begehrte. Die unglückliche Jungfrau konnte noch
kaum von ihrem ganzen Beginnen, von ihrer Leidenschaft, von
ihrem Verbrechen an ihrer Mutter zu Sinnen kommen, als sie ihn
schon unterrichten mußte. Er lernte mit unendlichem Fleiß, und
sie lehrte ihn die Buchstaben kennen; dann mußte sie ihm noch
eine Geschichte aus dem Buche lesen, er dankte ihr, gab ihr etwas
zu essen und führte sie wieder hinab an das Ufer und führte sie

durch die Wellen zurück. Da versprach sie ihm, daß er sie so oft holen könne, als er eine Flamme an der Gegend des Ufers gewahr werde, wo sie heute gelandet wären. Aber ihre Liebe hatte sie nicht gewagt ihm zu gestehen. Am folgenden Morgen stand der Jüngling früh auf und beging den ersten Mord, er schnitzte einen Bogen und erschoß einen Seevogel, um eine Feder zum Schreiben zu haben. Mit dem Blute des Vogels begann er die Buchstaben, die er kannte, nachzumalen. Abends sah er, sobald es dunkel ward, die Flamme und holte seine Lehrerin; sie kam ihm schon in den Wellen entgegen, und da sie bemerkte, daß er still vor sich redete, fragte sie ihn, warum. Da sagte er ihr, daß man in diesen Gewässern nicht sein dürfe, ohne zu beten. Da sagte sie: ›Ach, Lieber, wenn du nicht betetest, ich glaube, dann wärst du der Wassergeist selbst.‹ Sie lasen abermals; die Geschichten waren wunderbar süß und giftig; dem Bettler waren sie nicht gefährlich, denn er war lauter Nachsinnen, aber die Jungfrau lehrte ihr eignes Verderben. Bald kam sie allein geschwommen, wenn er ihr eine Lampe an einer hohen Stange am Ufer aufrichtete, und der Bettler konnte bereits lesen und schrieb nun auch seine eignen Gesänge in das Buch; auch malte er sich die Sternbilder anders und nach seiner Weise.

Die Liebe der unglücklichen Jungfrau zu dem Schönen Bettler stieg mit jedem Tage, da sie ihn wiedersah, aber sie wagte es ihm nie zu sagen, so fern schien es ihm zu sein, ihr Unglück zu vermuten. Da sie nun einst zu ihm kam und ihn nicht in der Hütte fand, schrieb sie das Geständnis ihrer Liebe in das Buch, und zwar in Form einer Weissagung, daß eine Jungfrau von hohem Stande mit Lebensgefahr ihn lieben und an dieser Liebe sterben werde, wenn er sich ihrer nicht erbarmte; und nun kehrte sie allein zurück. Aus Schüchternheit hatte sie diese Worte an eine Stelle geschrieben, wo er sie nicht gleich bemerkte. Den folgenden Tag steckte er seine Lampe aus, die Sirene aber machte einen Nebel um die Insel, und die Jungfrau konnte das Licht nicht sehen und war sehr traurig, nicht gerufen zu sein. Als sie nun den folgenden Tag auch nicht kam, schwamm er hinüber; aber an dem Ufer fand er viele Menschen beschäftigt, im Wasser zu suchen, und da er fragte, hörte er den Jammer der Menschen, daß die Jungfrau des Schlosses vermißt werde und man fürchte, daß sie ertrunken sei. Wie ein Pfeil kehrte er zu den Klippen zurück, er suchte rings am Strande und fand sie zu den Füßen der Steinernen Trauer mit gefalteten Händen tot von der Flut ausgeworfen. Er trug sie in die Felsenkammer, er ergriff alle Mittel, sie zu beleben; endlich fiel ihm ein, daß in seinem Buche mancherlei Arzneien stünden; er eilte nach Haus und suchte und fand das Geständnis ihrer Liebe; er nahm das Buch und eilte wieder zu ihr in die Höhle, und als er ihre Hand auf die Stelle gelegt hatte, flossen als Beteuerung einige Perlen-Tränen aus ihren Augen. Eine unendliche Trauer ergriff ihn, da hörte er im Bittern Brunnen singen:

> Eile! Eile hin nach Thule,
> Suche auf des Meeres Grund
> Jenen Becher! Deine Buhle
> Trinkt sich nur aus ihm gesund.

Er eilte nun hin an den Strudel, er war auf dem Punkte, sich hinabzustürzen, als sich ihm der Geist zeigte: ›Willst du mir mein Buch noch nicht wieder geben?‹ sprach er hohnlächelnd. ›O hätte ich es nie aus deinen Händen genommen!‹ erwiderte der Fischer. ›Gib mir den Becher, daß ich die Jungfrau wieder zum Leben bringe.‹ ›Ja‹, sagte der Geist, ›wenn du mit ihr zu mir herabkommen willst, so will ich dich als meinen Sohn aufnehmen; beuge dich nieder, daß ich dir den Becher gebe.‹ Der Jüngling beugte sich nieder, und der Geist schlug ihm mit dem Becher so heftig an die Stirn, daß sein Blut niedertroff. Er taumelte zurück, und da er zu dem Leichnam seiner Geliebten kam, nahm er ihn auf seinen Schoß und weinte, weinte nieder; und auf seiner Geliebten lag das Buch aufgeschlagen, wo sie hingeschrieben hatte, daß sie ihn liebte, und wie er so auf das Buch weinte, sah er Zeilen zwischen den andern erscheinen. Da stand sein ganzes Geschick geschrieben, und daß der Geist ein falsches Licht im Meere gemacht habe, nach dem die Jungfrau geschwommen und ertrunken; da weinte er immer mehr und ritzte sich die Adern und

schrieb ein kurzes Lied von seinem Untergang, warnte vor dem
Geist und weinte immer, immer in unendlicher Trauer, bis er in
der Herzkammer der Steinernen Trauer sich und seine Geliebte
also in Tränen verhärtet hatte, wie du gesehen. So ist die Geschichte des Schönen Bettlers und – meiner Tochter. Da ich aus
dem Heiligen Lande zurückkam in Gestalt eines Pilgers, fand ich
mein Weib tot. Sie war aus Kummer über meine Tochter gestorben, das Schloß war in den Händen meiner Verwandten; so gab
ich mich auch nicht zu erkennen und begab mich nach dieser Insel, um hier meine Tage zu beschließen. Erst nachdem ich lange
hier gewohnt, entdeckte ich die beiden Unglücklichen und das
Buch, über welches sich seine Tränen also verbreitet haben, wie
du an den schimmernden Stellen siehst.«

Da ward der alte Schiffer gar still; die Jungfrau aber begann
den Rosenkranz, den sie vollendet hatte, laut und von Herzens-
grund zu beten, und er antwortete ihrem Gebet.

So lebten sie eine lange Zeit miteinander, und täglich ging das
Jungfräulein an den Bittern Brunnen und sah ihre Schwestern
und betete und weinte so lange, bis sie einen großen Schatz von
Perlen hatte, den gab sie dem alten Schiffer und bat ihn, ein Kloster darum auf den Felsen bauen zu lassen. Das tat der Schiffer,
und da das Kloster fertig war zu Ehren der büßenden Magdalena
auf dem einen Felsen, ward die Jungfrau Äbtissin darin; auf dem
andern erbaute der Fischer ein Mönchskloster zu Ehren der
Schmerzhaften Maria; und so lag der Strudel des Perlengeistes
zwischen diesen beiden christlichen Kastellen, und alle Frauen
und Männer dieser Klöster sind Gerettete aus dem Strudel der
Welt und leben noch fromm, da ihre Stifter längst im Rufe der
Heiligkeit zu Gott gegangen sind. Da sie aber starben, befahlen
sie, daß man ihre Leichname in die Herzkammer der Steinernen
Trauer tragen und, nachdem sie dort einige Tage gestanden, sie
beerdigen solle. Unter großer Trauer trugen die Mönche den alten Fischer und die Nonnen die Jungfrau in die Grotte und knie-
ten davor nieder mit Beten und Singen bis zur Nacht, da nur ein
einziger zurückblieb, am Eingang zu wachen. Um die zwölfte
Stunde aber hörte dieser ein wunderbar Geräusch und sah die

Grotte von Menschen erfüllt; er sah die zwei törichten Jungfräulein aus dem Brunnen steigen und bei dem Leichnam ihrer Schwester niederknien. Die Geliebte des Schönen Bettlers stand auf und kniete vor ihrem Vater nieder; auch der Schöne Bettler erhob sich und schlug dreimal in sein Saitenspiel: da stiegen aus dem Brunnen Raimund von Poitiers und der Stauffenberger, sie trugen den König von Thule auf ihren Schultern, der einen langen silbernen Bart hatte, dann folgte ein Fischer und unzählige andere, wie sie in dem Buche abgebildet zu sehen sind. Sie versammelten sich alle und redeten kein Wort und bewegten sich wenig, nur der Bettler schlug heftige Schläge in die Saiten; da rührte es sich heftig in den Felsenadern der Steinernen Trauer, sie wollte sich aufrichten, das Gewölb zerbrach, der Bettler zog voran, die Geister ergriffen die Leichname der Verstorbenen, und so zogen sie durch die Öffnung des Felsen hinaus, um die Insel herum und dann fort über die Wellen hin, wo sich eine Wolke in der Gestalt eines Schiffes niedergelassen hatte, das sie bestiegen, und verschwanden.

Indes war ein Stern senkrecht über den Bittern Brunnen gekommen und schien durch die Öffnung grade hinunter; er brannte wie eine Fackel und fiel in den Brunnen hinunter, und sein Nam ist Wermut. Da ward der Brunnen und das Meer also bitter, daß der Geist mit Wehklagen aus diesen Gegenden entfloh.

Ludwig Tieck

Der Runenberg

Ein junger Jäger saß im innersten Gebirge nachdenkend bei einem Vogelherde, indem das Rauschen der Gewässer und des Waldes in der Einsamkeit tönte. Er bedachte sein Schicksal, wie er so jung sei und Vater und Mutter, die wohlbekannte Heimat und alle Befreundeten seines Dorfes verlassen hatte, um eine fremde Umgebung zu suchen, um sich aus dem Kreise der wiederkehrenden Gewöhnlichkeit zu entfernen, und er blickte mit einer Art von Verwunderung auf, daß er sich nun in diesem Tale in dieser Beschäftigung wiederfand. Große Wolken zogen durch den Himmel und verloren sich hinter den Bergen, Vögel sangen aus den Gebüschen, und ein Widerschall antwortete ihnen. Er stieg langsam den Berg hinunter und setzte sich an den Rand eines Baches nieder, der über vorragendes Gestein schäumend murmelte. Er hörte auf die wechselnde Melodie des Wassers, und es schien, als wenn ihm die Wogen in unverständlichen Worten tausend Dinge sagten, die ihm so wichtig waren, und er mußte sich innig betrüben, daß er ihre Reden nicht verstehen konnte. Wieder sah er dann umher, und ihm dünkte, er sei froh und glücklich; so faßte er wieder neuen Mut und sang mit lauter Stimme einen Jägergesang.

> »Froh und lustig zwischen Steinen
> Geht der Jüngling auf die Jagd,
> Seine Beute muß erscheinen
> In den grünlebend'gen Hainen,
> Sucht' er auch bis in die Nacht.

Seine treuen Hunde bellen
Durch die schöne Einsamkeit,
Durch den Wald die Hörner gellen,
Daß die Herzen mutig schwellen:
O du schöne Jägerzeit!

Seine Heimat sind die Klüfte,
Alle Bäume grüßen ihn,
Rauschen strenge Herbsteslüfte,
Find't er Hirsch und Reh, die Schlüfte
Muß er jauchzend dann durchziehn.

Laß dem Landmann seine Mühen
Und dem Schiffer nur sein Meer,
Keiner sieht in Morgens Frühen
So Auroras Augen glühen,
Hängt der Tau am Grase schwer,

Als wer Jagd, Wild, Wälder kennet,
Und Diana lacht ihn an;
Einst das schönste Bild entbrennet,
Die er seine Liebste nennet:
O beglückter Jägersmann!«

Während dieses Gesanges war die Sonne tiefer gesunken, und
breite Schatten fielen durch das enge Tal. Eine kühlende Dämmerung schlich über den Boden weg, und nur noch die Wipfel
der Bäume wie die runden Bergspitzen waren vom Schein des
Abends vergoldet. Christians Gemüt ward immer trübseliger, er
mochte nicht nach seinem Vogelherde zurückkehren, und dennoch mochte er nicht bleiben; es dünkte ihm so einsam, und er
sehnte sich nach Menschen. Jetzt wünschte er sich die alten Bücher, die er sonst bei seinem Vater gesehn und die er niemals lesen
mögen, so oft ihn auch der Vater dazu angetrieben hatte; es fielen
ihm die Szenen seiner Kindheit ein, die Spiele mit der Jugend des
Dorfes, seine Bekanntschaften unter den Kindern, die Schule, die

ihm so drückend gewesen war, und er sehnte sich in alle diese
Umgebungen zurück, die er freiwillig verlassen hatte, um sein
Glück in unbekannten Gegenden, in Bergen, unter fremden
Menschen, in einer neuen Beschäftigung zu finden. Indem es finstrer wurde und der Bach lauter rauschte und das Geflügel der
Nacht seine irre Wanderung mit umschweifendem Fluge begann, saß er noch immer mißvergnügt und in sich versunken; er
hätte weinen mögen, und er war durchaus unentschlossen, was er
tun und vornehmen solle. Gedankenlos zog er eine hervorragende Wurzel aus der Erde, und plötzlich hörte er erschreckend
ein dumpfes Winseln im Boden, das sich unterirdisch in klagenden Tönen fortzog und erst in der Ferne wehmütig verscholl.
Der Ton durchdrang sein innerstes Herz, er ergriff ihn, als wenn
er unvermutet die Wunde berührt habe, an der der sterbende
Leichnam der Natur in Schmerzen verscheiden wolle. Er sprang
auf und wollte entfliehen, denn er hatte wohl ehemals von der
seltsamen Alrunenwurzel gehört, die beim Ausreißen so herz-
durchschneidende Klagetöne von sich gebe, daß der Mensch von
ihrem Gewinsel wahnsinnig werden müsse. Indem er fortgehen
wollte, stand ein fremder Mann hinter ihm, welcher ihn freundlich ansah und fragte, wohin er wolle. Christian hatte sich Gesellschaft gewünscht, und doch erschrak er von neuem vor dieser
freundlichen Gegenwart. »Wohin so eilig?« fragte der Fremde
noch einmal. Der junge Jäger suchte sich zu sammeln und erzählte, wie ihm plötzlich die Einsamkeit so schrecklich vorgekommen sei, daß er sich habe retten wollen, der Abend sei so
dunkel, die grünen Schatten des Waldes so traurig, der Bach
spreche in lauter Klagen, die Wolken des Himmels zögen seine
Sehnsucht jenseit den Bergen hinüber. »Ihr seid noch jung«,
sagte der Fremde, »und könnt wohl die Strenge der Einsamkeit
noch nicht ertragen, ich will Euch begleiten, denn Ihr findet doch
kein Haus oder Dorf im Umkreis einer Meile; wir mögen unter-
wegs etwas sprechen und uns erzählen, so verliert Ihr die trüben
Gedanken; in einer Stunde kommt der Mond hinter den Bergen
hervor, sein Licht wird dann wohl auch Eure Seele lichter machen.«

Sie gingen fort, und der Fremde dünkte dem Jünglinge bald ein
alter Bekannter zu sein. »Wie seid Ihr in dieses Gebirge gekommen«, fragte jener, »Ihr seid hier, Eurer Sprache nach, nicht einheimisch.« – »Ach, darüber«, sagte der Jüngling, »ließe sich viel
sagen, und doch ist es wieder keiner Rede, keiner Erzählung
wert; es hat mich wie mit fremder Gewalt aus dem Kreise meiner
Eltern und Verwandten hinweggenommen, mein Geist war seiner selbst nicht mächtig; wie ein Vogel, der in einem Netz gefangen ist und sich vergeblich sträubt, so verstrickt war meine Seele
in seltsamen Vorstellungen und Wünschen. Wir wohnten weit
von hier in einer Ebene, in der man rund umher keinen Berg,
kaum eine Anhöhe erblickte; wenige Bäume schmückten den
grünen Plan, aber Wiesen, fruchtbare Kornfelder und Gärten zogen sich hin, soweit das Auge reichen konnte; ein großer Fluß
glänzte wie ein mächtiger Geist an den Wiesen und Feldern vorbei. Mein Vater war Gärtner im Schloß und hatte vor, mich ebenfalls zu seiner Beschäftigung zu erziehen; er liebte die Pflanzen
und Blumen über alles und konnte sich tagelang unermüdet mit
ihrer Wartung und Pflege abgeben. Ja, er ging so weit, daß er behauptete, er könne fast mit ihnen sprechen; er lerne von ihrem
Wachstum und Gedeihen sowie von der verschiedenen Gestalt
und Farbe ihrer Blätter. Mir war die Gartenarbeit zuwider, um
so mehr, als mein Vater mir zuredete oder gar mit Drohungen
mich zu zwingen versuchte. Ich wollte Fischer werden und
machte den Versuch, allein das Leben auf dem Wasser stand mir
auch nicht an; ich wurde dann zu einem Handelsmann in die
Stadt gegeben und kam auch von ihm bald in das väterliche Haus
zurück. Auf einmal hörte ich meinen Vater von Gebirgen erzählen, die er in seiner Jugend bereiset hatte, von den unterirdischen
Bergwerken und ihren Arbeitern, von Jägern und ihrer Beschäftigung, und plötzlich erwachte in mir der bestimmteste Trieb,
das Gefühl, daß ich nun die für mich bestimmte Lebensweise gefunden habe. Tag und Nacht sann ich und stellte mir hohe Berge,
Klüfte und Tannenwälder vor; meine Einbildung erschuf sich
ungeheure Felsen, ich hörte in Gedanken das Getöse der Jagd,
die Hörner und das Geschrei der Hunde und des Wildes; alle

meine Träume waren damit angefüllt, und darüber hatte ich nun weder Rast noch Ruhe mehr. Die Ebene, das Schloß, der kleine, beschränkte Garten meines Vaters mit den geordneten Blumenbeeten, die enge Wohnung, der weite Himmel, der sich ringsum so traurig ausdehnte und keine Höhe, keinen erhabenen Berg umarmte, alles ward mir noch betrüber und verhaßter. Es schien mir, als wenn alle Menschen um mich her in der bejammernswürdigsten Unwissenheit lebten und daß alle ebenso denken und empfinden würden wie ich, wenn ihnen dieses Gefühl ihres Elendes nur ein einziges Mal in ihrer Seele aufginge. So trieb ich mich um, bis ich an einem Morgen den Entschluß faßte, das Haus meiner Eltern auf immer zu verlassen. Ich hatte in einem Buche Nachrichten vom nächsten großen Gebirge gefunden, Abbildungen einiger Gegenden, und darnach richtete ich meinen Weg ein. Es war im ersten Frühlinge, und ich fühlte mich durchaus froh und leicht. Ich eilte, um nur recht bald das Ebene zu verlassen, und an einem Abende sah ich in der Ferne die dunkeln Umrisse des Gebirges vor mir liegen. Ich konnte in der Herberge kaum schlafen, so ungeduldig war ich, die Gegend zu betreten, die ich für meine Heimat ansah; mit dem Frühesten war ich munter und wieder auf der Reise. Nachmittags befand ich mich schon unter den vielgeliebten Bergen, und wie ein Trunkener ging ich, stand dann eine Weile, schaute rückwärts und berauschte mich in allen mir fremden und doch so wohlbekannten Gegenständen. Bald verlor ich die Ebene hinter mir aus dem Gesichte, die Waldströme rauschten mir entgegen, Buchen und Eichen brausten mit bewegtem Laube von steilen Abhängen herunter; mein Weg führte mich an schwindlichten Abgründen vorüber, blaue Berge standen groß und ehrwürdig im Hintergrunde. Eine neue Welt war mir aufgeschlossen, ich wurde nicht müde. So kam ich nach einigen Tagen, indem ich einen großen Teil des Gebirges durchstreift hatte, zu einem alten Förster, der mich auf mein inständiges Bitten zu sich nahm, um mich in der Kunst der Jägerei zu unterrichten. Jetzt bin ich seit drei Monaten in seinen Diensten. Ich nahm von der Gegend, in der ich meinen Aufenthalt hatte, wie von einem Königreiche Besitz; ich lernte jede Klippe, jede

Schluft des Gebirges kennen, ich war in meiner Beschäftigung,
wenn wir am frühen Morgen nach dem Gebirge zogen, wenn wir
Bäume im Forste fällten, wenn ich mein Auge und meine Büchse
übte und die treuen Gefährten, die Hunde, zu ihren Geschick-
lichkeiten abrichtete, überaus glücklich. Jetzt sitze ich seit acht
Tagen hier oben auf dem Vogelherde, im einsamsten Gebirge,
und am Abend wurde mir heut so traurig zu Sinne wie noch niemals in meinem Leben, ich kam mir so verloren, so ganz un-
glückselig vor, und noch kann ich mich nicht von dieser trüben
Stimmung erholen.«

Der fremde Mann hatte aufmerksam zugehört, indem beide
durch einen dunkeln Gang des Waldes gewandert waren. Jetzt
traten sie ins Freie, und das Licht des Mondes, der oben mit seinen Hörnern über der Bergspitze stand, begrüßte sie freundlich:
in unkenntlichen Formen und vielen gesonderten Massen, die
der bleiche Schimmer wieder rätselhaft vereinigte, lag das gespaltene Gebirge vor ihnen, im Hintergrunde ein steiler Berg, auf
welchem uralte verwitterte Ruinen schauerlich im weißen Lichte
sich zeigten. »Unser Weg trennt sich hier«, sagte der Fremde,
»ich gehe in diese Tiefe hinunter, dort bei jenem alten Schacht ist
meine Wohnung: die Erze sind meine Nachbarn, die Berggewäs-
ser erzählen mir Wunderdinge in der Nacht, dahin kannst du mir
doch nicht folgen. Aber siehe dort den Runenberg mit seinem
schroffen Mauerwerke, wie schön und anlockend das alte Gestein zu uns herblickt! Bist du niemals dorten gewesen?« – »Niemals«, sagte der junge Christian, »ich hörte einmal meinen alten
Förster wundersame Dinge von diesem Berge erzählen, die ich,
töricht genug, wieder vergessen habe; aber ich erinnere mich,
daß mir an jenem Abend grauenhaft zumute war. Ich möchte
wohl einmal die Höhe besteigen, denn die Lichter sind dort am
schönsten, das Gras muß dorten recht grün sein, die Welt umher
recht seltsam, auch mag sich's wohl treffen, daß man noch manch
Wunder aus der alten Zeit da oben fände.«

»Es kann fast nicht fehlen«, sagte jener, »wer nur zu suchen
versteht, wessen Herz recht innerlich hingezogen wird, der findet uralte Freunde dort und Herrlichkeiten, alles, was er am eif-

rigsten wünscht.« – Mit diesen Worten stieg der Fremde schnell
hinunter, ohne seinem Gefährten Lebewohl zu sagen, bald war
er im Dickicht des Gebüsches verschwunden, und kurz nachher
verhallte auch der Tritt seiner Füße. Der junge Jäger war nicht
verwundert, er verdoppelte nur seine Schritte nach dem Runen-
berge zu, alles winkte ihm dorthin, die Sterne schienen dorthin
zu leuchten, der Mond wies mit einer hellen Straße nach den
Trümmern, lichte Wolken zogen hinauf, und aus der Tiefe redeten ihm Gewässer und rauschende Wälder zu und sprachen ihm
Mut ein. Seine Schritte waren wie beflügelt, sein Herz klopfte, er
fühlte eine so große Freudigkeit in seinem Innern, daß sie zu einer Angst emporwuchs. – Er kam in Gegenden, in denen er nie
gewesen war, die Felsen wurden steiler, das Grün verlor sich, die
kahlen Wände riefen ihn wie mit zürnenden Stimmen an, und ein
einsam klagender Wind jagte ihn vor sich her. So eilte er ohne
Stillstand fort und kam spät nach Mitternacht auf einen schmalen
Fußsteig, der hart an einem Abgrunde hinlief. Er achtete nicht
auf die Tiefe, die unter ihm gähnte und ihn zu verschlingen
drohte, so sehr spornten ihn irre Vorstellungen und unverständliche Wünsche. Jetzt zog ihn der gefährliche Weg neben eine
hohe Mauer hin, die sich in den Wolken zu verlieren schien; der
Steig ward mit jedem Schritte schmaler, und der Jüngling mußte
sich an vorragenden Steinen festhalten, um nicht hinunterzustür-
zen. Endlich konnte er nicht weiter, der Pfad endigte unter einem
Fenster, er mußte stillstehen und wußte jetzt nicht, ob er umkeh-
ren, ob er bleiben solle. Plötzlich sah er ein Licht, das sich hinter
dem alten Gemäuer zu bewegen schien. Er sah dem Scheine nach
und entdeckte, daß er in einen alten geräumigen Saal blicken
konnte, der wunderlich verziert von mancherlei Gesteinen und
Kristallen in vielfältigen Schimmern funkelte, die sich geheimnisvoll von dem wandelnden Lichte durcheinander bewegten,
welches eine große weibliche Gestalt trug, die sinnend im Gemache auf und nieder ging. Sie schien nicht den Sterblichen anzuge-
hören, so groß, so mächtig waren ihre Glieder, so streng ihr Gesicht, aber doch dünkte dem entzückten Jünglinge, daß er noch
niemals solche Schönheit gesehn oder geahndet habe. Er zitterte

und wünschte doch heimlich, daß sie zum Fenster treten und ihn wahrnehmen möchte. Endlich stand sie still, setzte das Licht auf einen kristallenen Tisch nieder, schaute in die Höhe und sang mit durchdringlicher Stimme:

> »Wo die Alten weilen,
> Daß sie nicht erscheinen?
> Die Kristallen weinen,
> von demantnen Säulen
> Fließen Tränenquellen,
> Töne klingen drein;
> In den klaren, hellen,
> Schön durchsicht'gen Wellen
> Bildet sich der Schein,
> Der die Seelen ziehet,
> Dem das Herz erglühet.
> Kommt, ihr Geister alle,
> Zu der goldnen Halle,
> Hebt aus tiefen Dunkeln
> Häupter, welche funkeln!
> Macht der Herzen und der Geister,
> Die so durstig sind im Sehnen,
> Mit den leuchtend schönen Tränen
> Allgewaltig euch zum Meister!«

Als sie geendigt hatte, fing sie an sich zu entkleiden und ihre Gewänder in einen kostbaren Wandschrank zu legen. Erst nahm sie einen goldenen Schleier vom Haupte, und ein langes, schwarzes Haar floß in geringelter Fülle bis über die Hüften hinab; dann löste sie das Gewand des Busens, und der Jüngling vergaß sich und die Welt im Anschauen der überirdischen Schönheit. Er wagte kaum zu atmen, als sie nach und nach alle Hüllen löste; nackt schritt sie endlich im Saale auf und nieder, und ihre schweren, schwebenden Locken bildeten um sie her ein dunkel wogendes Meer, aus dem wie Marmor die glänzenden Formen des reinen Leibes abwechselnd hervorstrahlten. Nach geraumer Zeit näherte sie sich einem andern goldenen Schranke, nahm eine Tafel heraus, die von vielen eingelegten Steinen, Rubinen, Diamanten und allen Juwelen glänzte, und betrachtete sie lange prüfend. Die Tafel schien eine wunderliche, unverständliche Figur mit ihren unterschiedlichen Farben und Linien zu bilden; zuweilen war, nachdem der Schimmer ihm entgegenspiegelte, der Jüngling schmerzhaft geblendet, dann wieder besänftigten grüne und blau spielende Scheine sein Auge: er aber stand, die Gegenstände mit seinen Blicken verschlingend und zugleich tief in sich selbst versunken. In seinem Innern hatte sich ein Abgrund von Gestalten und Wohllaut, von Sehnsucht und Wollust aufgetan, Scharen von beflügelten Tönen und wehmütigen und freudigen Melodien zogen durch sein Gemüt, das bis auf den Grund bewegt war: er sah eine Welt von Schmerz und Hoffnung in sich aufgehen, mächtige Wunderfelsen von Vertrauen und trotzender Zuversicht, große Wasserströme, wie voll Wehmut fließend. Er kannte sich nicht wieder und erschrak, als die Schöne das Fenster öffnete, ihm die magische steinerne Tafel reichte und die wenigen Worte sprach: »Nimm dieses zu meinem Angedenken!« Er faßte die Tafel und fühlte die Figur, die unsichtbar sogleich in sein Inneres überging, und das Licht und die mächtige Schönheit und der seltsame Saal waren verschwunden. Wie eine dunkele Nacht mit Wolkenvorhängen fiel es in sein Inneres hinein, er suchte nach seinen vorigen Gefühlen, nach jener Begeisterung und unbegreiflichen Liebe, er beschaute die kostbare Tafel, in welcher sich der untersinkende Mond schwach und bläulich spiegelte.

Noch hielt er die Tafel fest in seinen Händen gepreßt, als der Morgen graute und er erschöpft, schwindelnd und halb schlafend die steile Höhe hinunterstürzte. –

Die Sonne schien dem betäubten Schläfer auf sein Gesicht, der sich erwachend auf einem anmutigen Hügel wiederfand. Er sah umher und erblickte weit hinter sich und kaum noch kennbar am äußersten Horizont die Trümmer des Runenberges: er suchte nach jener Tafel und fand sie nirgend. Erstaunt und verwirrt wollte er sich sammeln und seine Erinnerungen anknüpfen, aber sein Gedächtnis war wie mit einem wüsten Nebel angefüllt, in welchem sich formlose Gestalten wild und unkenntlich durcheinanderbewegten. Sein ganzes voriges Leben lag wie in einer tiefen Ferne hinter ihm; das Seltsamste und das Gewöhnliche war so ineinander vermischt, daß er es unmöglich sondern konnte. Nach langem Streite mit sich selbst glaubte er endlich, ein Traum oder ein plötzlicher Wahnsinn habe ihn in dieser Nacht befallen, nur begriff er immer nicht, wie er sich so weit in eine fremde, entlegene Gegend habe verirren können.

Noch fast schlaftrunken stieg er den Hügel hinab und geriet auf einen gebahnten Weg, der ihn vom Gebirge hinunter in das flache Land führte. Alles war ihm fremd, er glaubte anfangs, er würde in seine Heimat gelangen, aber er sah eine ganz verschiedene Gegend und vermutete endlich, daß er sich jenseit der südlichen Grenze des Gebirges befinden müsse, welches er im Frühling von Norden her betreten hatte. Gegen Mittag stand er über einem Dorfe, aus dessen Hütten ein friedlicher Rauch in die Höhe stieg, Kinder spielten auf einem grünen Platze, festtäglich geputzt, und aus der kleinen Kirche erscholl der Orgelklang und das Singen der Gemeine. Alles ergriff ihn mit unbeschreiblich süßer Wehmut, alles rührte ihn so herzlich, daß er weinen mußte. Die engen Gärten, die kleinen Hütten mit ihren rauchenden Schornsteinen, die gerade abgeteilten Kornfelder erinnerten ihn an die Bedürftigkeit des armen Menschengeschlechts, an seine Abhängigkeit vom freundlichen Erdboden, dessen Milde es sich vertrauen muß; dabei erfüllte der Gesang und der Ton der Orgel sein Herz mit einer nie gefühlten Frömmigkeit. Seine Empfindungen und Wünsche der Nacht erschienen ihm ruchlos und frevelhaft, er wollte sich wieder kindlich, bedürftig und demütig an die Menschen wie an seine Brüder schließen und sich von den gottlosen Gefühlen und Vorsätzen entfernen. Reizend und anlockend dünkte ihm die Ebene mit dem kleinen Fluß, der sich in mannigfaltigen Krümmungen um Wiesen und Gärten schmiegte; mit Furcht gedachte er an seinen Aufenthalt in dem einsamen Gebirge und zwischen den wüsten Steinen, er sehnte sich, in diesem friedlichen Dorfe wohnen zu dürfen, und trat mit diesen Empfindungen in die menschenerfüllte Kirche.

Der Gesang war eben beendigt, und der Priester hatte seine
Predigt begonnen von den Wohltaten Gottes in der Ernte: wie
seine Güte alles speiset und sättiget, was lebt, wie wunderbar im
Getreide für die Erhaltung des Menschengeschlechtes gesorgt
sei, wie die Liebe Gottes sich unaufhörlich im Brote mitteilte und
der andächtige Christ so ein unvergängliches Abendmahl gerührt feiern könne. Die Gemeine war erbaut, des Jägers Blicke
ruhten auf dem frommen Redner und bemerkten dicht neben der
Kanzel ein junges Mädchen, das vor allen andern der Andacht
und Aufmerksamkeit hingegeben schien. Sie war schlank und
blond, ihr blaues Auge glänzte von der durchdringendsten Sanft-
heit, ihr Antlitz war wie durchsichtig und in den zartesten Farben blühend. Der fremde Jüngling hatte sich und sein Herz noch
niemals so empfunden, so voll Liebe und so beruhigt, so den still-
sten und erquickendsten Gefühlen hingegeben. Er beugte sich
weinend, als der Priester endlich den Segen sprach, er fühlte sich
bei den heiligen Worten wie von einer unsichtbaren Gewalt
durchdrungen und das Schattenbild der Nacht in die tiefste Entfernung wie ein Gespenst hinabgerückt. Er verließ die Kirche,
verweilte unter einer großen Linde und dankte Gott in einem in-
brünstigen Gebete, daß er ihn ohne sein Verdienst wieder aus
den Netzen des bösen Geistes befreit habe.

Das Dorf feierte an diesem Tage das Erntefest, und alle Menschen waren fröhlich gestimmt; die geputzten Kinder freuten
sich auf die Tänze und Kuchen, die jungen Burschen richteten
auf dem Platze im Dorfe, der von jungen Bäumen umgeben war,
alles zu ihrer herbstlichen Festlichkeit ein, die Musikanten saßen
und probierten ihre Instrumente. Christian ging noch einmal in
das Feld hinaus, um sein Gemüt zu sammeln und seinen Betrachtungen nachzuhängen, dann kam er in das Dorf zurück, als sich
schon alles zur Fröhlichkeit und zur Begehung des Festes verei-
niget hatte. Auch die blonde Elisabeth war mit ihren Eltern zugegen, und der Fremde mischte sich in den frohen Haufen. Elisabeth tanzte, und er hatte unterdes bald mit dem Vater ein Gespräch angesponnen, der ein Pachter war und einer der reichsten
Leute im Dorfe. Ihm schien die Jugend und das Gespräch des

fremden Gastes zu gefallen, und so wurden sie in kurzer Zeit dahin einig, daß Christian als Gärtner bei ihm einziehen solle. Dieser konnte es unternehmen, denn er hoffte, daß ihm nun die Kenntnisse und Beschäftigungen zustatten kommen würden, die er in seiner Heimat so sehr verachtet hatte.

Jetzt begann ein neues Leben für ihn. Er zog bei dem Pachter ein und ward zu dessen Familie gerechnet; mit seinem Stande veränderte er auch seine Tracht. Er war so gut, so dienstfertig und immer freundlich, er stand seiner Arbeit so fleißig vor, daß ihm bald alle im Hause, vorzüglich aber die Tochter, gewogen wurden. Sooft er sie am Sonntage zur Kirche gehen sah, hielt er ihr einen schönen Blumenstrauß in Bereitschaft, für den sie ihm mit errötender Freundlichkeit dankte; er vermißte sie, wenn er sie an einem Tage nicht sah, dann erzählte sie ihm am Abend Märchen und lustige Geschichten. Sie wurden sich immer notwendiger, und die Alten, welche es bemerkten, schienen nichts dagegen zu haben, denn Christian war der fleißigste und schönste Bursche im Dorfe; sie selbst hatten vom ersten Augenblick einen Zug der Liebe und Freundschaft zu ihm gefühlt. Nach einem halben Jahre war Elisabeth seine Gattin. Es war wieder Frühling, die Schwalben und die Vögel des Gesanges kamen in das Land, der Garten stand in seinem schönsten Schmucke, die Hochzeit wurde mit aller Fröhlichkeit gefeiert, Braut und Bräutigam schienen trunken von ihrem Glücke. Am Abend spät, als sie in die Kammer gingen, sagte der junge Gatte zu seiner Geliebten: »Nein, nicht jenes Bild bist du, welches mich einst im Traum entzückte und das ich niemals ganz vergessen kann, aber doch bin ich glücklich in deiner Nähe und selig in deinen Armen.«

Wie vergnügt war die Familie, als sie nach einem Jahre durch eine kleine Tochter vermehrt wurde, welche man Leonore nannte. Christian wurde zwar zuweilen etwas ernster, indem er das Kind betrachtete, aber doch kam seine jugendliche Heiterkeit immer wieder zurück. Er gedachte kaum noch seiner vorigen Lebensweise, denn er fühlte sich ganz einheimisch und befriedigt. Nach einigen Monaten fielen ihm aber seine Eltern in die Gedanken, und wie sehr sich besonders sein Vater über sein ruhi-

ges Glück, über seinen Stand als Gärtner und Landmann freuen
würde; es ängstigte ihn, daß er Vater und Mutter seit so langer
Zeit ganz hatte vergessen können, sein einziges Kind erinnerte
ihn, welche Freude die Kinder den Eltern sind, und so beschloß
er dann endlich, sich auf die Reise zu machen und seine Heimat
wieder zu besuchen.

Ungern verließ er seine Gattin; alle wünschten ihm Glück,
und er machte sich in der schönen Jahreszeit zu Fuß auf den Weg.
Er fühlte schon nach wenigen Stunden, wie ihn das Scheiden pei-
nige, zum erstenmal empfand er in seinem Leben die Schmerzen
der Trennung; die fremden Gegenstände erschienen ihm fast
wild, ihm war, als sei er in einer feindseligen Einsamkeit verloren. Da kam ihm der Gedanke, daß seine Jugend vorüber sei, daß
er eine Heimat gefunden, der er angehöre, in die sein Herz Wurzel geschlagen habe; er wollte fast den verlornen Leichtsinn der
vorigen Jahre beklagen, und es war ihm äußerst trübselig zumute, als er für die Nacht auf einem Dorfe in dem Wirtshause
einkehren mußte. Er begriff nicht, warum er sich von seiner
freundlichen Gattin und den erworbenen Eltern entfernt habe,
und verdrießlich und murrend machte er sich am Morgen auf den
Weg, um seine Reise fortzusetzen.

Seine Angst nahm zu, indem er sich dem Gebirge näherte, die
fernen Ruinen wurden schon sichtbar und traten nach und nach
kenntlicher hervor, viele Bergspitzen hoben sich abgerundet aus
dem blauen Nebel. Sein Schritt wurde zaghaft, er blieb oft stehen
und verwunderte sich über seine Furcht, über die Schauer, die
ihm mit jedem Schritte gedrängter nahe kamen. »Ich kenne dich,
Wahnsinn, wohl«, rief er aus, »und dein gefährliches Locken,
aber ich will dir männlich widerstehn! Elisabeth ist kein schnöder Traum; ich weiß, daß sie jetzt an mich denkt, daß sie auf mich
wartet und liebevoll die Stunden meiner Abwesenheit zählt. Sehe
ich nicht schon Wälder wie schwarze Haare vor mir? Schauen
nicht aus dem Bache die blitzenden Augen nach mir her? Schreiten die großen Glieder nicht aus den Bergen auf mich zu?« – Mit
diesen Worten wollte er sich, um auszuruhen, unter einen Baum
niederwerfen, als er im Schatten desselben einen alten Mann sit-

zen sah, der mit der größten Aufmerksamkeit eine Blume betrachtete, sie bald gegen die Sonne hielt, bald wieder mit seiner
Hand beschattete, ihre Blätter zählte und überhaupt sich bemühte, sie seinem Gedächtnisse genau einzuprägen. Als er näher
ging, erschien ihm die Gestalt so bekannt, und bald blieb ihm
kein Zweifel übrig, daß der Alte mit der Blume sein Vater sei. Er
stürzte ihm mit dem Ausdruck der heftigsten Freude in die
Arme; jener war vergnügt, aber nicht überrascht, ihn so plötzlich
wiederzusehen. »Kömmst du mir schon entgegen, mein Sohn?«
sagte der Alte, »ich wußte, daß ich dich bald finden würde, aber
ich glaubte nicht, daß mir schon am heutigen Tage die Freude widerfahren sollte.« – »Woher wußtet Ihr, Vater, daß Ihr mich antreffen würdet?« – »An dieser Blume«, sprach der alte Gärtner;
»seit ich lebe, habe ich mir gewünscht, sie einmal sehen zu können, aber niemals ist es mir so gut geworden, weil sie sehr selten
ist und nur in Gebirgen wächst: ich machte mich auf, dich zu suchen, weil deine Mutter gestorben ist und mir zu Hause die Einsamkeit zu drückend und trübselig war. Ich wußte nicht, wohin
ich meinen Weg richten sollte, endlich wanderte ich durch das
Gebirge, so traurig mir auch die Reise vorkam; ich suchte beiher
nach der Blume, konnte sie aber nirgends entdecken, und nun
finde ich sie ganz unvermutet hier, wo schon die schöne Ebene
sich ausstreckt; daraus wußte ich, daß ich dich bald finden
mußte, und sieh, wie die liebe Blume mir geweissagt hat!« Sie
umarmten sich wieder, und Christian beweinte seine Mutter; der
Alte aber faßte seine Hand und sagte: »Laß uns gehen, daß wir
die Schatten des Gebirges bald aus den Augen verlieren, mir ist
immer noch weh ums Herz von den steilen, wilden Gestalten,
von dem gräßlichen Geklüft, von den schluchzenden Wasserbä-
chen; laß uns das gute, fromme, ebene Land besuchen.«

Sie wanderten zurück, und Christian ward wieder froher. Er
erzählte seinem Vater von seinem neuen Glücke, von seinem
Kinde und seiner Heimat; sein Gespräch machte ihn selbst wie
trunken, und er fühlte im Reden erst recht, wie nichts mehr zu
seiner Zufriedenheit ermangle. So kamen sie unter Erzählungen,
traurigen und fröhlichen, in dem Dorfe an. Alle waren über die

frühe Beendigung der Reise vergnügt, am meisten Elisabeth. Der alte Vater zog zu ihnen und gab sein kleines Vermögen in ihre Wirtschaft; sie bildeten den zufriedensten und einträchtigsten Kreis von Menschen. Der Acker gedieh, der Viehstand mehrte sich, Christians Haus wurde in wenigen Jahren eins der ansehnlichsten im Orte; auch sah er sich bald als den Vater von mehreren Kindern.

Fünf Jahre waren auf diese Weise verflossen, als ein Fremder auf seiner Reise in ihrem Dorfe einkehrte und in Christians Hause, weil es die ansehnlichste Wohnung war, seinen Aufenthalt nahm. Er war ein freundlicher, gesprächiger Mann, der vieles von seinen Reisen erzählte, der mit den Kindern spielte und ihnen Geschenke machte und dem in kurzem alle gewogen waren. Es gefiel ihm so wohl in der Gegend, daß er sich einige Tage hier aufhalten wollte; aber aus den Tagen wurden Wochen und endlich Monate. Keiner wunderte sich über die Verzögerung, denn alle hatten sich schon daran gewöhnt, ihn mit zur Familie zu zählen. Christian saß nur oft nachdenklich; denn es kam ihm vor, als kenne er den Reisenden schon von ehemals, und doch konnte er sich keiner Gelegenheit erinnern, bei welcher er ihn gesehen haben möchte. Nach dreien Monaten nahm der Fremde endlich Abschied und sagte: »Lieben Freunde, ein wunderbares Schicksal und seltsame Erwartungen treiben mich in das nächste Gebirge hinein, ein zaubervolles Bild, dem ich nicht widerstehen kann, lockt mich; ich verlasse euch jetzt, und ich weiß nicht, ob ich wieder zu euch zurückkommen werde; ich habe eine Summe Geldes bei mir, die in euren Händen sicherer ist als in den meinigen, und deshalb bitte ich euch, sie zu verwahren; komme ich in Jahresfrist nicht zurück, so behaltet sie und nehmet sie als einen Dank für eure mir bewiesene Freundschaft an.«

So reiste der Fremde ab, und Christian nahm das Geld in Verwahrung. Er verschloß es sorgfältig und sah aus übertriebener Ängstlichkeit zuweilen wieder nach, zählte es über, ob nichts daran fehle, und machte sich viel damit zu tun. »Diese Summe könnte uns recht glücklich machen«, sagte er einmal zu seinem Vater, »wenn der Fremde nicht zurückkommen sollte, für uns

und unsre Kinder wäre auf immer gesorgt.« – »Laß das Gold«,
sagte der Alte, »darinne liegt das Glück nicht, uns hat bisher
noch, gottlob! nichts gemangelt, und entschlage dich überhaupt
dieser Gedanken.«

Oft stand Christian in der Nacht auf, um die Knechte zur Arbeit zu wecken und selbst nach allem zu sehen; der Vater war besorgt, daß er durch übertriebenen Fleiß seiner Jugend und Gesundheit schaden möchte: daher machte er sich in einer Nacht
auf, um ihn zu ermahnen, seine übertriebene Tätigkeit einzu-
schränken, als er ihn zu seinem Erstaunen bei einer kleinen
Lampe am Tische sitzend fand, indem er wieder mit der größten
Emsigkeit die Goldstücke zählte. »Mein Sohn«, sagte der Alte
mit Schmerzen, »soll es dahin mit dir kommen? Ist dieses verfluchte Metall nur zu unserm Unglück unter dieses Dach gebracht? Besinne dich, mein Lieber; so muß dir der böse Feind
Blut und Leben verzehren.« – »Ja«, sagte Christian, »ich verstehe
mich selber nicht mehr, weder bei Tage noch in der Nacht läßt es
mir Ruhe; seht, wie es mich jetzt wieder anblickt, daß mir der
rote Glanz tief in mein Herz hineingeht! Horcht, wie es klingt,
dies güldene Blut! Das ruft mich, wenn ich schlafe, ich höre es,
wenn Musik tönt, wenn der Wind bläst, wenn Leute auf der
Gasse sprechen; scheint die Sonne, so sehe ich nur diese gelben
Augen, wie es mir zublinzelt und mir heimlich ein Liebeswort
ins Ohr sagen will: so muß ich mich wohl nächtlicherweise auf-
machen, um nur seinem Liebesdrang genugzutun, und dann
fühle ich es innerlich jauchzen und frohlocken, wenn ich es mit
meinen Fingern berühre, es wird vor Freuden immer röter und
herrlicher; schaut nur selbst die Glut der Entzückung an!« – Der
Greis nahm schaudernd und weinend den Sohn in seine Arme,
betete und sprach dann: »Christel, du mußt dich wieder zum
Worte Gottes wenden, du mußt fleißiger und andächtiger in die
Kirche gehen, sonst wirst du verschmachten und im traurigsten
Elende dich verzehren.«

Das Geld wurde wieder weggeschlossen, Christian versprach
sich zu ändern und in sich zu gehn, und der Alte ward beruhigt.
Schon war ein Jahr und mehr vergangen, und man hatte von dem

Fremden noch nichts wieder in Erfahrung bringen können; der Alte gab nun endlich den Bitten seines Sohnes nach, und das zurückgelassene Geld wurde in Ländereien und auf andere Weise angelegt. Im Dorfe wurde bald von dem Reichtum des jungen Pachters gesprochen, und Christian schien außerordentlich zufrieden und vergnügt, so daß der Vater sich glücklich pries, ihn so wohl und heiter zu sehen: alle Furcht war jetzt in seiner Seele verschwunden. Wie sehr mußte er daher erstaunen, als ihn an einem Abend Elisabeth beiseit nahm und unter Tränen erzählte, wie sie ihren Mann nicht mehr verstehe, er spreche so irre, vorzüglich des Nachts, er träume schwer, gehe oft im Schlafe lange in der Stube herum, ohne es zu wissen, und erzähle wunderbare Dinge, vor denen sie oft schaudern müsse. Am schrecklichsten sei ihr seine Lustigkeit am Tage, denn sein Lachen sei so wild und frech, sein Blick irre und fremd. Der Vater erschrak, und die betrübte Gattin fuhr fort: »Immer spricht er von dem Fremden und behauptet, daß er ihn schon sonst gekannt habe, denn dieser fremde Mann sei eigentlich ein wunderschönes Weib; auch will er gar nicht mehr auf das Feld hinausgehn oder im Garten arbeiten, denn er sagt, er höre ein unterirdisches fürchterliches Ächzen, sowie er nur eine Wurzel auszieht; er fährt zusammen und scheint sich vor allen Pflanzen und Kräutern wie vor Gespenstern zu entsetzen.« – »Allgütiger Gott!« rief der Vater aus, »ist der fürchterliche Hunger in ihn schon so fest hineingewachsen, daß es dahin hat kommen können? So ist sein verzaubertes Herz nicht menschlich mehr, sondern von kaltem Metall; wer keine Blume mehr liebt, dem ist alle Liebe und Gottesfurcht verloren.«

Am folgenden Tage ging der Vater mit dem Sohne spazieren und sagte ihm manches wieder, was er von Elisabeth gehört hatte; er ermahnte ihn zur Frömmigkeit, und daß er seinen Geist heiligen Betrachtungen widmen sollte. Christian sagte: »Gern, Vater; auch ist mir oft ganz wohl, und es gelingt mir alles gut; ich kann auf lange Zeit, auf Jahre, die wahre Gestalt meines Innern vergessen und gleichsam ein fremdes Leben mit Leichtigkeit führen: dann geht aber plötzlich wie ein neuer Mond das regierende Gestirn, welches ich selber bin, in meinem Herzen auf und besiegt die fremde Macht. Ich könnte ganz froh sein, aber einmal, in einer seltsamen Nacht, ist mir durch die Hand ein geheimnisvolles Zeichen tief in mein Gemüt hineingeprägt; oft schläft und ruht die magische Figur, ich meine, sie ist vergangen, aber dann quillt sie wie ein Gift plötzlich wieder hervor und wegt sich in allen Linien. Dann kann ich sie nur denken und fühlen, und alles umher ist verwandelt oder vielmehr von dieser Gestaltung verschlungen worden. Wie der Wahnsinnige beim Anblick des Wassers sich entsetzt und das empfangene Gift noch giftiger in ihm wird, so geschieht es mir bei allen eckigen Figuren, bei jeder Linie, bei jedem Strahl, alles will dann die inwohnende Gestalt entbinden und zur Geburt befördern, und mein Geist und Körper fühlt die Angst; wie sie das Gemüt durch ein Gefühl von außen empfing, so will es sie dann wieder quälend und ringend zum äußern Gefühl hinaus arbeiten, um ihrer los und ruhig zu werden.«

»Ein unglückliches Gestirn war es«, sprach der Alte, »das dich von uns hinwegzog; du warst für ein stilles Leben geboren, dein Sinn neigte sich zur Ruhe und zu den Pflanzen, da führte dich deine Ungeduld hinweg in die Gesellschaft der verwilderten Steine: die Felsen, die zerrissenen Klippen mit ihren schroffen Gestalten haben dein Gemüt zerrüttet und den verwüstenden Hunger nach dem Metall in dich gepflanzt. Immer hättest du dich vor dem Anblick des Gebirges hüten und bewahren müssen, und so dachte ich dich auch zu erziehen, aber es hat nicht sein sollen. Deine Demut, deine Ruhe, dein kindlicher Sinn ist von Trotz, Wildheit und Übermut verschüttet.«

»Nein«, sagte der Sohn, »ich erinnere mich ganz deutlich, daß mir eine Pflanze zuerst das Unglück der ganzen Erde bekanntgemacht hat, seitdem verstehe ich erst die Seufzer und Klagen, die allenthalben in der ganzen Natur vernehmbar sind, wenn man nur darauf hören will; in den Pflanzen, Kräutern, Blumen und Bäumen regt und bewegt sich schmerzhaft nur eine große Wunde, sie sind der Leichnam vormaliger herrlicher Steinwelten, sie bieten unserm Auge die schrecklichste Verwesung dar. Jetzt verstehe ich es wohl, daß es dies war, was mir jene Wurzel mit ihrem tiefgeholten Ächzen sagen wollte, sie vergaß sich in ihrem Schmerze und verriet mir alles. Darum sind alle grünen Gewächse so erzürnt auf mich und stehn mir nach dem Leben; sie wollen jene geliebte Figur in meinem Herzen auslöschen und in jedem Frühlinge mit ihrer verzerrten Leichenmiene meine Seele gewinnen. Unerlaubt und tückisch ist es, wie sie dich, alter Mann, hintergangen haben, denn von deiner Seele haben sie gänzlich Besitz genommen. Frage nur die Steine, du wirst erstaunen, wenn du sie reden hörst.«

Der Vater sah ihn lange an und konnte ihm nichts mehr antworten. Sie gingen schweigend zurück nach Hause, und der Alte mußte sich jetzt ebenfalls vor der Lustigkeit seines Sohnes entsetzen, denn sie dünkte ihm ganz fremdartig und als wenn ein andres Wesen aus ihm, wie aus einer Maschine, unbeholfen und ungeschickt heraus spiele.

Das Erntefest sollte wieder gefeiert werden, die Gemeine ging in die Kirche, und auch Elisabeth zog sich mit den Kindern an, um dem Gottesdienste beizuwohnen; ihr Mann machte auch Anstalten, sie zu begleiten, aber noch vor der Kirchentür kehrte er um und ging tiefsinnend vor das Dorf hinaus. Er setzte sich auf die Anhöhe und sah wieder die rauchenden Dächer unter sich, er hörte den Gesang und Orgelton von der Kirche her, geputzte Kinder tanzten und spielten auf dem grünen Rasen. »Wie habe ich mein Leben in einem Traume verloren!« sagte er zu sich selbst; »Jahre sind verflossen, daß ich von hier hinunterstieg, unter die Kinder hinein; die damals hier spielten, sind heute dort ernsthaft in der Kirche; ich trat auch in das Gebäude, aber heut ist Elisabeth nicht mehr ein blühendes kindliches Mädchen, ihre Jugend ist vorüber, ich kann nicht mit der Sehnsucht wie damals den Blick ihrer Augen aufsuchen: so habe ich mutwillig ein hohes, ewiges Glück aus der Acht gelassen, um ein vergängliches und zeitliches zu gewinnen.«

Er ging sehnsuchtsvoll nach dem benachbarten Walde und vertiefte sich in seine dichtesten Schatten. Eine schauerliche Stille umgab ihn, keine Luft rührte sich in den Blättern. Indem sah er einen Mann von ferne auf sich zukommen, den er für den Fremden erkannte; er erschrak, und sein erster Gedanke war, jener

würde sein Geld von ihm zurückfordern. Als die Gestalt etwas
näher kam, sah er, wie sehr er sich geirrt hatte, denn die Umrisse,
welche er wahrzunehmen gewähnt, zerbrachen wie in sich selber; ein altes Weib von der äußersten Häßlichkeit kam auf ihn
zu, sie war in schmutzige Lumpen gekleidet, ein zerrissenes
Tuch hielt einige greise Haare zusammen, sie hinkte an einer
Krücke. Mit fürchterlicher Stimme redete sie Christian an und
fragte nach seinem Namen und Stande; er antwortete ihr um-
ständlich und sagte darauf: »Aber wer bist du?« – »Man nennt
mich das Waldweib«, sagte jene, »und jedes Kind weiß von mir
zu erzählen; hast du mich niemals gekannt?« Mit den letzten
Worten wandte sie sich um, und Christian glaubte zwischen den
Bäumen den goldenen Schleier, den hohen Gang, den mächtigen
Bau der Glieder wiederzuerkennen. Er wollte ihr nacheilen, aber
seine Augen fanden sie nicht mehr.

Indem zog etwas Glänzendes seine Blicke in das grüne Gras
nieder. Er hob es auf und sah die magische Tafel mit den farbigen
Edelgesteinen, mit der seltsamen Figur wieder, die er vor so manchem Jahr verloren hatte. Die Gestalt und die bunten Lichter
drückten mit der plötzlichsten Gewalt auf alle seine Sinne. Er
faßte sie recht fest an, um sich zu überzeugen, daß er sie wieder in
seinen Händen halte, und eilte dann damit nach dem Dorfe zurück. Der Vater begegnete ihm. »Seht«, rief er ihm zu, »das, wovon ich Euch so oft erzählt habe, was ich nur im Traum zu sehen
glaubte, ist jetzt gewiß und wahrhaftig mein.« Der Alte betrachtete die Tafel lange und sagte: »Mein Sohn, mir schaudert recht
im Herzen, wenn ich die Lineamente dieser Steine betrachte und
ahndend den Sinn dieser Wortfügung errate; sieh her, wie kalt sie
funkeln, welche grausame Blicke sie von sich geben, blutdürstig,
wie das rote Auge des Tigers. Wirf diese Schrift weg, die dich kalt
und grausam macht, die dein Herz versteinern muß:

> Sieh die zarten Blüten keimen,
> Wie sie aus sich selbst erwachen
> Und wie Kinder aus den Träumen
> Dir entgegen lieblich lachen.

Ihre Farbe ist im Spielen
Zugekehrt der goldnen Sonne,
Deren heißen Kuß zu fühlen,
Das ist ihre höchste Wonne.

An den Küssen zu verschmachten,
Zu vergehn in Lieb' und Wehmut;
Also stehn, die eben lachten,
Bald verwelkt in stiller Demut.

Das ist ihre höchste Freude,
Im Geliebten sich verzehren,
Sich im Tode zu verklären,
Zu vergehn in süßem Leide.

Dann ergießen sie die Düfte,
Ihre Geister, mit Entzücken,
Es berauschen sich die Lüfte
Im balsamischen Erquicken.

Liebe kommt zum Menschenherzen,
Regt die goldnen Saitenspiele,
Und die Seele spricht: ›Ich fühle,
Was das Schönste sei, wonach ich ziele,
Wehmut, Sehnsucht und der Liebe Schmerzen.‹«

»Wunderbare, unermeßliche Schätze«, antwortete der Sohn,
»muß es noch in den Tiefen der Erde geben. Wer diese ergrün-
den, heben und an sich reißen könnte! Wer die Erde so wie eine
geliebte Braut an sich zu drücken vermöchte, daß sie ihm in
Angst und Liebe gern ihr Kostbarstes gönnte! Das Waldweib hat
mich gerufen, ich gehe sie zu suchen. Hier nebenan ist ein alter,
verfallener Schacht, schon vor Jahrhunderten von einem Berg-
manne aufgegraben; vielleicht, daß ich sie dort finde!«
    Er eilte fort. Vergeblich strebte der Alte, ihn zurückzuhalten,
jener war seinen Blicken bald entschwunden. Nach einigen Stun-

den, nach vieler Anstrengung gelangte der Vater an den alten Schacht; er sah die Fußstapfen im Sande am Eingange eingedrückt und kehrte weinend um, in der Überzeugung, daß sein Sohn im Wahnsinne hineingegangen und in alte gesammelte Wässer und Untiefen versunken sei.

Seitdem war er unaufhörlich betrübt und in Tränen. Das ganze Dorf trauerte um den jungen Pachter, Elisabeth war untröstlich, die Kinder jammerten laut. Nach einem halben Jahre war der alte Vater gestorben, Elisabeths Eltern folgten ihm bald nach, und sie mußte die große Wirtschaft allein verwalten. Die angehäuften Geschäfte entfernten sie etwas von ihrem Kummer, die Erziehung der Kinder, die Bewirtschaftung des Gutes ließen ihr für Sorge und Gram keine Zeit übrig. So entschloß sie sich nach zwei Jahren zu einer neuen Heirat, sie gab ihre Hand einem jungen, heitern Manne, der sie von Jugend auf geliebt hatte. Aber bald gewann alles im Hause eine andre Gestalt. Das Vieh starb, Knechte und Mägde waren untreu, Scheuren mit Früchten wurden vom Feuer verzehrt, Leute in der Stadt, bei welchen Summen standen, entwichen mit dem Gelde. Bald sah sich der Wirt genötigt, einige Äcker und Wiesen zu verkaufen; aber ein Mißwachs und teures Jahr brachten ihn nur in neue Verlegenheit. Es schien nicht anders, als wenn das so wunderbar erworbene Geld auf allen Wegen eine schleunige Flucht suchte. Indessen mehrten sich die Kinder, und Elisabeth sowohl als ihr Mann wurden in der Verzweiflung unachtsam und saumselig; er suchte sich zu zerstreuen und trank häufigen und starken Wein, der ihn verdrießlich und jähzornig machte, so daß oft Elisabeth mit heißen Zähren ihr Elend beweinte. So wie ihr Glück wich, zogen sich auch die Freunde im Dorfe von ihnen zurück, so daß sie sich nach einigen Jahren ganz verlassen sahn und sich nur mit Mühe von einer Woche zur andern hinüber fristeten.

Es waren ihnen nur wenige Schafe und eine Kuh übriggeblieben, welche Elisabeth oft selber mit den Kindern hütete. So saß sie einst mit ihrer Arbeit auf dem Anger, Leonore zu ihrer Seite und ein säugendes Kind an der Brust, als sie von ferne herauf eine wunderbare Gestalt kommen sahen. Es war ein Mann in einem

ganz zerrissenen Rocke, barfüßig, sein Gesicht schwarzbraun
von der Sonne verbrannt, von einem langen, struppigen Bart
noch mehr entstellt; er trug keine Bedeckung auf dem Kopf,
hatte aber von grünem Laube einen Kranz durch sein Haar geflochten, welcher sein wildes Ansehn noch seltsamer und unbe-
greiflicher machte. Auf dem Rücken trug er in einem fest ge-
schnürten Sack eine schwere Ladung, im Gehen stützte er sich
auf eine junge Fichte.

Als er näher kam, setzte er seine Last nieder und holte schwer
Atem. Er bot der Frau guten Tag, die sich vor seinem Anblick
entsetzte, das Mädchen schmiegte sich an ihre Mutter. Als er ein
wenig geruht hatte, sagte er: »Nun komme ich von einer sehr beschwerlichen Wanderschaft aus dem rauhesten Gebirge auf Erden, aber ich habe dafür auch endlich die kostbarsten Schätze
mitgebracht, die die Einbildung nur denken oder das Herz sich
wünschen kann. Seht hier und erstaunt!« – Er öffnete hierauf seinen Sack und schüttete ihn aus; dieser war voller Kiesel, unter
denen große Stücke Quarz nebst andern Steinen lagen. »Es ist
nur«, fuhr er fort, »daß diese Juwelen noch nicht poliert und geschliffen sind, darum fehlt es ihnen noch an Auge und Blick; das
äußerliche Feuer mit seinem Glanze ist noch zu sehr in ihren in-
wendigen Herzen begraben, aber man muß es nur herausschlagen,
daß sie sich fürchten, daß keine Verstellung ihnen mehr
nützt, so sieht man wohl, wes Geistes Kind sie sind.« – Er nahm
mit diesen Worten einen harten Stein und schlug ihn heftig gegen
einen andern, so daß die roten Funken heraussprangen. »Habt
ihr den Glanz gesehen?« rief er aus; »so sind sie ganz Feuer und
Licht, sie erhellen das Dunkel mit ihrem Lachen, aber noch tun
sie es nicht freiwillig.« – Er packte hierauf alles wieder sorgfältig
in seinen Sack, welchen er fest zusammenschnürte. »Ich kenne
dich recht gut«, sagte er dann wehmütig, »du bist Elisabeth.« –
Die Frau erschrak. »Wie ist dir doch mein Name bekannt?«
fragte sie mit ahndendem Zittern. – »Ach, lieber Gott!« sagte der
Unglückselige, »ich bin ja der Christian, der einst als Jäger zu
euch kam; kennst du mich denn nicht mehr?«

Sie wußte nicht, was sie im Erschrecken und tiefsten Mitleiden sagen sollte. Er fiel ihr um den Hals und küßte sie. Elisabeth rief aus: »O Gott! mein Mann kommt!«

»Sei ruhig«, sagte er, »ich bin dir so gut wie gestorben; dort im Walde wartet schon meine Schöne, die Gewaltige, auf mich, die mit dem goldenen Schleier geschmückt ist. Dieses ist mein liebstes Kind, Leonore. Komm her, mein teures, liebes Herz, und gib mir auch einen Kuß, nur einen einzigen, daß ich einmal wieder deinen Mund auf meinen Lippen fühle; dann will ich euch verlassen.«

Leonore weinte; sie schmiegte sich an ihre Mutter, die in Schluchzen und Tränen sie halb zum Wandrer lenkte, halb zog sie dieser zu sich, nahm sie in die Arme und drückte sie an seine Brust. – Dann ging er still fort, und im Walde sahen sie ihn mit dem entsetzlichen Waldweibe sprechen.

»Was ist euch?« fragte der Mann, als er Mutter und Tochter blaß und in Tränen aufgelöst fand. Keiner wollte ihm Antwort geben.

Der Unglückliche ward aber seitdem nicht wieder gesehen.

JOSEPH VON EICHENDORFF
Die Zauberei im Herbste

Ritter Ubaldo war an einem heiteren Herbstabend auf der Jagd weit von den Seinigen abgekommen und ritt eben zwischen einsamen Waldbergen hin, als er von dem einen derselben einen Mann in seltsamer, bunter Kleidung herabsteigen sah. Der Fremde bemerkte ihn nicht, bis er dicht vor ihm stand. Ubaldo sah nun mit Verwunderung, daß derselbe einen sehr zierlichen und prächtig geschmückten Wams trug, der aber durch die Zeit altmodisch und unscheinlich geworden war. Sein Gesicht war schön, aber bleich und wild mit Bart verwachsen.

Beide begrüßten einander erstaunt, und Ubaldo erzählte, daß er so unglücklich gewesen, sich hier zu verirren. Die Sonne war schon hinter den Bergen versunken, dieser Ort weit entfernt von allen Wohnungen der Menschen. Der Unbekannte trug daher dem Ritter an, heute bei ihm zu übernachten; morgen mit dem frühesten wolle er ihm den einzigen Pfad weisen, der aus diesen Bergen herausführe. Ubaldo willigte gern ein und folgte nun seinem Führer durch die öden Waldesschluften.

Sie kamen bald an einen hohen Fels, in dessen Fuß eine geräumige Höhle ausgehauen war. Ein großer Stein lag in der Mitte derselben, auf dem Stein stand ein hölzernes Kruzifix. Ein Lager von trockenem Laube füllte den Hintergrund der Klause. Ubaldo band sein Pferd am Eingange an, während sein Wirt stillschweigend Wein und Brot brachte. Sie setzten sich miteinander hin, und der Ritter, dem die Kleidung des Unbekannten für einen Einsiedler wenig passend schien, konnte sich nicht enthalten, ihn um seine früheren Schicksale zu befragen. »Forsche nur nicht, wer ich bin«, antwortete der Klausner streng, und sein Gesicht wurde dabei finster und unfreundlich. Dagegen bemerkte

Ubaldo, daß derselbe hoch aufhorchte und dann in ein tiefes Nachsinnen versank, als er selber nun anfing, mancher Fahrten und rühmlicher Taten zu erwähnen, die er in seiner Jugend bestanden. Ermüdet endlich streckte sich Ubaldo auf das ihm angebotene Laub hin und schlummerte bald ein, während sein Wirt sich am Eingang der Höhle niedersetzte.

Mitten in der Nacht fuhr der Ritter, von unruhigen Träumen geschreckt, auf. Er richtete sich mit halbem Leibe empor. Draußen beschien der Mond sehr hell den stillen Kreis der Berge. Auf dem Platz vor der Höhle sah er seinen Wirt unruhig unter den hohen, schwankenden Bäumen auf und ab wandeln. Er sang dabei mit hohler Stimme ein Lied, wovon Ubaldo nur abgebrochen ungefähr folgende Worte vernehmen konnte:

>»Aus der Kluft treibt mich das Bangen,
Alte Klänge nach mir langen –
Süße Sünde, laß mich los!
Oder wirf mich ganz darnieder,
Vor dem Zauber dieser Lieder
Bergend in der Erde Schoß!

Gott! Inbrünstig möcht ich beten,
Doch der Erde Bilder treten
Immer zwischen dich und mich,
Und ringsum der Wälder Sausen
Füllt die Seele mir mit Grausen,
Strenger Gott! ich fürchte dich.

Ach! So brich auch meine Ketten!
Alle Menschen zu erretten,
Gingst du ja in bittern Tod.
Irrend an der Hölle Toren,
Ach, wie bald bin ich verloren!
Jesus, hilf in meiner Not!«

Der Sänger schwieg wieder, setzte sich auf einen Stein und schien einige unvernehmliche Gebete herzumurmeln, die aber vielmehr wie verwirrte Zauberformeln klangen. Das Rauschen der Bäche von den nahen Bergen und das leise Sausen der Tannen sang seltsam mit darein, und Ubaldo sank, vom Schlafe überwältigt, wieder auf sein Lager zurück.

Kaum blitzten die ersten Morgenstrahlen durch die Wipfel, als auch der Einsiedler schon vor dem Ritter stand, um ihm den Weg aus den Schluften zu weisen. Wohlgemutet schwang sich Ubaldo auf sein Pferd, und sein sonderbarer Führer schritt schweigend neben ihm her. Sie hatten bald den Gipfel des letzten Berges erreicht, da lag plötzlich die blitzende Tiefe mit Strömen, Städten und Schlössern im schönsten Morgenglanze zu ihren Füßen. Der Einsiedler schien selber überrascht. »Ach, wie schön ist die Welt!« rief er bestürzt aus, bedeckte sein Gesicht mit beiden Händen und eilte so in die Wälder zurück. Kopfschüttelnd schlug Ubaldo nun den wohlbekannten Weg nach seinem Schlosse ein.

Die Neugierde trieb indessen gar bald von neuem nach der Einöde, und er fand mit einiger Mühe die Höhle wieder, wo ihn der Klausner diesmal weniger finster und verschlossen empfing.

Daß derselbe schwere Sünden redlich abbüßen wolle, hatte Ubaldo wohl schon aus jenem nächtlichen Gesange entnommen, aber es kam ihm vor, als ob dieses Gemüt fruchtlos mit dem Feinde ringe, denn in seinem Wandel war nichts von der heiteren Zuversicht einer wahrhaft gottergebenen Seele, und gar oft, wenn sie im Gespräch beieinander saßen, brach eine schwer unterdrückte irdische Sehnsucht mit einer fast furchtbaren Gewalt aus den irre flammenden Augen des Mannes, wobei alle seine Mienen sonderbar zu verwildern und sich gänzlich zu verwandeln schienen.

Dies bewog den frommen Ritter, seine Besuche öfter zu wiederholen, um den Schwindelnden mit der ganzen vollen Kraft eines ungetrübten, schuldlosen Gemüts zu umfassen und zu erhalten. Seinen Namen und früheren Wandel verschwieg der Einsiedler indes fortdauernd, es schien ihm vor der Vergangenheit zu schaudern. Doch wurde er mit jedem Besuche sichtbar ruhiger und zutraulicher. Ja, es gelang dem guten Ritter endlich sogar, ihn einmal zu bewegen, ihm nach seinem Schlosse zu folgen.

Es war schon Abend geworden, als sie auf der Burg anlangten. Der Ritter ließ daher ein wärmendes Kaminfeuer anlegen und brachte von dem besten Wein, den er hatte. Der Einsiedler schien sich hier zum ersten Male ziemlich behaglich zu fühlen. Er betrachtete sehr aufmerksam ein Schwert und andere Waffenstücke, die im Widerscheine des Kaminfeuers funkelnd dort an der Wand hingen, und sah dann wieder den Ritter lange schweigend an. »Ihr seid glücklich«, sagte er, »und ich betrachte Eure feste, freudige, männliche Gestalt mit wahrer Scheu und Ehrfurcht, wie Ihr Euch, unbekümmert durch Leid und Freud, bewegt und das Leben ruhig regieret, während Ihr Euch demselben ganz hinzugeben scheint, gleich einem Schiffer, der bestimmt weiß, wo er hinsteuern soll, und sich von dem wunderbaren Liede der Sirenen unterwegens nicht irremachen läßt. Ich bin mir in Eurer Nähe schon oft vorgekommen wie ein feiger Tor oder wie ein Wahnsinniger. – Es gibt vom Leben *Berauschte* – ach, wie schrecklich ist es, dann auf einmal wieder nüchtern zu werden!«

Der Ritter, welcher diese ungewöhnliche Bewegung seines Gastes nicht unbenutzt vorbeigehen lassen wollte, drang mit gutmütigem Eifer in denselben, ihm nun endlich einmal seine Lebensgeschichte zu vertrauen. Der Klausner wurde nachdenkend. »Wenn Ihr mir versprecht«, sagte er endlich, »ewig zu verschweigen, was ich Euch erzähle, und mir erlaubt, alle Namen wegzulassen, so will ich es tun.« Der Ritter reichte ihm die Hand und versprach ihm freudig, was er forderte, rief seine Hausfrau, deren Verschwiegenheit er verbürgte, herein, um auch sie an der von beiden lange ersehnten Erzählung teilnehmen zu lassen.

Sie erschien, ein Kind auf dem Arme, das andere an der Hand führend. Es war eine hohe, schöne Gestalt in verblühender Jugend, still und mild wie die untergehende Sonne, noch einmal in den lieblichen Kindern die eigene versinkende Schönheit abspiegelnd. Der Fremde wurde bei ihrem Anblick ganz verwirrt. Er riß das Fenster auf und schaute einige Augenblicke über den

nächtlichen Waldgrund hinaus, um sich zu sammeln. Ruhiger
trat er darauf wieder zu ihnen, sie rückten alle dichter um den lo-
dernden Kamin, und er begann folgendermaßen:

»Die Herbstsonne stieg lieblich wärmend über die farbigen
Nebel, welche die Täler um mein Schloß bedeckten. Die Musik
schwieg, das Fest war zu Ende und die lustigen Gäste zogen nach
allen Seiten davon. Es war ein Abschiedsfest, das ich meinem
liebsten Jugendgesellen gab, welcher heute mit seinem Häuflein
dem heiligen Kreuze zuzog, um dem großen christlichen Heere
das Gelobte Land erobern zu helfen. Seit unserer frühesten Jugend war dieser Zug der einzige Gegenstand unserer beiderseiti-
gen Wünsche, Hoffnungen und Pläne, und ich versenke mich
noch jetzt oft mit einer unbeschreiblichen Wehmut in jene stille,
morgenschöne Zeit, wo wir unter den hohen Linden auf dem
Felsenabhange meines Burgplatzes zusammensaßen und in Gedanken den segelnden Wolken nach jenem gebenedeiten Wun-
derlande folgten, wo Gottfried und die anderen Helden in lich-
tem Glanze des Ruhmes lebten und stritten. – Aber wie bald ver-
wandelte sich alles in mir!

Ein Fräulein, die Blume aller Schönheit, die ich nur einigemal
gesehen und zu welcher ich, ohne daß sie davon wußte, gleich
von Anfang eine unbezwingliche Liebe gefaßt hatte, hielt mich in
dem stillen Zwinger dieser Berge gebannt. Jetzt, da ich stark genug war, mitzukämpfen, konnte ich nicht scheiden und ließ meinen Freund allein ziehen.

Auch sie war bei dem Feste zugegen, und ich schwelgte vor
übergroßer Seligkeit in dem Widerglanze ihrer Schönheit. Nur
erst, als sie des Morgens fortziehen wollte und ich ihr auf das
Pferd half, wagte ich, es ihr zu entdecken, daß ich nur ihretwillen
den Zug unterlassen. Sie sagte nichts darauf, aber blickte mich
groß und, wie es schien, erschrocken an und ritt dann schnell davon.«

Bei diesen Worten sahen der Ritter und seine Frau einander
mit sichtbarem Erstaunen an. Der Fremde bemerkte es aber nicht
und fuhr weiter fort:

»Alles war nun fortgezogen. Die Sonne schien durch die ho-

hen Bogenfenster in die leeren Gemächer, wo jetzt nur noch
meine einsamen Fußtritte widerhallten. Ich lehnte mich lange
zum Erker hinaus, aus den stillen Wäldern unten schallte der
Schlag einzelner Holzhauer herauf. Eine unbeschreiblich sehnsüchtige Bewegung bemächtigte sich in dieser Einsamkeit meiner. Ich konnte es nicht länger aushalten, ich schwang mich auf
mein Roß und ritt auf die Jagd, um dem gepreßten Herzen Luft
zu machen.

Lange war ich umhergeirrt und befand mich endlich zu meiner
Verwunderung in einer mir bis jetzt noch ganz unbekannt gebliebenen Gegend des Gebirges. Ich ritt gedankenvoll, meinen
Falken auf der Hand, über eine wunderschöne Heide, über welche die Strahlen der untergehenden Sonne schrägblitzend hin-
fuhren, die herbstlichen Gespinste flogen wie Schleier durch die
heiter blaue Luft, hoch über die Berge weg wehten die Ab-
schiedslieder der fortziehenden Vögel.

Da hörte ich plötzlich mehrere Waldhörner, die in einiger Entfernung von den Bergen einander Antwort zu geben schienen.
Einige Stimmen begleiteten sie mit Gesang. Nie noch vorher
hatte mich Musik mit solcher wunderbaren Sehnsucht erfüllt als
diese Töne, und noch heute sind mir mehrere Strophen des Gesanges erinnerlich, wie sie der Wind zwischen den Klängen her-
überwehte:

> ›Über gelb’ und rote Streifen
> Ziehen hoch die Vögel fort.
> Trostlos die Gedanken schweifen,
> Ach! sie finden keinen Port,
> Und der Hörner dunkle Klagen
> Einsam nur ans Herz dir schlagen.
>
> Siehst du blauer Berge Runde
> Ferne überm Walde stehn,
> Bäche in dem stillen Grunde
> Rauschend nach der Ferne gehn?
> Wolken, Bäche, Vögel munter,
> Alles ziehet mit hinunter.

Golden meine Locken wallen,
Süß mein junger Leib noch blüht –
Bald ist Schönheit auch verfallen,
Wie des Sommers Glanz verglüht,
Jugend muß die Blüten neigen,
Rings die Hörner alle schweigen.

Schlanke Arme zu umarmen,
Roten Mund zum süßen Kuß,
Weiße Brust, dran zu erwarmen,
Reichen, vollen Liebesgruß
Bietet dir der Hörner Schallen,
Süßer! komm, eh sie verhallen!‹

Ich war wie verwirrt bei diesen Tönen, die das ganze Herz durchdrangen. Mein Falke, sobald sich die ersten Klänge erhoben, wurde scheu, schwang sich wildkreischend auf, hoch in den Lüften verschwindend, und kam nicht wieder. Ich aber konnte nicht widerstehen und folgte dem verlockenden Waldhornsliede immerfort, das sinnenverwirrend bald wie aus der Ferne klang, bald wieder mit dem Winde näher schwellte.

So kam ich endlich aus dem Walde heraus und erblickte ein blankes Schloß, das auf einem Berge vor mir lag. Rings um das Schloß, vom Gipfel bis zum Walde hinab, lachte ein wunderschöner Garten in den buntesten Farben, der das Schloß wie ein Zauberring umgab. Alle Bäume und Sträucher in demselben, vom Herbste viel kräftiger gefärbt als anderswo, waren purpurrot, goldgelb und feuerfarb; hohe Astern, diese letzten Gestirne des versinkenden Sommers, brannten dort im mannigfaltigsten Schimmer. Die untergehende Sonne warf gerade ihre Strahlen auf die liebliche Anhöhe, auf die Springbrunnen und die Fenster des Schlosses, die blendend blitzten.

Ich bemerkte nun, daß die Waldhornklänge, die ich vorhin gehört, aus diesem Garten kamen, und mitten in dem Glanze unter wilden Weinlaubranken sah ich, innerlichst erschrocken – das Fräulein, das alle meine Gedanken meinten, zwischen den Klän-

gen, selber singend, herumwandeln. Sie schwieg, als sie mich erblickte, aber die Hörner klangen fort. Schöne Knaben in seide-
nen Kleidern eilten herab und nahmen mir das Pferd ab.

Ich flog durch das zierlich übergoldete Gittertor auf die Ter-
rasse des Gartens, wo meine Geliebte stand, und sank, von soviel
Schönheit überwältigt, zu ihren Füßen nieder. Sie trug ein dun-
kelrotes Gewand, lange Schleier, durchsichtig wie die Sommerfäden des Herbstes, umflatterten die goldgelben Locken, von einer prächtigen Aster aus funkelnden Edelsteinen über der Stirn
zusammengehalten.

Liebreich hob sie mich auf und mit einer rührenden, wie vor
Liebe und Schmerz gebrochenen Stimme sagte sie: ›Schöner, unglücklicher Jüngling, wie lieb ich dich! Schon lange liebt ich dich,
und wenn der Herbst seine geheimnisvolle Feier beginnt, erwacht mit jedem Jahre mein Verlangen mit neuer, unwiderstehli-
cher Gewalt. Unglücklicher! Wie bist du in den Kreis meiner
Klänge gekommen? Laß mich und fliehe!‹

Mich schauderte bei diesen Worten und ich beschwor sie, wei-
terzureden und sich näher zu erklären. Aber sie antwortete nicht,
und wir gingen stillschweigend nebeneinander durch den Garten.

Es war indes dunkel geworden. Da verbreitete sich eine ernste
Hoheit über ihre ganze Gestalt.

›So wisse denn‹, sagte sie, ›dein Jugendfreund, der heute von
dir geschieden ist, ist ein Verräter. Ich bin *gezwungen* seine verlobte Braut. Aus wilder Eifersucht verhehlte er dir seine Liebe.
Er ist nicht nach Palästina, sondern kommt morgen, um mich abzuholen und in einem abgelegenen Schlosse vor allen menschlichen Augen auf ewig zu verbergen. – Ich muß nun scheiden. *Wir
sehen uns nie wieder, wenn er nicht stirbt.*‹

Bei diesen Worten drückte sie einen Kuß auf meine Lippen
und verschwand in den dunklen Gängen. Ein Stein aus ihrer
Aster funkelte im Weggehen kühlblitzend über meinen beiden
Augen, ihr Kuß flammte mit fast schauerlicher Wollust durch
alle meine Adern.

Ich überdachte nun mit Entsetzen die fürchterlichen Worte

die sie beim Abschiede wie Gift in mein gesundes Blut geworfen hatte, und irrte lange nachsinnend in den einsamen Gängen umher. Ermüdet warf ich mich endlich auf die steinernen Staffeln vor dem Schloßtore, die Waldhörner hallten noch fort, und ich schlummerte unter seltsamen Gedanken ein.

Als ich die Augen aufschlug, war es heller Morgen. Alle Türen und Fenster des Schlosses waren fest verschlossen, der Garten und die ganze Gegend still. In dieser Einsamkeit erwachte das Bild der Geliebten und die ganze Zauberei des gestrigen Abends mit neuen morgenschönen Farben in meinem Herzen, und ich fühlte die volle Seligkeit, wiedergeliebt zu werden. Manchmal wohl, wenn mir jene furchtbaren Worte wieder einfielen, wandelte mich ein Trieb an, weit von hier zu fliehen; aber der Kuß brannte noch auf meinen Lippen, und ich konnte nicht fort.

Es wehte eine warme, fast schwüle Luft, als wollte der Sommer noch einmal wiederkehren. Ich schweifte daher träumend in den nahen Wald hinaus, um mich mit der Jagd zu zerstreuen. Da erblickt ich in dem Wipfel eines Baumes einen Vogel von so wunderschönem Gefieder, wie ich noch nie vorher gesehen. Als ich den Bogen spannte, um ihn zu schießen, flog er schnell auf einen andern Baum. Ich folgte ihm begierig, aber der schöne Vogel flatterte immerfort von Wipfel zu Wipfel vor mir her, wobei seine hellgoldenen Schwingen reizend im Sonnenschein glänzten.

So war ich in ein enges Tal gekommen, das rings von hohen Felsen eingeschlossen war. Kein rauhes Lüftchen wehte hier herein, alles war hier noch grün und blühend wie im Sommer. Ein Gesang schwoll wunderlieblich aus der Mitte dieses Tales. Erstaunt bog ich die Zweige des dichten Gesträuches, an dem ich stand, auseinander – und meine Augen senkten sich trunken und geblendet vor dem Zauber, der sich mir da eröffnete.

Ein stiller Weiher lag im Kreise der hohen Felsen, an denen Efeu und seltsame Schilfblumen üppig emporrankten. Viele Mädchen tauchten ihre schönen Glieder singend in der lauen Flut auf und nieder. Über allen erhoben stand das Fräulein

prächtig und ohne Hülle und schaute, während die anderen sangen, schweigend in die wollüstig um ihre Knöchel spielenden
Wellen wie verzaubert und versunken in das Bild der eigenen
Schönheit, das der trunkene Wasserspiegel widerstrahlte. Einge-
wurzelt stand ich lange in flammendem Schauer, da bewegte sich
die schöne Schar ans Land, und ich eilte schnell davon, um nicht
entdeckt zu werden.

Ich stürzte mich in den dicksten Wald, um die Flammen zu
kühlen, die mein Inneres durchtobten. Aber je weiter ich floh,
desto lebendiger gaukelten jene Bilder vor meinen Augen, desto
verzehrender langte der Schimmer jener jugendlichen Glieder
mir nach.

So traf mich die einbrechende Nacht noch im Walde. Der
ganze Himmel hatte sich unterdes verwandelt und war dunkel
geworden, ein wilder Sturm ging über die Berge. ›Wir sehen uns
nie wieder, wenn er nicht stirbt!‹ rief ich immerfort in mich selbst
hinein und rannte, als würde ich von Gespenstern gejagt.

Es kam mir dabei manchmal vor, als vernähme ich seitwärts
Getös von Rosseshufen im Walde, aber ich scheute jedes
menschliche Angesicht und floh vor dem Geräusch, sooft es näher zu kommen schien. Das Schloß meiner Geliebten sah ich oft,
wenn ich auf eine Höhe kam, in der Ferne stehen; die Waldhörner sangen wieder wie gestern abend, der Glanz der Kerzen
drang wie ein milder Mondenschein durch alle Fenster und be-
leuchtete ringsumher magisch den Kreis der nächsten Bäume
und Blumen, während draußen die ganze Gegend in Sturm und
Finsternis wild durcheinanderrang.

Meiner Sinne kaum mehr mächtig, bestieg ich endlich einen
hohen Felsen, an dem unten ein brausender Waldstrom vorüber-
stürzte. Als ich auf der Spitze ankam, erblickte ich dort eine
dunkle Gestalt, die auf einem Steine saß, still und unbeweglich,
als wäre sie selber von Stein. Die Wolken jagten soeben zerrissen
über den Himmel. Der Mond trat blutrot auf einen Augenblick
hervor – und ich erkannte meinen Freund, den Bräutigam meiner
Geliebten.

Er richtete sich, sobald er mich erblickte, schnell und hoch auf, daß ich innerlichst zusammenschauderte, und griff nach seinem Schwerte. Wütend fiel ich ihn an und umfaßte ihn mit beiden Armen. So rangen wir einige Zeit miteinander, bis ich ihn zuletzt über die Felsenwand in den Abgrund hinabschleuderte.

Da wurde es auf einmal still in der Tiefe und ringsumher, nur der Strom unten rauschte stärker, als wäre mein ganzes voriges Leben unter diesen wirbelnden Wogen begraben und alles auf ewig vorbei.

Eilig stürzte ich nun fort von diesem grausigen Orte. Da kam es mir vor, als hörte ich ein lautes, widriges Lachen wie aus dem Wipfel der Bäume hinter mir dreinschallen; zugleich glaubte ich in der Verwirrung meiner Sinne den Vogel, den ich vorhin verfolgte, in den Zweigen über mir wiederzusehen. So gejagt, geängstigt und halb sinnlos rannte ich durch die Wildnis über die Gartenmauer hinweg zu dem Schlosse des Fräuleins. Mit allen Kräften riß ich dort an den Angeln des verschlossenen Tores. ›Mach auf‹, schrie ich außer mir, ›mach auf, ich habe meinen Herzensbruder erschlagen! Du bist nun mein auf Erden und in der Hölle!‹

Da taten sich die Torflügel schnell auf, und das Fräulein, schöner als ich sie jemals gesehen, sank ganz hingegeben in flammenden Küssen an meine von Stürmen durchwühlte, zerrissene Brust.

Laßt mich nun schweigen von der Pracht der Gemächer, dem Dufte ausländischer Blumen und Bäume, zwischen denen schöne Frauen singend hervorsahen, von den Wogen von Licht und Musik, von der wilden, namenlosen Lust, die ich in den Armen des Fräuleins –«

Hier fuhr der Fremde plötzlich auf. Denn draußen hörte man einen seltsamen Gesang an den Fenstern der Burg vorüberfliegen. Es waren nur einzelne Sätze, die zuweilen wie eine menschliche Stimme, dann wieder wie die höchsten Töne einer Klarinette klangen, wenn sie der Wind über ferne Berge herüberweht, das ganze Herz ergreifend und schnell dahinfahrend. »Beruhigt Euch«, sagte der Ritter, »wir sind das lange gewohnt. Zauberei soll in den nahen Wäldern wohnen, und oft zur Herbstzeit streifen solche Töne in der Nacht bis an unser Schloß. Es vergeht ebenso schnell als es kommt, und wir bekümmern uns weiter nicht darum.« Eine große Bewegung schien jedoch in der Brust des Ritters zu arbeiten, die er nur mit Mühe unterdrückte. Die Töne draußen waren schon wieder verklungen. Der Fremde saß, wie im Geiste abwesend, in tiefes Nachsinnen verloren. Nach einer langen Pause erst sammelte er sich wieder und fuhr, obgleich nicht mehr so ruhig wie vorher, in seiner Erzählung weiter fort:

»Ich bemerkte, daß das Fräulein mitten im Glanze manchmal von einer unwillkürlichen Wehmut befallen wurde, wenn sie aus dem Schlosse sah, wie nun endlich auch der Herbst von allen Fluren Abschied nehmen wollte. Aber ein gesunder, fester Schlaf machte durch eine Nacht alles wieder gut, und ihr wunderschönes Antlitz, der Garten und die ganze Gegend ringsumher blickte mich am Morgen immer wieder erquickt, frischer und wie neugeboren an.

Nur einmal, da ich eben mit ihr am Fenster stand, war sie stiller und trauriger als jemals. Draußen im Garten spielte der Wintersturm mit den herabfallenden Blättern. Ich merkte, daß sie oft heimlich schauderte, als sie in die ganz verbleichte Gegend hinausschaute. Alle ihre Frauen hatten uns verlassen, die Lieder der Waldhörner klangen heute nur aus weiter Ferne, bis sie endlich gar verhallten. Die Augen meiner Geliebten hatten allen ihren Glanz verloren und schienen wie verlöschend. Jenseits der Berge ging eben die Sonne unter und erfüllte den Garten und die Täler ringsum mit ihrem verbleichenden Glanze. Da umschlang das Fräulein mich mit beiden Armen und begann ein seltsames Lied zu singen, das ich vorher noch nie von ihr gehört und das mit unendlich wehmütigem Akkorde das ganze Haus durchdrang. Ich lauschte entzückt, es war, als zögen mich diese Töne mit dem versinkenden Abendrot langsam hinab, die Augen fielen mir wider Willen zu, und ich schlummerte in Träumen ein.

Als ich erwachte, war es Nacht geworden und alles still im Schlosse. Der Mond schien sehr hell. Meine Geliebte lag auf seidenem Lager schlafend neben mir hingestreckt. Ich betrachtete sie mit Erstaunen, denn sie war bleich wie eine Leiche, ihre Lokken hingen verwirrt und wie vom Winde zerzaust um Angesicht und Busen herum. Alles andere lag und stand noch unberührt umher, wie es bei meinem Entschlummern gelegen, es war mir, als wäre das schon sehr lange her. – Ich trat an das offene Fenster. Die Gegend draußen schien mir verwandelt und ganz anders, als ich sie sonst gesehen. Die Bäume sausten wunderlich. Da sah ich unten an der Mauer des Schlosses zwei Männer stehen, die dunkel murmelnd und sich besprechend, sich immerfort gleichförmig beugend und neigend gegeneinander hin und her bewegten, als ob sie ein Gespinste weben wollten. Ich konnte nichts verstehen, nur hörte ich sie öfters meinen Namen nennen. Ich blickte noch einmal zurück nach der Gestalt des Fräuleins, welche eben vom Monde klar beschienen wurde. Es kam mir vor, als sähe ich ein steinernes Bild, schön, aber totenkalt und unbeweglich. Ein Stein blitzte wie Basiliskenaugen von ihrer starren Brust, ihr Mund schien mir seltsam verzerrt.

Ein Grausen, wie ich es noch in meinem Leben nicht gefühlt, befiel mich da auf einmal. Ich ließ alles liegen und eilte durch die leeren, öden Hallen, wo aller Glanz verloschen war, fort. Als ich aus dem Schlosse trat, sah ich in einiger Entfernung die zwei ganz fremden Männer plötzlich in ihrem Geschäfte erstarren und wie Statuen stillestehen. Seitwärts weit unter dem Berge erblickt ich an einem einsamen Weiher mehrere Mädchen in schneeweißen Gewändern, welche wunderbar singend beschäftigt schienen, seltsame Gespinste auf der Wiese auszubreiten und am Mondschein zu bleichen. Dieser Anblick und dieser Gesang vermehrte noch mein Grausen, und ich schwang mich nur desto rascher über die Gartenmauer weg. Die Wolken flogen schnell über den Himmel, die Bäume sausten hinter mir drein, ich eilte atemlos immer fort.

Stiller und wärmer wurde allmählich die Nacht, Nachtigallen schlugen in den Gebüschen. Draußen tief unter den Bergen hörte ich Stimmen gehen, und alte, langvergessene Erinnerungen kehrten halbdämmernd wieder in das ausgebrannte Herz zurück, während vor mir die schönste Frühlingsmorgendämmerung sich über dem Gebirge erhob. ›Was ist das? Wo bin ich denn?‹ rief ich erstaunt und wußte nicht, wie mir geschehen. ›Herbst und Winter sind vergangen, Frühling ist's wieder auf der Welt. Mein Gott! wo bin ich so lange gewesen?‹

So langte ich endlich auf dem Gipfel des letzten Berges an. Da ging die Sonne prächtig auf. Ein wonniges Erschüttern flog über die Erde, Ströme und Schlösser blitzten, die Menschen, ach! ruhig und fröhlich kreisten in ihren täglichen Verrichtungen wie ehedem, unzählige Lerchen jubilierten hoch in der Luft. Ich stürzte auf die Knie und weinte bitterlich um mein verlorenes Leben.

Ich begriff und begreife noch jetzt nicht, wie das alles zugegangen, aber hinabstürzen mocht ich noch nicht in die heitere, schuldlose Welt mit dieser Brust voll Sünde und zügelloser Lust. In die tiefste Einöde vergraben, wollte ich den Himmel um Vergebung bitten und die Wohnungen der Menschen nicht eher wiedersehen, bis ich alle meine Fehle, das einzige, dessen ich mir aus der Vergangenheit nur zu klar und deutlich bewußt war, mit Tränen heißer Reue abgewaschen hätte.

Ein Jahr lang lebt ich so, als Ihr mich damals an der Höhle traft. Inbrünstige Gebete entstiegen gar oft meiner geängstigten Brust, und ich wähnte manchmal, es sei überstanden und ich habe Gnade gefunden vor Gott; aber das war nur selige Täuschung seltener Augenblicke, und schnell alles wieder vorbei. Und als nun der Herbst wieder sein wunderlich farbiges Netz über Berg und Tal ausspreitete, da schweiften von neuem einzelne wohlbekannte Töne aus dem Walde in meine Einsamkeit und dunkle Stimmen in mir klangen sie wider und gaben ihnen Antwort, und im Innersten erschreckten mich noch immer die Glockenklänge des fernen Doms, wenn sie am klaren Sonntagsmorgen über die Berge zu mir herüberlangten, als suchten sie das alte, stille Gottesreich der Kindheit in meiner Brust, das nicht mehr in ihr war. – Seht, es ist ein wunderbares, dunkles Reich von Gedanken in des Menschen Brust, da blitzen Kristall und Rubin und alle die versteinerten Blumen der Tiefe mit schauerlichem Liebesblick herauf, zauberische Klänge wehen dazwischen, du weißt nicht, woher sie kommen und wohin sie gehen, die Schön-

heit des irdischen Lebens schimmert von draußen dämmernd
herein, die unsichtbaren Quellen rauschen wehmütig lockend in
einem fort und es zieht dich ewig hinunter – hinunter!«

»Armer Raimund!« rief da der Ritter, der den in seiner Erzählung träumerisch verlorenen Fremden lange mit tiefer Rührung
betrachtet hatte.

»Wer seid Ihr um Gottes willen, daß Ihr meinen Namen
wißt!« rief der Fremde und sprang wie vom Blitze gerührt von
seinem Sitze auf.

»Mein Gott!« erwiderte der Ritter und schloß den Zitternden
mit herzlicher Liebe in seine Arme, »kennst du uns denn gar
nicht mehr? Ich bin ja dein alter, treuer Waffenbruder Ubaldo,
und da ist deine *Berta*, die du heimlich liebtest, die du nach jenem
Abschiedsfeste auf deiner Burg auf das Pferd hobst. Gar sehr hat
die Zeit und ein vielbewegtes Leben seitdem unsere frischen Ju-
gendbilder verwischt, und ich erkannte dich erst wieder, als du
deine Geschichte zu erzählen anfingest. Ich bin nie in einer Gegend gewesen, die du da beschrieben hast, und habe nie mit dir
auf dem Felsen gerungen. Ich zog gleich nach jenem Feste gen
Palästina, wo ich mehrere Jahre mitfocht, und die schöne Berta
dort wurde nach meiner Heimkehr mein Weib. Auch Berta hatte
dich nach dem Abschiedsfeste niemals wiedergesehen, und alles,
was du da erzähltest, ist eitel Phantasie. Ein böser Zauber, jeden
Herbst neu erwachend und dann wieder samt dir versinkend,
mein armer Raimund, hielt dich viele Jahre lang mit lügenhaften
Spielen umstrickt. Du hast unbemerkt Monate wie einzelne Tage
verlebt. Niemand wußte, als ich aus dem Gelobten Lande zurückkam, wohin du gekommen, und wir glaubten dich längst
verloren.«

Ubaldo merkte vor Freude nicht, daß sein Freund bei jedem
Worte immer heftiger zitterte. Mit hohlen, starr offenen Augen
sah er die beiden abwechselnd an, und erkannte nun auf einmal
den Freund und die Jugendgeliebte, über deren lang verblühte,
rührende Gestalt die Flamme des Kamins spielend die zucken-
den Scheine warf.

»Verloren, alles verloren!« rief er aus tiefster Brust, riß sich aus den Armen Ubaldos und flog pfeilschnell aus dem Schlosse in die Nacht und den Wald hinaus.

»Ja verloren, und meine Liebe und mein ganzes Leben eine lange Täuschung!« sagte er immerfort für sich selbst und lief, bis alle Lichter in Ubaldos Schlosse hinter ihm versunken waren. Er nahm fast unwillkürlich die Richtung nach seiner eigenen Burg und langte daselbst an, als eben die Sonne aufging.

Es war wieder ein heiterer Herbstmorgen wie damals, als er vor vielen Jahren das Schloß verlassen hatte, und die Erinnerung an jene Zeit und der Schmerz über den verlorenen Glanz und Ruhm seiner Jugend befiel da auf einmal seine ganze Seele. Die hohen Linden auf dem steinernen Burghofe rauschten noch immer fort, aber der Platz und das ganze Schloß war leer und öde, und der Wind strich überall durch die verfallenen Fensterbogen.

Er trat in den Garten hinaus. Der lag auch wüst und zerstört, nur einzelne Spätblumen schimmerten noch hin und her aus dem falben Grase. Auf einer hohen Blume saß ein Vogel und sang ein wunderbares Lied, das die Brust mit unendlicher Sehnsucht erfüllte. Es waren dieselben Töne, die er gestern abend während seiner Erzählung auf Ubaldos Burg vorüberschweifen hörte. Mit Schrecken erkannte er auch nun den schönen goldgelben Vogel aus dem Zauberwalde wieder. Hinter ihm aber, hoch aus einem Bogenfenster des Schlosses schaute während des Gesanges ein langer Mann über die Gegend hinaus, still, bleich und mit Blut bespritzt. Es war leibhaftig Ubaldos Gestalt.

Entsetzt wandte Raimund das Gesicht von dem furchtbar stillen Bilde und sah in den klaren Morgen vor sich hinab. Da sprengte plötzlich unten auf einem schlanken Rosse das schöne Zauberfräulein, lächelnd, in üppiger Jugendblüte, vorüber. Silberne Sommerfäden flogen hinter ihr drein, die Aster von ihrer Stirne warf lange grünlich-goldene Scheine über die Heide.

In allen Sinnen verwirrt, stürzte Raimund aus dem Garten, dem holden Bilde nach.

Die seltsamen Lieder des Vogels zogen, wie er ging, immer vor ihm her. Allmählich, je weiter er kam, verwandelten sich diese

Töne sonderbar in das alte Waldhornlied, das ihn damals ver-
lockte.

>>Golden meine Locken wallen,
Süß mein junger Leib noch blüht –<<

hörte er einzeln und abgebrochen aus der Ferne wieder herüber-
schallen.

>>Bäche in dem stillen Grunde
Rauschend nach der Ferne gehen.<<

Sein Schloß, die Berge und die ganze Welt versank dämmernd
hinter ihm.

>>Reichen, vollen Liebesgruß
Bietet dir der Hörner Schallen.
Komm, ach komm! eh sie verhallen!<<

hallte es wider – und im Wahnsinn verloren ging der arme Raimund den Klängen nach in den Wald hinein und ward niemals
mehr wiedergesehen.

Friedrich de la Motte Fouqué
Eine Geschichte vom Galgenmännlein

In Venezia, die weit und breit berühmte welsche Handelsstadt, zog eines schönen Abends ein junger deutscher Kaufmann ein, Reichard geheißen, gar ein fröhlicher und kecker Gesell. Es gab eben zu der Zeit in deutschen Landen mannigfache Unruhe, um des Dreißigjährigen Krieges willen; deshalben war der junge Handelsmann, der sich gern einen lustigen Tag machte, ganz besonders damit zufrieden, daß ihn seine Geschäfte auf einige Zeit nach Welschland riefen, wo es nicht so gar kriegerisch zuging, und wo man, wie er gehört hatte, ganz köstlichen Wein und viele der besten und wohlschmeckendsten Früchte antreffen sollte, noch der vielen wunderschönen Frauen zu geschweigen, von welchen er ein absonderlicher Liebhaber war.

Er fuhr, wie sie es dorten zu tun pflegen, in einem kleinen Schifflein, Gondel geheißen, auf den Kanälen umher, die es in Venezia statt der ordentlichen gepflasterten Straßen gibt, und hatte seine große Lust an den schönen Häusern und den noch viel schöneren Weibsgestalten, die er oftmals daraus hervorblicken sah. Als er endlich gegen ein höchst prächtiges Gebäude herankam, in dessen Fenstern wohl zwölf der alleranmutigsten Frauenzimmer lagen, sprach der gute junge Gesell zu einer der Gondoliere, die sein Schifflein ruderten: »Daß Gott! wenn es mir doch einmal so wohl werden sollte, daß ich nur ein Wörtlein zu einer von jenen wunderschönen Fräulein sprechen dürfte!« – »Ei«, sagte der Gondolier, »ist es weiter nichts als das, so steigt nur aus und geht kecklich hinauf. Die Zeit wird Euch droben gewißlich nicht lang werden.« Der junge Reichard aber sprach: »Du hast wohl deine Lust daran, fremde Leute zu necken, und meinest, in mir so einen groben Gesellen zu treffen, der nach dei-

nen törichten Worten täte und droben im Schlosse dann ausgelacht würde, oder wohl ausgewamst obendrein?« – »Herr, lehrt
mich die Sitten des Landes nicht kennen«, sagte der Gondolier.
»Tut nur nach meinem Rat, dafern Ihr's Euch gerne wohl sein
laßt, und nehmen sie Euch nicht mit offnen, schönen Armen auf,
so will ich meines Fährlohnes quitt und verlustig gehen.«

Das schien dem jungen Burschen des Versuchens schon wert,
auch hatte der Gondolier nicht eben gelogen. Die Schar der lieb-
reizenden Fräulein nahm den Fremden nicht allein holdselig auf,
sondern es führte ihn auch die, welche er für die Schönste aus ihnen hielt, in ihr eignes Gemach, wo sie ihn mit den auserlesensten
Trink- und Eßwaren bewirtete, und auch mit manchem Kuß, ja,
ihm endlich ganz und gar zu Willen ward. Er mußte mehrmalen
bei sich denken: »Ich bin doch fürwahr in das alleranmutigste
und wunderbarste Land gekommen, so es auf dem Erdboden
gibt: zugleich aber kann ich auch dem Himmel nicht genugsam-
lich danken für die Anmutigkeiten meiner Person und meines
Geistes, vermittelst deren ich den fremden Damen so sehr gefalle.«

Als er nun aber wieder von hinnen wollte, forderte ihm das
Fräulein funfzig Dukaten ab, und weil er sich darüber verwunderte, sagte sie: »Ei, junger Fant, wie vermeint Ihr doch, Euch
der schönsten Courtisane aus ganz Venedig so gar umsonst erfreut zu haben? Zahlt nur immer frisch, denn wer nicht vorher
bedungen hat, muß sich den Preis gefallen lassen, den man von
ihm begehrt. Wollt Ihr aber künftig wiederkommen, so gehabt
Euch klüger, und Ihr könnt für eine Summe, wie es Euch heute
gekostet hat, eine ganze Woche lang in allen Freuden leben.«

Ach, wie verdrießlich es doch sein mag für einen, der dachte, er
habe eine Prinzessin erobert, wenn er nun merkt, daß es eine gar
gemeine Buhlschaft war, und ihm noch eine so erkleckliche
Summe dabei aus dem Geldbeutel gelockt wird! Der junge Gesell
aber bewies sich nicht so ergrimmt, als wohl ein andrer meinen
sollte. Es war ihm mehr um eine gute Pflege seines Leibes zu tun
als um viele Preislichkeiten in seiner Historie, deshalben er sich
denn nach geleisteter Zahlung in ein Weinhaus fahren ließ, um

dorten wegzutrinken, was ihm noch etwa von Ärger im Kopfe herumzog.

Da nun der fröhliche Bursch auf solchen Wegen war, mochte es ihm auch nicht an gar zahlreicher und vergnügter Gesellschaft fehlen. Es ging manchen Tag fort in Saus und Braus und zwischen lauter lustigen Gesichtern; ein einziges ausgenommen, das einem hispanischen Hauptmann zugehörte, der zwar allen den Späßen der wilden Bande, in die der junge Reichard sich begeben hatte, beiwohnte, aber meist ohne ein Wort zu verlieren und mit einer recht gewaltsamen Unruhe auf allen Zügen seines finstern Antlitzes. Man litt ihn dabei gern, denn er war ein Mann von Ansehen und Vermögen, der sich nichts daraus machte, die ganze Gesellschaft oft mehrere Abende hintereinander freizuhalten.

Demohngeachtet, und ob sich der junge Reichard gleich nicht mehr so arg beschatzen ließ wie am Tage seiner Ankunft in Venezia, begann ihm doch endlich das Geld auszugehen, und er mußte mit großer Betrübnis daran denken, daß ein so unerhört vergnügliches Leben nun bald für ihn ans Ende kommen müsse, dafern er nicht mit seinem vielen Verlustieren zuletzt all seines Geldes verlustig gehn wolle.

Die andern wurden seiner Trübseligkeit inne, zugleich auch der Ursache dazu – wie sie denn dergleichen Fälle sehr häufig in ihrem Kreise erlebten – und hatten ihren Spaß mit dem ausgebeutelten Kopfhänger, der es doch immer noch nicht lassen konnte, durch die Reste seines Säckels von dem anmutigen Fliegengifte zu naschen. Da nahm ihn eines Abends der Hispanier beiseite und führte ihn mit unerwarteter Freundlichkeit in eine ziemlich öde Gegend der Stadt. Dem guten jungen Gesellen wollte schier angst dabei werden, aber er dachte zuletzt: »Daß nicht mehr viel bei mir zu holen ist, weiß der Kumpan, und an meine Haut, dafern ihm drum zu tun wäre, müßte er doch immer erst die seinige setzen, welches er wohl für einen zu hohen Spielpreis halten wird.«

Der hispanische Hauptmann aber, sich auf die Grundmauer eines alten, verfallenen Gebäudes setzend, nötigte den jungen Kaufherrn neben sich und hub folgendermaßen zu sprechen an:

»Es will mich fast bedünken, mein lieber, höchst jugendlicher Freund, als fehle es Euch an eben derselben Fähigkeit, welche mir über alle Maßen zur Last wird – an der Kraft nämlich, in jeder Stunde eine beliebige Summe Geldes herbeizuschaffen und so fortfahren zu können nach Belieben. Das und noch viele andre Gaben in den Kauf lasse ich Euch für ein billiges Geld ab.«

»Was kann Euch denn noch am Gelde liegen, indem Ihr die Gabe, es Euch zu verschaffen, loswerden wollt?« fragte Reichard.

»Damit hat es folgende Bewandtnis«, entgegnete der Hauptmann. »Ich weiß nicht, ob Ihr gewisse kleine Kreaturen kennet, die man Galgenmännlein heißt. Es sind schwarze Teufelchen in Gläslein eingeschlossen. Wer ein solches besitzt, vermag von ihm zu erhalten, was er sich nur Ergötzliches im Leben wünschen mag, vorzüglich aber unermeßlich vieles Geld. Dagegen bedingt sich das Galgenmännlein die Seele seines Besitzers für seinen Herrn Luzifer aus, wofern der Besitzer stirbt, ohne sein Galgenmännlein in andre Hände überliefert zu haben. Dies darf aber nur durch Kauf geschehn, und zwar, indem man eine geringere Summe dafür empfängt, als man dafür bezahlt hat. Meines kostet mir zehn Dukaten; wollt Ihr nun neun dafür geben, so ist es Eur.«

Während der junge Reichard sich noch besann, sprach der Hispanier weiter: »Ich könnte jemanden damit anführen und es ihm für irgendein andres Gläslein und Spielwerk in die Hände schaffen, wie mich denn selbsten ein gewissenloser Handelsmann auf gleiche Weise in dessen Besitz brachte. Aber ich denke darauf, mein Gewissen nicht noch mehr zu beschweren, und trage Euch den Kauf ehrlich und offenbar an. Ihr seid noch jung und lebenslustig und gewinnt wohl mannigfache Gelegenheit, Euch des Dinges zu entledigen, dafern es Euch zur Last werden sollte, wie es mir heute solches ist.«

»Lieber Herr«, sagte Reichard dagegen, »wolltet Ihr mir's nicht für ungut nehmen, so möchte ich Euch klagen, wie oft ich in dieser Stadt Venezia bereits angeführt worden bin.«

»Ei, du junger, törichter Gesell!« rief der Hispanier zornig,

»du darfst nur an mein Fest von gestern abend zurückdenken, um zu wissen, ob ich um deiner lausigen neun Dukaten willen betrügen werde oder nicht.«

»Wer viel gastiert, verbraucht auch viel«, versetzte der junge Kaufmann sittig, »und nur ein Handwerk, nicht aber ein Geldsäckel hat einen güldnen Boden. Wenn Ihr nun Eueren letzten Dukaten gestern ausgegeben hättet, könnten Euch heute meine vorletzten neune dennoch lieb sein.«

»Entschuldige es, daß ich dich nicht totsteche«, sagte der Hispanier. »Es geschieht, weil ich hoffe, du werdest mir noch von meinem Galgenmännlein loshelfen, und dann auch, dieweil ich gesonnen bin, Pönitenz zu tun, welche auf solche Weise nur erschwert und vergrößert würde.«

»Möchten mir wohl einige Proben mit dem Dinge vergönnt sein?« fragte der junge Kaufherr auf das vorsichtigste.

»Wie ginge das an?« versetzte der Hauptmann. »Es bleibt ja bei keinem und hilft auch keinem, als der es vorhero richtig und bar erstanden hat.«

Dem jungen Reichard ward bange; denn es sah unheimlich aus auf dem öden Platz, wo sie in der Nacht beisammen saßen, ob ihn gleich der Hauptmann versicherte, er zwinge ihn zu nichts, wegen der bevorstehenden Buße. Jedoch schwebten ihm zugleich alle Freuden vor, die ihn nach dem Besitz des Galgenmännleins umgeben würden. Er beschloß also, die Hälfte seiner letzten Barschaft daran zu wagen, vorher jedoch versuchend, ob er nicht etwas von dem hohen Preise herunterhandeln könne.

»Du Narr!« lachte der Hauptmann. »Zu deinem Besten heischte ich die höchste Summe, und zum Besten derer, die es nach dir kaufen, damit es nicht einer so frühe für die allerniedrigste Münze der Welt erstehe und unwiederbringlich des Teufels sei, weil er es ja dann nicht mehr wohlfeiler verkaufen kann.«

»Ach laßt nur«, sagte Reichard freundlich. »Ich verkaufe das wunderliche Ding wohl so bald nicht wieder. Wenn ich's also für fünf Dukaten haben könnte –«

»Meinetwegen«, erwiderte der Hispanier. »Du arbeitest dem schwarzen Teuflein seine Dienstzeit um die letzte, verlorne Menschenseele recht kurz.«

Damit händigte er dem jungen Gesellen gegen Bezahlung des Kaufschillings ein dünnes gläsernes Fläschchen ein, worin Reichard beim Sternenlichte etwas Schwarzes wild auf und nieder gaukeln sah.

Er forderte gleich zur Probe in Gedanken seine gemachte Auslage verdoppelt in seine rechte Hand und fühlte die zehn Dukaten alsbald darin. Da ging er froh nach dem Wirtshause zurück, wo die andern Gesellen noch zechten, sich alle höchlich verwundernd, wie die beiden, welche erst eben so trübsinnig von ihnen geschieden waren, nun mit sehr heitern Angesichtern wieder hereintraten. Der Hispanier aber nahm kurzen Abschied, ohne bei dem kostbaren Freudenmahle zu bleiben, welches Reichard, ob es gleich schon spät in der Nacht war, anzurichten befahl, es dem mißtrauischen Wirte vorausbezahlend, während durch die Kraft des Galgenmännleins ihm beide Taschen von immer neu herbeigewünschten Dukaten klingelten.

Diejenigen, welche sich selbst ein solches Galgenmännlein wünschen möchten, werden am besten beurteilen können, welch ein Leben der lustige junge Gesell von diesem Tage an führte, es sei denn, daß sie sich dem Geize allzu unmäßig ergeben hätten. Aber auch ein vorsichtiges und frömmeres Gemüt mag leichtlich ermessen, daß es gar wild und verschwenderisch herging. Sein erstes war, daß er die schöne Lukrezia – denn also nannte sich, frechen Spottes, seine frühere und kostbare Buhlschaft – durch unerhörte Summen für sich ganz allein gewann, worauf er dann ein Schloß und zwei Villen erkaufte und sich mit allen möglichen Herrlichkeiten der Welt umgab.

Es geschah, daß er eines Tages mit der gottlosen Lukrezia im Garten eines seiner Landhäuser am Rande eines schnellen, tiefen Bächleins saß. Viel ward geneckt und gelacht unter den zwei törichten jungen Leuten, bis endlich Lukrezia unversehens das Galgenmännlein erwischte, das Reichard an einem güldnen Kettlein unter seinen Kleidern an der Brust trug. Bevor er es noch verhindern konnte, hatte sie ihm das Kettchen losgenestelt und hielt nun die kleine Flasche spielend gegen das Licht. Erst lachte sie über die wunderlichen Kapriolen des kleinen Schwarzen darinnen, dann aber schrie sie plötzlich voll Entsetzen: »Pfui doch! das ist ja gar eine Kröte!« und schleuderte Kette und Flasche und Galgenmännlein in den Bach, der alles zusammen mit seinen reißenden Wirbeln sogleich dem Auge entzog.

Der arme Gesell suchte seinen Schrecken zu verbergen, damit ihn seine Buhlin nicht weiter befrage und ihn noch endlich gar wegen Zauberei vor Gericht ziehe. Er gab das ganze Ding für ein wunderliches Spielwerk aus und machte sich nur, sobald es gehn wollte, von der Lukrezia los, um im stillen zu überlegen, was nun am besten zu tun sei. Das Schloß hatte er noch, die Landhäuser desgleichen, und eine schöne Menge Dukaten mußte in seinen Taschen stecken. Gar freudig aber ward er überrascht, als er, nach dem Gelde fassend, die Flasche mit dem Galgenmännlein in die Hand bekam. Die Kette mochte wohl auf dem Grunde des Bächleins liegen, Flasche aber und Galgenmännlein waren richtig an ihren Herrn zurückgekommen. – »Ei«, rief er jubelnd aus, »so besitze ich ja einen Schatz, den mir keine Macht der Erden rauben kann!« und hätte das Fläschlein beinahe geküßt, nur daß ihm der kleine gaukelnde Schwarze darin etwas allzu gräßlich vorkam.

War es jedoch bisher wild und lustig zugegangen, so trieb es Reichard nun noch zehnmal ärger. Auf alle Potentaten und Regenten des Erdreichs blickte er mit Bedauern und Verachtung herab, überzeugt, daß keiner von ihnen ein nur halb so vergnügtes Leben führen möge als er. Man konnte in der reichen Handelsstadt Venezia fast nicht mehr so viele Seltenheiten an Speise und Trank zusammenbringen, als wie zu seinen schwelgerischen Banketten erfordert wurden. Wenn ihn irgendein wohlmeinender Mensch darüber schelten oder ermahnen wollte, pflegte er zu sagen: »Reichard ist mein Name, und mein Reichtum ist so hart, daß ihm keine Ausgabe den Kopf einzustoßen vermag.« Gar unmäßig pflegte er auch oftmals über den hispanischen Hauptmann zu lachen, daß er einen so köstlichen Schatz von sich gegeben habe und noch dazu, wie man höre, ins Kloster gegangen sei.

Alles auf dieser Erden aber währt nur eine Zeit. Das mußte denn der junge Gesell gleichfalls erfahren, und zwar um so früher, da er allen sinnlichen Genüssen auf das unmäßigste frönte. Eine tödliche Ermattung überfiel seinen erschöpften Leib, dem Galgenmännlein zum Trotz, das er wohl zehnmal am ersten Tage seiner Krankheit vergeblich um Hülfe anrief. Doch erschien keine Besserung, wohl aber in der Nacht ein verwunderlicher Traum.

Es kam ihm nämlich vor, als beginne unter den Arzneiflaschen, die vor seinem Bette standen, eine derselben gar einen lustigen Tanz, wobei sie den übrigen aufhörlich klingend gegen die Köpfe und Bäuche rannte. Als Reichard recht hinsah, erkannte er die Flasche mit dem Galgenmännlein und sagte: »Ei Galgenmännel, Galgenmännel, willst mir diesmal nicht helfen und rennst mir nun noch die Arznei in den Sand.« Aber das Galgenmännlein sang heiser aus der Flasche zurück:

>»Ei Reichardlein, ei Reichardlein,
>Gib dich nur in die ew'ge Pein,
>Und find dich hübsch geduldig drein.
>Für Krankheit hilft nicht Teufelslist,
>Für 'n Tod kein Kraut gewachsen ist;
>Ich freu mich drauf, daß mein du bist.«

Und damit machte es sich ganz lang und ganz dünne, und so fest Reichard die Flasche zuhielt, kroch es dennoch zwischen seinem Daumen und dem verpichten Pfropfen durch und ward ein großer schwarzer Mann, der häßlich tanzte, mit Fledermausfittichen dazu schwirrend, und legte endlich seine behaarte Brust an Reichards Brust, sein grinzendes Gesicht an Reichards Gesicht, so fest, so innig fest, daß Reichard fühlte, er fange schon an ihm zu gleichen, entsetzt schreiend: »'nen Spiegel her! 'nen Spiegel her!«

Im kalten Angstschweiß wachte er auf, wobei es ihm noch vorkam, als laufe eine schwarze Kröte mit großer Behendigkeit seine Brust herunter in die Tasche seines Nachtkleides hinein. Er faßte grausend dahin, brachte aber nur das Fläschlein hervor, darin jetzo der kleine Schwarze wie abgemattet und träumend lag.

Ach, wie so gar lang bedunkte den Kranken der Rest dieser

Nacht! Dem Schlafe wollte er sich nicht mehr anvertrauen, aus Furcht, er könne ihm den schwarzen Kerl wieder hereinbringen, und dennoch traute er sich kaum die Augen aufzuschlagen, besorgend, das Unwesen laure wohl wirklich in einer Ecke des Gemachs. Hielt er wieder die Augen zu, so dachte er, er habe sich nun heimlich bis dicht vor ihn herangeschlichen, und riß sich von neuem entsetzt in die Höh. Er schellte wohl nach seinen Leuten, aber die schliefen wie taub, und die schöne Lukrezia ließ sich, seit er unpaß worden war, durchaus nicht mehr in seinem Zimmer sehen. So mußte er denn allein liegen in seinen Ängsten, die sich noch vergrößerten, weil er beständig denken mußte: »Ach Gott, ist diese Nacht so lang, wie lang wird nicht die lange Nacht der Höllen sein!« Er beschloß auch, dafern ihn Gott bis morgen leben lasse, sich des Galgenmännleins gewißlich auf alle Weise zu entschlagen.

Als es denn nun endlich Morgen ward, überlegte er, durch das junge Licht in etwas ermuntert und gestärkt, ob er auch das Galgenmännlein bishero gehörig genutzt habe. Das Schloß, die Landhäuser und allerhand Prunkstücke dünkten ihm nicht genug, er foderte daher aufs schleunigste noch eine große Menge Dukaten unter sein Kopfkissen, und sobald er den schweren Beutel dorten fand, dachte er mit Ruhe darauf, wem er das Fläschlein am besten verkaufen könne. Sein Arzt, wußte er, war ein großer Freund von all den seltsamen Kreaturen, die man in Spiritus aufbewahrt, und für eine solche verhoffte er auch das Galgenmännlein bei ihm anzubringen, weil der Doktor als ein frommer Mann sonsten nichts würde mit der Bestie zu schaffen haben wollen. Freilich spielte er damit einen bösen Streich, aber er dachte so: »Besser eine kleinere Sünde im Fegefeuer abgebüßt, als dem Luzifer unwiderruflich für immer zu eigen geworden. Zudem ist jedermann sich selbst der Nächste, und meine Todesgefahr gestattet keinen Aufschub.«

Dabei blieb es auch. Er trug dem Medikus das Galgenmännlein an, welches eben wieder munter geworden war und im Glase recht spaßhaft umhergaukelte, so daß der gelehrte Mann, begierig, eine so seltsamliche Naturgestaltung (als wofür er's hielt)

näher zu beobachten, sich erbot, sie zu kaufen, dafern der Preis
ihm nicht zu kostbar sei. Um wenigstens einigermaßen dem Gewissen ein Genüge zu tun, foderte Reichard so viel er konnte:
vier Dukaten, zwei Taler und zwanzig Groschen nach deut-
schem Gelde. Der Doktor aber wollte nur höchstens drei Dukaten geben und meinte endlich, er müsse sich sonsten noch ein
paar Tage bedenken. Da überfiel den armen jungen Gesellen die
Todesangst von neuem; er gab das Galgenmännlein hin und ließ
durch seinen Diener die dafür gelösten drei Dukaten den Armen
ausspenden. Das Geld aber unter seinem Kopfkissen bewahrte
er, wie er am besten mochte, vermeinend, darauf fundiere sich
nun sein ganzes zukünftiges Wohl oder Weh.

Die Krankheit nahm indes höchst gewaltsam zu. Fast lag der
junge Kaufherr im beständigen Fieberwahnwitz, und hatte er
noch die Not mit dem Galgenmännlein auf dem Herzen gehabt,
wäre er gewiß in lauter Seelenangst zum Tode verdorben. So aber
kam er denn endlich nach und nach wieder auf und verzögerte
seine gänzliche Wiederherstellung nur durch die Besorgnis, mit
welcher er immer an die Dukaten unter seinem Kopfkissen
dachte, die er seit den ersten lichten Augenblicken vergeblich
dorten gesucht hatte. Anfänglich mochte er auch nicht gern jemanden darum fragen, als er es aber endlich dennoch tat, wollte
kein Mensch davon wissen. Er schickte zu der schönen Lukrezia,
die in den gefährlichsten Stunden seiner Bewußtlosigkeit um ihn
gewesen sein sollte und sich jetzt zu ihrer ehemaligen Gesellschaft wiederum heimbegeben hatte. Die aber ließ ihm zurücksa-
gen, er möge sie in Frieden lassen; ob er denn ihr oder sonst einem Menschen von den Dukaten gesagt habe? Wisse niemand
darum, so werde es ja wohl nur Fiebertollheit sein.

Betrübt aufstehend, dachte er eben daran, wie er Schloß und
Landhäuser zu Gelde machen könne. Da traten Leute herein,
welche Quittungen über die gezahlte Kaufsumme aller seiner Be-
sitzungen brachten, mit seinem Siegel und seiner Unterschrift
versehen, denn er hatte in den Tagen seines Übermuts der gar-
stig-schönen Lukrezia Blankette gegeben, um damit nach ihrem
Belieben zu tun, und mußte nun in seiner Ermattung das wenige,

so ihm hier noch gehörte, zusammenpacken, um als ein halber Bettler auszuziehn.

Da kam noch dazu der Arzt, der ihn geheilt hatte, gar ernsten Antlitzes gegangen. – »Ei, Herr Doktor«, schrie ihn der junge verdrießliche Gesell an, »wollt Ihr nun vollends nach Art Eurer Kollegen mit großen Rechnungen angezogen kommen, so gebt mir noch ein Giftpülverlein in den Kauf, denn ich weiß sonach ohnehin mein letztes Brot gebacken, dieweil ich kein Geld mehr haben werde, ein neues zu kaufen.«

»Nicht also«, sagte der Medikus ernsthaft; »ich schenke Euch die Kosten Eurer ganzen Kur. Bloß ein höchst seltnes Arzneimittel, das ich schon in jenen Schrank für Euch hingesetzt habe und das Ihr zu Eurer künftigen Stärkung notwendig gebraucht, sollt Ihr mir mit zwei Dukaten bezahlen. Wollt Ihr das?«

»Ja von Herzen gern!« rief der erfreute Kaufherr und bezahlte den Doktor, der das Zimmer alsbald verließ. Als nun aber Reichard die Hand nur in den Schrank steckte, saß ihm auch schon die Flasche mit dem Galgenmännlein zwischen den Fingern. Darum her war ein Zettel gewunden, folgenden Inhalts:

>»Ich wollte deinen Leib kurieren,
>Du meine Seele mir turbieren,
>Jedoch mein Wissen, höher viel,
>Erkannte bald dein schnödes Ziel.
>Laß dir die Gegenlist gefallen;
>Ich spiel in deine Hand vor allen
>Das Galgenmännlein dir zurück,
>Dem Galgenstrick zum Galgenglück.«

Freilich empfand der junge Reichard einen großen Schrecken darüber, daß er nun abermals das Galgenmännlein erkauft habe, und zwar für einen schon sehr geringen Preis. Es war aber doch auch Freude mit dabei. Wie er des Dinges bald wieder ledig sein wolle, darüber hatte er eben keine großen Skrupel, er beschloß sogar, sich vermittelst desselben an der verbuhlten Spitzbübin Lukrezia zu rächen.

Und das fing er folgendergestalt an. Erst wünschte er sich in beide Taschen die Anzahl Dukaten, so er unter dem Kopfkissen liegen gehabt, verdoppelt, die ihn denn auch unverzüglich mit ihrem Gewicht beinahe zur Erde zog. Die ganze ungeheure Summe deponierte er bei dem nächsten Advokaten gegen einen gerichtlichen Schein, etwa nur einhundertundzwanzig Goldstücke zurückbehaltend, mit denen er sich nach dem Wohnorte der liederlichen Lukrezia hinbegab. Da ward nun wieder getrunken, gespielt, narriert wie einige Monate zuvor, und die Lukrezia erzeigte sich auch gegen den jungen Kaufherrn sehr freundlich, von wegen des Geldes. Dieser ließ nach und nach das Galgenmännlein allerhand artige Taschenspielerstreiche machen und zeigte es der erstaunten Buhlerin als ein solches Ding, wie sie ihm vordem eines ins Wasser geworfen und wie er deren unterschiedliche besitze. Wie nun die Weiber sind, wollte sie alsbald auch so ein Spielwerk haben, und als der listige Gesell, gleichsam zum Scherze, Geld dafür verlangte, gab sie ihm ohne Bedenken einen Dukaten hin. Der Handel war geschlossen, der Reichard machte sich so bald als möglich zum Hause hinaus, um vom Advokaten einen Teil der anvertrauten Summe wieder abzuholen. Dorten aber gab es nichts einzukassieren; der Advokat machte große Augen und tat sehr verwundert; er kenne den jungen Herren gar nicht, sagte er. Als nun Reichard das Attestat aus der Tasche ziehn wollte, fand er bloß ein leeres, unbeschriebenes Blatt. Der Advokat hatte seinen Schein mit solcher Tinte geschrieben, die nach wenigen Stunden ohne alle Spur verbleicht. Der junge Gesell sah sich dahero abermals wider Vermuten verarmt und wäre ein Bettler gewesen, nur daß er noch etwa dreißig Dukaten von seinem verschwenderischen Schmause bei Lukrezien in der Tasche behalten hatte.

Wer ein allzu kurzes Bette hat, liege krumm; wer gar keines hat, behelfe sich auf der Erde; wer keinen Wagen zahlen kann, reite; wer kein Pferd hat, gehe zu Fuß. – Nach einigen Tagen des müßigen Umherlungerns merkte Reichard wohl, auf diese Weise gehe sein Geld vollends zu Ende und er müsse sich nun schon entschließen, vor der Hand aus einem Kaufherrn ein Tabulettkrämer zu werden.

Er tat sich denn um nach einem Kästlein zu dieser Hantierung und erstand auch eines für den Rest seines Geldes, indem er im Durchschnitt um jedes Büchschen darin etwa vier Groschen nach deutscher Münze zahlte. Ei, wie so sauer kam es ihm an, den Riemen überzuhängen und seine Ware in eben den Straßen feilzubieten, wo er noch vor einigen Wochen auf das allerherrlichste umherstolziert war! Jedoch schöpfte er den Tag hindurch einen ziemlich freudigen Mut, da ihm die Käufer ordentlich entgegengelaufen kamen und ihm oftmals mehr boten, als er zu fordern gewagt hätte. – »Die Stadt ist dennoch sehr gut«, dachte er bei sich, »und wenn es auf diese Weise fortgeht, kann mich eine kurze Mühseligkeit wieder zum wohlhabenden Mann erheben. Dann reis ich nach Deutschland zurück und befinde mich um so viel behaglicher, als ich schon einmal in des verfluchten Galgenmännleins Klauen gesteckt habe und noch mit Verstand und Überlegung davon losgekommen bin.«

Mit ähnlichen Gedanken lobte und labte er sich am Abend in der Herberge, wo er soeben seinen Kasten absetzte. Einige neugierige Gäste standen umher, von denen ihn einer fragte: »Was ist denn das für ein wunderliches Wesen, Gesell, das Ihr da in jenem Fläschlein habt und das so kuriose Purzelbäume schießt?« – Entsetzt schaute Reichard hin und sah nun erst, daß er unter den andern Büchslein unbewußt auch das mit dem Galgenmännlein wieder an sich gekauft habe. Eilig bot er es dem Frager an für drei Groschen – ihm selbst kostete es nun ja nur viere –, eilig allen Gästen für denselben Preis. Sie ekelten sich aber vor dem häßlichen schwarzen Geschöpfe, von dem er ihnen keinen bestimmten Nutzen anzugeben wußte, und als er nicht nachlassen wollte mit Anerbietung seiner schlimmen Ware, jedwedes Gespräch aufs dringendste unterbrechend, wies man den überlästigen Kumpan samt seinem Kasten und seiner schwarzen Bestie aus der Tür.

In voller Seelenangst machte er sich zu dem Verkäufer des Kästleins und wollte ihm den kleinen Satan für einen niedern Preis wieder aufdringen. Aber der Mann war schläfrig, ließ sich auf die ganze Verhandlung gar nicht recht ein und meinte endlich, wenn die häßliche Flasche durchaus wieder an ihren ersten

Herrn solle, möge er damit zu der Buhldirne Lukrezia gehn; die
habe ihm dieses Ding samt anderm Spieltande verkauft. Ihn aber
möge er ruhig schlafen lassen.

»Ach du lieber Gott«, seufzte Reichard recht innerlich, »wer
doch auch so ruhig schlafen könnte!« Während er über einen
großen Platz hinlief, um nach Lukreziens Wohnung zu gelangen,
war es ihm ganz eigentlich, als renne jemand in der Nacht ra-
schelnd hinter ihm drein und packe ihn bisweilen ordentlich am
Kragen. Entsetzt kam er durch eine von sonst ihm wohlbekannte
Hintertür in Lukreziens Gemach. Die garstige Schöne saß noch
bei einem lustigen Abendessen mit zwei fremden Buhlen auf.
Man schalt erst über den unbescheidnen Krämer. Dann kauften
ihm die Buhlen seinen Kram für die Courtisane fast leer, die ihn
dabei wohl erkannte und ihn in einem fort auslachte. Das Galgenmännlein aber wollte niemand kaufen. Als er es wiederholt
anbot, sagte Lukrezia: »Pfui! Hinaus mit dem garstigen Dinge!
Ich hab's schon gehabt und mich tagelang dran geekelt. Darum
verkauft ich's auch für einige Groschen einem ähnlichen Lump
als diesem, der mir's selber für einen Dukaten anschwatzte.« –
»Um deines eignen zeitlichen Glückes willen«, schrie der junge
Kaufherr beängstigt, »du weißt nicht, was du von dir stößest,
Lukrezia, du zornige, schöne Dirne. Laß mich nur fünf Minuten
allein mit dir sprechen, und du kaufst mir das Fläschlein gewißlich ab.«

Sie trat mit ihm ein wenig abseits, und er offenbarte ihr das
ganze seltsamliche Geheimnis vom Galgenmännlein. Da aber
fing sie erst recht heftig zu schreien und zu schelten an. »Willst
du mich noch zum Narren haben, du liederlicher Bettelmann?«
rief sie. »Wenn es wahr wäre, hättest du dir gewiß was Besseres
vom Satan erwünscht als diesen Kasten und diesen Riemen. Pack
dich hinaus! Und ob du gleich lügst, will ich dich dennoch als einen Zauberer und Hexenmeister angeben. Da sollst du wegen
deiner dummen Prahlereien verbrannt werden.«

Damit fielen noch die beiden Buhler, um sich ihrer Dirne ge-
fällig zu erweisen, über den bestürzten jungen Gesellen her und
stießen ihn die Treppe hinunter, so daß er im Grimm über diese

Schmach und in der Angst, als Hexenmeister verbrannt zu werden, nur eilte, alsbald aus der Stadt Venezia fortzukommen. Am folgenden Mittage hatte er auch deren Gebiet schon hinter sich, worauf er sie denn als die Ursacherin alle seines Unheils von der Grenze aus zu verfluchen begann.

Das Galgenmännlein sah ihm dabei aus der Tasche, und als er es in seinem heftigen Gestikulieren unversehens erwischte, rief er aus: »Nun gut, du nichtsnutziger Kerl; nun sollst du mir dennoch nutzen, und zwar eben dazu, dich desto geschwinder loszuwerden!«

Und sofort wünschte er sich wieder eine ungeheure Menge Geld, noch viel mehr als das letztemal, und schlich nun, die schweren Taschen mühsam haltend, nach der nächsten Stadt hinein. Hier kaufte er einen glänzenden Wagen, mietete Lakaien und eilte nun in Pomp und Wohlleben der großen Hauptstadt Roma zu, überzeugt, sein Galgenmännlein dorten ohne Zweifel gut loszuwerden unter dem Gewirre so vieler Menschen von den verschiedensten Wünschen und Sitten. Sooft er indes Dukaten ausgab, ließ er sie sich von dem Galgenmännlein gleich wieder zurückzahlen, damit er nach des Fläschleins Verkauf seine ganze Summe noch immer unversehrt beisammen habe. Ihm schien dies ein billiger Lohn für die Angst, welche er ausstand; denn nicht genug, daß sich ihm fast in jeder Nacht der häßliche, schwarze Mann aus jenem ersten Traume wieder verwandelnd an die Brust legte; – er sah auch wachenden Mutes das Galgenmännlein immer so toll vergnügt in der Flasche umhertanzen, als habe es nun seine Beute gewiß und freue sich der bald gänzlich abgelaufenen Dienstzeit.

Kaum nun, daß ihn sein Reichtum und seine Verschwendung in die vornehmsten Gesellschaften der Stadt Roma eingeführt hatte, ließ ihm auch ein stets waches Entsetzen keine Zeit, schickliche Gelegenheiten zum Verkauf des Galgenmännleins abzuwarten. Ohne Unterschied bot er es jedem Menschen, den er sprach, für drei Groschen deutschen Geldes an und ward bald, als ein wunderlicher Toller, das Gelächter aller Leute. Geld macht wohl Mut und gibt Freunde. Er war auch allerwärts mit seinem Reichtum recht gern gesehn; sobald er aber von seinem Fläschlein und den drei Groschen deutschen Geldes zu sprechen anfing, nickte man ihm höflich zu und machte sich gleich darauf lächelnd von ihm los, weshalb er oftmals zu sagen pflegte: »Des Teufels möchte man darüber werden; nur daß man es leider halb und halb schon ist.«

Es ergriff ihn endlich eine solche Verzweiflung, daß er es in der schönen Stadt Roma nicht mehr aushalten konnte und den Entschluß faßte, sein Heil einmal im Kriege zu versuchen, ob er da des Galgenmännleins nicht ledig werden könne. Er hörte, daß zwei kleine italische Landschaften miteinander im Kampfe lägen, und bereitete sich ernstlich, zu einer von beiden Parten zu stoßen. Mit einem schönen, goldverzierten Küraß, einem prächtigen Federhute, zwei auserlesenen leichten Jagdbüchsen, einem trefflichen, spiegelblanken Schwerte und zwei zierlichen Dolchen versehen, ritt er auf einem großen spanischen Hengste aus den Toren, drei gut bewehrte Diener auf tüchtigen Rossen hinter sich.

Wie möchte ein so wohlgerüsteter Kriegsmann, und der noch dazu erbötig ist, ohne Sold zu dienen, nicht gern von jeglichem Reiterhauptmann aufgenommen sein? Der wackre Reichard sah sich unverzüglich einer wackern Schar beigesellt und lebte eine Zeitlang im Lager so vergnügt, bei Trunk und Spiel, als es ihm seine große innre Beängstigung wegen des Galgenmännleins zuließ und die bösen Träume, die ihn allnächtlich verfolgten. Durch sein Ergehen zu Rom gewitzigt, nahm er sich nun wohl in acht, die böse Ware so gar zudringlich anzubieten. Vielmehr hatte er noch keinem seiner Kameraden davon gesagt, um recht unversehens, wie im Scherz, einen desto leichtern Handel zu schließen.

Da knatterten eines schönen Morgens einzelne Schüsse aus den nahen Bergen. Die Kriegsleute, welche eben mit Reichard würfelten, horchten auf; alsbald auch schmetterten die Trompeten, zum Aufsitzen blasend, durch das Lager. Nun ging es rasch auf die Pferde, rasch im geordneten Haufen trabend nach der Ebene an den Füßen der Berge zu. Droben sah man schon das

Fußvolk beider Parteien in Dampf und Rauch; auf der Ebene stellten sich feindliche Reiter. Dem Reichard ward ganz lustig zumute, wie sein spanischer Hengst unter ihm wieherte und sprang, seine Waffen freudig zusammenrasselten, die Führer riefen, die Trompeter bliesen. Ein feindlicher Reitertrupp machte sich gegen sie vor, um, schien es, den Aufmarsch zu hindern, zog sich aber vor der Übermacht zurück, und Reichard samt seinen treuen Dienern waren nicht die letzten welche ihm nachjagten, sehr erfreut im Gefühl, die Verfolgenden und Gefürchteten zu sein. Da pfiff es mit einem Male wunderlich in der Luft über ihre Köpfe hin. Die Pferde stutzten; es pfiff zum zweiten Male, und ein Reiter wälzte sich mit seinem Roß, von der Falkonettkugel schwer getroffen, im Blute. Nun meinte Reichard: »Beim großen Haufen ist es besser«, und wollte eben dahin reiten, als zu seinem Erstaunen der große Haufe schon dicht hinter ihm war, im Begriff, den Falkonettkugeln noch näher zu reiten. Eine Weile trabte der gute junge Gesell noch mit, aber als es rechts und links neben ihm mit vielen Kugeln in die Wiese schlug und zugleich die feindlichen Reiter mit blanken Klingen in zahlreichen Scharen herantrabten, dachte er: »Ei, wie hab ich doch töricht gehandelt, mich hierher zu begeben! Auf diese Weise bin ich doch dem Tode noch viel näher als im Krankenbette, und erreicht mich eine von diesen vermaledeiten, pfeifenden Bestien, bin ich des Galgenmännleins und seines Luzifers Beute auf ewig.« – Und kaum noch hatt er es ausgedacht, so war der spanische Hengst auch schon herumgeworfen, und es ging im unbändigsten Jagen rückwärts nach einem nicht weit entlegenen Walde zu.

Unter den hohen Bäumen hin spornte er sein Roß so lange wild umher, ohne Weg und Steg, bis es endlich in Erschöpfung stille stand. Da stieg auch er ermattet herunter, schnallte sich Küraß und Wehrgehenke, dem Pferde Hauptgestell und Sattel los und sagte, indem er sich lang in das Gras streckte: »Ei, wie so wenig schicke ich mich doch zum Soldaten, am mindesten mit dem Galgenmännlein in der Tasche!« – Er wollte nun überlegen, was weiter für ihn anzufangen sei, fiel aber dabei in einen tiefen Schlaf.

Nach wohl mehreren Stunden ruhigen Schlummers drang es wie ein Geflüster von Menschenstimmen und Geräusch von Menschentritten in sein Ohr. Er senkte sich aber, auf dem kühlen Platze behaglich liegend, absichtlich noch immer tiefer in seine Schlaftrunkenheit hinein und wollte von dem Geräusche nicht eher etwas wissen, bis eine Stimme donnernd auf ihn hineinschrie: »Bist du schon tot, Sackermenter? Sag's nur gleich, daß man nicht unnötig seinen Schuß Pulver verplatzt.« – Aufblickend sah der unsanft erweckte Gesell eine gespannte Muskete auf seiner Brust. Der sie hielt, war ein grämlicher Fußknecht, deren andre umherstanden, die sich bereits seiner Waffen wie auch seines Pferdes und Mantelsackes bemächtigt hatten. Er bat um Gnade und schrie unverzüglich in höchster Seelenangst: wenn man ihn absolut totschießen wolle, möge man ihm mindestens vorher das Fläschlein in seiner rechten Wamstasche abkaufen. – »Dummer Gesell«, lachte einer von den Fußknechten, »abkaufen will ich's dir nicht, abnehmen aber sonder allen Zweifel.« Und damit hatte er das Galgenmännlein bereits erwischt und in seinen Busen gesteckt. »In Gottes Namen!« sagte Reichard dazu. »Wenn du die Bestie nur behalten kannst. Aber ungekauft bleibt sie nicht bei dir.« Die Kriegsknechte lachten und zogen mit Roß und Sachen fort, ohne sich um den, welchen sie für einen Halbverrückten hielten, weiter zu bekümmern. Er aber suchte in seinen Taschen und fand das leidige Galgenmännlein richtig wieder darin. Da rief er ihnen nach und zeigte das Fläschlein. Erstaunt griff der, welcher es ihm genommen hatte, in den Busen, und da er es nicht fand, lief er zurück, es sich von neuem zu holen. – »Ich sage dir ja«, sprach der Reichard betrübt, »es bleibt nicht auf solche Weise bei dir. Wende doch nur die wenigen Groschen daran.« – »Ja, Taschenspieler!« lachte der Soldat; »auf die Manier sollst du mir nichts von meinem wohlerworbenen Eigentume losnarrieren.« Und den andern nachlaufend, behielt er das Fläschlein achtsam in der Hand. Plötzlich aber stand er still und rief: »Tausend! da ist es mir ja dennoch fortgeglitscht.« Während er nun im Grase suchte, rief ihm Reichard zu: »Komm doch nur her. Es steckt ja schon wieder in meiner Tasche!« – Weil es nun

der Kriegsmann also befand, bekam er erst rechte Lust zu dem
spaßhaften Dinge, das sich – wie es gewöhnlich tat, wenn es verhandelt ward – höchst lustig und freudenvoll erwies, denn freilich rückte es durch einen solchen Aktus dem Ende seiner
Dienstzeit immer näher. – Die geforderten drei Groschen schienen aber dem Fußknecht zuviel, worauf Reichard ungeduldig
sagte: »Nun, Geizhals, wenn du so willst; mir kann es schon
recht sein. Gib mir denn einen Groschen und nimm dein erkauf-
tes Gut.« Da ward der Handel geschlossen, das Geld gezahlt, der
kleine Satanas überliefert. – Während die Kriegsleute noch stehn
blieben, das Ding betrachtend und belachend, überlegte Reichard sein künftiges Geschick. Mit leichtem Herzen stand er nun
da, aber auch mit leichten Taschen und ohne Aussicht auf irgendeinen guten Erwerb; denn zu der Reiterschar, wo noch seine
Diener mit Waffen und Pferden waren und vielem Gelde, traute
er sich nicht zurück. Teils schämte er sich seiner schändlichen
Flucht, teils auch dachte er gar, man würde ihn dort nach militä-
rischem Recht als einen Ausreißer erschießen. Da fiel es ihm ein,
ob er nicht gleich mit den gegenwärtigen Fußknechten zu ihrer
Schar gehen wolle. Aus ihren Reden hatte er wohl abgenommen,
daß sie der andern Partei dienten, wo ihn niemand wiedererkennen mochte, und das Leben an eine gute Beute zu wagen, fühlte
er sich jetzt, des Galgenmännleins und aller Barschaft ledig, trotz
jenes unglücklichen Kriegsanfanges, ziemlich aufgelegt. Er gab
seinem Verlangen Worte, man schlug ein, und er ging mit den
neuen Kameraden nach ihrem Lager heim.

Der Hauptmann machte eben nicht viel Umstände, einen
schlanken, kräftig gewachsenen Burschen, wie der Reichard war,
einzustellen, und er lebte nun als Fußknecht sein Leben eine
ganze Zeitlang fort. Dabei ward ihm aber oftmals trübselig zumute. Seit dem letzten Gefecht standen die Heere einander untä-
tig gegenüber, weil zwischen beiden Staaten unterhandelt ward.
Da gab es nun freilich keine Todesgefahr, aber auch ebensowenig
Gelegenheit zum Beutemachen und Plündern. Man mußte still
und friedlich im Lager leben von dem schwachen Sold und den
ebenso schmal ausgeteilten Eßwaren. Dazu kam, daß die mehr-

sten Fußknechte sich in der vergangnen Kriegszeit reich gestohlen hatten, und Reichard, der einst so verwöhnte junge Kaufherr, fast der einzige unter königlich Lebenden war, der sich gleichsam als ein Bettler behelfen mußte. Natürlich ward er eines solchen Lebens gar bald überdrüssig, und als er einstmals seinen geringen Monatssold in der Hand wog – zu wenig, davon vergnügt zu leben, zu viel, um gar nichts damit zu versuchen –, beschloß er, in das Marketenderzelt zu gehn, es in Probe stellend, ob nicht die Würfel ihm günstiger sein würden als bishero Handel und Krieg.

Das Spiel nahm seinen gewöhnlichen buntscheckigen Gang: jetzo gewonnen, nächstens verloren, und währte so bis tief in die Nacht hinein, wobei auch nicht wenig getrunken ward. Endlich aber schlugen sich alle Würfe gegen den halb berauschten Reichard um; seine Löhnung war verspielt, und es wollte ihm niemand auch nur auf einen Heller Kredit mehr geben. Da suchte er in allen Taschen umher, ja, als er nirgends etwas fand, zuletzt in seiner Patrontasche, wo er aber auch nichts antraf, als eben die Patronen. Diese nun zog er hervor und bot sie den Spielenden zum Satz an; sie wurden gehalten, und eben, als schon die Würfel rollten, sah der berauschte Reichard erst, daß ihm derselbe Soldat den Satz halte, der ihm früher das Galgenmännlein abgekauft hatte und vermöge dessen wohl zweifelsohn gewinnen mußte. Er wollte Halt! rufen, aber die Würfel lagen schon und hatten zu seines Gegners Vorteil entschieden. Fluchend ging er aus der Gesellschaft in der dunkeln Nacht zu seinem Zelte zurück. Ein Kamerad, der gleichfalls sein Geld verspielt hatte, aber nüchterner geblieben war als er, faßte ihn unter den Arm. Dieser fragte ihn unterwegens, ob er denn auch noch vorrätige Patronen in seinem Zelte habe? – »Nein«, rief der ergrimmte Reichard; »hätt ich des Zeuges noch, holt ich mir's wohl zum weitern Spiel.« – »Ja«, sagte der Kamerad, »so mußt du machen, daß du neue kaufst, denn kommt der Kommissar zur Musterung und findet gar keine Patronen bei einem besoldeten Fußknecht, so läßt er einen solchen erschießen.« – »Donnerwetter! das wäre dumm«, fluchte Reichard. »Ich hab nicht Patronen, nicht Geld.« – »Ei«, entgegnete der Kamerad, »vor künftigem Monat kommt auch der

Kommissarius wohl nicht.« – »Ho, dann ist's gut«, dachte der Reichard, »gegen des krieg ich wieder Sold und kaufe mir Patronen nach Herzenslust.« Damit sagten sich die beiden gute Nacht, und Reichard begann seinen Rausch auszuschlafen.

Er hatte aber noch nicht lange gelegen, da rief der Korporal vor dem Zelte: »He! Morgen gibt's Musterung; mit Anbruch des Tages wird der Kommissar im Lager sein.« – Da war dem Reichard sein Schlaf gar plötzlich abgeschüttelt. Die Patronen wirrten ihm durch den noch halb trunknen Sinn. Er fragte ängstlich bei den Zeltkameraden umher, ob ihm niemand welche leihen wolle oder auf Borg verkaufen? Die aber schalten ihn einen nachtschwärmerischen Trunkenbold und wiesen ihn auf seine Streu zurück. In der größten Angst, am Morgen wegen der Patronen erschossen zu werden, suchte er in all seinen Kleidungsstücken nach Geld umher, konnte aber dessen nicht mehr als fünf Heller finden. Damit lief er nun ungewissen Trittes in der finstern Nacht von Zelt zu Zelt und wollte Patronen kaufen. Einige lachten, andre schimpften, niemand aber gab ihm auch nur Antwort auf sein Begehr. Endlich kam er zu einem Zelte, woraus ihm die Stimme des Soldaten entgegenfluchte, der ihm gestern die Patronen abgewonnen hatte. – »Kamerad«, schrie Reichard beweglich, »du mußt mir helfen oder niemand. Du hast mir gestern alles abgenommen, mich früher auch schon einmal plündern helfen. Findet nun morgen der Kommissarius keine Patronen bei mir, so läßt er mich erschießen. Dann bist du an all meinem Elend schuld. Drum schenke mir welche, oder borge mir welche, oder verkaufe mir welche.« – »Schenken und borgen hab ich verschworen«, entgegnete der Fußknecht, »aber um nur Ruhe vor dir zu kriegen, will ich dir Patronen verkaufen. Wieviel Geld hast du denn noch?« – »Fünf Heller nur«, antwortete Reichard trübselig. – »Nun«, sagte der Soldat, »auf daß du sehen magst, ich sei ein kameradschaftlicher Kerl: da hast du fünf Patronen für deine fünf Heller, aber nun lege dich aufs Ohr und laß mich und das ganze Lager zufrieden.« Er reichte ihm die Patronen zum Zelte heraus, Reichard ihm das Geld hinein und schlief alsdann auf die ausgestandene Angst ruhig bis gegen Morgen.

Die Musterung ward gehalten, Reichard kam mit seinen fünf Patronen durch; gegen Mittag fuhr der Kommissarius ab, und die Fußknechte rückten wieder ins Lager. Aber die Sonne brannte ganz unerträglich durch die Zeltleinewand, Reichards Kameraden gingen in das Marketenderzelt, er selbst blieb mit leeren Taschen bei einem Stück Kommißbrot sitzen, vom gestrigen Rausche und der heutigen Anstrengung matt und krank. »Ei«, seufzte er, »hätte ich doch nur jetzo einen von all den Dukaten, die ich ehemals in so gar töricht̃em Mute verschwendete!« – Und kaum noch hatt er's ausgewünscht, da lag ein schöner blanker Dukaten in seiner linken Hand. Ein Gedanke an das Galgenmännlein schoß ihm durch den Sinn, alle Freude verbitternd, so er über das gewichtige Goldstück empfand. Da trat eben der Kamerad, welcher ihm zur Nacht die Patronen abgelassen hatte, unruhig ins Gezelt. »Freund«, sagte er, »das Fläschlein mit dem kleinen Schwarzgaukler – du weißt ja wohl, ich erkaufte es damals im Walde von dir – ist mir fortgekommen. Hab ich es dir vielleicht unversehens für eine Patrone mitgegeben? In Papier hatt ich es auch eingewickelt, und bei meinen Patronen lag es.« Reichard suchte ängstlich in seiner Patronentasche, und beim ersten Papierloswickeln bekam er den furchtbaren Diener im schmalen Gläslein in die Hand. »Nun, das ist gut«, sagte der Soldat. »Ich hätte das Ding ungern gemißt, so widerwärtig es auch aussieht; mir ist immer, als brächt es mir ganz absonderliches Glück im Spiel. Da, Kamerad, nimm deinen Heller wieder und gib mir die Kreatur.« Eiligst willfahrete Reichard diesem Begehren, und der Fußknecht eilte vergnügt nach dem Marketenderzelt.

Aber dem armen Reichard ward abscheulich zumute, seitdem er das Galgenmännlein nur wiedergesehen, ja es sogar in Händen gehabt und mit sich herumgetragen hatte. Aus jeder Falte seines Zeltes, dachte er, müsse es ihn angrinzen und ihn vielleicht gar unversehens im Schlaf erdrosseln. Den herbeigewünschten Dukaten warf er ängstlich von sich, so sehr er auch einer Labung bedürftig gewesen wäre, und endlich trieb ihn die Furcht, das Galgenmännlein könne sich in solcher Nähe wieder bei ihm einni-

sten, gar aus dem Lager fort, trieb ihn dem einbrechenden Abend
entgegen, in die dichtesten Waldschatten hinein, wo er, von
Schrecken und Müdigkeit erschöpft, an einer wüsten Stätte nie-
dersank. »O mir!« seufzte er lechzend, »nur eine Feldflasche mit
Wasser, auf daß ich nicht verschmachten möchte.« Und eine
Feldflasche mit Wasser stand neben ihm. Erst nachdem er begierig einige Züge daraus getan, forschte er, woher sie auch komme.
Da trat ihm das Galgenmännlein wieder vor den Sinn; ängstlich
faßte er in seine Taschen, und das Fläschlein dort fühlend, sank
er, von Entsetzen aufgelöst, in einen ohnmächtigen Schlaf zurück.

Währenddessen besuchte ihn der sonst gewöhnliche, gräßliche
Traum, wie sich das Galgenmännlein lang und immer länger aus
der Flasche ziehe und sich grinzend an seine Brust lege. Er wollte
wohl dawider sprechen, dieweil es nicht ihm mehr angehöre,
aber das Galgenmännlein sagte, hohl zurücklachend: »Hast mich
ja für 'nen Heller gekauft; mußt mich ja nun für wen'ger verkaufen; gilt ja sonsten der Handel nicht.«

Da fuhr er mit kaltem Entsetzen in die Höh und glaubte wieder den Schatten zu sehn, der sich in seine Tasche nach dem
Fläschlein zog. Halb toll schleuderte er dieses einen nahen Fels-
sturz hinab, fühlte es aber gleich darauf wieder in seiner Tasche. –
»O weh, o weh!« schrie er laut durch den nächtlichen Wald;
»einst war das meine Lust, mein Hort, daß es immer wieder zu
mir kam, aus den Wellen, aus der Tiefe zurück; nun ist eben das
mein Jammer, ach wohl mein ewiger Jammer!« – Und zu laufen
begann er durch das schwarze Gebüsch, rannte gegen Baum und
Gestein in der Finsternis an und hörte auf jeden Schritt das
Fläschlein in seiner Tasche klingen.

Mit Tagesanbruch gelangte er auf eine frische, lustig angebaute
Ebene hinaus. Ihm ward ganz wehmütig ums Herz, und er fing
an zu hoffen, all das tolle Zeug könne wohl nur ein wahnwitziger
Traum sein; vielleicht finde er das Glas in seiner Taschen als ein
andres, ganz gewöhnliches. Es herausziehend, hielt er es gegen
die Morgensonne. Ach Gott, da tanzte das schwarze Teuflein
zwischen ihm und dem freundlichen Licht; ordentlich die klei-

nen, mißgestalteten Arme wie Zangen nach ihm ausbreitend. Mit
einem lauten Schrei ließ er's fallen, um es gleich darauf wieder in
der Tasche klirren zu hören. – Vor allem lag ihm nun einzig
daran, eine Münze unter Hellerswert zu erfragen, er konnte aber
deren nirgends eine auftreiben, so daß ihm jegliche Hoffnung
zum Verkaufe des abscheulichen Knechtes schwand, der nun
bald sein Herr zu werden drohete. Heischen wollte er von dem
Gräßlichen nichts mehr, zu jedweder Unternehmung nahm die
entsetzliche Angst ihm so Kraft als Besinnung, und so bettelte er
sich denn durch das Land Italia auf und nieder. Weil er nun so
höchst verstört aussah und dabei immer nach halben Hellern
fragte, hielt man ihn allerorten für verrückt und hieß ihn nur den
tollen Halbheller, unter welchem Namen er bald weit und breit
bekannt ward.

Man sagt, es fliegen bisweilen die Geier den Rehen oder anderm jungen Gewild in den Nacken und hetzen so das arme Tier-
lein tot, welches in seinem geängsteten Lauf den häßlichen, bei-
ßigen Feind mit sich umherträgt durch Wald und Geklüft. Auf
eine ähnliche Weise erging es dem armen Reichard mit seinem
Satansgaukler in der Taschen, und weil es gar zu kläglich und er-
barmungswert war, wie er sich damit abquälte, will ich euch von
dem Leid seiner langen, hülflosen Flucht nichts mehr erzählen,
wohl aber, was ihm nach mehrern Monden auf derselben begegnete.

Er hatte sich nämlich eines Tages inmitten wilder Gebirge verirrt und saß nun still und betrübt neben einem kleinen Wässer-
lein, das, durch verwachsenes Gesträuch heruntersickernd,
gleichsam mitleidig zu seiner Erquickung herzudringen schien.
Da hallte ein gewaltiger Rossestritt über des Bodens felsiges Gestein, und auf einem hohen, schwarzen, wild aussehenden Pferde
reitend kam ein sehr großer Mann, äußerst häßlichen Antlitzes,
in ganz blutroten, prächtigen Kleidern, gegen die Stelle hervor,
wo Reichard saß. – »Was so betrübt, Gesell?« redete er den innerlich erbebenden, Unheil ahnenden Jüngling an. »Ich sollte
meinen, du seist ein Kaufmann. Hast du etwa zu teuer einge-
kauft?«

»Ach nein, zu wohlfeil vielmehr«, entgegnete Reichard mit leiser, zitternder Stimme.

»So kommt es mir auch vor, mein lieber Kaufherr!« schrie der Reiter mit einem entsetzlichen Lachen. – »Und hast du etwan so ein Dinglein zu verkaufen, das man Galgenmännlein heißt? Oder irr ich mich, wenn ich dich für den verrufnen, tollen Halbheller ansehe?«

Kaum vermochte der arme junge Bursche ein leises: »Ja, der bin ich« über seine bleichen Lippen zu bringen, mit jedem Augenblicke erwartend, daß sich des Reiters Mantel zu bluttriefenden Fittichen gestalte, seinem Hengst ein nächtlich schwarzes Schwunggefieder, von Höllengluten durchblitzt, hervorsprosse und es im Fluge fortgehe mit ihm Unseligen zu dem Wohnsitz ewiger Qual.

Aber der Reiter sagte mit etwas gemilderter Stimme und weniger gräßlichen Gebärden: »Ich merke schon, für wen du mich ansiehst. Doch sei getrost, ich bin es nicht. Vielmehr mag ich dich vielleicht von ihm erlösen, denn ich suche dich schon seit vielen Tagen auf, um dir dein Galgenmännlein abzukaufen. Freilich hast du vermaledeit wenig dafür gegeben, und ich selbsten weiß keine geringere Münze aufzutreiben. Aber höre zu und folge mir. Auf der andern Seite der Berge wohnt ein Fürst, ein junger, lockerer Bursche. Dem hetz ich morgen ein gräßliches Untier auf den Hals, sobald ich ihn von seinem Jagdgefolge werde fortgelockt haben. Harre du hier bis Mitternacht und geh alsdann – eben wenn der Mond ob jenem Felsenzacken steht – mäßigen Schrittes die finstre Kluft zur Linken entlang. Verweile dich nicht, eile dich nicht, und du kommst eben zur Stelle, wenn das Untier den Fürsten unter seinen Tatzen hat. Greif es nur furchtlos an, es muß dir weichen und sich vor dir das schroffe Meerufer hinunterstürzen. Dann begehre vom dankbaren Fürsten, daß er dir ein paar Halbheller schlagen lasse, wechsle mir zwei aus, und für einen davon wird das Galgenmännlein mein.«

So sprach der gräßliche Reiter, und ohne Antwort abzuwarten, ritt er in die Büsche langsam hinein.

»Wo find ich dich aber, wenn ich die Halbheller habe?« schrie Reichard ihm nach.

»Am Schwarzbrunnen!« rief der Reiter zurück. »Jede Kinder-
muhme hier kann dir sagen, wo der liegt.«

Und mit langsamen, aber weitausgreifenden Schritten trug das
häßliche Roß seine häßliche Bürde fort.

Für einen, der so gut als alles verspielt hat, gibt es kein Wage-
stück mehr, deshalben sich auch der Reichard in seiner betrübten
Verzweiflung entschloß, dem Ratschlage des furchtbaren Reiters
Folge zu leisten.

Die Nacht brach ein, der Mond stieg auf und stellte sich endlich rotfunkelnd über den bezeichneten Felsenzacken hin. Da erhob sich zitternd der bleiche Wandersmann und schritt in die
dunkle Kluft hinein. Freudlos und dunkel sah es drinnen aus, nur
selten vermochte ein Mondenstrahl über die hohen Klippen zu
beiden Seiten hereinzusehn, auch dunstete es in dem eingeengten
Orte wie Grabesgeruch, sonsten aber ließ sich nichts Unheimliches verspüren. Der Reichard fühlte sich auf diese Weise zum
Weilen nicht verlockt, eher zum Eilen, aber auch dies unterließ
er, des Reiters Weisung getreu und entschlossen, nichts durch
seine Schuld von dem Fädlein reißen zu lassen, welches ihn an
Licht und Hoffnung noch anknüpfe.

Nach mehrern Stunden funkelten einige rote Morgenlichtlein
auf seinen dunkeln Weg, frische tröstende Lüfte hauchten seinem Antlitz entgegen. Aber eben, als er aus dem tiefen Pfade her-
vorstieg und sich an der frischen Waldgegend ergötzen wollte
und am blauen Geflimmer des Meeres, das sich unfern von ihm
ausdehnte, störte ihn ein ängstliches Geschrei. Umblickend sah
er, wie ein abscheuliches Tier einen jungen Mann im reichen Jä-
gerkleide am Boden liegend unter sich hatte. Des Reichards erste
Bewegung war wohl, zur Hülfe zu eilen; nur als er die Bestie recht
ins Auge faßte und sah, daß sie einem ungeheuern, griesgrämi-
schen Affen gleichsah, der noch überdem ein gewaltiges Hirsch-
geweih auf dem Kopfe trug, verließ ihn aller Mut, und er stand im
Begriff, dem jämmerlichen Hülfsgeschrei des Gefällten ungeachtet, wieder in seine Kluft zurückzukriechen. Da fiel es ihm erst
recht wieder ein, was der Reiter gesagt hatte. Von der Angst vor
ewigem Verderben getrieben, lief er mit seinem Knotenstock auf

das Affen-Ungeheuer zu. Dieses wiegte eben den Jäger in seinen Vordertatzen, es schien, um ihn emporzuschleudern und dann mit dem Geweihe aufzufangen. Als sich aber Reichard nur eben nahte, ließ es seine Beute fallen und lief mit einem häßlichen Gepfeif und Gekrächz davon, der keck gewordne Reichard ihm nach, bis es vom hohen Meeresstrand hinunterstürzte, ihm noch ein abscheuliches Gesicht zufletschend und dann unter den Wellen verschwindend.

Nun ging der junge Gesell triumphierend zu dem erretteten Jägersmann zurück, der sich ihm auch nach Erwarten als regierender Fürst dieser Gegend kundgab, seinen Schützer für einen gar freisamen Helden ausschreiend und ihn bittend, er möge nur dreist irgendeinen Lohn von ihm fordern, so hoch er in seinen Kräften stehe.

»Ja?« fragte der Reichard hoffnungsvoll, »ist das Euer Ernst? Und wollt Ihr mir bei Eurer fürstlichen Ehre nach Vermögen zu dem verhelfen, darum ich Euch bitten werde?«

Der Fürst bejahte es abermals aufs freudigste und zuversichtlichste.

»Nun denn«, rief Reichard inbrünstig flehend aus, »so laßt mir doch um Gottes willen ein paar Halbheller gültiger Münze schlagen, wenn's auch nicht mehr als zweie sind.«

Während ihn der Fürst noch voll Erstaunen ansah, waren einige seines Gefolges herbeigekommen, denen er alles Vorgefallne erzählte und von welchen einer alsbald in Reichard den wahnsinnigen Halbheller, den er schon sonst gesehn, wiedererkannte.

Da fing der Fürst an zu lachen, und der arme Reichard umschlang beängstigt seine Knie, schwörend, es sei um ihn getan, ohne die Halbheller.

Der Fürst aber entgegnete, noch immer lachend: »Stehe nur auf, Gesell, du hast mein Fürstenwort, und wenn du darauf bestehst, laß ich dir Halbheller schlagen, soviel du Lust hast. Sind dir aber Drittelheller ebenso lieb, so braucht's keiner Münzerei deswegen, denn die Grenznachbarn behaupten, meine Landesheller wären so leicht, daß dreie davon auf einen andern gewöhnlichen gingen.«

»Wenn das nur gewiß ist«, sagte der Reichard zweifelnd.

»Ei«, entgegnete der Fürst, »du würdest der erste sein, dem sie allzu gut schienen. Sollte es dir aber dennoch begegnen, so gebe ich hiermit mein feierlichstes Wort, dir noch schlechtere schlagen zu lassen, vorausgesetzt, daß es möglich ist.«

Und damit hieß er dem Reichard durch einen Bedienten einen ganzen Säckel Landesheller geben. Der lief damit, wie gejagt, nach der nahen Grenze und ward ein so froher Mensch, als er seit langen Zeiten nicht gewesen war, da man ihm im ersten Wirtshause des benachbarten Landes nur ungern und zögernd einen gewöhnlichen Heller für drei fürstliche gab, die er zur Probe verwechselte.

Nun fragte er auch sogleich dem Schwarzbrunnen nach, aber einige Kinder, die in der Gaststube spielten, liefen darüber schreiend hinaus. Der Wirt belehrte ihn, selbst nicht ohne Schaudern, dies sei gar ein verrufener Ort, von dem viele böse Geister in das Land ausgehen sollten und den wenige Menschen mit Augen gesehn hätten. Das wisse er wohl: der Eingang dahin sei unweit von hier, eine Höhle mit zwei dürren Cypressen davor, und man solle nicht des Weges verfehlen können, wenn man da hineingehe, wovor aber Gott ihn und alle treue Christenmenschen bewahren wolle!

Da ward dem Reichard freilich wieder sehr ängstlich zumut, aber gewagt mußte es doch einmal sein, und er machte sich also auf den Weg. Schon von weitem her sah ihn die Höhle sehr schwarz und grauenvoll an; es war, als seien die beiden Cypressen aus Schreck über den häßlichen Schlund verdorrt, welcher dem Näherkommenden ein ganz wunderliches Gestein in seinem Schoße zeigte. Es sah wie lauter verzerrte, langbärtige Fratzengesichter aus, deren einige sogar Ähnlichkeit hatten mit jenem Affenmonstrum am Meeresstrande. Und wenn man denn recht hinsah, war es doch wieder nur bloßes vielgezacktes und vielzerspaltenes Felsgeäder. Zitternd trat der arme Gesell unter die Larven hinein. Das Galgenmännlein in seiner Tasche ward so schwer, als wolle es ihn zurückziehn. Aber eben dadurch wuchs sein Mut; »denn«, dachte er, »was der nicht will, muß ich just wollen.« Auch legte sich tiefer in der Höhle eine so dichte Finsternis über seine Augen, daß er bald von den Schreckgestalten nichts mehr gewahr ward. Nun fühlte er nur höchst vorsichtig mit einem Stecken vor sich hin, um nicht etwa in unbekannte Abgründe zu stürzen, fand aber nichts als eben[en], feinbemoosten Boden, und wäre nicht bisweilen ein wunderliches Pfeifen und Krächzen durch die Höhle gegangen, er hätte sich alles Entsetzens erwehrt.

Endlich gelangte er hinaus. Ein wüster Bergkessel schloß ihn von allen Seiten ein. Zur Seite sah er das große, furchtbare Schwarzroß seines Handelsmannes, wie es unangebunden, mit hochgehaltenem Kopfe, ohne zu weiden oder sich sonsten zu regen, gleich einer erzenen Bildsäule dastand. Gegenüber quoll ein Born aus dem Felsen, darin sich der Reiter Kopf und Hände wusch. Aber die böse Flut war schwarz wie Tinte und färbte auch so ab; denn als sich der riesige Mann nach Reichard umkehrte, war sein häßliches Antlitz ganz mohrenfarb, welches auf eine schreckliche Weise gegen den reichen roten Kleiderputz abstach. »Zittre nicht, junger Bursch«, sagte der Furchtbare. »Das ist eine von den Zeremonien, die ich dem Teufel zu Gefallen tun muß. Alle Freitag muß ich mich hier so waschen, zu Trutz und Hohn dem, den Ihr Euren lieben Schöpfer nennt. So muß ich auch immer den Purpur meines roten Kleides, sooft ich ein neues brauche, mit einer bösen Zahl von Tropfen meines eignen Blutes mischen – wovon er denn freilich eben die wunderprächtige Farbe bekommt – und was der lästigen Bedingungen mehr sind. Noch obenein habe ich mich ihm mit Leib und Seele so fest verschrieben, daß an gar keine mögliche Lösung zu denken ist. Und weißt du, was mir der Knauser dafür gibt? Hunderttausend Goldstücke des Jahrs. Damit kann ich nicht auskommen und will mir deshalben dein Galgenmännlein kaufen, welches ich auch schon dem alten Geizhals zum Possen tue. Denn schau, meine Seele hat er ohnehin, und nun kommt das Teuflein in der Flasche dermaleinst ohne allen Gewinst in die Hölle, nach seiner langen Dienstzeit, zurück. Da soll der grimme Drache recht fluchen.« Und zu lachen begann er, daß die Felsen schallten und selbst das sonsten regungslose schwarze Roß ordentlich zusammenfuhr.

»Nun«, fragte er, sich wieder zu Reichard wendend, »bringst du Halbheller, Gesell?«

»Ich bin Eur Gesell nicht«, entgegnete Reichard, halb verzagt, halb trotzig, indem er seinen Säckel öffnete.

»Ach, nur nicht so vornehm getan«, schrie der riesige Handelsmann. »Wer hetzte dem Fürsten das Monstrum zu, damit du siegen konntest?«

»Es wär all der Spuk nicht nötig gewesen«, sagte Reichard, und erzählte, wie der Fürst schon ganz von selbsten nicht nur Halbheller schlage, sondern sogar Drittelsheller.

Der rote Mann schien verdrießlich darüber, daß er sich nun unnötig die Mühe mit dem Ungeheuer gegeben hatte. Dennoch wechselte er sich drei schlechte Heller gegen einen guten ein, gab dem Reichard einen von jenen und empfing dagegen das Galgenmännlein, welches ganz schwer aus der Tasche ging und am Boden des Glases verdrossen und traurig zusammengekrümmt lag. Des lachte der Käufer wieder gewaltig und schrie: »Kann dir doch alles nichts helfen, Satan; nur Gold her, soviel mein Schwarzroß irgend neben mir tragen kann.« Alsbald auch ächzte das ungeheure Tier unter einer gewaltigen Goldbürde. Doch nahm es noch seinen Herrn auf und schritt alsdann, einer Fliege ähnlich, welche die Wand hinaufgeht, an dem senkrechten Felsen grade empor, aber doch mit so abscheulichen Bewegungen und Verrenkungen, daß Reichard nur schnell in die Höhle zurückfloh, um nichts mehr davon zu sehen.

Erst als er an der andern Seite des Berges wieder herausgekommen und eine große Strecke von dem Schlunde fortgelaufen war, drang das ganze frohe Gefühl der Befreiung durch sein Gemüt. Er fühlte es in seinem Herzen, daß er die frühern großen Fehle abgebüßt habe und ihm fortan kein Galgenmännlein mehr angehören könne. Ins hohe Gras legte er sich vor Freuden, streichelte die Blumen und warf der Sonne Kußhände zu. Sein ganzes heitres Herz von sonsther war wieder in ihm lebendig, nicht aber zugleich der ehemalige freche Leichtsinn und Frevelmut. Obwohl er sich jetzt mit ziemlichem Rechte rühmen konnte, den Teufel selbsten betrogen zu haben, rühmte er sich dennoch dessen nicht. Vielmehr richtete er seine ganze verjüngte Kraft darauf, wie er forthin auf eine fromme, ehrenwerte und freudige Art in der Welt leben möge. Das gelang ihm denn auch so wohl, daß er nach einigen Jahren tüchtiger Arbeit als ein wohlhabender Kaufherr in die lieben deutschen Lande zurückkehren konnte, wo er sich ein Weib nahm und oftmals in seinem gesegneten Greisenalter Enkeln und Urenkeln die Mär von dem verfluchten Galgenmännlein zu nutzreicher Warnung vorerzählte.

ADELBERT VON CHAMISSO
Peter Schlemihls wundersame Geschichte

I

Nach einer glücklichen, jedoch für mich sehr beschwerlichen See-
fahrt, erreichten wir endlich den Hafen. Sobald ich mit dem Boote
ans Land kam, belud ich mich selbst mit meiner kleinen Habselig-
keit, und durch das wimmelnde Volk mich drängend, ging ich in
das nächste, geringste Haus hinein, vor welchem ich ein Schild
hängen sah. Ich begehrte ein Zimmer, der Hausknecht maß mich
mit einem Blick und führte mich unters Dach. Ich ließ mir frisches
Wasser geben, und genau beschreiben, wo ich den Herrn Thomas
John aufzusuchen habe: – »Vor dem Nordertor, das erste Land-
haus zur rechten Hand, ein großes, neues Haus, von rot und weißem Marmor mit vielen Säulen.« Gut. – Es war noch früh an der
Zeit, ich schnürte sogleich mein Bündel auf, nahm meinen neu ge-
wandten schwarzen Rock heraus, zog mich reinlich an in meine
besten Kleider, steckte das Empfehlungsschreiben zu mir, und
setzte mich alsbald auf den Weg zu dem Manne, der mir bei meinen bescheidenen Hoffnungen förderlich sein sollte.

Nachdem ich die lange Norderstraße hinaufgestiegen, und das
Tor erreicht, sah ich bald die Säulen durch das Grüne schimmern
– »also hier«, dacht' ich. Ich wischte den Staub von meinen Füßen mit meinem Schnupftuch ab, setzte mein Halstuch in Ordnung, und zog in Gottes Namen die Klingel. Die Tür' sprang auf.
Auf dem Flur hatt' ich ein Verhör zu besteh'n, der Portier ließ
mich aber anmelden, und ich hatte die Ehre, in den Park gerufen
zu werden, wo Herr John – mit einer kleinen Gesellschaft sich
erging. Ich erkannte gleich den Mann am Glanze seiner wohlbeleibten Selbstzufriedenheit. Er empfing mich sehr gut, – wie ein

Reicher einen armen Teufel, wandte sich sogar gegen mich, ohne
sich jedoch von der übrigen Gesellschaft abzuwenden, und nahm
mir den dargehaltenen Brief aus der Hand. – »So, so! von meinem Bruder, ich habe lange nichts von ihm gehört. Er ist doch ge-
sund? – Dort«, fuhr er gegen die Gesellschaft fort, ohne die Antwort zu erwarten, und wies mit dem Brief auf einen Hügel, »dort
laß ich das neue Gebäude aufführen.« Er brach das Siegel auf und
das Gespräch nicht ab, das sich auf den Reichtum lenkte. »Wer
nicht Herr ist wenigstens einer Million«, warf er hinein, »der ist,
man verzeihe mir das Wort, ein Schuft!« – »O wie wahr!« rief ich
aus mit vollem überströmenden Gefühl. Das mußte ihm gefallen,
er lächelte mich an und sagte: »Bleiben Sie hier, lieber Freund,
nachher hab' ich vielleicht Zeit, Ihnen zu sagen, was ich hierzu
denke«, er deutete auf den Brief, den er sodann einsteckte, und
wandte sich wieder zu der Gesellschaft. – Er bot einer jungen
Dame den Arm, andere Herr'n bemühten sich um andere Schönen, es fand sich, was sich paßte, und man wall'te dem rosenum-
blühten Hügel zu.

Ich schlich hinterher ohne jemanden beschwerlich zu fallen,
denn keine Seele bekümmerte sich weiter um mich. Die Gesellschaft war sehr aufgeräumt, es ward getändelt und gescherzt,
man sprach zuweilen von leichtsinnigen Dingen wichtig, von
wichtigen öfters leichtsinnig, und gemächlich erging besonders
der Witz über abwesende Freunde und deren Verhältnisse. Ich
war da zu fremd, um von alledem Vieles zu verstehen, zu bekümmert und in mich gekehrt, um den Sinn auf solche Rätsel zu haben.

Wir hatten den Rosenhain erreicht. Die schöne Fanny, wie es
schien, die Herrin des Tages, wollte aus Eigensinn einen blühenden Zweig selbst brechen, sie verletzte sich an einem Dorn, und
wie von den dunkeln Rosen, floß Purpur auf ihre zarte Hand.
Dieses Ereignis brachte die ganze Gesellschaft in Bewegung. Es
wurde Englisch Pflaster gesucht. Ein stiller, dünner, hag'rer,
länglichter, ältlicher Mann, der neben mitging, und den ich noch
nicht bemerkt hatte, steckte sogleich die Hand in die knapp an-
liegende Schoßtasche seines altfränkischen grautaffentnen Rok-

kes, brachte eine kleine Brieftasche daraus hervor, öffnete sie, und reichte der Dame mit devoter Verbeugung das Verlangte. Sie empfing es ohne Aufmerksamkeit für den Geber und ohne Dank, die Wunde ward verbunden, und man ging weiter den Hügel hinan, von dessen Rücken man die weite Aussicht über das grüne Labyrinth des Parkes nach dem unermeßlichen Ozean genießen wollte.

Der Anblick war wirklich groß und herrlich. Ein lichter Punkt erschien am Horizont zwischen der dunkeln Flut und der Bläue des Himmels. »Ein Fernrohr her!« rief John, und noch bevor das auf den Ruf erscheinende Dienervolk in Bewegung kam, hatte der graue Mann, bescheiden sich verneigend, die Hand schon in die Rocktasche gesteckt, daraus einen schönen Dollon hervorgezogen und es dem Herrn John eingehändigt. Dieser, es sogleich an das Aug' bringend, benachrichtigte die Gesellschaft: es sei das Schiff, das gestern ausgelaufen, und das widrige Winde im Angesicht des Hafens zurücke hielten. Das Fernrohr ging von Hand zu Hand, und nicht wieder in die des Eigentümers; ich aber sah verwundernd den Mann an, und wußte nicht, wie die große Maschine aus der winzigen Tasche herausgekommen war; es schien aber niemanden aufgefallen zu sein, und man bekümmerte sich nicht mehr um den grauen Mann als um mich selber.

Erfrischungen wurden gereicht, das seltenste Obst aller Zonen in den kostbarsten Gefäßen. Herr John machte die Honneurs mit leichtem Anstand und richtete da zum zweitenmal ein Wort an mich: »Essen Sie nur; das haben Sie auf der See nicht gehabt.« Ich verbeugte mich, aber er sah es nicht, er sprach schon mit jemand anderem.

Man hätte sich gern auf den Rasen, am Abhange des Hügels, der ausgespannten Landschaft gegenüber gelagert, hätte man die Feuchtigkeit der Erde nicht gescheut. Es wäre göttlich, meinte wer aus der Gesellschaft, wenn man türkische Teppiche hätte, sie hier auszubreiten. Der Wunsch war nicht so bald gesprochen, als schon der Mann im grauen Rock die Hand in der Tasche hatte, und mit bescheidener, ja demütiger Gebärde, einen reichen, golddurchwirkten, türkischen Teppich daraus zu ziehen bemüht war. Bediente nehmen ihn im Empfang, als müsse es so sein, und entfalten ihn am begehrten Ort. Die Gesellschaft nahm ohne Umstände Platz darauf; ich wiederum sah betroffen den Mann, die Tasche, den Teppich an, der über zwanzig Schritt in der Länge und zehn in der Breite maß, und rieb mir die Augen, nicht wissend, was ich dazu denken sollte, besonders, da niemand etwas Merkwürdiges darin fand.

Ich hätte gern Aufschluß über den Mann gehabt, und gefragt, wer er sei, nur wußt' ich nicht, an wen ich mich richten sollte, denn ich fürchtete mich fast noch mehr vor den Herr'n Bedienten, als vor den bedienten Herr'n. Ich faßte endlich ein Herz, und trat an einen jungen Mann heran, der mir von minderem Ansehen schien als die andern, und der öfter allein gestanden hatte. Ich bat ihn leise, mir zu sagen, wer der gefällige Mann sei dort im grauen Kleide. – »Dieser? der wie ein Ende Zwirn aussieht, der einem Schneider aus der Nadel entlaufen ist?« Ja, der allein steht – »den kenn' ich nicht«, gab er mir zur Antwort, und, wie es schien, eine längere Unterhaltung mit mir zu vermeiden, wandt' er sich weg und sprach von gleichgültigen Dingen mit einem andern.

Die Sonne fing jetzt stärker zu scheinen an, und ward den Damen beschwerlich; die schöne Fanny richtete nachlässig an den grauen Mann, den, so viel ich weiß, noch niemand angeredet hatte, die leichtsinnige Frage: ob er nicht auch vielleicht ein Zelt bei sich habe? Er beantwortete sie durch eine so tiefe Verbeugung, als widerführe ihm eine unverdiente Ehre, und hatte schon die Hand in der Tasche, aus der ich Zeuge, Stangen, Schnüre, Eisenwerk, kurz, alles, was zu dem prachtvoll'sten Lustzelt gehört, herauskommen sah. Die jungen Herr'n halfen es ausspannen, und es überhing die ganze Ausdehnung des Teppichs – und keiner fand noch etwas Außerordentliches darin. –

Mir war schon lang' unheimlich, ja graulich zumute, wie ward mir vollends, als beim nächst ausgesprochenen Wunsch ich ihn noch aus seiner Tasche drei Reitpferde, ich sage dir, drei schöne, große Rappen mit Sattel und Zeug, herausziehen sah, – denke Dir, um Gotteswillen! drei gesattelte Pferde noch aus derselben

Tasche, woraus schon eine Brieftasche, ein Fernrohr, ein gewirkter Teppich, zwanzig Schritte lang und zehn breit, ein Lustzelt von derselben Größe, und alle dazu gehörige Stangen und Eisen, herausgekommen waren – wenn ich Dir nicht beteuerte, es selbst mit eigenen Augen angesehen zu haben, würdest Du es gewiß nicht glauben. –

So verlegen und demütig der Mann selbst zu sein schien, so wenig Aufmerksamkeit ihm auch die andern schenkten, so ward mir doch seine bloße Erscheinung, von der ich kein Auge abwenden konnte, so schauerlich, daß ich sie nicht länger ertragen konnte.

Ich beschloß, mich aus der Gesellschaft zu stehlen, was bei der unbedeutenden Rolle, die ich darinnen spielte, mir ein Leichtes schien. Ich wollte nach der Stadt zurückkehren, am andern Morgen mein Glück beim Herrn John wieder versuchen, und, wenn ich den Mut dazu fände, ihn über den seltsamen grauen Mann befragen. – Wäre es mir nur so zu entkommen geglückt!

Ich hatte mich schon wirklich durch den Rosenhain, den Hügel hinab, glücklich geschlichen, und befand mich auf einem freien Rasenplatz, als ich aus Furcht, außer den Wegen durch's Gras gehend angetroffen zu werden, einen forschenden Blick um mich warf. – Wie erschrak ich, als ich den Mann im grauen Rock hinter mir her und auf mich zukommen sah. Er nahm sogleich den Hut vor mir ab, und verneigte sich so tief, als noch niemand vor mir getan hatte. Es war kein Zweifel, er wollte mich anreden, und ich konnte, ohne grob zu sein, es nicht vermeiden. Ich nahm den Hut auch ab, verneigte mich wieder, und stand da in der Sonne mit bloßem Haupt wie angewurzelt. Ich sah' ihn voller Furcht stier an, und war wie ein Vogel, den eine Schlange gebannt hat. Er selber schien sehr verlegen zu sein; er hob den Blick nicht auf, verbeugte sich zu verschiedenen Malen, trat näher, und redete mich an mit leiser, unsicherer Stimme, ungefähr im Tone eines Bettelnden.

»Möge der Herr meine Zudringlichkeit entschuldigen, wenn ich es wage, ihn so unbekannter Weise aufzusuchen, ich habe eine Bitte an ihn. Vergönnen Sie gnädigst –« – »Aber um Gottes-

willen, mein Herr!« brach ich in meiner Angst aus, »was kann ich
für einen Mann tun, der« – – – wir stutzten beide, und wurden, wie mir deucht, rot.

Er nahm nach einem Augenblick des Schweigens wieder das
Wort: »Während der kurzen Zeit, wo ich das Glück genoß, mich
in Ihrer Nähe zu befinden, hab' ich, mein Herr, einige Mal – erlauben Sie, daß ich es Ihnen sage, – wirklich mit unaussprechlicher Bewunderung den schönen, schönen Schatten betrachten
können, den Sie in der Sonne, und gleichsam mit einer gewissen
edlen Verachtung, ohne selbst darauf zu merken, von sich werfen, den herrlichen Schatten da zu Ihren Füßen. Verzeihen Sie
mir die freilich kühne Zumutung. Sollten Sie sich wohl nicht ab-
geneigt finden, mir diesen Ihren Schatten zu überlassen?«

Er schwieg, und mir gings wie ein Mühlrad im Kopf herum.
Was sollt' ich aus dem seltsamen Antrag machen, mir meinen
Schatten abzukaufen? Er muß verrückt sein, dacht' ich, und mit
verändertem Tone, der zu der Demut des seinigen besser paßte,
erwiderte ich also:

»Ei, ei! guter Freund, habt Ihr denn nicht an euerm eignen
Schatten genug? das heiß' ich mir einen Handel von einer ganz
absonderlichen Sorte.« Er fiel sogleich wieder ein: »Ich hab' in
meiner Tasche manches, was dem Herrn nicht ganz unwert
scheinen möchte; für diesen unschätzbaren Schatten halt' ich den
höchsten Preis zu gering.«

Nun überfiel es mich wieder kalt, da ich an die Tasche erinnert
ward, und ich wußte nicht, wie ich ihn hatte guter Freund nennen können. Ich nahm wieder das Wort, und suchte es, wo möglich, mit unendlicher Höflichkeit wieder gutzumachen.

»Aber, mein Herr, verzeihen Sie Ihrem untertänigsten
Knecht. Ich verstehe wohl Ihre Meinung nicht ganz gut, wie
könnt' ich nur meinen Schatten – – –« Er unterbrach mich:
»Ich erbitte mir nur Dero Erlaubnis, hier auf der Stelle diesen
edlen Schatten aufheben zu dürfen, und zu mir zu stecken; wie
ich das mache, sei meine Sorge. Dagegen als Beweis meiner Er-
kenntlichkeit gegen den Herrn, überlasse ich ihm die Wahl
unter allen Kleinodien, die ich in der Tasche bei mir führe: die

echte Springwurzel, die Alraunwurzel, Wechselpfennige, Raubtaler, das Tellertuch von Rolands Knappen, ein Galgenmännlein
zu beliebigem Preis; doch, das wird wohl nichts für Sie sein: besser, Fortunati Wünschhütlein, neu und haltbar wieder restau-
riert; auch ein Glückssäckel, wie der seine gewesen.« »Fortunati
Glückssäckel«, fiel ich ihm in die Rede, und wie groß meine
Angst auch war, hatte er mit dem einen Wort meinen ganzen
Sinn gefangen. Ich bekam einen Schwindel, und es flimmerte mir
wie doppelte Dukaten vor den Augen. –

»Belieben gnädigst der Herr diesen Säckel zu besichtigen und
zu erproben.« Er steckte die Hand in die Tasche und zog einen
mäßig großen, festgenähten Beutel von starkem Korduanleder,
an zwei tüchtigen ledernen Schnüren heraus und händigte mir
selbigen ein. Ich griff hinein, und zog zehn Goldstücke daraus,
und wieder zehn, und wieder zehn, und wieder zehn; ich hielt
ihm schnell die Hand hin: »Topp! der Handel gilt, für den Beutel
haben Sie meinen Schatten.« Er schlug ein, kniete dann unge-
säumt vor mir nieder, und mit einer bewundernswürdigen Geschicklichkeit sah ich ihn meinen Schatten, vom Kopf bis zu meinen Füßen, leise von dem Grase lösen, aufheben, zusammenrol-
len und falten, und zuletzt einstecken. Er stand auf, verbeugte
sich noch einmal vor mir, und zog sich nach dem Rosengebüsche
zurück. Mich dünkt', ich hörte ihn da leise für sich lachen. Ich
aber hielt den Beutel bei den Schnüren fest, rund um mich her
war die Erde sonnenhell, und in mir war noch keine Besinnung.

II

Ich kam endlich wieder zu Sinnen, und eilte, diesen Ort zu verlassen, wo ich hoffentlich nichts mehr zu tun hatte. Ich füllte erst
meine Taschen mit Gold, dann band ich mir die Schnüre des Beu-
tels um den Hals fest, und verbarg ihn selbst auf meiner Brust.
Ich kam unbeachtet aus dem Park, erreichte die Landstraße, und
nahm meinen Weg nach der Stadt. Wie ich in Gedanken dem
Tore zu ging, hört' ich hinter mir schreien: »Junger Herr! he!

junger Herr! hören Sie doch! –« Ich sah mich um, ein altes Weib
rief mir nach: »Sehe sich der Herr doch vor, Sie haben Ihren
Schatten verloren.« – »Danke, Mütterchen«, ich warf ihr ein
Goldstück für den wohlgemeinten Rat hin, und trat unter die
Bäume.

Am Tore mußt' ich gleich wieder von der Schildwacht hören:
»Wo hat der Herr seinen Schatten gelassen?« und gleich wieder
darauf von ein paar Frauen: »Jesus Maria! der arme Mensch hat
keinen Schatten!« Das fing an mich zu verdrießen, und ich vermied sehr sorgfältig, in die Sonne zu treten. Das ging aber nicht
überall an, zum Beispiel nicht über die Breitestraße, die ich zunächst durchkreuzen mußte, und zwar, zu meinem Unheil, in
eben der Stunde, wo die Knaben aus der Schule gingen. Ein verdammter buckeliger Schlingel, ich seh' ihn noch, hatte es gleich
weg, daß mir ein Schatten fehle. Er verriet mich mit großem Geschrei der sämtlichen literarischen Straßenjugend der Vorstadt,
welche sofort mich zu rezensieren und mit Kot zu bewerfen anfing: »Ordentliche Leute pflegten ihren Schatten mit sich zu nehmen, wann sie in die Sonne gingen.« Um sie von mir abzuweh-
ren, warf ich Gold zu vollen Händen unter sie, und sprang in einen Mietswagen, zu dem mir mitleidige Seelen verhalfen.

Sobald ich mich in der rollenden Kutsche allein fand, fing ich
bitterlich an zu weinen. Es mußte schon die Ahnung in mir aufsteigen: daß, um so viel das Gold auf Erden Verdienst und Tugend überwiegt, um so viel der Schatten höher als selbst das Gold
geschätzt werde; und wie ich früher den Reichtum meinem Gewissen aufgeopfert, hatte ich jetzt den Schatten für bloßes Geld
hingegeben, was konnte, was sollte auf Erden aus mir werden!

Ich war noch sehr verstört, als der Wagen vor meinem alten
Wirtshaus hielt, ich erschrak über die Vorstellung, nur noch jenes schlechte Dachzimmer zu betreten. Ich ließ mir meine Sachen herabholen, empfing den ärmlichen Bündel mit Verachtung, warf einige Goldstücke hin, und befahl, vor das vornehm-
ste Hotel vorzufahren. Das Haus war gegen Norden gelegen, ich
hatte die Sonne nicht zu fürchten, ich schickte den Kutscher mit
Gold weg, ließ mir die besten Zimmer vorn heraus anweisen, und
verschloß mich darin, sobald ich konnte.

Was denkest Du, daß ich nun anfing? – O mein lieber Chamisso, selbst vor Dir es zu gestehen, macht mich erröten. Ich zog den unglücklichen Säckel aus meiner Brust hervor, und mit einer Art Wut, die, wie eine flackernde Feuersbrunst, sich in mir durch sich selbst mehrte, zog ich Gold daraus, und Gold, und Gold, und immer mehr Gold, und streute es auf den Estrich, und schritt darüber hin, und ließ es klirren, und warf, mein armes Herz an dem Glanze, an dem Klange weidend, immer des Metalles mehr zu dem Metalle, bis ich ermüdet selbst auf das reiche Lager sank und schwelgend darin wühlte, mich darüber wälzte. So verging der Tag, der Abend, ich schloß meine Tür' nicht auf, die Nacht fand mich liegend auf dem Golde, und darauf übermannte mich der Schlaf.

Da träumt' es mir von Dir, es ward mir, als stünde ich hinter der Glastür Deines kleinen Zimmers, und sähe Dich von da an Deinem Arbeitstische zwischen einem Skelett und einem Bunde getrockneter Pflanzen sitzen, vor Dir waren Haller, Humboldt und Linné aufgeschlagen, auf Deinem Sopha lagen ein Band Goethe und der Zauberring, ich betrachtete Dich lange, und jedes Ding in Deiner Stube, und dann Dich wieder, du rührtest Dich aber nicht, Du hattest auch nicht Atem, du warst tot.

Ich erwachte. Es schien noch sehr früh zu sein. Meine Uhr stand. Ich war wie zerschlagen, durstig und hungrig auch noch, ich hatte seit dem vorigen Morgen nichts gegessen. Ich stieß von mir mit Unwillen und Überdruß dieses Gold, an dem ich kurz vorher mein törichtes Herz gesättiget; nun wußt' ich verdrießlich nicht, was ich damit anfangen sollte. Es durfte nicht so liegen bleiben – ich versuchte, ob es der Beutel wieder verschlingen wollte – Nein. Keines meiner Fenster öffnete sich über die See. Ich mußte mich bequemen, es mühsam und mit sauerm Schweiß zu einem großen Schrank, der in einem Kabinet stand, zu schleppen, und es darin zu verpacken. Ich ließ nur einige Handvoll da liegen. Nachdem ich mit der Arbeit fertig geworden, legt' ich mich erschöpft in einen Lehnstuhl, und erwartete, daß sich Leute im Hause zu regen anfingen. Ich ließ, sobald es möglich war, zu essen bringen, und den Wirt zu mir kommen.

Ich besprach mit diesem Mann die künftige Einrichtung meines Hauses. Er empfahl mir für den nähern Dienst um meine Person einen gewissen Bendel, dessen treue und verständige Physiognomie mich gleich gewann. Derselbe war's, dessen Anhänglichkeit mich seither tröstend durch das Elend des Lebens begleitete, und mir mein düst'res Los ertragen half. Ich brachte den ganzen Tag auf meinen Zimmern, mit herrenlosen Knechten, Schustern, Schneidern und Kaufleuten zu, ich richtete mich ein, und kaufte besonders sehr viele Kostbarkeiten und Edelsteine, um nur etwas des vielen aufgespeicherten Goldes los zu sein; es schien aber gar nicht, als könne der Haufen sich vermindern.

Ich schwebte indes über meinen Zustand in den ängstigendsten Zweifeln. Ich wagte keinen Schritt aus meiner Tür', und ließ abends vierzig Wachskerzen in meinem Saal anzünden, bevor ich aus dem Dunkel heraus kam. Ich gedachte mit Grauen des fürchterlichen Auftrittes mit den Schulknaben. Ich beschloß, so viel Mut ich auch dazu bedurfte, die öffentliche Meinung noch einmal zu prüfen. – Die Nächte waren zu der Zeit mondhell. Abends spät warf ich einen weiten Mantel um, drückte mir den Hut tief in die Augen, und schlich, zitternd wie ein Verbrecher, aus dem Hause. Erst auf einem entlegenen Platz trat ich aus dem Schatten der Häuser, in deren Schutz ich so weit gekommen war, an das Mondeslicht hervor; gefaßt, mein Schicksal aus dem Munde der Vorübergehenden zu vernehmen.

Erspare mir, lieber Freund, die schmerzliche Wiederholung alles dessen, was ich erdulden mußte. Die Frauen bezeugten oft das tiefste Mitleid, das ich ihnen einflößte; Äußerungen, die mir die Seele nicht minder durchbohrten, als der Hohn der Jugend und die hochmütige Verachtung der Männer, besonders solcher dicken, wohlbeleibten, die selbst einen breiten Schatten warfen. Ein schönes, holdes Mädchen, die, wie es schien, ihre Eltern begleitete, indem diese bedächtig nur vor ihre Füße sahen, wandte von Ungefähr ihr leuchtendes Auge auf mich; sie erschrak sichtbarlich, da sie meine Schattenlosigkeit bemerkte, verhüllte ihr schönes Antlitz in ihren Schleier, ließ den Kopf sinken, und ging lautlos vorüber.

Ich ertrug es länger nicht. Salzige Ströme brachen aus meinen Augen, und mit durchschnittenem Herzen zog ich mich schwankend ins Dunkel zurück. Ich mußte mich an den Häusern halten, um meine Schritte zu sichern, und erreichte langsam und spät meine Wohnung.

Ich brachte die Nacht schlaflos zu. Am andern Tage war meine erste Sorge, nach dem Manne im grauen Rocke überall suchen zu lassen. Vielleicht sollte es mir gelingen, ihn wieder zu finden, und wie glücklich! wenn ihn, wie mich, der törichte Handel gereuen sollte. Ich ließ Bendel vor mir kommen, er schien Gewandtheit und Geschick zu besitzen, – ich schilderte ihm genau den Mann, in dessen Besitz ein Schatz sich befand, ohne den mir das Leben nur eine Qual sei. Ich sagte ihm die Zeit, den Ort, wo ich ihn gesehen; beschrieb ihm alle, die zugegen gewesen, und fügte dieses Zeichen noch hinzu: er solle sich nach einem Dolon'schen Fernrohr, nach einem golddurchwirkten türkischen Teppich, nach einem Prachtlustzelt, und endlich nach den schwarzen Reithengsten genau erkundigen, deren Geschichte, ohne zu bestimmen wie, mit der des rätselhaften Mannes, zusammenhinge, welcher allen unbedeutend geschienen, und dessen Erscheinung die Ruhe und das Glück meines Lebens zerstört hatte.

Wie ich ausgeredet, holt' ich Gold her, eine Last, wie ich sie nur zu tragen vermochte, und legte Edelsteine und Juwelen noch hinzu für einen größern Wert. »Bendel«, sprach ich, »dieses ebnet viele Wege, und macht Vieles leicht, was unmöglich schien; sei nicht karg damit, wie ich es nicht bin, sondern geh', und erfreue Deinen Herrn mit Nachrichten, auf denen seine alleinige Hoffnung beruht.«

Er ging. Spät kam er und traurig zurück. Keiner von den Leuten des Herrn John, keiner von seinen Gästen, er hatte alle gesprochen, wußte sich nur entfernt an den Mann im grauen Rocke zu erinnern. Der neue Teleskop war da, und keiner wußte, wo er hergekommen; der Teppich, das Zelt waren da noch auf demselben Hügel ausgebreitet und aufgeschlagen, die Knechte rühmten den Reichtum ihres Herrn, und keiner wußte, von wannen diese neuen Kostbarkeiten ihm zugekommen. Er selbst hatte seinen

Wohlgefallen daran, und ihn kümmerte es nicht, daß er nicht wisse, woher er sie habe; die Pferde hatten die jungen Herren, die sie geritten, in ihren Ställen, und sie priesen die Freigebigkeit des Herrn John, der sie ihnen an jenem Tage geschenkt. So viel erhellte aus der ausführlichen Erzählung Bendels, dessen rascher Eifer und verständige Führung, auch bei so fruchtlosem Erfolg, mein verdientes Lob erhielten. Ich winkte ihm düster, mich allein zu lassen.

»Ich habe«, hub er wieder an, »meinem Herrn Bericht abgestattet, über die Angelegenheit, die ihm am wichtigsten war. Mir bleibt noch ein Auftrag auszurichten, den mir heute früh jemand gegeben, welchem ich vor der Tür begegnete, da ich zu dem Geschäfte ausging, wo ich so unglücklich gewesen. Die eigenen Worte des Mannes waren: ›Sagen Sie dem Herrn Peter Schlemihl, er würde mich hier nicht mehr sehen, da ich über's Meer gehe, und ein günstiger Wind mich soeben nach dem Hafen ruft. Aber über Jahr und Tag werde ich die Ehre haben, ihn selber aufzusuchen, und ein anderes, ihm dann vielleicht annehmliches Geschäft, vorschlagen. Empfehlen Sie mich ihm untertänigst, und versichern ihn meines Dankes.‹ Ich frug ihn, wer er wäre, er sagte aber, Sie kennten ihn schon.«

»Wie sah der Mann aus?« rief ich voller Ahnung. Und Bendel beschrieb mir den Mann im grauen Rocke Zug für Zug, Wort für Wort, wie er getreu in seiner vorigen Erzählung des Mannes erwähnt, nach dem er sich erkundigt. –

»Unglücklicher«, schrie ich händeringend, »das war er ja selbst!« und ihm fiel es wie Schuppen von den Augen. – »Ja, er war es, war es wirklich«, rief er erschreckt aus, »und ich Verblendeter, Blödsinniger, habe ihn nicht erkannt; ihn nicht erkannt und meinen Herrn verraten.«

Er brach, heiß weinend, in die bittersten Vorwürfe gegen sich selber aus, und die Verzweiflung, in der er war, mußte mir selber Mitleiden einflößen. Ich sprach ihm Trost ein, versicherte ihn wiederholt, ich setzte keinen Zweifel in seine Treue, und schickte ihn alsbald nach dem Hafen, um, wo möglich, die Spuren des seltsamen Mannes zu verfolgen. Aber an diesem selben Morgen waren sehr verschiedene Schiffe, die widrige Winde im Hafen zurückgehalten, ausgelaufen, alle nach anderen Weltstrichen, alle nach anderen Küsten bestimmt; und der graue Mann war spurlos wie ein Schatten verschwunden.

III

Was hälfen Flügel dem in eisernen Ketten fest Angeschmiedeten? er müßte dennoch, und schrecklicher, verzweifeln. Ich lag, wie Faffner bei seinem Hort, fern von jedem menschlichen Zuspruch, bei meinem Golde darbend, aber ich hatte nicht das Herz nach ihm, sondern ich fluchte ihm, um dessentwillen ich mich von allem Leben abgeschnitten sah. Bei mir allein mein düst'res Geheimnis hegend, fürchtete ich mich vor dem letzten meiner Knechte, den ich zugleich beneiden mußte; denn er hatte einen Schatten, er durfte sich sehen lassen in der Sonne. Ich vertrauerte einsam in meinen Zimmern die Tag' und Nächte, und Gram zehrte an meinem Herzen.

Noch einer härmte sich unter meinen Augen ab, mein treuer Bendel hörte nicht auf, sich mit stillen Vorwürfen zu martern, daß er das Zutrauen seines gütigen Herrn betrogen, und jenen nicht erkannt, nach dem er ausgeschickt war, und mit dem er mein trauriges Schicksal in enger Verflechtung denken mußte. Ich aber konnte ihm keine Schuld geben, ich erkannte in dem Ereignis die fabelhafte Natur des Unbekannten.

Nichts unversucht zu lassen, schickt' ich einst Bendel mit einem kostbaren brillantenen Ring zu dem berühmtesten Maler der Stadt, den ich, mich zu besuchen, einladen ließ. Er kam, ich entfernte meine Leute, verschloß die Tür, setzte mich zu dem Mann, und, nachdem ich seine Kunst gepriesen, kam ich mit schwerem Herzen zur Sache, ich ließ ihn zuvor das strengste Geheimnis geloben.

»Herr Professor«, fuhr ich fort, »könnten Sie wohl einem Menschen, der auf die unglücklichste Weise von der Welt um seinen Schatten gekommen ist, einen falschen Schatten malen?« –

»Sie meinen einen Schlagschatten?« – »den mein' ich allerdings.«
– »Aber«, frug er mich weiter, »durch welche Ungeschicklich-
keit, durch welche Nachlässigkeit konnte er denn seinen Schlagschatten verlieren?« – »Wie es kam«, erwiderte ich, »mag nun
sehr gleichgültig sein, doch so viel«, log ich ihm unverschämt
vor: »In Rußland, wo er im vorigen Winter eine Reise tat, fror
ihm einmal, bei einer außerordentlichen Kälte, sein Schatten dergestalt am Boden fest, daß er ihn nicht wieder losbekommen
konnte.«

»Der falsche Schlagschatten, den ich ihm malen könnte«, erwiderte der Professor, »würde doch nur ein solcher sein, den er bei
der leisesten Bewegung wieder verlieren müßte, – zumal wer an
dem eignen angebornen Schatten so wenig fest hing, als aus Ihrer
Erzählung selbst sich abnehmen läßt; wer keinen Schatten hat,
gehe nicht in die Sonne, das ist das Vernünftigste und Sicherste.«
Er stand auf und entfernte sich, indem er auf mich einen durch-
bohrenden Blick warf, den der meine nicht ertragen konnte. Ich
sank in meinen Sessel zurück, und verhüllte mein Gesicht in
meine Hände.

So fand mich noch Bendel, als er herein trat. Er sah den
Schmerz seines Herrn, und wollte sich still, ehrerbietig zurück-
ziehen. – Ich blickte auf – ich erlag unter der Last meines Kum-
mers, ich mußte ihn mitteilen. »Bendel«, rief ich ihm zu, »Bendel! Du Einziger, der Du meine Leiden siehst und ehrst, sie nicht
erforschen zu wollen, sondern still und fromm mitzufühlen
scheinst, komm zu mir, Bendel, und sei der Nächste meines Herzens. Die Schätze meines Goldes hab' ich vor Dir nicht verschlossen, nicht verschließen will ich vor dir die Schätze meines
Grames – Bendel, verlasse mich nicht. Bendel, Du siehst mich
reich, freigebig, gütig, Du wähnst, es sollte die Welt mich ver-
herrlichen, und Du sieh'st mich die Welt flieh'n, und mich vor
ihr verschließen. Bendel, sie hat gerichtet, die Welt, und mich
verstoßen, und auch Du vielleicht, wirst Dich von mir wenden,
wenn Du mein schreckliches Geheimnis erfährst. Bendel, ich bin
reich, freigebig, gütig, aber – o Gott! – ich habe keinen Schatten!«

»Keinen Schatten?« rief der gute Junge erschreckt aus, und die hellen Tränen stürzten ihm aus den Augen. – »Weh mir, daß ich geboren ward, einem schattenlosen Herrn zu dienen!« Er schwieg, und ich hielt mein Gesicht in meinen Händen.

»Bendel«, setzt' ich spät und zitternd hinzu, »nun hast Du mein Vertrauen, nun kannst Du es verraten. Geh' hin und zeuge wider mich.« – Er schien in schwerem Kampfe mit sich selber, endlich stürzte er vor mir nieder, und ergriff meine Hand, die er mit seinen Tränen benetzte. »Nein«, rief er aus, »was die Welt auch meine, ich kann und werde um Schattenswillen meinen gütigen Herrn nicht verlassen, ich werde recht, und nicht klug handeln, ich werde bei Ihnen bleiben, Ihnen meinen Schatten borgen, Ihnen helfen, wo ich kann, mit Ihnen weinen.« Ich fiel ihm um den Hals, ob solcher ungewohnten Gesinnung staunend; denn ich war von ihm überzeugt, daß er es nicht um Geld tat.

Seitdem änderten sich in etwas mein Schicksal und meine Lebensweise. Es ist unbeschreiblich, wie vorsorglich Bendel mein Gebrechen zu verhehlen wußte. Überall war er vor mir und mit mir, alles vorhersehend, Anstalten treffend, und wo Gefahr unversehens drohte, mich schnell mit seinem Schatten überdeckend, denn er war größer und stärker als ich. So wagt' ich mich wieder unter die Menschen, und begann eine Rolle in der Welt zu spielen. Ich mußte freilich viele Eigenheiten und Laune scheinbar annehmen. Solche stehen aber dem Reichen gut, und so lange die Wahrheit nur verborgen blieb, genoß ich alle der Ehre und Achtung, die meinem Golde zukam. Ich sah ruhiger dem über Jahr und Tag verheißenen Besuch des rätselhaften Unbekannten entgegen.

Ich fühlte sehr wohl, daß ich mich nicht lange an einem Orte aufhalten durfte, wo man mich schon ohne Schatten gesehen, und wo ich leicht verraten werden konnte; auch dacht' ich vielleicht nur allein noch daran, wie ich mich bei Herrn John gezeigt, und es war mir eine drückende Erinnerung, demnach wollt' ich hier bloß Probe halten, um anderswo leichter und zuversichtlicher auftreten zu können – doch fand sich, was mich eine Zeitlang an meine Eitelkeit festhielt: das ist im Menschen, wo der Anker am zuverlässigsten Grund faßt.

Eben die schöne Fanny, der ich am dritten Ort wieder begegnete, schenkte mir, ohne sich zu erinnern, mich jemals gesehen zu haben, einige Aufmerksamkeit, denn jetzt hatt' ich Witz und Verstand. – Wenn ich redete, hörte man zu, und ich wußte selber nicht, wie ich zu der Kunst gekommen war, das Gespräch so leicht zu führen und zu beherrschen. Der Eindruck, den ich auf die Schöne gemacht zu haben einsah, machte aus mir, was sie eben begehrte, einen Narren, und ich folgte ihr seither mit tausend Mühen durch Schatten und Dämmerung, wo ich nur konnte. Ich war nur eitel darauf, sie über mich eitel zu machen, und konnte mir, selbst mit dem besten Willen nicht, den Rausch aus dem Kopf ins Herz zwingen.

Aber wozu die ganz gemeine Geschichte Dir lang und breit wiederholen? – Du selber hast sie mir oft genug von andern Ehrenleuten erzählt. – Zu dem alten wohlbekannten Spiele, worin ich gutmütig eine abgedroschene Rolle übernommen, kam freilich eine ganz eigens gedichtete Katastrophe hinzu, mir und ihr und allen unerwartet.

Da ich an einem schönen Abend nach meiner Gewohnheit eine Gesellschaft in einem erleuchteten Garten versammelt hatte, wandelte ich mit der Herrin Arm in Arm, in einiger Entfernung von den übrigen Gästen, und bemühte mich, ihr Redensarten vorzudrechseln. Sie sah sittig vor sich nieder, und erwiderte leise den Druck meiner Hand; da trat unversehens hinter uns der Mond aus den Wolken hervor – und sie sah nur *ihren* Schatten vor sich hinfallen. Sie fuhr zusammen, und blickte bestürzt mich an, dann wieder auf die Erde, mit dem Auge meinen Schatten begehrend; und was in ihr vorging, malte sich so sonderbar in ihren Mienen, daß ich in ein lautes Gelächter hätte ausbrechen mögen, wenn es mir nicht selber eiskalt über den Rücken gelaufen wäre.

Ich ließ sie aus meinem Arm in eine Ohnmacht sinken, schoß wie ein Pfeil durch die entsetzten Gäste, erreichte die Tür', warf mich in den ersten Wagen, den ich da haltend fand, und fuhr nach der Stadt zurück, wo ich diesmal zu meinem Unheil den vorsichtigen Bendel gelassen hatte. Er erschrak, als er mich sah, *ein* Wort entdeckte ihm alles. Es wurden auf der Stelle Postpferde geholt.

Ich nahm nur einen meiner Leute mit mir, einen abgefeimten Spitzbuben, namens Rascal, der sich mir durch seine Gewandtheit notwendig zu machen gewußt, und der nichts vom heutigen Vorfall ahnen konnte. Ich legte in derselben Nacht noch dreißig Meilen zurück. Bendel blieb hinter mir, mein Haus aufzulösen, Gold zu spenden, und mir das Nötigste nachzubringen. Als er mich am andern Tage einholte, warf ich mich in seine Arme, und schwur ihm, nicht etwa keine Torheit mehr zu begehen, sondern nur künftig vorsichtiger zu sein. Wir setzten unsre Reise ununterbrochen fort, über die Grenze und das Gebirg, und erst am andern Abhang durch das hohe Bollwerk von jenem Unglücksboden getrennt, ließ ich mich bewegen, in einem nah' gelegenen, und wenig besuchten Bad'ort von den überstandenen Mühseligkeiten auszurasten.

IV

Ich werde in meiner Erzählung schnell über eine Zeit hineilen müssen, bei der ich, wie gerne, verweilen würde, wenn ich ihren lebendigen Geist in der Erinnerung herauf zu beschwören vermöchte. Aber die Farbe, die sie belebte, und nur wieder beleben kann, ist in mir verloschen, und wann ich in meiner Brust wieder finden will, was sie damals so mächtig erhob, die Schmerzen und das Glück, den frommen Wahn, – da schlag' ich vergebens an einen Felsen, der keinen lebendigen Quell mehr gewährt, und der Gott ist von mir gewichen. Wie verändert blickt sie mich jetzt an, diese vergangene Zeit! – Ich sollte dort in dem Bade eine heroische Rolle tragieren, schlecht einstudiert, und ein Neuling auf der Bühne, vergafft' ich mich aus dem Stücke heraus in ein paar blaue Augen. Die Eltern, vom Spiele getäuscht, bieten alles auf, den Handel nur schnell fest zu machen, und die gemeine Posse beschließt eine Verhöhnung. Und das ist alles, alles! – Das kommt mir albern und abgeschmackt vor, und schrecklich wiederum, daß so mir vorkommen kann, was damals so reich, so groß, die Brust mir schwellte. Mina, wie ich damals weinte, als ich dich verlor, so wein' ich jetzt, dich auch in mir verloren zu haben. Bin ich denn so alt worden? – o traurige Vernunft! Nur noch ein Pulsschlag jener Zeit, ein Moment jenes Wachens, – aber nein! einsam auf dem hohen öden Meere deiner bittern Flut, und längst aus dem letzten Pokale der Champagner Elfe entsprüht!

Ich hatte Bendel mit einigen Goldsäcken vorausgeschickt, um mir im Städtchen eine Wohnung nach meinen Bedürfnissen einzurichten. Er hatte dort viel Geld ausgestreut, und sich über den vornehmen Fremden, dem er diente, etwas unbestimmt ausgedrückt, denn ich wollte nicht genannt sein, das brachte die guten Leute auf sonderbare Gedanken. Sobald mein Haus zu meinem Empfang bereit war, kam Bendel wieder zu mir, und holte mich dahin ab. Wir machten uns auf die Reise.

Ungefähr eine Stunde vom Orte, auf einem sonnigen Plan, ward uns der Weg durch eine festlich geschmückte Menge versperrt. Der Wagen hielt. Musik, Glockengeläute, Kanonenschüsse wurden gehört, ein lautes Vivat durchdrang die Luft, – vor dem Schlage des Wagens erschien in weißen Kleidern ein Chor Jungfrauen von ausnehmender Schönheit, die aber vor der Einen, wie die Sterne der Nacht vor der Sonne verschwanden. Sie trat aus der Mitte der Schwestern hervor; die hohe zarte Bildung kniete verschämt errötend vor mir nieder, und hielt mir auf seidenem Kissen, einen aus Lorbeer, Ölzweigen und Rosen geflochtenen Kranz entgegen, indem sie von Majestät, Ehrfurcht und Liebe einige Worte sprach, die ich nicht verstand, aber deren zauberischer Silberklang mein Ohr und Herz berauschte, – es war mir, als wäre schon einmal die himmlische Erscheinung an mir vorüber gewallt. Der Chor fiel ein, und sang das Lob eines guten Königes und das Glück seines Volkes.

Und dieser Auftritt, lieber Freund, mitten in der Sonne, – sie kniete noch immer zwei Schritte vor mir, und ich, ohne Schatten, konnte die Kluft nicht überspringen, nicht wieder vor dem Engel auf die Knie fallen. O, was hätt' ich nicht da für einen Schatten gegeben. Ich mußte meine Scham, meine Angst, meine Verzweiflung tief in den Grund meines Wagens verbergen. Bendel besann sich endlich für mich, er sprang von der andern Seite aus dem Wagen heraus, ich rief ihn noch zurück und reichte ihm aus meinem Kästchen, das mir eben zur Hand lag, eine reiche diamantene Krone, die die schöne Fanny hatte zieren sollen. Er trat vor, und sprach im Namen seines Herrn, welcher solche Ehrenbezeugungen nicht annehmen könne noch wolle; es müsse hier ein Irrtum vorwalten, jedoch seien die guten Einwohner der Stadt für ihren guten Willen bedankt. Er nahm indes den dargehaltenen Kranz von seinem Ort, und legte den brillantenen Reif an dessen Stelle; dann reichte er ehrerbietig der schönen Jungfrau die Hand zum Aufstehen, entfernte mit einem Wink Geistlichkeit, Magistratus und alle Deputationen. Niemand ward weiter vorgelassen. Er hieß den Haufen sich teilen und den Pferden Raum geben, schwang sich wieder in den Wagen, und fort ging's weiter in gestrecktem Galopp unter eine aus Laubwerk und Blumen erbaute Pforte hinweg, dem Städtchen zu. – Die Kanonen wurden immer frischweg abgefeuert. – Der Wagen hielt vor meinem Hause; ich sprang behend' in die Tür', die Menge teilend, die die Begierde, mich zu sehen, herbeigerufen hatte. Der Pöbel schrie *Vivat* unter meinem Fenster, und ich ließ doppelte Dukaten daraus regnen; am Abend ward die Stadt freiwillig erleuchtet. –

Und ich wußte immer noch nicht, was das alles bedeuten sollte, und für wen ich angesehen wurde. Ich schickte Rascaln auf Kundschaft aus. Er ließ sich dann erzählen, wesmaßen man bereits sichere Nachrichten gehabt, der gute König von Preußen reise unter dem Namen eines Grafen durch das Land; wie mein Adjutant erkannt worden wäre, und wie er sich und mich verraten habe, wie groß endlich die Freude gewesen, da man die Gewißheit gehabt, mich im Orte selbst zu besitzen. Nun sah man freilich ein, da ich offenbar das strengste Inkognito beobachten wolle, wie sehr man Unrecht gehabt, den Schleier so zudringlich zu lüften. Ich hätte aber so huldreich, so gnadenvoll gezürnt, – ich würde gewiß dem guten Herzen verzeihen müssen.

Meinem Schlingel kam die Sache so spaßhaft vor, daß er mit strafenden Reden sein Möglichstes tat, die guten Leute einstweilen in ihrem Glauben zu bestärken. Er stattete mir einen sehr ko-

mischen Bericht ab, und da er mich dadurch erheitert sah, gab er
mir selbst seine verübte Bosheit zum besten. – Muß ich's beken-
nen? es schmeichelte mir doch, sei es auch nur so, für das verehrte
Haupt angesehen worden zu sein.

Ich hieß zu dem morgenden Abend unter den Bäumen, die den
Raum vor meinem Hause beschatteten, ein Fest bereiten, und die
ganze Stadt dazu einladen. Der geheimnisreichen Kraft meines
Säckels, Bendels Bemühungen und der behenden Erfindbarkeit
Rascals gelang es selbst die Zeit zu besiegen. Es ist wirklich erstaunlich, wie reich und schön sich alles in den wenigen Stunden
anordnete. Die Pracht und der Überfluß, die da sich erzeugten;
auch die sinnreiche Erleuchtung war so weise verteilt, daß ich
mich ganz sicher fühlte. Es blieb mir nichts zu erinnern, ich
mußte meine Diener loben.

Es dunkelte der Abend. Die Gäste erschienen, und wurden
mir vorgestellt. Es ward die Majestät nicht mehr berührt; aber
ich hieß in tiefer Ehrfurcht und Demut: Herr Graf. Was sollt' ich
tun? Ich ließ mir den Grafen gefallen, und blieb von Stund' an der
Graf Peter. Mitten im festlichen Gewühle begehrte meine Seele
nur nach der Einen. Spät erschien sie; sie, die die Krone war und
trug. Sie folgte sittsam ihren Eltern, und schien nicht zu wissen,
daß sie die Schönste sei. Es wurden mir der Herr Forstmeister,
seine Frau und seine Tochter vorgestellt. Ich wußte den Alten
viel Angenehmes und Verbindliches zu sagen; vor der Tochter
stand ich wie ein ausgescholtener Knabe da, und vermochte kein
Wort hervor zu lallen. Ich bat sie endlich stammelnd, dies Fest zu
würdigen, das Amt, deren Zeichen sie schmückte, darin zu verwalten. Sie bat verschämt mit einem rührenden Blick um Schonung; aber verschämter vor ihr, als sie selbst, bracht ich ihr als erster Untertan meine Huldigung in steifer Ehrfurcht, und der
Wink des Grafen ward allen Gästen ein Gebot, dem nachzuleben
sich jeder freudig beeiferte. Majestät, Unschuld und Grazie be-
herrschten, mit der Schönheit im Bund, ein frohes Fest. Die
glücklichen Eltern Minas glaubten ihnen nur zur Ehren ihr Kind
erhöht, ich selber war in einem unbeschreiblichen Rausch. Ich
ließ alles, was ich noch von den Juwelen hatte, die ich damals, um

beschwerliches Gold los zu werden, gekauft, alle Perlen, alles Edelgestein in zwei verdeckte Schüsseln legen, und bei Tische unter dem Namen der Königin, ihren Gespielinnen und allen Damen herumreichen; Gold ward indessen ununterbrochen über die gezogenen Schranken unter das jubelnde Volk geworfen.

Bendel am andern Morgen eröffnete mir im Vertrauen, der Verdacht, den er längst gegen Rascals Redlichkeit gehegt, sei nunmehr zur Gewißheit worden. Er habe gestern ganze Säcke Goldes unterschlagen. »Lasset uns«, erwidert' ich, »dem armen Schelmen die kleine Beute gönnen, ich spende gern allen, warum nicht auch ihm? Gestern hat er mir, haben mir alle neuen Leute, die du mir gegeben, redlich gedient, sie haben mir froh ein frohes Fest begehen helfen.« –

Es war nicht weiter die Rede davon. Rascal blieb der erste meiner Dienerschaft, Bendel war aber mein Freund und mein Vertrauter. Dieser war gewohnt worden, meinen Reichtum als unerschöpflich zu denken, und er spähte nicht nach dessen Quellen. – Er half mir vielmehr, in meinen Sinn eingehend, Gelegenheiten ersinnen, ihn darzutun und Gold zu vergeuden. Von jenem Unbekannten, dem blassen Schleicher, wußt' er nur so viel: Ich dürfe allein durch ihn von dem Fluche erlöst werden, der auf mir lastete, und fürchte ihn, auf dem meine einzige Hoffnung ruhte. Übrigens sei ich davon überzeugt, er könne mich überall auffinden, ich ihn nirgends, darum ich, den versprochenen Tag erwartend, jede vergebliche Nachsuchung eingestellt.

Die Pracht meines Festes und mein Benehmen dabei, erhielten anfangs die starkgläubigen Einwohner der Stadt bei ihrer vorgefaßten Meinung. Es ergab sich freilich sehr bald aus den Zeitungen, daß die ganze fabelhafte Reise des Königs von Preußen ein bloßes ungegründetes Gerücht gewesen. Ein König war ich aber nun einmal, und mußte schlechterdings ein König bleiben, und zwar einer der reichsten und königlichsten, die es immer geben mag. Nur wußte man nicht recht, welcher. Die Welt hat nie Grund gehabt, über Mangel an Monarchen zu klagen, am wenigsten in unsern Tagen; die guten Leute, die noch keinen mit Au-

gen gesehen, rieten mit gleichem Glück bald auf diesen, bald auf
jenen – Graf Peter blieb immer der er war. –

Einst erschien unter den Badegästen ein Handelsmann, der
Bankerott gemacht hatte, um sich zu bereichern; der allgemeine
Achtung genoß, und einen breiten, obgleich etwas blassen Schatten von sich warf. Er wollte hier das Vermögen, das er gesammelt, zum Prunk ausstellen, und es fiel sogar ihm ein, mit mir
wetteifern zu wollen. Ich sprach meinem Säckel zu, und hatte
sehr bald den armen Teufel so weit, daß er, um sein Ansehen zu
retten, abermals Bankerott machen mußte und über das Gebirg
ziehen. So ward ich ihn los. – Ich habe in dieser Gegend viele
Taugenichtse und Müßiggänger gemacht!

Bei der königlichen Pracht und Verschwendung, womit ich
mir alles unterwarf, lebt' ich in meinem Hause sehr einfach und
eingezogen. Ich hatte mir die größte Vorsicht zur Regel gemacht,
es durfte, unter keinem Vorwand, kein anderer, als Bendel, die
Zimmer, die ich bewohnte, betreten. So lange die Sonne schien,
hielt' ich mich mit ihm darin verschlossen, und es hieß: der Graf
arbeite in seinem Kabinet. Mit diesen Arbeiten standen die häufigen Kuriere in Verbindung, die ich um jede Kleinigkeit ab-
schickte und erhielt. – Ich nahm nur am Abend unter meinen
Bäumen, oder in meinem, nach Bendels Angabe geschickt und
reich erleuchteten Saale Gesellschaft an. Wann ich ausging, wobei mich stets Bendel mit Argusaugen bewachen mußte, so war
es nur nach dem Förstergarten, und um des Einen willen; denn
meines Lebens innerlichstes Herz war meine Liebe.

O mein guter Chamisso, ich will hoffen, du habest noch nicht
vergessen, was Liebe sei! Ich lasse Dir hier vieles zu ergänzen.
Mina war wirklich ein liebewertes, gutes, frommes Kind. Ich
hatte ihre ganze Phantasie an mich gefesselt, sie wußte in ihrer
Demut nicht, womit sie wert gewesen, daß ich nur nach ihr ge-
blickt; und sie vergalt Liebe um Liebe mit der vollen jugendlichen Kraft eines unschuldigen Herzens. Sie liebte wie ein Weib,
ganz hin sich opfernd; selbst vergessen, hingegeben den nur mei-
nend, der ihr Leben war; unbekümmert, solle sie selbst zu
Grunde gehen, das heißt, sie liebte wirklich. –

Ich aber – o welche schreckliche Stunden – – schrecklich! und würdig dennoch, daß ich sie zurückwünsche, hab' ich oft an Bendels Brust verweint, als nach dem ersten bewußtlosen Rausch ich mich besonnen, mich selbst scharf angeschaut, der ich ohne Schatten mit tückischer Selbstsucht, diesen Engel verderbend, die reine Seele an mich gelogen und gestohlen! Dann beschloß ich, mich ihr selber zu verraten; dann gelobt' ich mit teuren Eidschwüren, mich von ihr zu reißen und zu entfliehen; dann brach ich wieder in Tränen aus, und verabredete mit Bendeln, wie ich sie auf dem Abend im Förstergarten besuchen wolle. –

Zu andern Zeiten log ich mir selber vom nahe bevorstehenden Besuch des grauen Unbekannten große Hoffnungen vor, und weinte wieder, wann ich daran zu glauben vergebens versucht hatte. Ich hatte den Tag ausgerechnet, wo ich den Furchtbaren wieder zu sehen erwartete; denn er hatte gesagt, in Jahr und Tag, und ich glaubte an sein Wort.

Die Eltern waren gute, ehrbare, alte Leute, die ihr einziges Kind sehr liebten, das ganze Verhältnis überraschte sie, als es schon bestand, und sie wußten nicht, was sie dabei tun sollten. Sie hatten früher nicht geträumt, der Graf Peter könne nur an ihr Kind denken, nun liebte er sie gar, und ward wieder geliebt. – Die Mutter war wohl eitel genug, an die Möglichkeit einer Verbindung zu denken, und darauf hinzuarbeiten, der gesunde Menschenverstand des Alten gab solchen überspannten Vorstellungen nicht Raum. Beide waren überzeugt von der Reinheit meiner Liebe – sie konnten nichts tun, als für ihr Kind beten.

Es fällt mir ein Brief in die Hand, den ich noch aus dieser Zeit von Mina habe. – Ja, das sind ihre Züge, ich will Dir ihn abschreiben.

»Bin ein schwaches, törichtes Mädchen, könnte mir einbilden, daß mein Geliebter, weil ich ihn innig, innig liebe, dem armen Mädchen nicht weh tun möchte. – Ach, Du bist so gut, so unaussprechlich gut; aber mißbrauche mich nicht. Du sollst mir nichts opfern, mir nichts opfern wollen; o Gott! ich könnte mich hassen, wenn Du das tätest. Nein – Du hast mich unendlich glücklich gemacht, Du hast mich Dich lieben gelehrt. Zeuch hin! –

Weiß doch mein Schicksal, Graf Peter gehört nicht mir, gehört der Welt an. Will stolz sein, wenn ich höre: das ist er gewesen, und das war er wieder, und das hat er vollbracht; da haben sie ihn angebetet, und da haben sie ihn vergöttert. Siehe, wenn ich das denke, zürne ich Dir, daß Du bei einem einfältigen Kinde Deiner hohen Schicksale vergessen kannst. – Zeuch hin, sonst macht der Gedanke mich noch unglücklich, die ich, ach! durch Dich so glücklich, so selig bin. – Hab' ich nicht auch einen Ölzweig und eine Rosenknospe in Dein Leben geflochten, wie in den Kranz, den ich Dir überreichen durfte? Habe Dich im Herzen, mein Geliebter, fürchte nicht, von mir zu gehen – werde sterben ach so selig, so unaussprechlich selig durch Dich.« –

Du kannst Dir denken, wie mir die Worte durch's Herz schneiden mußten. Ich erklärte ihr, ich sei nicht das, wofür man mich anzusehen schien; ich sei nur ein reicher, aber unendlich elender Mann. Auf mir ruhe ein Fluch, der das einzige Geheimnis zwischen ihr und mir sein solle, weil ich nicht noch ohne Hoffnung sei, daß er gelöst werde. Dies sei das Gift meiner Tage; daß ich sie mit in den Abgrund hinreißen könne, sie, die das einzige Licht, das einzige Glück, das einzige Herz meines Lebens sei. Dann weinte sie wieder, daß ich unglücklich war, ach, sie war so liebevoll, so gut. Um Eine Träne nur mir zu erkaufen, hatte sie, mit welcher Seligkeit, sich selbst ganz hingeopfert.

Sie war indes weit entfernt, meine Worte richtig zu deuten, sie ahnete nun in mir irgendeinen Fürsten, den ein schwerer Bann getroffen, irgendein hohes, geächtetes Haupt, und ihre Einbildungskraft malte sich geschäftig, unter heroischen Bildern den Geliebten herrlich aus.

Einst sagte ich ihr: »Mina, der letzte Tag im künftigen Monat kann mein Schicksal ändern und entscheiden – geschieht es nicht, so muß ich sterben, weil ich Dich nicht unglücklich machen will.« – Sie verbarg weinend ihr Haupt an meiner Brust. »Ändert sich Dein Schicksal, laß mich nur Dich glücklich wissen, ich habe keinen Anspruch an Dich – Bist Du elend, binde mich an Dein Elend, daß ich es Dir tragen helfe.«

»Mädchen, Mädchen, nimm es zurück, das rasche Wort, das

törichte, das Deinen Lippen entflohen – und kenn'st Du es, dieses Elend, kenn'st Du ihn, diesen Fluch? Weißt Du, wer Dein Geliebter – – – was er –? – Siehst Du mich nicht krampfhaft zusammenschaudern, und vor Dir ein Geheimnis haben?« Sie fiel schluchzend mir zu Füßen, und wiederholte mit Eidschwur ihre Bitte.

Ich erklärte mich gegen den hereintretenden Forstmeister, meine Absicht sei, am ersten des nächstkünftigen Monats um die Hand seiner Tochter anzuhalten – ich setzte diese Zeit fest, weil sich bis dahin manches ereignen dürfte, was Einfluß auf mein Schicksal haben könnte. Unwandelbar sei nur meine Liebe zu seiner Tochter.

Der gute Mann erschrak ordentlich, als er solche Worte aus dem Munde des Grafen Peter vernahm. Er fiel mir um den Hals, und ward wieder ganz verschämt, sich vergessen zu haben. Nun fiel es ihm ein, zu zweifeln, zu erwägen und zu forschen; er sprach von Mitgift, von Sicherheit, Zukunft für sein liebes Kind. – Ich dankte ihm, mich daran zu mahnen. Ich sagte ihm, ich wünsche in dieser Gegend, wo ich geliebt zu sein schien, mich anzusiedeln, und ein sorgenfreies Leben zu führen. Ich bat ihn, die schönsten Güter, die im Lande ausgeboten wurden, unter dem Namen seiner Tochter zu kaufen, und die Bezahlung auf mich anzuweisen. Es könne darin ein Vater dem Liebenden am besten dienen. – Es gab ihm viel zu tun, denn überall war ihm ein Fremder zuvorgekommen; er kaufte auch nur für ungefähr eine Million.

Daß ich ihn damit beschäftigte, war im Grunde eine unschuldige List, um ihn zu entfernen, und ich hatte schon ähnliche mit ihm gebraucht, denn ich muß gestehen, daß er etwas lästig war. Die gute Mutter war dagegen etwas taub, und nicht, wie er, auf die Ehre eifersüchtig, den Herrn Grafen zu unterhalten.

Die Mutter kam hinzu, die glücklichen Leute drangen in mich, den Abend länger unter ihnen zu bleiben; ich durfte keine Minute weilen: ich sah schon den aufgehenden Mond am Horizonte dämmern. – Meine Zeit war um. –

Am nächsten Abend ging ich wieder nach dem Förstergarten.

Ich hatte den Mantel weit über die Schulter geworfen, den Hut tief in die Augen gedrückt, ich ging auf Mina zu; wie sie aufsah, und mich anblickte, machte sie eine unwillkürliche Bewegung; da stand mir wieder klar vor der Seele die Erscheinung jener schaurigen Nacht, wo ich mich im Mondschein ohne Schatten gezeigt. Sie war es wirklich. Hatte sie mich aber auch jetzt erkannt? Sie war still und gedankenvoll – mir lag es zentnerschwer auf der Brust – Ich stand von meinem Sitz auf. Sie warf sich stille weinend an meine Brust. Ich ging.

Nun fand ich sie öfters in Tränen; mir ward's finster und finsterer um die Seele, – nur die Eltern schwammen in unüberschwenglicher Glückseligkeit; der verhängnisvolle Tag rückte heran, bang und dumpf, wie eine Gewitterwolke. Der Vorabend war da – ich konnte kaum mehr atmen. Ich hatte vorsorglich einige Kisten mit Gold angefüllt, ich wachte die zwölfte Stunde heran. – Sie schlug.

Nun saß ich da, das Auge auf die Zeiger der Uhr gerichtet, die Sekunden, die Minuten zählend, wie Dolchstiche. Bei jedem Lärm, der sich regte, fuhr ich auf, der Tag brach an. Die bleiernen Stunden verdrängten einander, es ward Mittag, Abend, Nacht; es rückten die Zeiger, welkte die Hoffnung; es schlug eilf, und nichts erschien; die letzten Minuten der letzten Stunde fielen, und nichts erschien, es schlug der erste Schlag, der letzte Schlag der zwölften Stunde, und ich sank hoffnungslos in unendlichen Tränen auf mein Lager zurück. Morgen sollt' ich – auf immer schattenlos, um die Hand der Geliebten anhalten; ein banger Schlaf drückte mir gegen den Morgen die Augen zu.

V

Es war noch früh, als mich Stimmen weckten, die sich in meinem Vorzimmer, in heftigem Wortwechsel erhoben. Ich horchte auf. – Bendel verbot meine Tür; Rascal schwur hoch und teuer, keine Befehle von seinesgleichen anzunehmen, und bestand darauf, in meine Zimmer einzudringen. Der gütige Bendel verwies ihm, daß solche Worte, falls sie zu meinen Ohren kämen, ihn um einen vorteilhaften Dienst bringen würden. Rascal drohte Hand an ihn zu legen, wenn er ihm den Eingang noch länger vertreten wollte. –

Ich hatte mich halb angezogen, ich riß zornig die Tür auf, und fuhr auf Rascaln zu – »Was willst Du Schurke – –«, er trat zwei Schritte zurück, und antwortete ganz kalt: »Sie untertänigst bitten, Herr Graf, mir doch einmal Ihren Schatten sehen zu lassen, – die Sonne scheint eben so schön auf dem Hofe.«

Ich war wie vom Donner gerührt. Es dauerte lange, bis ich die Sprache wieder fand. – »Wie kann ein Knecht gegen seinen Herrn –?« Er fiel mir ganz ruhig in die Rede: »Ein Knecht kann ein sehr ehrlicher Mann sein und einem Schattenlosen nicht dienen wollen, ich fordre meine Entlassung.« Ich mußte andre Saiten aufziehen. »Aber Rascal, lieber Rascal, wer hat Dich auf die unglückliche Idee gebracht, wie kannst Du denken – –?« er fuhr im selben Tone fort: »Es wollen Leute behaupten, Sie hätten keinen Schatten – und kurz, Sie zeigen mir Ihren Schatten, oder geben mir meine Entlassung.«

Bendel, bleich und zitternd, aber besonnener als ich, machte mir ein Zeichen, ich nahm zu dem alles beschwichtigenden Golde meine Zuflucht, – auch das hatte seine Macht verloren – er warf's mir vor die Füße; »von einem Schattenlosen nehme ich nichts an.« Er kehrte mir den Rücken und ging, den Hut auf dem Kopf, ein Liedchen pfeifend, langsam aus dem Zimmer. Ich stand mit Bendel da wie versteint, gedanken- und regungslos ihm nachsehend.

Schwer aufseufzend, und den Tod im Herzen, schickt' ich mich endlich an, mein Wort zu lösen, und, wie ein Verbrecher vor seinen Richtern, in dem Förstergarten zu erscheinen. Ich stieg in der dunklen Laube ab, welche nach mir benannt war, und wo sie mich auch diesmal erwarten mußten. Die Mutter kam mir sorgenfrei und freudig entgegen. Mina saß da, bleich und schön, wie der erste Schnee, der manchmal im Herbste die letzten Blumen küßt, und gleich in bitt'res Wasser zerfließen wird. Der Forstmeister, ein geschriebenes Blatt in der Hand, ging heftig auf

und ab, und schien vieles in sich zu unterdrücken, was mit fliegender Röte und Blässe wechselnd, sich auf seinem sonst unbeweglichen Gesichte malte. Er kam auf mich zu, als ich hereintrat,
und verlangte mit oft unterbrochenen Worten, mich allein zu
sprechen. Der Gang, auf den er mich, ihm zu folgen, einlud,
führte nach einem freien, besonnten Teile des Gartens – ich ließ
mich stumm auf einen Sitz nieder, und es erfolgte ein langes
Schweigen, das selbst die gute Mutter nicht zu unterbrechen
wagte.

Der Forstmeister stürmte immer noch ungleichen Schrittes die
Laube auf und ab, er stand mit einem Mal vor mir still, blickte ins
Papier, das er hielt, und fragte mich mit prüfendem Blick: »Sollte
Ihnen, Herr Graf, ein gewisser Peter Schlemihl wirklich nicht
unbekannt sein?« Ich schwieg – »ein Mann von vorzüglichem
Charakter und von besonderen Gaben.« Er erwartete eine Antwort. – »Und wenn ich selber der Mann wäre?« – »dem«, fügte er
heftig hinzu, »sein Schatten abhanden gekommen ist!« – »O
meine Ahnung, meine Ahnung«, rief Mina aus, »ja, ich weiß es
längst, er hat keinen Schatten!« und sie warf sich in die Arme der
Mutter, welche erschreckt, sie krampfhaft an sich schließend, ihr
Vorwürfe machte, daß sie zum Unheil solch ein Geheimnis in
sich verschlossen. Sie aber war, wie Arethusa, in einen Tränenquell gewandelt, der beim Klang meiner Stimme häufiger floß,
und bei meinem Nahen stürmisch aufbrauste.

»Und Sie haben«, hub der Forstmeister grimmig wieder an,
»und Sie haben mit unerhörter Frechheit diese und mich zu betrügen keinen Anstand genommen; und Sie gaben vor, sie zu lieben, die Sie so weit herunter gebracht haben, sehen Sie, wie sie da
weint und ringt. O schrecklich! schrecklich!«

Ich hatte dergestalt alle Besinnung verloren, daß ich, wie irre
redend, anfing: Es wäre doch am Ende ein Schatten, nichts als ein
Schatten, man könne auch ohne das fertig werden, und es wäre
nicht der Mühe wert, solchen Lärm davon zu erheben. Aber ich
fühlte so sehr den Ungrund von dem, was ich sprach, daß ich von
selbst aufhörte, ohne daß er mich einer Antwort gewürdigt. Ich
fügte noch hinzu: was man einmal verloren, könne man ein andermal wieder finden.

Er fuhr mich zornig an. – »Gestehen Sie mir's, mein Herr, gestehen Sie mir's, wie sind Sie um Ihren Schatten gekommen?« Ich mußte wieder lügen: »Es trat mir dereinst ein ungeschlachter Mann so flämisch in meinen Schatten, daß er ein großes Loch darein riß – ich habe ihn nur zum Ausbessern gegeben, denn Gold vermag viel, ich habe ihn schon gestern wieder bekommen sollen.«

»Wohl, mein Herr, ganz wohl!« erwiderte der Forstmeister, »Sie werben um meine Tochter, das tun auch andere, ich habe als ein Vater für sie zu sorgen, ich gebe Ihnen drei Tage Frist, binnen welcher Sie sich nach einem Schatten umtun mögen; erscheinen Sie binnen drei Tage vor mir mit einem wohlangepaßten Schatten, so sollen Sie mir willkommen sein; am vierten Tage aber – das sag' ich Ihnen, – ist meine Tochter die Frau eines andern.« Ich wollte noch versuchen, ein Wort an Mina zu richten, aber sie schloß sich, heftiger schluchzend, fester an ihre Mutter, und diese winkte mir stillschweigend, mich zu entfernen. Ich schwankte hinweg, und mir war's, als schlösse sich hinter mir die Welt zu.

Der liebevollen Aufsicht Bendels entsprungen, durchschweifte ich in irrem Lauf Wälder und Fluren. Angstschweiß troff von meiner Stirne, ein dumpfes Stöhnen entrang sich meiner Brust, in mir tobte Wahnsinn. –

Ich weiß nicht, wie lange es so gedauert haben mochte, als ich mich auf einer sonnigen Heide beim Ärmel anhalten fühlte. – Ich stand still und sah mich um – – es war der Mann im grauen Rock, der sich nach mir außer Atem gelaufen zu haben schien. Er nahm sogleich das Wort:

»Ich hatte mich auf dem heutigen Tage angemeldet, Sie haben die Zeit nicht erwarten können. Es steht aber alles noch gut, Sie nehmen Rat an, tauschen Ihren Schatten wieder ein, der Ihnen zu Gebote steht, und kehren sogleich wieder um. Sie sollen in dem Förstergarten willkommen sein, und alles ist nur ein Scherz gewesen; den Rascal, der Sie verraten hat, und um Ihre Braut wirbt, nehm' ich auf mich, der Kerl ist reif.«

Ich stand noch wie im Schlafe da. »Auf den heutigen Tag angemeldet –?« Ich überdachte noch einmal die Zeit – er hatte Recht, ich hatte mich stets um einen Tag verrechnet. Ich suchte mit der rechten Hand nach dem Säckel auf meiner Brust, – er erriet meine Meinung, und trat zwei Schritte zurück.

»Nein, Herr Graf, der ist in zu guten Händen, den behalten Sie.« Ich sah ihn mit stieren Augen, verwundert fragend an, er fuhr fort: »Ich erbitte mir bloß eine Kleinigkeit zum Andenken: Sie sind nur so gut, und unterschreiben mir den Zettel da.« – Auf dem Pergament standen die Worte:

»Kraft dieser meiner Unterschrift vermache ich dem Inhaber dieses meine Seele nach ihrer natürlichen Trennung von meinem Leibe.«

Ich sah mit stummen Staunen die Schrift und den grauen Unbekannten abwechselnd an. – Er hatte unterdessen mit einer neu geschnittenen Feder einen Tropfen Bluts aufgefangen, der mir aus einem frischen Dornenriß auf die Hand floß, und hielt sie mir hin.

»Wer sind Sie denn?« frug ich ihn endlich: »was tut's«, gab er mir zur Antwort, »und sieht man es mir nicht an? ein armer Teufel, gleichsam so eine Art von Gelehrten und Physikus, der von seinen Freunden für vortreffliche Künste schlechten Dank erntet, und für sich selber auf Erden keinen andern Spaß hat, als sein bißchen Experimentieren – aber unterschreiben Sie doch. Rechts, da unten. Peter Schlemihl.«

Ich schüttelte mit dem Kopf, und sagte: »Verzeihen Sie, mein Herr, das unterschreibe ich nicht.« – »Nicht!« wiederholte er verwundert, »und warum nicht?«

»Es scheint mir doch gewissermaßen bedenklich, meine Seele an meinen Schatten zu setzen.« – »So, so!« wiederholte er, »bedenklich«, und er brach in ein lautes Gelächter gegen mich aus. »Und wenn ich fragen darf, was ist denn das für ein Ding, Ihre Seele? haben Sie es je gesehen, und was denken Sie damit anzufangen, wenn Sie einst tot sind. Seien Sie doch froh, einen Liebhaber zu finden, der Ihnen bei Lebenszeit noch, den Nachlaß dieses X., dieser galvanischen Kraft oder polarisierenden Wirksamkeit, und was alles das närrische Ding sein soll, mit etwas

Wirklichem bezahlen will, nämlich mit Ihrem leibhaftigen Schatten, durch den Sie zu der Hand Ihrer Geliebten und zu der Erfüllung aller Ihrer Wünsche gelangen können. Wollen Sie lieber selbst das arme junge Blut dem niederträchtigen Schurken, dem Rascal zustoßen und ausliefern? – Nein, das müssen Sie doch mit eigenen Augen ansehen; kommen Sie, ich leihe Ihnen die Tarnkappe hier«, (er zog etwas aus der Tasche) »und wir wallfahrten ungesehen nach dem Förstergarten.«

Ich muß gestehen, daß ich mich überaus schämte, von diesem Manne ausgelacht zu werden. Er war mir von Herzensgrunde verhaßt, und ich glaube, daß mich dieser persönliche Widerwille mehr als Grundsätze oder Vorurteile abhielt, meinen Schatten, so notwendig er mir auch war, mit der begehrten Unterschrift zu erkaufen. Auch war mir der Gedanke unerträglich, den Gang, den er mir antrug, in seiner Gesellschaft zu unternehmen. Diesen häßlichen Schleicher, diesen hohnlächelnden Kobold, zwischen mich und meine Geliebte, zwei blutig zerrissene Herzen, spöttisch hintreten zu sehen, empörte mein innigstes Gefühl. Ich nahm, was geschehen war, als verhängt an, mein Elend als unabwendbar, und mich zu dem Manne kehrend, sagte ich ihm:

»Mein Herr, ich habe Ihnen meinen Schatten für diesen, an sich sehr vorzüglichen Säckel verkauft, und es hat mich genug gereut. Kann der Handel zurückgehen, in Gottes Namen!« Er schüttelte mit dem Kopf und zog ein sehr finsteres Gesicht. Ich fuhr fort: – »So will ich Ihnen auch weiter nichts von meiner Habe verkaufen, sei es auch um den angebotenen Preis meines Schattens, und unterschreibe also nichts. Daraus läßt sich auch abnehmen, daß die Verkappung, zu der Sie mich einladen, ungleich belustigender für Sie als für mich ausfallen müßte; halten Sie mich also für entschuldigt, und da es einmal nicht anders ist, – laßt uns scheiden!«

»Es ist mir leid, Monsieur Schlemihl, daß Sie eigensinnig das Geschäft von der Hand weisen, das ich Ihnen freundschaftlich anbot. Indessen, vielleicht bin ich ein andermal glücklicher. Auf baldiges Wiedersehen! – A propos, erlauben Sie mir noch, Ihnen zu zeigen, daß ich die Sachen, die ich kaufe, keineswegs verschimmeln lasse, sondern in Ehren halte, und daß sie bei mir gut aufgehoben sind.«

Er zog sogleich meinen Schatten aus seiner Tasche, und ihn mit einem geschickten Wurf auf der Heide entfaltend, breitete er ihn auf der Sonnenseite zu seinen Füßen aus, so daß er zwischen den beiden ihm aufwartenden Schatten, dem meinen und dem seinen, daher ging, denn meiner mußte ihm gleichfalls gehorchen und nach allen seinen Bewegungen sich richten und bequemen.

Als ich nach so langer Zeit einmal meinen armen Schatten wieder sah, und ihn zu solchem schnöden Dienst herabgewürdigt fand, eben als ich um seinetwillen in so namenloser Not war, da brach mir das Herz, und ich fing bitterlich zu weinen an. Der Verhaßte stolzierte mit dem mir abgejagten Raub, und erneuerte unverschämt seinen Antrag:

»Noch ist er für Sie zu haben, ein Federzug, und Sie retten damit die arme unglückliche Mina aus des Schuftes Klauen in des hochgeehrten Grafen Arme – wie gesagt, nur ein Federzug.« Meine Tränen brachen mit erneuter Kraft hervor, aber ich wandte mich weg, und winkte ihm, sich zu entfernen.

Bendel, der voller Sorgen meine Spuren bis hieher verfolgt hatte, traf in diesem Augenblick ein. Als mich die treue fromme Seele weinend fand, und meinen Schatten, denn er war nicht zu verkennen, in der Gewalt des wunderlichen grauen Unbekannten sah, beschloß er gleich, sei es auch mit Gewalt, mich in den Besitz meines Eigentums wieder herzustellen, und da er selbst mit dem zarten Dinge nicht umzugehen verstand, griff er gleich den Mann mit Worten an, und ohne vieles Fragen, gebot er ihm stracks, mir das Meine unverzüglich verabfolgen zu lassen. Dieser, statt aller Antwort, kehrte dem unschuldigen Burschen den Rücken und ging. Bendel aber erhob den Kreuzdornknüttel, den er trug, und, ihm auf den Fersen folgend, ließ er ihn schonungslos unter wiederholtem Befehl, den Schatten herzugeben, die volle Kraft seines nervigten Armes fühlen. Jener, als sei er solcher Behandlung gewohnt, bückte den Kopf, wölbte die Schultern, und zog stillschweigend ruhigen Schrittes seinen Weg über die Heide weiter, mir meinen Schatten zugleich und meinen treuen

Diener entführend. Ich hörte lange noch den dumpfen Schall durch die Einöde dröhnen, bis er sich endlich in der Entfernung verlor. Einsam war ich wie vorher mit meinem Unglück.

VI

Allein zurückgeblieben auf der öden Heide, ließ ich unendlichen Tränen freien Lauf, mein armes Herz von namenloser banger Last erleichternd. Aber ich sah meinem unüberschwenglichen Elend keine Grenzen, keinen Ausgang, kein Ziel, und ich sog besonders mit grimmigem Durst an dem neuen Gifte, das der Unbekannte in meine Wunden gegossen. Als ich Minas Bild vor meine Seele rief, und die geliebte, süße Gestalt bleich und in Tränen mir erschien, wie ich sie zuletzt in meiner Schmach gesehen, da trat frech und höhnend Rascals Schemen zwischen sie und mich, ich verhüllte mein Gesicht, und floh durch die Einöde, aber die scheußliche Erscheinung gab mich nicht frei, sondern verfolgte mich im Laufe, bis ich atemlos an den Boden sank, und die Erde mit erneuertem Tränenquell befeuchtete.

Und alles um einen Schatten! und diesen Schatten hätte mir ein Federzug wieder erworben. Ich überdachte den befremdenden Antrag und meine Weigerung. Es war wüst' in mir, ich hatte weder Urteil noch Fassungsvermögen mehr.

Der Tag verging. Ich stillte meinen Hunger mit wilden Früchten, meinen Durst im nächsten Bergstrom; die Nacht brach ein, ich lagerte mich unter einem Baum. Der feuchte Morgen weckte mich aus einem schweren Schlaf, in dem ich mich selber wie im Tode röcheln hörte. Bendel mußte meine Spur verloren haben, und es freute mich, es zu denken. Ich wollte nicht unter die Menschen zurückkehren, vor welchen ich schreckhaft floh, wie das scheue Wild des Gebirges. So verlebte ich drei bange Tage.

Ich befand mich am Morgen des vierten auf einer sandigen Ebene, welche die Sonne beschien, und saß auf Felsentrümmern in ihrem Strahl, denn ich liebte jetzt ihren lang' entbehrten Anblick zu genießen. Ich nährte still mein Herz mit seiner Ver-

zweiflung. Da schreckte mich ein leises Geräusch auf, ich warf,
zur Flucht bereit, den Blick um mich her, ich sah niemand: aber
es kam auf dem sonnigen Sande an mir vorbei geglitten ein Men-
schenschatten, dem meinigen nicht unähnlich, welcher, allein daher wandelnd, von seinem Herrn abgekommen zu sein schien.

Da erwachte in mir ein mächtiger Trieb: Schatten, dacht' ich,
suchst du deinen Herrn? Der will ich sein. Und ich sprang hinzu,
mich seiner zu bemächtigen; ich dachte nämlich, daß, wenn es
mir glückte, in seine Spur zu treten, so, daß er mir an die Füße
käme, er wohl daran hängen bleiben würde, und sich mit der Zeit
an mich gewöhnen.

Der Schatten, auf meine Bewegung, nahm vor mir die Flucht,
und ich mußte auf den leichten Flüchtling eine angestrengte Jagd
beginnen, zu der mich allein der Gedanke, mich aus der furchtbaren Lage, in der ich war, zu retten, mit hinreichenden Kräften
ausrüsten konnte. Er floh einem freilich noch entfernten Walde
zu, in dessen Schatten ich ihn notwendig hätte verlieren müssen,
– ich sah's, ein Schreck durchzuckte mir das Herz, fachte meine
Begierde an, beflügelte meinen Lauf – ich gewann sichtbarlich
auf den Schatten, ich kam ihm nach und nach näher, ich mußte
ihn erreichen. Nun hielt er plötzlich an, und kehrte sich nach mir
um. Wie der Löwe auf seine Beute, so schoß ich mit einem gewaltigen Sprunge hinzu, um ihn in Besitz zu nehmen – und traf unerwartet und hart auf körperlichen Widerstand. Es wurden mir unsichtbar die unerhörtesten Rippenstöße erteilt, die wohl je ein
Mensch gefühlt hat.

Die Wirkung des Schreckens war in mir, die Arme krampfhaft
zuzuschlagen und fest zu drücken, was ungesehen vor mir stand.
Ich stürzte in der schnellen Handlung vorwärts gestreckt auf den
Boden: rückwärts aber unter mir ein Mensch, den ich umfaßt
hielt, und der jetzt erst sichtbar erschien.

Nun ward mir auch das ganze Ereignis sehr natürlich erklär-
bar. Der Mann mußte das unsichtbare Vogelnest, welches den,
der es hält, nicht aber seinen Schatten, unsichtbar macht, erst getragen und jetzt weggeworfen haben. Ich spähete mit dem Blick
umher, entdeckte gar bald den Schatten des unsichtbaren Nestes

selbst, sprang auf und hinzu, und verfehlte nicht den teuern Raub. Ich hielt unsichtbar, schattenlos das Nest in Händen.

Der schnell sich aufrichtende Mann, sich sogleich nach seinem beglückten Bezwinger umsehend, erblickte auf der weiten sonnigen Ebene weder ihn noch dessen Schatten, nach dem er besonders ängstlich umherlauschte. Denn daß ich an und für mich schattenlos war, hatte er vorher nicht Muße gehabt zu bemerken, und konnte es nicht vermuten. Als er sich überzeugt', daß jede Spur verschwunden, kehrte er in der höchsten Verzweiflung die Hand gegen sich selber und raufte sich das Haar aus. Mir aber gab der errungene Schatz die Möglichkeit und die Begierde zugleich, mich wieder unter die Menschen zu mischen. Es fehlte mir nicht an Vorwand gegen mich selber, meinen schnöden Raub zu beschönigen, oder vielmehr, ich bedurfte solcher nicht, und jedem Gedanken der Art zu entweichen, eilte ich hinweg, nach dem Unglücklichen nicht zurückschauend, dessen ängstliche Stimme ich mir noch lange nachschallen hörte. So wenigstens kamen mir damals alle Umstände dieses Ereignisses vor.

Ich brannte nach dem Förstergarten zu gehen, und durch mich selbst die Wahrheit dessen zu erkennen, was mir jener Verhaßte verkündigt hatte; ich wußte aber nicht, wo ich war, ich bestieg, um mich in der Gegend um zu schauen, den nächsten Hügel, ich sah von seinem Gipfel das nahe Städtchen und den Förstergarten zu meinen Füßen liegen. – Heftig klopfte mir das Herz, und Tränen einer andern Art, als die ich bis dahin vergossen, traten mir in die Augen, ich sollte sie wiedersehen. – Bange Sehnsucht beschleunigte meine Schritte auf dem richtigsten Pfad hinab. Ich kam ungesehen an einigen Bauern vorbei, die aus der Stadt kamen. Sie sprachen von mir, Rascaln und dem Förster; ich wollte nichts anhören, ich eilte vorüber.

Ich trat in den Garten, alle Schauer der Erwartung in der Brust – mir schallte es wie ein Lachen entgegen, mich schauderte, ich warf einen schnellen Blick um mich her; ich konnte niemanden entdecken. Ich schritt weiter vor, mir war's, als vernähme ich neben mir ein Geräusch wie von Menschentritten; es war aber nichts zu sehen: ich dachte mich von meinem Ohre getäuscht. Es war noch früh, niemand in Graf Peters Laube, noch leer der Garten; ich durchschweifte die bekannten Gänge, ich drang bis nach dem Wohnhause vor. Dasselbe Geräusch verfolgte mich vernehmlicher. Ich setzte mich mit angstvollem Herzen auf eine Bank, die im sonnigen Raume der Haustür gegenüber stand. Es ward mir, als hörte ich den ungesehenen Kobold sich hohnlachend neben mich setzen. Der Schlüssel ward in der Tür gedreht, sie ging auf, der Forstmeister trat heraus, mit Papieren in der Hand. Ich fühlte mir wie Nebel über den Kopf zieh'n, ich sah mich um, und – Entsetzen! – der Mann im grauen Rock saß neben mir, mit satanischem Lächeln auf mich blickend. – Er hatte mir seine Tarnkappe mit über den Kopf gezogen, zu seinen Füßen lagen sein und mein Schatten friedlich neben einander; er spielte nachlässig mit dem bekannten Pergament, das er in der Hand hielt, und, indem der Forstmeister mit den Papieren beschäftigt im Schatten der Laube auf- und abging – beugte er sich vertraulich zu meinem Ohr und flüsterte mir die Worte:

»So hätten Sie denn doch meine Einladung angenommen, und da säßen wir einmal zwei Köpfe unter einer Kappe! – Schon recht! schon recht! Nun geben Sie mir aber auch mein Vogelnest zurück, Sie brauchen es nicht mehr, und sind ein zu ehrlicher Mann, um es mir vorenthalten zu wollen – doch keinen Dank dafür, ich versichere Sie, daß ich es Ihnen von Herzen gern geliehen habe.« – Er nahm es unweigerlich aus meiner Hand, steckte es in die Tasche und lachte mich abermals aus, und zwar so laut, daß sich der Forstmeister nach dem Geräusch umsah. – Ich saß wie versteinert da.

»Sie müssen mir doch gestehen«, fuhr er fort, »daß so eine Kappe viel bequemer ist. Sie deckt doch nicht nur ihren Mann, sondern auch seinen Schatten mit, und noch so viele andere, als er mit zu nehmen Lust hat. Sehen Sie, heute führ' ich wieder ihrer zwei.« – Er lachte wieder. »Merken Sie sich's, Schlemihl, was man anfangs mit Gutem nicht will, das muß man am Ende doch gezwungen. Ich dächte noch, Sie kauften mir das Ding ab, nehmen die Braut zurück, (denn noch ist es Zeit) und wir ließen den Rascal am Galgen baumeln, das wird uns ein Leichtes, so lange es am Stricke nicht fehlt – Hören Sie, ich gebe Ihnen noch meine Mütze in den Kauf.«

Die Mutter trat heraus und das Gespräch begann. – »Was macht Mina?« – »Sie weint.« – »Einfältiges Kind! es ist doch nicht zu ändern!« – »Freilich nicht; aber sie so früh einem andern zu geben – – – O Mann, Du bist grausam gegen Dein eigenes Kind.« – »Nein, Mutter, das siehst Du sehr falsch. Wenn sie, noch bevor sie ihre doch kindischen Tränen ausgeweint hat, sich als die Frau eines sehr reichen und geehrten Mannes findet, wird sie getröstet aus ihrem Schmerze wie aus einem Traum erwachen, und Gott und uns danken, das wirst Du sehen!« – »Gott gebe es!« – »Sie besitzt freilich jetzt sehr ansehnliche Güter; aber nach dem Aufsehen, das die unglückliche Geschichte mit dem Abenteurer gemacht hat, glaubst Du, daß sich so bald eine andere, für sie so passende Partie, als der Herr Rascal, finden möchte? Weißt Du, was für ein Vermögen er besitzt, der Herr Rascal? Er hat für sechs Millionen Güter hier im Lande, frei von allen Schulden, bar bezahlt. Ich habe die Dokumente in Händen gehabt; er war's, der mir überall das Beste vorweg genommen hat; und außerdem im Portefeuille Papiere auf Thomas John für circa viertehalb Millionen.« – »Er muß sehr viel gestohlen haben.« – »Was sind das wieder für Reden! Er hat weislich gespart, wo verschwendet wurde.« – »Ein Mann, der die Livree getragen hat!« – »Dummes Zeug! er hat doch einen untadlichen Schatten.« – »Du hast Recht, aber – –«

Der Mann im grauen Rock lachte und sah mich an. Die Türe ging auf, und Mina trat heraus. Sie stützte sich auf den Arm einer Kammerfrau, stille Tränen flossen auf ihren schönen blassen Wangen. Sie setzte sich in einen Sessel, der für sie unter den Linden bereitet war, und ihr Vater nahm einen Stuhl neben ihr. Er faßte zärtlich ihre Hand, und redete sie, die heftiger zu weinen anfing, mit zarten Worten an:

»Du bist mein gutes, liebes Kind, Du wirst auch vernünftig sein, wirst nicht Deinen alten Vater betrüben wollen, der nur Dein Glück will; ich begreife es wohl, liebes Herz, daß es Dich sehr erschüttert hat, Du bist wunderbar Deinem Unglück entkommen! Bevor wir den schändlichen Betrug entdeckt, hast Du diesen Unwürdigen sehr geliebt; siehe, Mina, ich weiß es, und mache Dir keine Vorwürfe darüber. Ich selber, liebes Kind, habe ihn auch geliebt, so lange ich ihn für einen großen Herrn angesehen habe. Nun siehst Du selber ein, wie anders alles geworden. Was! ein jeder Pudel hat ja seinen Schatten, und mein liebes einziges Kind sollte einen Mann – – – Nein, Du denkst auch gar nicht mehr an ihn. – Höre, Mina, nun wirbt ein Mann um Dich, der die Sonne nicht scheut, ein geehrter Mann, der freilich kein Fürst ist, aber zehn Millionen, zehnmal mehr als Du in Vermögen besitzt, ein Mann, der mein liebes Kind glücklich machen wird. Erwidere mir nichts, widersetze Dich nicht, sei meine gute gehorsame Tochter, laß Deinen liebenden Vater für Dich sorgen, Deine Tränen trocknen. Versprich mir, dem Herrn Rascal Deine Hand zu geben. – Sage, willst Du mir dies versprechen?«

Sie antwortete mit erstorbener Stimme: »Ich habe keinen Willen, keinen Wunsch fürder auf Erden. Geschehe mit mir, was mein Vater will.« Zugleich ward Herr Rascal angemeldet, und trat frech in den Kreis. Mina lag in Ohnmacht. Mein verhaßter Gefährte blickte mich zornig an und flüsterte mir die schnellen Worte: »Und das konnten Sie erdulden! was fließt Ihnen denn statt des Blutes in den Adern?« Er ritzte mir mit einer raschen Bewegung eine leichte Wunde in die Hand, es floß Blut, er fuhr fort: »Wahrhaftig! rotes Blut! – So unterschreiben Sie!« Ich hatte das Pergament und die Feder in Händen.

VII

Ich werde mich Deinem Urteile bloß stellen, lieber Chamisso, und es nicht zu bestechen suchen. Ich selbst habe lange strenges Gericht an mir selber vollzogen, denn ich habe den quälenden Wurm in meinem Herzen genährt. Es schwebte immerwährend dieser ernste Moment meines Lebens vor meiner Seele, und ich vermocht' es nur zweifelnden Blickes, mit Demut und Zerknirschung anzuschauen – Lieber Freund, wer leichtsinnig nur den

Fuß aus der geraden Straße setzt, der wird unversehens in andere
Pfade abgeführt, die abwärts und immer abwärts ihn ziehen; er
sieht dann umsonst die Leitsterne am Himmel schimmern, ihm
bleibt keine Wahl, er muß unaufhaltsam den Abhang hinab, und
sich selbst der Nemesis opfern. Nach dem übereilten Fehltritt,
der den Fluch auf mich geladen, hatt' ich durch Liebe frevelnd in
eines andern Wesens Schicksal mich gedrängt: was blieb mir übrig, als wo ich Verderben gesät, wo schnelle Rettung von mir ge-
heischt ward, eben rettend blindlings hinzuzuspringen? denn die
letzte Stunde schlug. – Denke nicht so niedrig von mir, mein
Adalbert, als zu meinen, es hätte mich irgendein geforderter
Preis zu teuer gedünkt, ich hätte mit irgend Etwas, was nur mein
war, mehr als eben mit Gold gekargt. – Nein, Adalbert; aber mit
unüberwindlichem Hasse gegen diesen rätselhaften Schleicher
auf krummen Wegen, war meine Seele angefüllt. Ich mochte ihm
Unrecht tun, doch empörte mich jede Gemeinschaft mit ihm. –
Auch hier trat, wie so oft schon in mein Leben, und wie überhaupt so oft in die Weltgeschichte, ein Ereignis an die Stelle einer
Tat. Später habe ich mich mit mir selber versöhnt. Ich habe erst-
lich die Notwendigkeit verehren lernen, und was ist mehr, als die
getanene Tat, das geschehene Ereignis ihr Eigentum! Dann hab'
ich auch diese Notwendigkeit als eine weise Fügung verehren
lernen, die durch das gesamte große Getrieb' weht, darin wir
bloß als mitwirkende getriebene treibende Räder eingreifen; was
sein soll, muß geschehen, was sein sollte, geschah, und nicht
ohne jene Fügung, die ich endlich noch in meinem Schicksale,
und dem Schicksale derer, die das meine mit angriff, verehren
lernte.

Ich weiß nicht, ob ich es der Spannung meiner Seele, unter dem
Drange so mächtiger Empfindungen zuschreiben soll, ob der Erschöpfung meiner physischen Kräfte, die während der letzten
Tage ungewohntes Darben geschwächt, ob endlich dem zerstörenden Aufruhr, den die Nähe dieses grauen Unholdes in meiner
ganzen Natur erregte; genug, es befiel mich, als es an das Unterschreiben ging, eine tiefe Ohnmacht, und ich lag eine lange Zeit
wie in den Armen des Todes.

Fußstampfen und Fluchen waren die ersten Töne, die mein Ohr trafen, als ich zum Bewußtsein zurückkehrte; ich öffnete die Augen, es war dunkel, mein verhaßter Begleiter war scheltend um mich bemüht. »Heißt das nicht wie ein altes Weib sich aufführen. – Man raffe sich auf, und vollziehe frisch, was man beschlossen, oder hat man sich anders besonnen, und will lieber greinen?« – Ich richtete mich mühsam auf von der Erde, wo ich lag, und schaute schweigend um mich. Es war später Abend, aus dem hellerleuchteten Försterhause erscholl festliche Musik, einzelne Gruppen von Menschen wallten durch die Gänge des Gartens. Ein paar traten im Gespräche näher, und nahmen Platz auf der Bank, worauf ich früher gesessen hatte. Sie unterhielten sich von der an diesem Morgen vollzogenen Verbindung des reichen Herrn Rascal mit der Tochter des Hauses. – Es war also geschehen. –

Ich streifte mit der Hand die Tarnkappe des sogleich mir verschwindenden Unbekannten von meinem Haupte weg, und eilte stillschweigend, in die tiefste Nacht des Gebüsches mich versenkend, den Weg über Graf Peters Laube einschlagend, dem Ausgang des Gartens zu. Unsichtbar aber geleitete mich mein Plagegeist, mich mit scharfen Worten verfolgend. »Das ist also der Dank für die Mühe, die man genommen hat, Monsieur, der schwache Nerven hat, den langen lieben Tag hindurch zu pflegen. Und man soll den Narren im Spiele abgeben. Gut, Herr Trotzkopf, fliehn Sie nur vor mir, wir sind doch unzertrennlich. Sie haben mein Gold und ich Ihren Schatten; das läßt uns beiden keine Ruhe – Hat man je gehört, daß ein Schatten von seinem Herrn gelassen hätte, Ihrer zieht mich Ihnen nach, bis Sie ihn wieder zu Gnaden annehmen, und ich ihn los bin. Was Sie versäumt haben, aus frischer Lust zu tun, werden Sie, nur zu spät, aus Überdruß und Langeweile nachholen müssen; man entgeht seinem Schicksale nicht.« Er sprach aus demselben Tone fort und fort; ich floh umsonst, er ließ nicht nach, und immer gegenwärtig, redete höhnend von Gold und Schatten. Ich konnte zu keinem eigenen Gedanken kommen.

Ich hatte durch menschenleere Straßen einen Weg nach meinem Hause eingeschlagen. Als ich davorstand, und es ansah, konnte ich es kaum erkennen; hinter den eingeschlagenen Fenstern brannte kein Licht. Die Türen waren zu, kein Dienervolk regte sich mehr darin. Er lachte laut auf neben mir: »Ja, ja! So geht's; aber Ihren Bendel finden Sie wohl daheim, den hat man jüngst vorsorglich so müde nach Hause geschickt, daß er es wohl seitdem gehütet haben wird.« Er lachte wieder. »Der wird Geschichten zu erzählen haben. – Wohlan denn! für heute gute Nacht, auf baldiges Wiedersehen.«

Ich hatte wiederholt geklingelt, es erschien Licht; Bendel frug von innen, wer geklingelt habe. Als der gute Mann meine Stimme erkannte, konnte er seine Freude kaum bändigen, die Tür flog auf, wir lagen weinend einander in den Armen. Ich fand ihn sehr verändert, schwach und krank; mir war aber das Haar ganz grau geworden.

Er führte mich durch die veröteten Zimmer nach einem innern verschont gebliebenen Gemach; er holte Speise und Trank herbei, wir setzten uns, er fing wieder an zu weinen. Er erzählte mir, daß er letzthin den grau gekleideten dürren Mann, den er mit meinem Schatten angetroffen hatte, so lange und so weit geschlagen habe, bis er selbst meine Spur verloren und vor Müdigkeit hingesunken sei; daß nachher, wie er mich nicht wiederfinden gekonnt, er nach Hause zurückgekehrt, wo bald darauf der Pöbel, auf Rascals Anstiften, herangestürmt, die Fenster eingeschlagen, und seine Zerstörungslust gebüßt. So hätten sie an ihren Wohltäter gehandelt. Meine Dienerschaft war auseinander geflohen. Die örtliche Polizei hatte mich als verdächtig aus der Stadt verwiesen, und mir eine Frist von vierundzwanzig Stunden festgesetzt, um deren Gebiet zu verlassen. Zu dem, was mir von Rascals Reichtum und Vermählung bekannt war, wußte er noch vieles hinzuzufügen. Dieser Bösewicht, von dem alles ausgegangen, was hier gegen mich geschehen war, mußte vom Anbeginn mein Geheimnis besessen haben, es schien, er habe, vom Golde angezogen, sich an mich zu drängen gewußt, und schon in der ersten Zeit einen Schlüssel zu jenem Goldschrank sich verschafft, wo er den Grund zu dem Vermögen gelegt, den noch zu vermehren er jetzt verschmähen konnte.

Das alles erzählte mir Bendel unter häufigen Tränen, und weinte dann wieder vor Freuden, daß er mich wieder sah, mich wieder hatte, und daß, nachdem er lange gezweifelt, wohin das Unglück mich gebracht haben mochte, er mich es ruhig und gefaßt ertragen sah. Denn solche Gestaltung hatte nun die Verzweiflung in mir genommen. Ich sah mein Elend riesengroß, unwandelbar vor mir, ich hatte ihm meine Tränen ausgeweint, es konnte kein Geschrei mehr aus meiner Brust pressen, ich trug ihm kalt und gleichgültig mein entblößtes Haupt entgegen.

»Bendel«, hub ich an, »Du weißt mein Los. Nicht ohne früheres Verschulden trifft mich schwere Strafe. Du sollst länger nicht, unschuldiger Mann, Dein Schicksal an das meine binden, ich will es nicht. Ich reite die Nacht noch fort, sattle mir ein Pferd, ich reite allein; Du bleibst, ich will's. Es müssen hier noch einige Kisten Goldes liegen, das behalte Du. Ich werde allein unstet in der Welt wandern; wenn mir aber je eine heitere Stunde wieder lacht, und das Glück mich versöhnet anblickt, dann will ich Deiner getreu gedenken, denn ich habe an Deiner getreuen Brust in schweren schmerzlichen Stunden geweint.«

Mit gebrochenem Herzen mußte der Redliche diesem letzten Befehle seines Herrn, worüber er in der Seele erschrak, gehorchen; ich war seinen Bitten, seinen Vorstellungen taub, blind seinen Tränen; er führte mir das Pferd vor. Ich drückte noch einmal den Weinenden an meine Brust, schwang mich in den Sattel und entfernte mich unter dem Mantel der Nacht von dem Grabe meines Lebens, unbekümmert, welchen Weg mein Pferd mich führen werde; denn ich hatte weiter auf Erden kein Ziel, keinen Wunsch, keine Hoffnung.

VIII

Es gesellte sich bald ein Fußgänger zu mir, welcher mich bat, nachdem er eine Weile neben meinem Pferde geschritten war, da wir doch denselben Weg hielten, einen Mantel, den er trug, hinten auf mein Pferd legen zu dürfen, ich ließ es stillschweigend geschehen. Er dankte mir mit leichtem Anstand für den leichten Dienst, lobte mein Pferd, nahm daraus Gelegenheit, das Glück und die Macht der Reichen hoch zu preisen, und ließ sich, ich weiß nicht wie, in eine Art von Selbstgespräch ein, bei dem er mich bloß zum Zuhörer hatte.

Er entfaltete seine Ansichten von dem Leben und der Welt, und kam sehr bald auf die Metaphysik, an die die Forderung erging, das Wort aufzufinden, das aller Rätsel Lösung sei. Er setzte die Aufgabe mit vieler Klarheit auseinander, und schritt fürder zu deren Beantwortung.

Du weißt, mein Freund, daß ich deutlich erkannt habe, seitdem ich den Philosophen durch die Schule gelaufen, daß ich zur philosophischen Spekulation keineswegs berufen bin, und daß ich mir dieses Feld völlig abgesprochen habe; ich habe seither vieles auf sich beruhen lassen, vieles zu wissen und zu begreifen Verzicht geleistet, und bin, wie Du es mir selber geraten, meinem geraden Sinn vertrauend, der Stimme in mir, so viel es in meiner Macht gewesen, auf dem eigenen Weg gefolgt. Nun schien mir dieser Redekünstler, mit großem Talent ein fest gefügtes Gebäude aufzuführen, das in sich selbst begründet sich emportrug, und wie durch eine innere Notwendigkeit bestand. Nur vermißt' ich ganz in ihm, was ich eben darin hätte suchen wollen, und so ward es mir zu einem bloßen Kunstwerk, dessen zierliche Geschlossenheit und Vollendung dem Auge allein zur Ergötzung diente; aber ich hörte dem wohlberedten Manne gerne zu, der meine Aufmerksamkeit von meinen Leiden auf sich selbst abgelenkt, und ich hätte mich ihm willig ergeben, wenn er meine Seele wie meinen Verstand in Anspruch genommen hätte.

Mittlerweile war die Zeit hingegangen, und unbemerkt hatte schon die Morgendämmerung den Himmel erhellt; ich erschrak, als ich mit einmal aufblickte, und im Osten die Pracht der Farben sich entfalten sah, die die nahe Sonne verkünden, und gegen sie war in dieser Stunde, wo die Schlagschatten mit ihrer ganzen Ausdehnung prunken, kein Schutz, kein Bollwerk in der offenen Gegend zu erseh'n! und ich war nicht allein; ich warf einen Blick auf meinen Begleiter und erschrak wieder. – Es war kein anderer als der Mann im grauen Rock.

Er lächelte über meine Bestürzung, und fuhr fort, ohne mich zum Wort kommen zu lassen: »Laßt uns doch, wie es einmal in der Welt Sitte ist, unsern wechselseitigen Vorteil uns auf eine Weile verbinden, zu scheiden haben wir immer noch Zeit. Die Straße hier längs dem Gebirge, ob Sie gleich noch nicht daran gedacht haben, ist doch die einzige, die Sie vernünftiger Weise einschlagen können; hinab in das Tal dürfen Sie nicht, und über das Gebirg werden Sie noch weniger zurückkehren wollen, von wo Sie hergekommen sind – diese ist auch gerade meine Straße. – Ich sehe Sie schon vor der aufgehenden Sonne erblassen. Ich will Ihnen Ihren Schatten auf die Zeit unserer Gesellschaft leihen, und Sie dulden mich dafür in Ihrer Nähe; Sie haben so Ihren Bendel nicht mehr bei sich; ich will Ihnen gute Dienste leisten. Sie lieben mich nicht, das ist mir leid. Sie können mich darum doch benutzen. Der Teufel ist nicht so schwarz, als man ihn malt. Gestern haben Sie mich geärgert, das ist wahr, heute will ich's Ihnen nicht nachtragen, und ich habe Ihnen schon den Weg bis hieher verkürzt, das müssen Sie selbst gestehen – nehmen Sie doch nur einmal Ihren Schatten auf Probe wieder an.«

Die Sonne war aufgegangen, auf der Straße kamen uns Menschen entgegen, ich nahm, obgleich mit innerlichem Widerwillen, den Antrag an. Er ließ lächelnd meinen Schatten zur Erde gleiten, der alsbald seine Stelle auf des Pferdes Schatten einnahm, und lustig neben mir hertrabte. Mir war sehr seltsam zu Mut. Ich ritt an einem Trupp Landleute vorbei, die vor einem wohlhabenden Mann ehrerbietig mit entblößtem Haupte Platz machten. Ich ritt weiter, und blickte gierigen Auges und klopfenden Herzens seitwärts vom Pferde herab auf diesen sonst meinen Schatten, den ich jetzt von einem Fremden, ja von einem Feinde, erborgt hatte.

Dieser ging unbekümmert neben her, und pfiff eben ein Liedchen. Er zu Fuß, ich zu Pferd', ein Schwindel ergriff mich, die Versuchung war zu groß, ich wandte plötzlich die Zügel, drückte beide Sporen an, und so in voller Karriere einen Seitenweg eingeschlagen, aber ich entführte den Schatten nicht, der bei der Wendung vom Pferde glitt und seinen gesetzmäßigen Eigentümer auf der Landstraße erwartete. Ich mußte beschämt umlenken, der Mann im grauen Rocke, als er ungestört sein Liedchen zu Ende gebracht, lachte mich aus, setzte mir den Schatten wieder zurecht, und belehrte mich, er würde erst an mir festhangen und bei mir bleiben wollen, wann ich ihn wiederum als rechtmäßiges Eigentum besitzen würde. »Ich halte Sie«, fuhr er fort, »am Schatten fest, und Sie kommen mir nicht los. Ein reicher Mann, wie Sie, braucht einmal einen Schatten, das ist nicht anders, Sie sind nur darin zu tadeln, daß Sie es nicht früher eingesehen haben.« –

Ich setzte meine Reise auf derselben Straße fort; es fanden sich bei mir alle Bequemlichkeiten des Lebens, und selbst ihre Pracht wieder ein; ich konnte mich frei und leicht bewegen, da ich einen, obgleich nur erborgten, Schatten besaß, und ich flößte überall die Ehrfurcht ein, die der Reichtum gebietet; aber ich hatte den Tod im Herzen. Mein wundersamer Begleiter, der sich selbst für den unwürdigen Diener des reichsten Mannes in der Welt ausgab, war von einer außerordentlichen Dienstfertigkeit, über die Maßen gewandt und geschickt, der wahre Inbegriff eines Kammerdieners für einen reichen Mann, aber er wich nicht von meiner Seite, und führte unaufhörlich das Wort gegen mich, stets die größte Zuversicht an den Tag legend, daß ich endlich, sei es auch nur, um ihn los zu werden, den Handel mit dem Schatten abschließen würde. – Er war mir eben so lästig als verhaßt. Ich konnte mich ordentlich vor ihm fürchten. Ich hatte mich von ihm abhängig gemacht. Er hielt mich, nachdem er mich in die Herrlichkeit der Welt, die ich floh, zurückgeführt hatte. Ich mußte seine Beredsamkeit über mich ergehen lassen, und fühlte schier, er habe recht. Ein Reicher muß in der Welt einen Schatten haben, und, sobald ich den Stand behaupten wollte, den er mich wieder geltend zu machen verleitet hatte, war nur ein Ausgang zu ersehen. Dieses aber stand bei mir fest, nachdem ich meine Liebe hingeopfert, nachdem mir das Leben verblaßt war, wollt' ich meine Seele nicht, sei es um alle Schatten der Welt, dieser Kreatur verschreiben. Ich wußte nicht, wie es enden sollte.

Wir saßen einst vor einer Höhle, welche die Fremden, die das Gebirg' bereisen, zu besuchen pflegen. Man hört dort das Ge-

brause unterirdischer Ströme aus ungemessener Tiefe herauf-
schallen, und kein Grund scheint den Stein, den man hineinwirft,
in seinem hallenden Fall aufzuhalten. Er malte mir, wie er öfters
tat, mit verschwenderischer Einbildungskraft und im schimmernden Reize der glänzendsten Farben, sorgfältig ausgeführte
Bilder von dem, was ich in der Welt, Kraft meines Säckels, aus-
führen würde, wenn ich erst meinen Schatten wieder in meiner
Gewalt hätte. Die Ellenbogen auf die Knie gestützt, hielt ich
mein Gesicht in meinen Händen verborgen, und hörte dem Falschen zu, das Herz zwiefach geteilt zwischen der Verführung
und dem strengen Willen in mir. Ich konnte bei solchem innerli-
chen Zwiespalt länger nicht ausdauern, und begann den entscheidenden Kampf:

»Sie scheinen, mein Herr, zu vergessen, daß ich Ihnen zwar erlaubt habe, unter gewissen Bedingungen in meiner Begleitung zu
bleiben, daß ich mir aber meine völlige Freiheit vorbehalten
habe.« – »Wenn Sie befehlen, so pack' ich ein.« Die Drohung war
ihm geläufig. Ich schwieg; er setzte sich gleich daran, meinen
Schatten wieder zusammen zu rollen. Ich erblaßte, aber ich ließ
es stumm geschehen. Es erfolgte ein langes Stillschweigen. Er
nahm zuerst das Wort:

»Sie können mich nicht leiden, mein Herr, Sie hassen mich, ich
weiß es; doch warum hassen Sie mich? Ist es etwa, weil Sie mich
auf öffentlicher Straße angefallen, und mir mein Vogelnest mit
Gewalt zu rauben gemeint, oder ist es darum, daß Sie mein Gut,
den Schatten, den Sie Ihrer bloßen Ehrlichkeit anvertraut glaubten, mir diebischer Weise zu entwenden gesucht haben? Ich mei-
nerseits hasse Sie darum nicht; ich finde ganz natürlich, daß Sie
alle Ihre Vorteile, List und Gewalt geltend zu machen suchen;
daß Sie übrigens die allerstrengsten Grundsätze haben, und, wie
die Ehrlichkeit selbst denken, ist eine Liebhaberei, wogegen ich
auch nichts habe. – Ich denke in der Tat nicht so streng als Sie; ich
handle bloß, wie Sie denken. Oder hab' ich Ihnen etwa irgend-
wann den Daumen auf die Gurgel gedrückt, um Ihre werteste
Seele, zu der ich einmal Lust habe, an mich zu bringen! Hab' ich
von wegen meines ausgetauschten Säckels einen Diener auf Sie

losgelassen, hab' ich Ihnen damit durchzugehen versucht?« Ich hatte dagegen nichts zu erwidern; er fuhr fort: »Schon recht, mein Herr, schon recht! Sie können mich nicht leiden; auch das begreife ich wohl, und verarge es Ihnen weiter nicht. Wir müssen scheiden, das ist klar, und auch Sie fangen an, mir sehr langweilig vorzukommen. Um sich also meiner ferneren beschämenden Gegenwart völlig zu entziehen, rate ich es Ihnen noch einmal: Kaufen Sie mir das Ding ab.« – Ich hielt ihm den Säckel hin. »Um den Preis?« – »Nein!« – Ich seufzte schwer auf und nahm wieder das Wort: »Auch also. Ich dringe darauf, mein Herr, laßt uns scheiden, vertreten Sie mir länger nicht den Weg auf einer Welt, die hoffentlich geräumig genug ist für uns beide.« Er lächelte und erwiderte: »Ich gehe, mein Herr, zuvor aber will ich Sie unterrichten, wie Sie mir klingeln können, wenn Sie je Verlangen nach Ihrem untertänigsten Knecht tragen sollten: Sie brauchen nur Ihren Säckel zu schütteln, daß die ewigen Goldstücke darinnen rasseln, der Ton zieht mich augenblicklich an. Ein jeder denkt auf seinen Vorteil in dieser Welt; Sie sehen, daß ich auf Ihren zugleich bedacht bin, denn ich eröffne Ihnen offenbar eine neue Kraft – O dieser Säckel! – Und hätten gleich die Motten Ihren Schatten schon aufgefressen, der würde noch ein starkes Band zwischen uns sein. Genug, Sie haben mich an meinem Gold, befehlen Sie auch in der Ferne über Ihren Knecht, Sie wissen, daß ich mich meinen Freunden dienstfertig genug erweisen kann, und daß die Reichen besonders gut mit mir stehen; Sie haben es selbst gesehen, – nur Ihren Schatten, mein Herr – das lassen Sie sich gesagt sein – nie wieder, als unter einer einzigen Bedingung.«

Gestalten der alten Zeit traten vor meine Seele. Ich frug ihn schnell: »Hatten Sie eine Unterschrift vom Herrn John?« – Er lächelte. – »Mit einem so guten Freund, hab' ich es keinesweges nötig gehabt.« – »Wo ist er? bei Gott, ich will es wissen!« Er steckte zögernd die Hand in die Tasche, und daraus bei den Haaren hervorgezogen erschien Thomas Johns bleiche entstellte Gestalt, und die blauen Leichenlippen bewegten sich zu schweren Worten: »Justo judicio Dei judicatus sum; Justo judicio Dei condemnatus sum.« Ich entsetzte mich, und schnell den klingenden

Säckel in den Abgrund werfend, sprach ich zu ihm die letzten
Worte: »So beschwör' ich Dich im Namen Gottes, Entsetzlicher! hebe Dich von dannen und lasse Dich nie wieder vor meinen Augen blicken!« Er erhub sich finster und verschwand sogleich hinter den Felsenmassen, die den wild bewachsenen Ort
begrenzten.

IX

Ich saß da ohne Schatten und ohne Geld; aber ein schweres Gewicht war von meiner Brust genommen, ich war heiter. Hätte ich
nicht auch meine Liebe verloren, oder hätt' ich mich nur bei deren Verlust vorwurfsfrei gefühlt, ich glaube, ich hätte glücklich
sein können – ich wußte aber nicht, was ich anfangen sollte. Ich
durchsuchte meine Taschen und fand noch einige Goldstücke
darin; ich zählte sie, und lachte. – Ich hatte meine Pferde unten
im Wirtshause, ich schämte mich, dahin zurückzukehren, ich
mußte wenigstens den Untergang der Sonne erwarten; sie stand
noch hoch am Himmel: Ich legte mich in den Schatten der nächsten Bäume und schlief ruhig ein.

Anmutige Bilder verwoben sich mir im luftigen Tanze zu einem gefälligen Traum. Mina, einen Blumenkranz in den Haaren,
schwebte an mir vorüber, und lächelte mich freundlich an. Auch
der ehrliche Bendel war mit Blumen bekränzt, und eilte mit
freundlichem Gruße vorüber. Viele sah' ich noch, und wie mich
dünkt, auch Dich, Chamisso, im fernen Gewühl; ein helles Licht
schien, es hatte aber keiner einen Schatten, und was seltsamer ist,
es sah nicht übel aus, – Blumen und Lieder, Liebe und Freude,
unter Palmenhainen. – – Ich konnte die beweglichen, leicht ver-
wehten, lieblichen Gestalten weder festhalten noch deuten; aber
ich weiß, daß ich gerne solchen Traum träumte und mich vor
dem Erwachen in acht nahm; ich wachte wirklich schon, und
hielt noch die Augen zu, um die weichenden Erscheinungen länger vor meiner Seele zu behalten.

Ich öffnete endlich die Augen, die Sonne stand noch am Himmel, aber im Osten; ich hatte die Nacht verschlafen. Ich nahm es

für ein Zeichen, daß ich nicht nach dem Wirtshause zurückkehren sollte. Ich gab leicht, was ich dort noch besaß, verloren, und beschloß, eine Nebenstraße, die durch den waldbewachsenen Fuß des Gebirges führte, zu Fuße einzuschlagen, dem Schicksal es anheimstellend, was es mit mir vor hatte, zu erfüllen. Ich schaute nicht hinter mich zurück, und dachte auch nicht daran, an Bendel, den ich reich zurückgelassen hatte, mich zu wenden, welches ich allerdings gekonnt hätte. Ich sah mich an auf den neuen Charakter, den ich in der Welt bekleiden sollte: Mein Anzug war sehr bescheiden. Ich hatte eine alte schwarze Kurtka an, die ich schon in Berlin getragen, und die mir, ich weiß nicht wie, zu dieser Reise erst wieder in die Hand gekommen war. Ich hatte sonst eine Reisemütze auf dem Kopf und ein Paar alte Stiefeln an den Füßen. Ich erhob mich, schnitt mir an selbiger Stelle einen Knotenstock zum Andenken, und trat sogleich meine Wanderung an.

Ich begegnete im Wald einem alten Bauer, der mich freundlich begrüßte, und mit dem ich mich in Gespräch einließ. Ich erkundigte mich, wie ein wißbegieriger Reisender, erst nach dem Wege, dann nach der Gegend und deren Bewohner, den Erzeugnissen des Gebirges und derlei mehr. Er antwortete verständig und redselig auf meine Fragen. Wir kamen an das Bette eines Bergstromes, der über einen weiten Strich des Waldes seine Verwüstung verbreitet hatte. Mich schauderte innerlich vor dem sonnenhellen Raum, ich ließ den Landmann vorangehen. Er hielt aber mitten im gefährlichen Orte still, und wandte sich zu mir, um mir die Geschichte dieser Verwüstung zu erzählen. Er bemerkte bald, was mir fehlte, und hielt mitten in seiner Rede ein: »Aber wie geht denn das zu, der Herr hat ja keinen Schatten.« – »Leider! leider!« erwiderte ich seufzend. »Es sind mir während einer bösen langen Krankheit, Haare, Nägel und Schatten ausgegangen. Seht, Vater, in meinem Alter, die Haare, die ich wieder gekriegt habe, ganz weiß, die Nägel sehr kurz, und der Schatten, der will noch nicht wieder wachsen.« – »Ei! ei!« versetzte der alte Mann kopfschüttelnd, »keinen Schatten, das ist bös! das war eine böse Krankheit, die der Herr gehabt hat.« Aber, er hub seine Er-

zählung nicht wieder an, und bei dem nächsten Querweg, der
sich darbot, ging er ohne ein Wort zu sagen, von mir ab. – Bittere
Tränen zitterten aufs neue in meinen Wangen und meine Heiterkeit war hin.

Ich setzte traurigen Herzens meinen Weg fort, und suchte ferner keines Menschen Gesellschaft. Ich hielt mich im dunkelsten
Wald, und mußte manchmal, um über einen Strich, wo die Sonne
schien, zu kommen, stundenlang darauf warten, daß mir keines
Menschen Aug' den Durchgang verbot. Am Abende suchte ich
Herberge in den Dörfern zu nehmen. Ich ging eigentlich nach einem Bergwerk im Gebirg, wo ich Arbeit unter der Erde zu finden gedachte; denn, davon abgesehen, daß meine jetzige Lage
mir gebot, für meinen Lebensunterhalt selbst zu sorgen, hatte ich
dieses wohl erkannt, daß mich allein angestrengte Arbeit gegen
meine zerstörenden Gedanken schützen könnte.

Ein paar regnichte Tage förderten mich leicht auf den Weg,
aber auf Kosten meiner Stiefeln, deren Sohlen für den Grafen Peter und nicht für den Fußknecht berechnet worden. Ich trat
schon auf den bloßen Füßen. Ich mußte ein Paar neue Stiefeln an-
schaffen. Am nächsten Morgen besorgte ich dieses Geschäft mit
vielem Ernst in einem Flecken, wo Kirmes war, und wo in einer
Bude alte und neue Stiefeln zu Kauf standen. Ich wählte und handelte lange. Ich mußte auf ein Paar neue, die ich gerne gehabt
hätte, Verzicht leisten; mich schreckte die unbillige Forderung.
Ich begnügte mich also mit alten, die noch gut und stark waren,
und die mir der schöne blondlockige Knabe, der die Bude hielt,
gegen gleich bare Bezahlung, freundlich lächelnd einhändigte,
indem er mir Glück auf den Weg wünschte. Ich zog sie gleich an,
und ging zum nördlich gelegenen Tor aus dem Ort.

Ich war in meinen Gedanken sehr vertieft, und sah kaum, wo
ich den Fuß hinsetzte, denn ich dachte an das Bergwerk, wo ich
auf den Abend noch anzulangen hoffte, und wo ich nicht recht
wußte, wie ich mich ankündigen sollte. Ich war noch keine zweihundert Schritte gegangen, als ich bemerkte, daß ich aus dem
Wege gekommen war; ich sah mich darnach um, ich befand mich
in einem wüsten uralten Tannenwald, woran die Axt nie gelegt

worden zu sein schien. Ich drang noch einige Schritte vor, ich sah mich mitten unter öden Felsen, die nur mit Moos und Steinbrecharten bewachsen waren, und zwischen welchen Schnee und Eisfelder lagen. Die Luft war sehr kalt, ich sah mich um, der Wald war hinter mir verschwunden. Ich machte noch einige Schritte – um mich herrschte die Stille des Todes, unabsehbar dehnte sich das Eis, worauf ich stand, und worauf ein dichter Nebel schwer ruhte; die Sonne stand blutig am Rande des Horizontes. Die Kälte war unerträglich. Ich wußte nicht, wie mir geschehen war, der erstarrende Frost zwang mich, meine Schritte zu beschleunigen, ich vernahm nur das Gebrause ferner Gewässer, ein Schritt, und ich war am Eisufer eines Ozeans. Unzählbare Herden von Seehunden stürzten sich vor mir rauschend in die Flut. Ich folgte diesem Ufer, ich sah wieder nackte Felsen, Land, Birken- und Tannenwälder, ich lief noch ein paar Minuten gerade vor mir hin. Es ward erstickend heiß, ich sah mich um, ich stand zwischen schön gebauten Reisfeldern unter Maulbeerbäumen, ich setzte mich in deren Schatten, ich sah nach meiner Uhr, ich hatte vor nicht einer Viertelstunde den Marktflecken verlassen, – ich glaubte zu träumen, ich biß mich in die Zunge, um mich zu erwecken; aber ich wachte wirklich. – Ich schloß die Augen zu, um meine Gedanken zusammen zu fassen. – Ich hörte vor mir seltsame Silben durch die Nase zählen; ich blickte auf: zwei Chinesen, an der asiatischen Gesichtsbildung unverkennbar, wenn ich auch ihrer Kleidung keinen Glauben beimessen wollte, redeten mich mit landesüblichen Begrüßungen in ihrer Sprache an; ich stand auf und trat zwei Schritte zurück. Ich sah sie nicht mehr, die Landschaft war ganz verändert; Bäume, Wälder, statt der Reisfelder. Ich betrachtete diese Bäume und die Kräuter, die um mich blühten; die ich kannte, waren südöstlich asiatische Gewächse; ich wollte auf den einen Baum zugehen, ein Schritt – und wiederum alles verändert. Ich trat nun an, wie ein Rekrut, der geübt wird, und schritt langsam, gesetzt einher. Wunderbar veränderliche Länder, Fluren, Auen, Gebirge, Steppen, Sandwüsten, entrollen sich vor meinem staunenden Blick: es war kein Zweifel, ich hatte Siebenmeilenstiefeln an den Füßen.

X

Ich fiel in stummer Andacht auf meine Knie und vergoß Tränen des Dankes – denn klar stand plötzlich meine Zukunft vor meiner Seele. Durch frühe Schuld von der menschlichen Gesellschaft ausgeschlossen, ward ich zum Ersatz an die Natur, die ich stets geliebt, gewiesen, die Erde mir zu einem reichen Garten gegeben, das Studium zur Richtung und Kraft meines Lebens, zu ihrem Ziel die Wissenschaft. Es war nicht ein Entschluß, den ich faßte. Ich habe nur seitdem, was da hell und vollendet im Urbild vor mein innres Auge trat, getreu, mit stillem, strengen, unausgesetzten Fleiß darzustellen gesucht, und meine Selbstzufriedenheit hat von dem Zusammenfallen des Dargestellten mit dem Urbild abgehangen.

Ich raffte mich auf, um ohne Zögern mit flüchtigem Überblick Besitz von dem Felde zu nehmen, wo ich künftig ernten wollte – ich stand auf den Höhen des Tibet, und die Sonne, die mir vor wenigen Stunden aufgegangen war, neigte sich hier schon am Abendhimmel, ich durchwanderte Asien von Osten gegen Westen, sie in ihrem Lauf einholend, und trat in Afrika ein. Ich sah mich neugierig darin um, indem ich es wiederholt in allen Richtungen durchmaß. Wie ich durch Ägypten die alten Pyramiden und Tempel angaffte, erblickte ich in der Wüste, unfern des hunderttorigen Theben, die Höhlen, wo christliche Einsiedler sonst wohnten. Es stand plötzlich fest und klar in mir: hier ist dein Haus. – Ich erkor eine der verborgensten, die zugleich geräumig, bequem und den Schakalen unzugänglich war, zu meinem künftigen Aufenthalte, und setzte meinen Stab weiter.

Ich trat bei den Herkules-Säulen nach Europa über, und nachdem ich seine südlichen und nördlichen Provinzen in Augenschein genommen, trat ich von Nordasien über den Polargletscher nach Grönland und Amerika über, durchschweifte die beiden Teile dieses Kontinents, und der Winter, der schon im Süden herrschte, trieb mich schnell vom Cap Horn nordwärts zurück.

Ich verweilte mich, bis es im östlichen Asien Tag wurde, und setzte erst nach einiger Ruh meine Wanderung fort. Ich verfolgte

durch beide Amerika die Bergkette, die die höchsten bekannten
Unebenheiten unserer Kugel in sich faßt. Ich schritt langsam und
vorsichtig von Gipfel zu Gipfel, bald über flammende Vulkane,
bald über beschneite Kuppeln, oft mit Mühe atmend, ich erreichte den Eliasberg, und sprang über die Beringstraße nach
Asien. – Ich verfolgte dessen westliche Küsten in ihren vielfachen
Wendungen, und untersuchte mit besonderer Aufmerksamkeit,
welche der dort gelegenen Inseln mir zugänglich wären. Von der
Halbinsel Malakka trugen mich meine Stiefel auf Sumatra, Java,
Bali und Lamboc, ich versuchte, selbst oft mit Gefahr, und dennoch immer vergebens, mir über die kleinen Inseln und Felsen,
wovon dieses Meer starrt, einen Übergang nordwestlich nach
Borneo und andern Inseln dieses Archipelagus zu bahnen. Ich
mußte die Hoffnung aufgeben. Ich setzte mich endlich auf die
äußerste Spitze von Lamboc nieder; und das Gesicht gen Süden
und Osten gewendet, weint' ich, wie am fest verschlossenen Gitter meines Kerkers, daß ich doch so bald meine Begrenzung gefunden. Das merkwürdige, zum Verständnis der Erde und ihres
sonnengewirkten Kleides, der Pflanzen und Tierwelt, so wesentlich notwendige Neuholland, und die Südsee mit ihren Zoophyten-Inseln, waren mir untersagt, und so war, im Ursprunge
schon, alles, was ich sammeln und erbauen sollte, bloßes Fragment zu bleiben verdammt. – O mein Adelbert, was ist es doch
um die Bemühungen der Menschen!

Oft habe ich im strengsten Winter der südlichen Halbkugel
vom Cap Horn aus jene zweihundert Schritte, die mich etwa
vom Land van Diemen und Neuholland trennten, selbst unbekümmert um die Rückkehr, und sollte sich dieses schlechte Land
über mich, wie der Deckel meines Sarges, schließen, über den
Polargletscher westwärts zurück zu legen versucht, habe über
Treibeis mit törigter Wagnis verzweiflungsvolle Schritte getan,
der Kälte und dem Meere Trotz geboten. Umsonst, noch bin ich
auf Neuholland nicht gewesen – ich kam dann jedesmal auf Lamboc zurück und setzte mich auf seine äußerste Spitze nieder, und
weinte wieder, das Gesicht gen Süden und Osten gewendet, wie
am fest verschlossenen Gitter meines Kerkers.

Ich riß mich endlich von dieser Stelle und trat mit traurigem Herzen wieder in das innere Asien, ich durchschweifte es fürder, die Morgendämmerung nach Westen verfolgend, und kam noch in der Nacht in die Thebais zu meinem vorbestimmten Hause, das ich in den gestrigen Nachmittagsstunden berührt hatte.

Sobald ich etwas ausgeruht, und es Tag über Europa war, ließ ich meine erste Sorge sein, alles anzuschaffen, was ich bedurfte. – Zuvörderst Hemmschuhe, denn ich hatte erfahren, wie unbequem es sei, seinen Schritt nicht anders verkürzen zu können, um nahe Gegenstände gemächlich zu untersuchen, als indem man die Stiefel auszieht. Ein Paar Pantoffeln übergezogen, hatten völlig die Wirkung, die ich mir davon versprach, und späterhin trug ich sogar deren immer zwei Paar bei mir, weil ich öfter welche von den Füßen warf, ohne Zeit zu haben, sie aufzuheben, wann Löwen, Menschen oder Hyänen mich beim Botanisieren aufschreckten. Meine sehr gute Uhr war auf die kurze Dauer meiner Gänge ein vortreffliches Chronometer. Ich brauchte noch außerdem einen Sextant, einige physikalische Instrumente und Bücher.

Ich machte, dieses alles herbeizuschaffen, etliche bange Gänge nach London und Paris, die ein mir günstiger Nebel eben beschattete. Als der Rest meines Zaubergoldes erschöpft war, bracht' ich leicht zu findendes afrikanisches Elfenbein als Bezahlung herbei, wobei ich freilich die kleinsten Zähne, die meine Kräfte nicht überstiegen, auswählen mußte. Ich ward bald mit allem versehen und ausgerüstet, und ich fing sogleich als privatisierender Gelehrter meine neue Lebensweise an.

Ich streifte auf der Erde umher, bald ihre Höhen, bald die Temperatur ihrer Quellen und die der Luft messend, bald Tiere beobachtend, bald Gewächse untersuchend; ich eilte von dem Äquator nach dem Pole, von der einen Welt nach der andern; Erfahrungen mit Erfahrungen vergleichend. Die Eier der afrikanischen Strauße oder der nördlichen Seevögel, und Früchte, besonders der Tropen-Palmen und Bananen, waren meine gewöhnlichste Nahrung. Für mangelndes Glück hatt' ich als Surrogat die Nicotiana, und für menschliche Teilnahme und Bande die Liebe eines treuen Pudels, der mir meine Höhle in der Thebais bewachte, und wann ich mit neuen Schätzen beladen zu ihm zurückkehrte, freudig an mich sprang, und es mich doch menschlich empfinden ließ, daß ich nicht allein auf der Erde sei. Noch sollte mich ein Abenteuer unter die Menschen zurückführen.

XI

Als ich einst auf Nordlands Küsten, meine Stiefel gehemmt, Flechten und Algen sammelte, trat mir unversehens um die Ecke eines Felsens ein Eisbär entgegen. Ich wollte, nach weggeworfenen Pantoffeln, auf eine gegenüberliegende Insel treten, zu der mir ein dazwischen aus den Wellen hervorragender nackter Felsen den Übergang bahnte. Ich trat mit dem einen Fuß auf den Felsen fest auf, und stürzte auf der andern Seite in das Meer, weil mir unbemerkt der Pantoffel am anderen Fuß haften geblieben war.

Die große Kälte ergriff mich, ich rettete mit Mühe mein Leben aus dieser Gefahr; sobald ich Land hielt, lief ich, so schnell ich konnte, nach der Lybischen Wüste, um mich da an der Sonne zu trocknen. Wie ich ihr aber ausgesetzt war, brannte sie mir so heiß auf den Kopf, daß ich sehr krank wieder nach Norden taumelte. Ich suchte durch heftige Bewegung mir Erleichterung zu verschaffen, und lief mit unsicheren raschen Schritten von Westen nach Osten und von Osten nach Westen. Ich befand mich bald in dem Tag und bald in der Nacht; bald im Sommer und bald in der Winterkälte.

Ich weiß nicht, wie lange ich mich so auf der Erde herumtaumelte. Ein brennendes Fieber glühte durch meine Adern, ich fühlte mit großer Angst die Besinnung mich verlassen. Noch wollte das Unglück, daß ich bei so unvorsichtigem Laufen jemanden auf den Fuß trat. Ich mochte ihm weh getan haben; ich erhielt einen starken Stoß, und ich fiel hin. –

Als ich zuerst zum Bewußtsein zurückkehrte, lag ich gemächlich in einem guten Bette, das unter vielen andern Betten in einem

geräumigen und schönen Saale stand. Es saß mir jemand zu
Haupten; es gingen Menschen durch den Saal von einem Bette
zum andern. Sie kamen vor das meine und unterhielten sich von
mir. Sie nannten mich aber Numero Zwölf, und an der Wand zu
meinen Füßen stand doch ganz gewiß, es war keine Täuschung,
ich konnte es deutlich lesen, auf schwarzer Marmortafel mit großen goldenen Buchstaben mein Name

PETER SCHLEMIHL

ganz richtig geschrieben. Auf der Tafel standen noch unter meinem Namen zwei Reihen Buchstaben, ich war aber zu schwach,
um sie zusammen zu bringen, ich machte die Augen wieder zu.

Ich hörte etwas, worin von Peter Schlemihl die Rede war, laut
und vernehmlich ablesen, ich konnte aber den Sinn nicht fassen;
ich sah einen freundlichen Mann und eine sehr schöne Frau in
schwarzer Kleidung vor meinem Bette erscheinen. Die Gestalten
waren mir nicht fremd und ich konnte sie nicht erkennen.

Es verging einige Zeit, und ich kam wieder zu Kräften. Ich
hieß Numero Zwölf, und Numero Zwölf galt seines langen Bar-
tes wegen für einen Juden, darum er aber nicht minder sorgfältig
gepflegt wurde. Daß er keinen Schatten hatte, schien unbemerkt
geblieben zu sein. Meine Stiefel befanden sich, wie man mich versicherte, nebst allem, was man bei mir gefunden, als ich hieher
gebracht worden, in gutem und sicherm Gewahrsam, um mir
nach meiner Genesung wieder zugestellt zu werden. Der Ort,
worin ich krank lag, hieß das SCHLEMIHLIUM; was täglich von
Peter Schlemihl abgelesen wurde, war eine Ermahnung für denselben, als den Urheber und Wohltäter dieser Stiftung zu beten.
Der freundliche Mann, den ich an meinem Bette gesehen hatte,
war Bendel, die schöne Frau war Mina.

Ich genas unerkannt im Schlemihlio, und erfuhr noch mehr,
ich war in Bendels Vaterstadt, wo er aus dem Überrest meines
sonst nicht gesegneten Goldes dieses Hospitium, wo Unglückliche mich segneten, unter meinem Namen gestiftet hatte, und er
führte über dasselbe die Aufsicht. Mina war Witwe, ein unglücklicher Kriminal-Prozeß hatte den Herrn Rascal das Leben und
ihr selbst ihr mehrstes Vermögen gekostet. Ihre Eltern waren

nicht mehr. Sie lebte hier als eine gottesfürchtige Witwe, und übte Werke der Barmherzigkeit. –

Sie unterhielt sich einst am Bette Numero Zwölf mit dem Herrn Bendel: »Warum, edle Frau, wollen Sie sich so oft der bösen Luft, die hier herrscht, aussetzen? Sollte denn das Schicksal mit Ihnen so hart sein, daß Sie zu sterben begehrten?« – »Nein, Herr Bendel, seit ich meinen langen Traum ausgeträumt habe, und in mir selber erwacht bin, geht es mir wohl, seitdem wünsche ich nicht mehr und fürchte nicht mehr den Tod. Seitdem denke ich heiter an Vergangenheit und Zukunft. Ist es nicht auch mit stillem innerlichem Glück, daß Sie jetzt auf so gottselige Weise Ihrem Herrn und Freunde dienen?« – »Sei Gott gedankt, ja, edle Frau. Es ist uns doch wundersam ergangen, wir haben viel Wohl und bitt'res Weh unbedachtsam aus dem vollen Becher geschlürft. Nun ist er leer; nun möcht einer meinen, das sei alles nur die Probe gewesen, und, mit kluger Einsicht gerüstet, den wirklichen Anfang erwarten. Ein anderer ist nun der wirkliche Anfang, und man wünscht das erste Gaukelspiel nicht zurück, und ist dennoch im ganzen froh, es, wie es war, gelebt zu haben. Auch find' ich in mir das Zutrauen, daß es nun unserm alten Freund besser ergehen muß, als damals.« – »Auch in mir«, erwiderte die schöne Witwe, und sie gingen an mir vorüber.

Dieses Gespräch hatte einen tiefen Eindruck in mir zurückgelassen; aber ich zweifelte im Geiste, ob ich mich zu erkennen geben oder unerkannt von dannen gehen sollte. – Ich entschied mich. Ich ließ mir Papier und Bleistift geben, und schrieb die Worte: »Auch Eurem alten Freunde ergeht es nun besser als damals, und büßet er, so ist es Buße der Versöhnung.« Hierauf begehrte ich mich anzuziehen, da ich mich stärker befände. Man holte den Schlüssel zu dem kleinen Schrank, der neben meinem Bette stand, herbei. Ich fand alles, was mir gehörte, darin. Ich legte meine Kleider an, hing meine botanische Kapsel, worin ich mit Freuden meine nordischen Flechten wieder fand, über meine schwarze Kurtka um, zog meine Stiefel an, legte den geschriebenen Zettel auf mein Bett, und, so wie die Tür' aufging, war ich schon weit auf dem Wege nach der Thebais.

Wie ich längst der syrischen Küste den Weg, auf den ich mich zum letzten Mal vom Hause entfernt hatte, zurücklegte, sah ich mir meinen armen Figaro entgegenkommen. Dieser vortreffliche Pudel schien seinen Herrn, den er lange zu Hause erwartet haben mochte, auf die Spur nachgehen zu wollen. Ich stand still, und rief ihm zu. Er sprang bellend an mich mit tausend rührenden Äußerungen seiner unschuldigen ausgelassenen Freude. Ich nahm ihn unter dem Arm, denn freilich konnte er mir nicht folgen, und brachte ihn mit mir wieder nach Hause.

Ich fand dort alles in der alten Ordnung, und kehrte nach und nach, so wie ich wieder Kräfte bekam, zu meinen vormaligen Beschäftigungen und zu meiner alten Lebensweise zurück. Nur daß ich mich ein ganzes Jahr hindurch der mir ganz unzuträglichen Polar-Kälte enthielt. –

Und so, mein lieber Chamisso, leb' ich noch heute. Meine Stiefel nutzen sich nicht ab, wie das sehr gelehrte Werk des berühmten Tieckius, de rebus gestis Pollicilli, es mich anfangs befürchten lassen. Ihre Kraft bleibt ungebrochen; nur meine Kraft geht dahin, doch hab' ich den Trost, sie an einen Zweck in fortgesetzter Richtung und nicht fruchtlos verwendet zu haben. Ich habe, so weit meine Stiefel gereicht, die Erde, ihre Gestaltung, ihre Höhen, ihre Temperatur, ihre Atmosphäre in ihrem Wechsel, die Erscheinungen ihrer magnetischen Kraft, das Leben auf ihr, besonders im Pflanzenreiche, gründlicher kennengelernt, als vor mir irgendein Mensch. Ich habe die Tatsachen mit möglichster Genauigkeit in klarer Ordnung aufgestellt in mehrern Werken, meine Folgerungen und Ansichten flüchtig in einigen Abhandlungen niedergelegt. – Ich habe die Geographie vom Innern von Afrika und von den nördlichen Polarländern, vom Innern von Asien und von seinen östlichen Küsten, festgesetzt. Meine Historia stirpium plantarum utriusque orbis steht da als ein großes Fragment der Flora universalis terrae, und als ein Glied meines Systema naturae. Ich glaube darin nicht bloß die Zahl der bekannten Species mäßig um mehr als ein Drittel vermehrt zu haben, sondern auch etwas für das natürliche System und für die Geographie der Pflanzen getan zu haben. Ich arbeite jetzt fleißig an meiner Fauna. Ich werde Sorge tragen, daß vor meinem Tode meine Manuskripte bei der Berliner Universität niedergelegt werden.

Und dich, mein lieber Chamisso, hab' ich zum Bewahrer meiner wundersamen Geschichte erkoren, auf daß sie vielleicht, wenn ich von der Erde verschwunden bin, manchem seiner Bewohner zur nützlichen Lehre gereichen könne. Du aber, mein Freund, willst Du unter den Menschen leben, so lerne verehren zuvörderst den Schatten, sodann das Geld. Willst Du nur Dir und Deinem bessern Selbst leben, o so brauchst du keinen Rat.

EXPLICIT

Ernst Theodor Amadeus Hoffmann
Die Geschichte vom verlornen Spiegelbilde

Endlich war es doch so weit gekommen, daß Erasmus Spikher den Wunsch, den er sein Leben lang im Herzen genährt, erfüllen konnte. Mit frohem Herzen und wohlgefülltem Beutel setzte er sich in den Wagen, um die nördliche Heimat zu verlassen und nach dem schönen warmen Welschland zu reisen. Die liebe fromme Hausfrau vergoß tausend Tränen, sie hob den kleinen Rasmus, nachdem sie ihm Nase und Mund sorgfältig geputzt, in den Wagen hinein, damit der Vater zum Abschiede ihn noch sehr küsse. »Lebe wohl, mein lieber Erasmus Spikher«, sprach die Frau schluchzend, »das Haus will ich dir gut bewahren, denke fein fleißig an mich, bleibe mir treu und verliere nicht die schöne Reisemütze, wenn du, wie du wohl pflegst, schlafend zum Wagen herausnickst.« – Spikher versprach das.

In dem schönen Florenz fand Erasmus einige Landsleute, die voll Lebenslust und jugendlichen Muts in den üppigen Genüssen, wie sie das herrliche Land reichlich darbot, schwelgten. Er bewies sich ihnen als ein wackrer Kumpan und es wurden allerlei ergötzliche Gelage veranstaltet, denen Spikhers besonders muntrer Geist und das Talent, dem tollen Ausgelassenen das Sinnige beizufügen, einen eignen Schwung gaben. So kam es denn, daß die jungen Leute (Erasmus erst siebenundzwanzig Jahr alt, war wohl dazu zu rechnen) einmal zur Nachtzeit in eines herrlichen, duftenden Gartens erleuchtetem Boskett ein gar fröhliches Fest begingen. Jeder, nur nicht Erasmus, hatte eine liebliche Donna mitgebracht. Die Männer gingen in zierlicher altteutscher Tracht, die Frauen waren in bunten leuchtenden Gewändern, jede auf andere Art ganz fantastisch gekleidet, so daß sie erschienen wie liebliche wandelnde Blumen. Hatte diese oder jene zu dem Saitengelispel der Mandolinen ein italienisches Liebeslied gesungen, so stimmten die Männer unter dem lustigen Geklingel der mit Syrakuser gefüllten Gläser einen kräftigen deutschen Rundgesang an. – Ist ja doch Italien das Land der Liebe. Der Abendwind säuselte wie in sehnsüchtigen Seufzern, wie Liebeslaute durchwallten die Orange- und Jasmindüfte das Boskett, sich mischend in das lose neckhafte Spiel, das die holden Frauenbilder, all die kleinen zarten Buffonerien, wie sie nur den italienischen Weibern eigen, aufbietend, begonnen hatten. Immer reger und lauter wurde die Lust. Friedrich, der Glühendste vor allen, stand auf, mit einem Arm hatte er seine Donna umschlungen, und das mit perlendem Syrakuser gefüllte Glas mit der andern Hand hoch schwingend, rief er: »Wo ist denn Himmelslust und Seligkeit zu finden als bei euch, ihr holden, herrlichen, italienischen Frauen, ihr seid ja die Liebe selbst. – Aber du, Erasmus«, fuhr er fort, sich zu Spikher wendend, »scheinst das nicht sonderlich zu fühlen, denn nicht allein, daß du, aller Verabredung, Ordnung und Sitte entgegen, keine Donna zu unserm Feste geladen hast, so bist du auch heute so trübe und in dich gekehrt, daß, hättest du nicht wenigstens tapfer getrunken und gesungen, ich glauben würde, du seist mit einemmal ein langweiliger Melancholikus geworden.« – »Ich muß dir gestehen, Friedrich«, erwiderte Erasmus, »daß ich mich auf *die* Weise nun einmal nicht freuen kann. Du weißt ja, daß ich eine liebe, fromme Hausfrau zurückgelassen habe, die ich recht aus tiefer Seele liebe, und an der ich ja offenbar einen Verrat beginge, wenn ich im losen Spiel auch nur für einen Abend mir eine Donna wählte. Mit euch unbeweibten Jünglingen ist das ein andres, aber ich, als Familienvater« – Die Jünglinge lachten hell auf, da Erasmus bei dem Worte »Familienvater« sich bemühte, das jugendliche gemütliche Gesicht in ernste Falten zu ziehen, welches denn eben sehr possierlich herauskam. Friedrichs Donna ließ sich das, was Erasmus teutsch gesprochen, in das Italienische übersetzen, dann wandte sie sich ernsten Blickes zum Erasmus und sprach, mit aufgehobenem Finger leise drohend: »Du kalter, kalter Teutscher! – verwahre dich wohl, noch hast du Giulietta nicht gesehen!«

In dem Augenblick rauschte es beim Eingange des Bosketts, und aus dunkler Nacht trat in den lichten Kerzenschimmer hinein ein wunderherrliches Frauenbild. Das weiße, Busen, Schultern und Nacken nur halb verhüllende Gewand, mit bauschigen bis an die Ellbogen streifenden Ärmeln, floß in reichen breiten Falten herab, die Haare vorn an der Stirn gescheitelt, hinten in vielen Flechten heraufgenestelt. – Goldene Ketten um den Hals, reiche Armbänder um die Handgelenke geschlungen, vollendeten den altertümlichen Putz der Jungfrau, die anzusehen war, als wandle ein Frauenbild von Rubens oder dem zierlichen Mieris daher. »Giulietta!« riefen die Mädchen voll Erstaunen. Giulietta, deren Engelsschönheit alle überstrahlte, sprach mit süßer lieblicher Stimme: »Laßt mich doch teilnehmen an eurem schönen Fest, ihr wackern teutschen Jünglinge. Ich will hin zu jenem dort, der unter euch ist so ohne Lust und ohne Liebe.« Damit wandelte sie in hoher Anmut zum Erasmus und setzte sich auf den Sessel, der neben ihm leer geblieben, da man vorausgesetzt hatte, daß auch er eine Donna mitbringen werde. Die Mädchen lispelten untereinander: »Seht, o seht, wie Giulietta heute wieder so schön ist!« und die Jünglinge sprachen: »Was ist denn das mit dem Erasmus, er hat ja die Schönste gewonnen und uns nur wohl verhöhnt?«

Dem Erasmus war bei dem ersten Blick, den er auf Giulietta warf, so ganz besonders zu Mute geworden, daß er selbst nicht wußte, was sich denn so gewaltsam in seinem Innern rege. Als sie sich ihm näherte, faßte ihn eine fremde Gewalt und drückte seine Brust zusammen, daß sein Atem stockte. Das Auge fest geheftet auf Giulietta mit erstarten Lippen saß er da und konnte kein Wort hervorbringen, als die Jünglinge laut Giuliettas Anmut und Schönheit priesen. Giulietta nahm einen vollgeschenkten Pokal und stand auf, ihn dem Erasmus freundlich darreichend; *der* ergriff den Pokal, Giuliettas zarte Finger leise berührend. Er trank, Glut strömte durch seine Adern. Da fragte Giulietta scherzend: »Soll ich denn Eure Donna sein?« Aber Erasmus warf sich wie im Wahnsinn vor Giulietta nieder, drückte ihre beiden Hände an seine Brust und rief: »Ja, *du* bist es, *dich* habe ich geliebt immerdar, *dich*, du Engelsbild! – Dich habe ich geschaut in meinen Träumen, *du* bist mein Glück, meine Seligkeit, mein höheres Leben!« – Alle glaubten, der Wein sei dem Erasmus zu Kopf gestiegen, denn so hatten sie ihn nie gesehen, er schien ein anderer worden. »Ja, du – du bist mein Leben, du flammst in mir mit verzehrender Glut. Laß mich untergehen – untergehen, nur in dir, nur du will ich sein«, so schrie Erasmus, aber Giulietta nahm ihn sanft in die Arme; ruhiger geworden setzte er sich an ihre Seite, und bald begann wieder das heitre Liebesspiel in munteren Scherzen und Liedern, das durch Giulietta und Erasmus unterbrochen worden. Wenn Giulietta sang, war es, als gingen aus tiefster Brust Himmelstöne hervor, nie gekannte, nur geahnte Lust in allen entzündend. Ihre volle wunderbare Kristallstimme trug eine geheimnisvolle Glut in sich, die jedes Gemüt ganz und gar befing. Fester hielt jeder Jüngling seine Donna umschlungen, und feuriger strahlte Aug in Auge. Schon verkündete ein roter Schimmer den Anbruch der Morgenröte, da riet Giulietta das Fest zu enden. Es geschah. Erasmus schickte sich an, Giulietta zu begleiten, sie schlug das ab und bezeichnete ihm das Haus, wo er sie künftig finden könne. Während des teutschen Rundgesanges, den die Jünglinge noch zum Beschluß des Festes anstimmten, war Giulietta aus dem Boskett verschwunden; man sah sie hinter zwei Bedienten, die mit Fackeln voranschritten, durch einen fernen Laubgang wandeln. Erasmus wagte nicht, ihr zu folgen. Die Jünglinge nahmen nun jeder seine Donna unter den Arm und schritten in voller heller Lust von dannen. Ganz verstört und im Innern zerrissen von Sehnsucht und Liebesqual folgte ihnen endlich Erasmus, dem sein kleiner Diener mit der Fackel vorleuchtete. So ging er, da die Freunde ihn verlassen, durch eine entlegene Straße, die nach seiner Wohnung führte. Die Morgenröte war hoch heraufgestiegen, der Diener stieß die Fackel auf dem Steinpflaster aus, aber in den aufsprühenden Funken stand plötzlich eine seltsame Figur vor Erasmus, ein langer dürrer Mann mit spitzer Habichtsnase, funkelnden Augen, hämisch verzogenem Munde, im feuerroten Rock mit strahlenden Stahlknöpfen. *Der* lachte und rief mit unangenehm gellender Stimme: »Ho ho! – Ihr

seid wohl aus einem alten Bilderbuch herausgestiegen mit Euerm
Mantel, Euerm geschlitzten Wams und Euerm Federnbarett. –
Ihr seht recht schnakisch aus, Hr. Erasmus, aber wollt Ihr denn
auf der Straße der Leute Spott werden? Kehrt doch nur ruhig zurück in Euern Pergamentband.« – »Was geht Euch meine Kleidung an«, sprach Erasmus verdrießlich und wollte, den roten
Kerl beiseite schiebend, vorübergehen, *der* schrie ihm nach:
»Nun, nun – eilt nur nicht so, zur Giulietta könnt Ihr doch jetzt
gleich nicht hin.« Erasmus drehte sich rasch um. »Was sprecht
Ihr von Giulietta«, rief er mit wilder Stimme, den roten Kerl bei
der Brust packend. *Der* wandte sich aber pfeilschnell und war,
ehe sich's Erasmus versah, verschwunden. Erasmus blieb ganz
verblüfft stehen, mit dem Stahlknopf in der Hand, den er dem
Roten abgerissen. »Das war der Wunderdoktor, Signor Dapertutto; was der nur von Euch wollte?« sprach der Diener, aber
dem Erasmus wandelte ein Grauen an, er eilte sein Haus zu erreichen.

Giulietta empfing den Erasmus mit all der wunderbaren Anmut und Freundlichkeit, die ihr eigen. Der wahnsinnigen Leidenschaft, die den Erasmus entflammt, setzte sie ein mildes,
gleichmütiges Betragen entgegen. Nur dann und wann funkelten
ihre Augen höher auf, und Erasmus fühlte, wie leise Schauer aus
dem Innersten heraus ihn durchbebten, wenn sie manchmal ihn
mit einem recht seltsamen Blicke traf. Nie sagte sie ihm, daß sie
ihn liebe, aber ihre ganze Art und Weise mit ihm umzugehen,
ließ es ihn deutlich ahnen, und so kam es, daß immer festere und
festere Bande ihn umstrickten. Ein wahres Sonnenleben ging ihm
auf; die Freunde sah er selten, da Giulietta ihn in andere fremde
Gesellschaft eingeführt.

Einst begegnete ihm Friedrich, der ließ ihn nicht los, und als
der Erasmus durch manche Erinnerung an sein Vaterland und an
sein Haus recht mild und weich geworden, da sagte Friedrich:
»Weißt du wohl, Spikher, daß du in recht gefährliche Bekanntschaft geraten bist? Du mußt es doch wohl schon gemerkt haben,
daß die schöne Giulietta eine der schlauesten Courtisanen ist, die
es je gab. Man trägt sich dabei mit allerlei geheimnisvollen, seltsa-

men Geschichten, die sie in gar besonderm Lichte erscheinen lassen. Daß sie über die Menschen, wenn sie will, eine unwiderstehliche Macht übt und sie in unauflösliche Bande verstrickt, seh ich an dir, du bist ganz und gar verändert, du bist ganz der verführerischen Giulietta hingegeben, du denkst nicht mehr an deine liebe fromme Hausfrau.« – Da hielt Erasmus beide Hände vors Gesicht, er schluchzte laut, er rief den Namen seiner Frau. Friedrich merkte wohl, wie ein innerer harter Kampf begonnen. »Spikher«, fuhr er fort, »laß uns schnell abreisen.« – »Ja, Friedrich«, rief Spikher heftig, »du hast recht. Ich weiß nicht, wie mich so finstre gräßliche Ahnungen plötzlich ergreifen – ich muß fort, noch heute fort.« – Beide Freunde eilten über die Straße, quer vorüber schritt Signor Dapertutto, *der* lachte dem Erasmus ins Gesicht und rief: »Ach, eilt doch, eilt doch nur schnell, Giulietta wartet schon, das Herz voll Sehnsucht, die Augen voll Tränen. – Ach, eilt doch, eilt doch!« Erasmus wurde wie vom Blitz getroffen. »Dieser Kerl«, sprach Friedrich, »dieser Ciarlatano ist mir im Grunde der Seele zuwider, und daß *der* bei Giulietta aus- und eingeht und ihr seine Wunderessenzen verkauft« – »Was!« rief Erasmus, »dieser abscheuliche Kerl bei Giulietta – bei Giulietta?« – »Wo bleibt Ihr aber auch so lange, alles wartet auf Euch, habt Ihr denn gar nicht an mich gedacht?« so rief eine sanfte Stimme vom Balkon herab. Es war Giulietta, vor deren Hause die Freunde, ohne es bemerkt zu haben, standen. Mit einem Sprunge war Erasmus im Hause. »Der ist nun einmal hin und nicht mehr zu retten«, sprach Friedrich leise und schlich über die Straße fort.

Nie war Giulietta liebenswürdiger gewesen, sie trug dieselbe Kleidung als damals in dem Garten, sie strahlte in voller Schönheit und jugendlicher Anmut. Erasmus hatte alles vergessen, was er mit Friedrich gesprochen, mehr als je riß ihn die höchste Wonne, das höchste Entzücken unwiderstehlich hin, aber auch noch niemals hatte Giulietta so ohne allen Rückhalt ihm ihre innigste Liebe merken lassen. Nur *ihn* schien sie zu beachten, nur für *ihn* zu sein. – Auf einer Villa, die Giulietta für den Sommer gemietet, sollte ein Fest gefeiert werden. Man begab sich dahin.

In der Gesellschaft befand sich ein junger Italiener von recht häß-
licher Gestalt und noch häßlicheren Sitten, *der* bemühte sich viel
um Giulietta und erregte die Eifersucht des Erasmus, der voll In-
grimm sich von den andern entfernte und einsam in einer Seiten-
Allee des Gartens auf- und abschlich. Giulietta suchte ihn auf.
»Was ist dir? – bist du denn nicht ganz mein?« Damit umfing sie
ihn mit den zarten Armen und drückte einen Kuß auf seine Lippen. Feuerstrahlen durchblitzten ihn, in rasender Liebeswut
drückte er die Geliebte an sich und rief: »Nein, ich lasse dich
nicht, und sollte ich untergehen im schmachvollsten Verderben!« Giulietta lächelte seltsam bei diesen Worten, und ihn traf
jener sonderbare Blick, der ihm jederzeit innern Schauer erregte.
Sie gingen wieder zur Gesellschaft. Der widrige junge Italiener
trat jetzt in die Rolle des Erasmus; von Eifersucht getrieben,
stieß er allerlei spitze beleidigende Reden gegen Teutsche und
insbesondere gegen Spikher aus. *Der* konnte es endlich nicht länger ertragen; rasch schritt er auf den Italiener los. »Haltet ein«,
sprach er, »mit Euern nichtswürdigen Sticheleien auf Teutsche
und auf mich, sonst werfe ich Euch in jenen Teich, und Ihr könnt
Euch im Schwimmen versuchen.« In dem Augenblick blitzte ein
Dolch in des Italieners Hand, da packte Erasmus ihn wütend bei
der Kehle und warf ihn nieder, ein kräftiger Fußtritt ins Genick,
und der Italiener gab röchelnd seinen Geist auf. – Alles stürzte
auf den Erasmus los, er war ohne Besinnung – er fühlte sich ergriffen, fortgerissen. Als er wie aus tiefer Betäubung erwachte,
lag er in einem kleinen Kabinett zu Giuliettas Füßen, die, das
Haupt über ihn herabgebeugt, ihn mit beiden Armen umfaßt
hielt. »Du böser, böser Teutscher«, sprach sie unendlich sanft
und mild, »welche Angst hast du mir verursacht! Aus der nächsten Gefahr habe ich dich errettet, aber nicht sicher bist du mehr
in Florenz, in Italien. Du mußt fort, du mußt mich, die dich so
sehr liebt, verlassen.« Der Gedanke der Trennung zerriß den
Erasmus in namenlosem Schmerz und Jammer. »Laß mich bleiben«, schrie er, »ich will ja gern den Tod leiden, heißt denn sterben mehr als leben ohne dich?« Da war es ihm, als rufe eine leise
ferne Stimme schmerzlich seinen Namen. Ach! es war die

Stimme der frommen teutschen Hausfrau. Erasmus verstummte, und auf ganz seltsame Weise fragte Giulietta: »Du denkst wohl an dein Weib? – Ach, Erasmus, du wirst mich nur zu bald vergessen.« – »Könnte ich nur ewig und immerdar ganz dein sein«, sprach Erasmus. Sie standen gerade vor dem schönen breiten Spiegel, der in der Wand des Kabinetts angebracht war und an dessen beiden Seiten helle Kerzen brannten. Fester, inniger drückte Giulietta den Erasmus an sich, indem sie leise lispelte: »Laß mir dein Spiegelbild, du innig Geliebter, es soll mein und bei mir bleiben immerdar.« – »Giulietta«, rief Erasmus ganz verwundert, »was meinst du denn? – mein Spiegelbild?« – Er sah dabei in den Spiegel, der ihn und Giulietta in süßer Liebesumarmung zurückwarf. »Wie kannst du denn mein Spiegelbild behalten«, fuhr er fort, »das mit mir wandelt überall, und aus jedem klaren Wasser, aus jeder hellgeschliffnen Fläche mir entgegentritt?« – »Nicht einmal«, sprach Giulietta, »nicht einmal diesen Traum deines Ichs, wie er aus dem Spiegel hervorschimmert, gönnst du mir, der du sonst mein mit Leib und Leben sein wolltest? Nicht einmal dein unstetes Bild soll bei mir bleiben und mit mir wandeln durch das arme Leben, das nun wohl, da du fliehst, ohne Lust und Liebe bleiben wird?« Die heißen Tränen stürzten der Giulietta aus den schönen dunklen Augen. Da rief Erasmus wahnsinnig vor tötendem Liebesschmerz: »Muß ich denn fort von dir? – muß ich fort, so soll mein Spiegelbild dein bleiben auf ewig und immerdar. Keine Macht – der Teufel soll es dir nicht entreißen, bis du mich selbst hast mit Seele und Leib.« – Giuliettas Küsse brannten wie Feuer auf seinem Munde, als er dies gesprochen, dann ließ sie ihn los und streckte sehnsuchtsvoll die Arme aus nach dem Spiegel. Erasmus sah, wie sein Bild unabhängig von seinen Bewegungen hervortrat, wie es in Giuliettas Arme glitt, wie es mit ihr im seltsamen Duft verschwand. Allerlei häßliche Stimmen meckerten und lachten in teuflischem Hohn; erfaßt von dem Todeskrampf des tiefsten Entsetzens sank er bewußtlos zu Boden, aber die fürchterliche Angst – das Grausen riß ihn auf aus der Betäubung, in dicker dichter Finsternis taumelte er zur Tür hinaus, die Treppe hinab. Vor dem Hause ergriff man ihn und hob ihn in einen Wagen, der schnell fortrollte. »Dieselben haben sich etwas alteriert, wie es scheint«, sprach der Mann, der sich neben ihn gesetzt hatte, in teutscher Sprache, »Dieselben haben sich etwas alteriert, indessen wird jetzt alles ganz vortrefflich gehen, wenn Sie sich nur mir ganz überlassen wollen. Giuliettchen hat schon das ihrige getan und mir Sie empfohlen. Sie sind auch ein recht lieber junger Mann und inklinieren erstaunlich zu angenehmen Späßen, wie sie uns, mir und Giuliettchen, sehr behagen. Das war mir ein recht tüchtiger teutscher Tritt in den Nacken. Wie dem Amoroso die Zunge kirschblau zum Halse heraushing – es sah recht possierlich aus, und wie er so krächzte und ächzte und nicht gleich abfahren konnte – ha – ha – ha –« Die Stimme des Mannes war so widrig höhnend, sein Schnickschnack so gräßlich, daß die Worte Dolchstichen gleich in des Erasmus Brust fuhren. »Wer Ihr auch sein mögt«, sprach Erasmus, »schweigt, schweigt von der entsetzlichen Tat, die ich bereue!« – »Bereuen, bereuen!« erwiderte der Mann, »so bereut Ihr auch wohl, daß Ihr Giulietta kennen gelernt und ihre süße Liebe erworben habt?« – »Ach, Giulietta, Giulietta!« seufzte Erasmus. »Nun ja«, fuhr der Mann fort, »so seid Ihr nun kindisch, Ihr wünscht und wollt, aber alles soll auf gleichem glatten Wege bleiben. Fatal ist es zwar, daß Ihr Giulietta habt verlassen müssen, aber doch könnte ich wohl, bliebet Ihr hier, Euch allen Dolchen Eurer Verfolger und auch der lieben Justiz entziehen.« Der Gedanke bei Giulietta bleiben zu können, ergriff den Erasmus gar mächtig. »Wie wäre das möglich?« fragte er. – »Ich kenne«, fuhr der Mann fort, »ein sympathetisches Mittel, das Eure Verfolger mit Blindheit schlägt, kurz, welches bewirkt, daß Ihr ihnen immer mit einem andern Gesichte erscheint und sie Euch niemals wieder erkennen. Sowie es Tag ist, werdet Ihr so gut sein recht lange und aufmerksam in irgend einen Spiegel zu schauen, mit Euerm Spiegelbilde nehme ich dann, ohne es im mindesten zu versehren, gewisse Operationen vor und Ihr seid geborgen. Ihr könnt dann leben mit Giulietta ohne alle Gefahr in aller Lust und Freudigkeit.« – »Fürchterlich, fürchterlich!« schrie Erasmus auf. »Was ist denn fürchterlich, mein Wertester!« fragte der Mann höhnisch. »Ach, ich – habe, ich – habe«, fing Erasmus an – »Euer Spiegelbild sitzen lassen«, fiel der Mann schnell ein, »sitzen lassen bei Giulietta? – ha ha ha! Bravissimo, mein Bester! Nun könnt Ihr durch Fluren und Wälder, Städte und Dörfer laufen, bis Ihr Euer Weib gefunden nebst dem kleinen Rasmus und wieder ein Familienvater seid, wiewohl ohne Spiegelbild, worauf es Eurer Frau auch weiter wohl nicht ankommen wird, da sie Euch leiblich hat, Giulietta aber nur Euer schimmerndes Traum-Ich.« – »Schweige, du entsetzlicher Mensch«, schrie Erasmus. In dem Augenblick nahte sich ein fröhlich singender Zug mit Fackeln, die ihren Glanz in den Wagen warfen. Erasmus sah seinem Begleiter ins Gesicht und erkannte den häßlichen Doktor Dapertutto. Mit einem Satz sprang er aus dem Wagen und lief dem Zuge entgegen, da er schon in der Ferne Friedrichs wohltönenden Baß erkannt hatte. Die Freunde kehrten von einem ländlichen Mahle zurück. Schnell unterrichtete Erasmus Friedrichen von allem was geschehen, und verschwieg nur den Verlust seines Spiegelbildes. Friedrich eilte mit ihm voran nach der Stadt, und so schnell wurde alles Nötige veranstaltet, daß, als die Morgenröte aufgegangen, Erasmus auf einem raschen Pferde sich schon weit von Florenz entfernt hatte. – Spikher hat manches Abenteuer aufgeschrieben, das ihm auf seiner Reise begegnete. Am merkwürdigsten ist der Vorfall, welcher zuerst den Verlust seines Spiegelbildes ihm recht seltsam fühlen ließ. Er war nämlich gerade, weil sein müdes Pferd Erholung bedurfte, in einer großen Stadt geblieben, und setzte sich ohne Arg an die stark besetzte Wirtstafel, nicht achtend, daß ihm gegenüber ein schöner klarer Spiegel hing. Ein Satan von Kellner, der hinter seinem Stuhle stand, wurde gewahr, daß drüben im Spiegel der Stuhl leer geblieben und sich nichts von der darauf sitzenden Person reflektiere. Er teilte seine Bemerkung dem Nachbar des Erasmus mit, *der* seinem Nebenmann, es lief durch die ganze Tischreihe ein Gemurmel und Geflüster, man sah den Erasmus an, dann in den Spiegel. Noch hatte Erasmus gar nicht bemerkt, daß ihm das alles galt, als ein ernsthafter Mann vom Tisch aufstand, ihn vor den Spiegel führte, hineinsah und dann sich zur Gesellschaft wen-

dend laut rief: »Wahrhaftig, er hat kein Spiegelbild!« – »Er hat
kein Spiegelbild – er hat kein Spiegelbild!« schrie alles durcheinander; »ein mauvais sujet, ein homo nefas, werft ihn zur Tür hinaus!« – Voll Wut und Scham flüchtete Erasmus auf sein Zimmer;
aber kaum war er dort, als ihm von Polizei wegen angekündigt
wurde, daß er binnen einer Stunde mit seinem vollständigen, völlig ähnlichen Spiegelbilde vor der Obrigkeit erscheinen oder die
Stadt verlassen müsse. Er eilte von dannen, vom müßigen Pöbel,
von den Straßenjungen verfolgt, die ihm nachschrieen: »Da reitet
er hin, der dem Teufel sein Spiegelbild verkauft hat, da reitet er
hin!« – Endlich war er im Freien. Nun ließ er überall wo er hin-
kam, unter dem Vorwande eines natürlichen Abscheus gegen
jede Abspiegelung, alle Spiegel schnell verhängen, und man
nannte ihn daher spottweise den General Suwarow, der ein gleiches tat.

Freudig empfing ihn, als er seine Vaterstadt und sein Haus erreicht, die liebe Frau mit dem kleinen Rasmus, und bald schien es
ihm, als sei in ruhiger, friedlicher Häuslichkeit der Verlust des
Spiegelbildes wohl zu verschmerzen. Es begab sich eines Tages,
daß Spikher, der die schöne Giulietta ganz aus Sinn und Gedanken verloren, mit dem kleinen Rasmus spielte; *der* hatte die
Händchen voll Ofenruß und fuhr damit dem Papa ins Angesicht.
»Ach, Vater, Vater, wie hab ich dich schwarz gemacht, schau mal
her!« So rief der Kleine und holte, ehe Spikher es hindern konnte,
einen Spiegel herbei, den er, ebenfalls hineinschauend, dem Vater
vorhielt. – Aber gleich ließ er den Spiegel weinend fallen und lief
schnell zum Zimmer hinaus. Bald darauf trat die Frau herein,
Staunen und Schreck in den Mienen. »Was hat mir der Rasmus
von dir erzählt«, sprach sie. »Daß ich kein Spiegelbild hätte,
nicht wahr, mein Liebchen?« fiel Spikher mit erzwungenem Lächeln ein, und bemühte sich zu beweisen, daß es zwar unsinnig
sei zu glauben, man könne überhaupt sein Spiegelbild verlieren,
im ganzen sei aber nicht viel daran verloren, da jedes Spiegelbild
doch nur eine Illusion sei, Selbstbetrachtung zur Eitelkeit führe,
und noch dazu ein solches Bild das eigne Ich spalte in Wahrheit
und Traum. Indem er so sprach, hatte die Frau von einem ver-

hängten Spiegel, der sich in dem Wohnzimmer befand, schnell das Tuch herabgezogen. Sie schaute hinein, und als träfe sie ein Blitzstrahl, sank sie zu Boden. Spikher hob sie auf, aber kaum hatte die Frau das Bewußtsein wieder, als sie ihn mit Abscheu von sich stieß. »Verlasse mich«, schrie sie, »verlasse mich, fürchterlicher Mensch! Du bist es nicht, du bist nicht mein Mann, nein – ein höllischer Geist bist du, der mich um meine Seligkeit bringen, der mich verderben will. – Fort, verlasse mich, du hast keine Macht über mich, Verdammter!« Ihre Stimme gellte durch das Zimmer, durch den Saal, die Hausleute liefen entsetzt herbei, in voller Wut und Verzweiflung stürzte Erasmus zum Hause hinaus. Wie von wilder Raserei getrieben rannte er durch die einsamen Gänge des Parks, der sich bei der Stadt befand. Giuliettas Gestalt stieg vor ihm auf in Engelsschönheit, da rief er laut: »Rächst du dich so, Giulietta, dafür, daß ich dich verließ und dir statt meines Selbst nur mein Spiegelbild gab? Ha, Giulietta, ich will ja dein sein mit Leib und Seele, *sie* hat mich verstoßen, *sie*, der ich dich opferte. Giulietta, Giulietta, ich will ja dein sein mit Leib und Leben und Seele.« – »Das können Sie ganz füglich, mein Wertester«, sprach Signor Dapertutto, der auf einmal in seinem scharlachroten Rocke mit den blitzenden Stahlknöpfen dicht neben ihm stand. Es waren Trostesworte für den unglücklichen Erasmus, deshalb achtete er nicht Dapertuttos hämisches, häßliches Gesicht, er blieb stehen und fragte mit recht kläglichem Ton: »Wie soll ich *sie* denn wieder finden, *sie*, die wohl auf immer für mich verloren ist!« – »Mit nichten«, erwiderte Dapertutto, »sie ist gar nicht weit von hier und sehnt sich erstaunlich nach Ihrem werten Selbst, Verehrter, da doch, wie Sie einsehen, ein Spiegelbild nur eine schnöde Illusion ist. Übrigens gibt sie Ihnen, sobald sie sich Ihrer werten Person, nämlich mit Leib, Leben und Seele sicher weiß, Ihr angenehmes Spiegelbild glatt und unversehrt dankbarlichst zurück.« – »Führe mich zu ihr – zu ihr hin!« rief Erasmus, »wo ist sie?« – »Noch einer Kleinigkeit bedarf es«, fiel Dapertutto ein, »bevor Sie Giulietta sehen und sich ihr gegen Erstattung des Spiegelbildes ganz ergeben können. Dieselben vermögen nicht so ganz über Dero werte Person zu

disponieren, da Sie noch durch gewisse Bande gefesselt sind, die
erst gelöset werden müssen. – Dero liebe Frau nebst dem hoff-
nungsvollen Söhnlein« – »Was soll das?« fuhr Erasmus wild auf.
»Eine unmaßgebliche Trennung dieser Bande«, fuhr Dapertutto
fort, »könnte auf ganz leicht menschliche Weise bewirkt werden.
Sie wissen ja von Florenz aus, daß ich wundersame Medikamente
geschickt zu bereiten weiß, da hab ich denn hier so ein Hausmit-
telchen in der Hand. Nur ein paar Tropfen dürfen *die* genießen,
welche Ihnen und der lieben Giulietta im Wege sind, und sie sinken ohne schmerzliche Gebärde lautlos zusammen. Man nennt
das zwar sterben, und der Tod soll bitter sein; aber ist denn der
Geschmack bittrer Mandeln nicht lieblich, und nur *diese* Bitterkeit hat *der* Tod, den dieses Fläschchen verschließt. Sogleich
nach dem fröhlichen Hinsinken wird die werte Familie einen angenehmen Geruch von bittern Mandeln verbreiten. – Nehmen
Sie, Geehrtester.« – Er reichte dem Erasmus eine kleine Phiole
hin*. »Entsetzlicher Mensch«, schrie dieser, »vergiften soll ich
Weib und Kind?« – »Wer spricht denn von Gift«, fiel der Rote
ein, »nur ein wohlschmeckendes Hausmittel ist in der Phiole enthalten. Mir stünden andere Mittel, Ihnen Freiheit zu schaffen, zu
Gebote, aber durch Sie selbst möcht ich so ganz natürlich, so
ganz menschlich wirken, das ist nun einmal meine Liebhaberei.
Nehmen Sie getrost, mein Bester!« – Erasmus hatte die Phiole in
der Hand, *er* wußte selbst nicht wie. Gedankenlos rannte er nach
Hause in sein Zimmer. Die ganze Nacht hatte die Frau unter tausend Ängsten und Qualen zugebracht, sie behauptete fortwäh-
rend, der Zurückgekommene sei nicht ihr Mann, sondern ein
höllischer Geist, der ihres Mannes Gestalt angenommen. Sowie
Spikher ins Haus trat, floh alles scheu zurück, nur der kleine Rasmus wagte es, ihm nahe zu treten und kindisch zu fragen, warum
er denn sein Spiegelbild nicht mitgebracht habe, die Mutter

---

* Dapertuttos Phiole enthielt gewiß rektifiziertes Kirschlorbeerwasser, so-
    genannte Blausäure. Der Genuß einer sehr geringen Quantität dieses Was-
    sers (weniger als eine Unze) bringt die beschriebenen Wirkungen hervor.
    Horns Archiv für mediz. Erfahr. 1813. Mai bis Dez. S. 510.

würde sich darüber zu Tode grämen. Erasmus starrte den Kleinen wild an, er hatte noch Dapertuttos Phiole in der Hand. Der
Kleine trug seine Lieblingstaube auf dem Arm, und so kam es,
daß diese mit dem Schnabel sich der Phiole näherte und an dem
Pfropfe pickte; sogleich ließ sie den Kopf sinken, sie war tot.
Entsetzt sprang Erasmus auf. »Verräter«, schrie er, »du sollst
mich nicht verführen zur Höllentat!« – Er schleuderte die Phiole
durch das offene Fenster, daß sie auf dem Steinpflaster des Hofes
in tausend Stücke zersprang. Ein lieblicher Mandelgeruch stieg
auf und verbreitete sich bis ins Zimmer. Der kleine Rasmus war
erschrocken davongelaufen. Spikher brachte den ganzen Tag von
tausend Qualen gefoltert zu, bis die Mitternacht eingebrochen.
Da wurde immer reger und reger in seinem Innern Giuliettas
Bild. Einst zersprang ihr in seiner Gegenwart eine Halsschnur,
von jenen kleinen roten Beeren aufgezogen, die die Frauen wie
Perlen tragen. Die Beeren auflesend verbarg er schnell eine, weil
sie an Giuliettas Halse gelegen, und bewahrte sie treulich. *Die*
zog er jetzt hervor, und sie anstarrend richtete er Sinn und Gedanken auf die verlorne Geliebte. Da war es, als ginge aus der
Perle der magische Duft hervor, der ihn sonst umfloß in Giuliettas Nähe. »Ach, Giulietta, dich nur noch ein einziges Mal sehen
und dann untergehen in Verderben und Schmach.« – Kaum hatte
er diese Worte gesprochen, als es auf dem Gange vor der Tür leise
zu rischeln und zu rascheln begann. Er vernahm Fußtritte – es
klopfte an die Tür des Zimmers. Der Atem stockte dem Erasmus
vor ahnender Angst und Hoffnung. Er öffnete. Giulietta trat
herein, in hoher Schönheit und Anmut. Wahnsinnig vor Liebe
und Lust schloß er sie in die Arme. »Nun bin ich da, mein Geliebter«, sprach sie leise und sanft, »aber sieh, wie getreu ich dein
Spiegelbild bewahrt!« Sie zog das Tuch vom Spiegel herab, Erasmus sah mit Entzücken sein Bild, der Giulietta sich anschmie-
gend; unabhängig von ihm selbst warf es aber keine seiner Bewegungen zurück. Schauer durchbebten den Erasmus. »Giulietta«,
rief er, »soll ich denn rasend werden in der Liebe zu dir? – Gib
mir das Spiegelbild, nimm mich selbst mit Leib, Leben und
Seele.« – »Es ist noch etwas zwischen uns, lieber Erasmus«,

sprach Giulietta, »du weißt es – hat Dapertutto dir nicht gesagt« – »Um Gott, Giulietta«, fiel Erasmus ein, »kann ich nur auf diese Weise dein werden, so will ich lieber sterben.« – »Auch soll dich«, fuhr Giulietta fort, »Dapertutto keineswegs verleiten zu solcher Tat. Schlimm ist es freilich, daß ein Gelübde und ein Priestersegen nun einmal so viel vermag, aber lösen mußt du das Band, was dich bindet, denn sonst wirst du niemals gänzlich mein, und dazu gibt es ein anderes besseres Mittel, als Dapertutto vorgeschlagen.« – »Worin besteht das?« fragte Erasmus heftig. Da schlang Giulietta den Arm um seinen Nacken, und den Kopf an seine Brust gelehnt lispelte sie leise: »Du schreibst auf ein kleines Blättchen deinen Namen Erasmus Spikher unter die wenigen Worte: Ich gebe meinem guten Freunde Dapertutto Macht über meine Frau und über mein Kind, daß er mit ihnen schalte und walte nach Willkür und löse das Band, das mich bindet, weil ich fortan mit meinem Leibe und mit meiner unsterblichen Seele angehören will der Giulietta, die ich mir zum Weibe erkoren, und der ich mich noch durch ein besonderes Gelübde auf immerdar verbinden werde.« Es rieselte und zuckte dem Erasmus durch alle Nerven. Feuerküsse brannten auf seinen Lippen, er hatte das Blättchen, das ihm Giulietta gegeben, in der Hand. Riesengroß stand plötzlich Dapertutto hinter Giulietta und reichte ihm eine metallene Feder. In dem Augenblick sprang dem Erasmus ein Äderchen an der linken Hand und das Blut spritzte heraus. »Tunke ein, tunke ein – schreib, schreib«, krächzte der Rote. – »Schreib, schreib, mein ewig, einzig Geliebter«, lispelte Giulietta. Schon hatte er die Feder mit Blut gefüllt, er setzte zum Schreiben an – da ging die Tür auf, eine weiße Gestalt trat herein, die gespenstisch starren Augen auf Erasmus gerichtet, rief sie schmerzvoll und dumpf: »Erasmus, Erasmus, was beginnst du – um des Heilandes willen, laß ab von gräßlicher Tat!« – Erasmus, in der warnenden Gestalt sein Weib erkennend, warf Blatt und Feder weit von sich. – Funkelnde Blitze schossen aus Giuliettas Augen, gräßlich verzerrt war das Gesicht, brennende Glut ihr Körper. »Laß ab von mir, Höllengesindel, du sollst keinen Teil haben an meiner Seele. In des Heilandes Namen, hebe dich von mir hinweg, Schlange – die Hölle glüht aus dir.« – So schrie Erasmus und stieß mit kräftiger Faust Giulietta, die ihn noch immer umschlungen hielt, zurück. Da gellte und heulte es in schneidenden Mißtönen, und es rauschte wie mit schwarzen Rabenfittigen im Zimmer umher. – Giulietta – Dapertutto verschwanden im dicken stinkenden Dampf, der wie aus den Wänden quoll, die Lichter verlöschend. Endlich brachen die Strahlen des Morgenrots durch die Fenster. Erasmus begab sich gleich zu seiner Frau. Er fand sie ganz milde und sanftmütig. Der kleine Rasmus saß schon ganz munter auf ihrem Bette; sie reichte dem erschöpften Mann die Hand, sprechend: »Ich weiß nun alles, was dir in Italien Schlimmes begegnet, und bedaure dich von ganzem Herzen. Die Gewalt des Feindes ist sehr groß, und wie der denn nun allen möglichen Lastern ergeben ist, so stiehlt er auch sehr, und hat dem Gelüst nicht widerstehen können, dir dein schönes, vollkommen ähnliches Spiegelbild auf recht hämische Weise zu entwenden. – Sieh doch einmal in jenen Spiegel dort, lieber, guter Mann!« – Spikher tat es, am ganzen Leibe zitternd, mit recht kläglicher Miene. Blank und klar blieb der Spiegel, kein Erasmus Spikher schaute heraus. »Diesmal«, fuhr die Frau fort: »ist es recht gut, daß der Spiegel dein Bild nicht zurückwirft, denn du siehst sehr albern aus, lieber Erasmus. Begreifen wirst du aber übrigens wohl selbst, daß du ohne Spiegelbild ein Spott der Leute bist und kein ordentlicher, vollständiger Familienvater sein kannst, der Respekt einflößt der Frau und den Kindern. Rasmuschen lacht dich auch schon aus, und will dir nächstens einen Schnauzbart malen mit Kohle, weil du das nicht bemerken kannst. Wandre also nur noch ein bißchen in der Welt herum und suche gelegentlich dem Teufel dein Spiegelbild abzujagen. Hast du's wieder, so sollst du mir recht herzlich willkommen sein. Küsse mich, (Spikher tat es) und nun – glückliche Reise! Schicke dem Rasmus dann und wann ein paar neue Höschen, denn er rutscht sehr auf den Knieen und braucht dergleichen viel. Kommst du aber nach Nürnberg, so füge einen bunten Husaren hinzu und einen Pfefferkuchen, als liebender Vater. Lebe recht wohl, lieber Erasmus!« – Die Frau drehte sich auf die andere

Seite und schlief ein. Spikher hob den kleinen Rasmus in die Höhe und drückte ihn ans Herz; der schrie aber sehr, da setzte Spikher ihn wieder auf die Erde und ging in die weite Welt. Er traf einmal auf einen gewissen Peter Schlemihl, der hatte seinen Schlagschatten verkauft; beide wollten Kompagnie gehen, so daß Erasmus Spikher den nötigen Schlagschatten werfen, Peter Schlemihl dagegen das gehörige Spiegelbild reflektieren sollte; es wurde aber nichts daraus.

Ende der Geschichte vom verlornen Spiegelbilde

Achim von Arnim

Die Majoratsherren

Wir durchblätterten eben einen ältern Kalender, dessen Kupferstiche manche Torheiten seiner Zeit abspiegeln. Liegt sie doch jetzt schon wie eine Fabelwelt hinter uns! Wie reich erfüllt war damals die Welt, ehe die allgemeine Revolution, welche von Frankreich den Namen erhielt, alle Formen zusammenstürzte; wie gleichförmig arm ist sie geworden! Jahrhunderte scheinen seit jener Zeit vergangen, und nur mit Mühe erinnern wir uns, daß unsre früheren Jahre ihr zugehörten. Aus der Tiefe dieser Seltsamkeiten, die uns Chodowieckis Meisterhand bewahrt hat, läßt sich die damalige Höhe geistiger Klarheit erraten; diese ermißt sich sogar am leichtesten an den Schattenbildern derer, die ihr im Wege standen, und die sie riesenhaft über die Erde hingezeichnet hat. Welche Gliederung und Abstufung, die sich nicht bloß im Äußern der Gesellschaft zeigte! Jeder einzelne war wieder auch in seinem Ansehn, in seiner Kleidung eine eigene Welt, jeder richtete sich gleichsam für die Ewigkeit auf dieser Erde ein, und wie für alle gesorgt war, so befriedigten auch Geisterbeschwörer und Geisterseher, geheime Gesellschaften und geheimnisvolle Abenteurer, Wundärzte und prophetische Kranke die tief geheime Sehnsucht des Herzens, aus der verschlossenen Brusthöhle hinaus blicken zu können. Beachten wir den Reichtum dieser Erscheinungen, so drängt sich die Vermutung auf, als ob jenes Menschengeschlecht sich zu voreilig einer höheren Welt genahet habe, und, geblendet vom Glanze der halbentschleierten, zur dämmernden Zukunft in frevelnder Selbstvernichtung fortgedrängt, durch die Notdurft an die Gegenwart der Erde gebunden werden mußte, die aller Kraft bedarf, und uns in ruhiger Folge jede Anstrengung belohnt.

Mit wie vielen Jahrhunderten war jene Zeit durch Stiftungen aller Art verbunden, die alle ernst und wichtig gegen jede Änderung geschützt wurden! So stand in der großen Stadt ... das Majoratshaus der Herren von..., obgleich seit dreißig Jahren unbewohnt, doch nach dem Inhalte der Stiftung mit Möbeln und Gerät so vollständig erhalten, zu niemands Gebrauch und zu jedermanns Anschauen, daß es, trotz seiner Altertümlichkeit, noch immer für eine besondere Merkwürdigkeit der Stadt gelten konnte. Da wurde jährlich, der Stiftung gemäß, eine bestimmte Summe zur Vermehrung des Silbergeschirrs, des Tischzeugs, der Gemälde, kurz zu allem dem verwendet, was in der Einrichtung eines Hauses auf Dauer Anspruch machen kann, und vor allem hatte sich ein Reichtum der kostbarsten ältesten Weine in den Kellern gesammelt. Der Majoratsherr lebte mit seiner Mutter in der Fremde, und brauchte bei dem übrigen Umfange seiner Einnahme nicht zu vermissen, was er in diesem Hause unbenutzt ließ. Der Haushofmeister zog der Stiftung gemäß alle Uhren auf, und fütterte eine bestimmte Zahl von Katzen, welche die nagenden Mäuse wegfangen sollten, und teilte jeden Sonnabend eine gewisse Zahl von Pfennigen an die Armen im Hofe aus. Leicht hätten sich unter diesen Armen, wenn sie sich dessen nicht geschämt hätten, die Verwandten dieses Hauses einfinden können, dessen jüngere Linien bei der Bildung des großen Majorats völlig vergessen worden waren. Überhaupt schien das Majorat wenig Segen zu bringen, denn die reichen Besitzer waren selten ihres Reichtums froh geworden, während die Nichtbesitzer mit Neid zu ihnen aufblickten.

So ging täglich vor dem Majoratsgebäude zu bestimmter Stunde ein Vetter des jetzigen Besitzers, ihm durch dreißig Jahre überlegen, aber an Vermögen ihm sehr untergeordnet, mit ernsten Schritten vorbei, und schüttelte den Kopf, und nahm eine Prise Tabak. Niemand war vielleicht so bekannt bei alt und jung in der ganzen Stadt, wie dieser alte rotnasige Herr, der gleich dem eisernen Ritter an der Rathausuhr durch sein Heraustreten, noch ehe die Glocke angeschlagen, den Knaben zur Erinnerung der Schulstunde diente, den älteren Bürgern aber als wandernde Probeuhr, um ihre hölzernen Kuckucksuhren darnach zu stellen. Er trug bei den verschiedenartigen Klassen von Leuten verschiedene Namen. Bei den Vornehmen hieß er der Vetter, weil seine Verwandtschaft mit den ersten Familien des Reiches unleugbar, und er diese einzige ihm übrig gebliebene Ehre auch gern mit dieser Anrede geltend machte. Unter den gemeinen Leuten hieß er nur der Leutnant, weil er diese Stelle in seinen jungen Jahren bekleidet hatte, so wie sie ihn noch jetzt bekleiden mußte. Es schien ihm nämlich völlig unbekannt, daß der Kleiderschnitt sich in den dreißig Jahren, die seitdem verflossen, gar sehr verändert hatte. Etwas stärker mochte das Tuch damals wohl noch gearbeitet werden, das zeigten jetzt die mächtigen wohlgedrehten Fäden, nachdem die Wolle abgetragen war. Der rote Kragen war schon mehr verdorben, und gleichsam lackiert; die Knöpfe aber hatten die Kupferröte seiner Nase angenommen. Gleiche Farbe zeigte auch der fuchsrote dreieckige Militärhut mit der wollenen Feder. Das Bedenklichste des ganzen Anzugs war aber das Portépée, weil es nur mit einem Faden am Schwerte, wie das Schwert über dem Haupte des Tyrannen am Haare hing. Das Schwert hatte leider das Unglück des armen Teufels gemacht, und den Lebensfaden eines vom Hofe begünstigten Nebenbuhlers in den Bewerbungen bei einer Hofdame durchschnitten; und diese unglückliche Ehrensache, bei welcher ihm doch niemand mehr Schuld, als seinem Gegner zumessen konnte, hatte seine militärische Laufbahn versperrt. Wie er sich seitdem durch die Welt fortgeholfen, war freilich seltsam, aber es war ihm doch gelungen. Er hatte eine höchst vollständige Wappensammlung mit unablässig dreistem Fordern und unermüdlichem Briefschreiben zusammengebracht, verstand diese in verschiedenen Massen nachzuformen, auch abzumalen, wo jenes nicht gelang, sauber aufzukleben, und verkaufte diese Sammlungen durch Vermittelung eines Buchhändlers zu hohen Preisen, sowohl zum Bedürfnis der Erwachsenen, als der Kinder, eingerichtet. Nebenher war es eine Liebhaberei von ihm, Truthähne und andres Federvieh zu mästen, und Raubtauben über die Stadt auszusenden, die immer mit einigen Überfliegenden in die geheime Öffnung seines Daches heimkehrten. Diesen Handel besorgte ihm seine Aufwärterin Ursula, eine treue Seele; ihm durfte niemand von diesem Handel sprechen, ohne sich Händel zuziehen. Von dem Erworbenen hatte er sich ein elendes finsteres Haus im schlechtesten Teile der Stadt, neben der Judengasse, und vielerlei alten Kram gekauft, womit die Auktionen seine Zimmer geschmückt hatten, die er dabei in einer Ordnung erhielt, und in einer Einsamkeit, daß niemand wußte, wie es eigentlich darin aussehe. Übrigens war er ein fleißiger Kirchengänger, und setzte sich da einer Wand gegenüber, die mit alten Wappen von Erbbegräbnissen geschmückt war, machte aber übrigens alles mit, wie andere Menschen, welche in die Kirche zum Zuhören gehen. Nach der Kirche aber pflegte er jedes Mal bei der alten Hofdame anzutreten, vor deren Tür er an andern Tagen mit einer Prise Schneeberger Schnupftabak, auf die er wohl funfzig Male niesen mußte, den geckenhaften, schöntuenden Hahnentritt und Stutzerlauf sich vertrieb, der ihn in das Haus hineinzutreiben drohte, während ihm dabei der Degen, den er nach alter Art durch die Rocktasche gesteckt hatte, zwischen die Beine schlenkerte. Diese alte, hochauf frisierte, schneeweiß eingepuderte, feurig geschminkte, mit Schönpflästerchen beklebte Hofdame übte auch nach jenem unglücklichen Zweikampf seit dreißig Jahren dieselbe zärtliche Gewalt über ihn aus, ohne daß sie ihm je ein entscheidendes Zeichen der Erwiderung gegeben hatte. Er besang sie fast täglich in allerlei erdichteten Verhältnissen, in kernhaften Reimen, wagte es aber nie, ihr diese Ergießungen seiner Muse vorzulegen, weil er vor ihrem Geist besondere Furcht hegte. Ihren großen schwarzen Pudel Sonntags in ihrer Nähe unter hergebrachten Fragen zu kämmen, war der ganze Gewinn des heiß erflehten Sonntags; aber ihr Dank dafür, dies angenehme Lächeln, war auch ein reicher Lohn, – wer ihn nur zu schätzen wußte. Andern Leuten schien dies starre, in weiß und rot mit blauen Adern gemalte Antlitz, das am Fenster unbeweglich auf eine Filetarbeit, oder in den Spiegel der nahen Toilette blickte, eher wie ein seltsames Wirtsschild. Sie lebte übrigens sehr anständig von den Pensionen zweier Prinzessinnen, die sie bedient und überlebt hatte, und die Besuche von Hofleuten

und Diplomaten an ihrer silbernen Toilette, während welcher sie
vielerlei Brühen zur Erhaltung ihrer Schönheit zu genießen
pflegte, waren zu einer herkömmlichen Feierlichkeit geworden,
und zugleich zu einer Gelegenheit, die Neuigkeiten des Tages
auszutauschen.

Es geschah aber an einem Frühlingssonntage, daß die Hofdame durch ein Zusammenlaufen der Leute in der Straße auf eine
außerordentliche Neuigkeit aufmerksam gemacht wurde. Diese
Außerordentlichkeit war aber diesmal der Leutnant, oder vielmehr sein vom Frühling verjüngtes Laub. Ein neuer moderner
Hut mit einer Feder, statt der Wolle, ein glänzendes Degenge-
henk, eine neue Uniform mit geschmälerten Rockschößen, ver-
kürzten Taschen an der Weste, und neue schwarze Sammethosen
verkündeten eine neue Periode der Weltgeschichte. Auch trat der
Leutnant bald mit frohem Gesichte ins Zimmer, und mit dem
Berichte ihr entgegen: »Liebe Cousine, der Majoratsherr kommt
in diesen Tagen; seine Mutter ist gestorben, ihm ist von einer
prophetischen Kranken geraten, hierher zu gehen, wo er seine
Ruhe finden werde, nachdem ihn ein heftiges Fieber um seine
Gesundheit gebracht hat. Nun denken Sie sich, der junge Mann
hat aus den Erzählungen der Mutter einen Abscheu gegen das
Majoratshaus; er will durchaus bei mir wohnen, und hat mich er-
sucht, ihm bei mir ein Zimmer recht bequem einzurichten, wozu
er mir ein Kapital übermache. Mein Häuschen ist für einen so
verwöhnten reichen Herrn nicht eingerichtet; in unsern hohen
Familien ist es, leider! wie bei den Katzen, ein Junges wird als
erstgebornes gut aufgefüttert, und alle andern jüngern Geschwister werden ins Wasser geworfen.« – »Sie waren einmal schon
recht nahe, das Majorat zu erhalten«, sagte die Hofdame. – »Freilich«, antwortete er; »ich war dreißig Jahr alt, mein Oheim sech-
zig, und hatte in erster Ehe keine Kinder bekommen. Da fällt es
ihm ein, noch einmal ein junges Fräulein zu heiraten. Um so besser, dachte ich, die Junge ist des Alten Tod. Aber um so schlech-
ter ging's; sie brachte ihm kurz vor seinem Tode einen jungen
Sohn, diesen Majoratsherrn, – und ich hatte nichts!« – »Wenn
der junge Mann stürbe, würden Sie Majoratsherr«, sagte ruhig

die Hofdame; »junge Leute können sterben, alte Leute müssen
sterben.« – »Leider!« antwortete der Leutnant; »der Prediger
sprach heute auch davon, auf der Kanzel.« – »Was wurde denn
gesungen?« fragte die Hofdame, »ich wollte es zu meiner Haus-
andacht wissen.« – Der Leutenant schlug die Lieder auf; sie sang
leise, und er kämmte den Pudel nach Gewohnheit, indem er ihr
mit Bewunderung zuhörte. – Als er sich empfahl, trug ihm die
Hofdame auf, den jungen Vetter doch gleich, wenn er angekommen, bei ihr einzuführen.

Als der Leutnant zu Hause kam, trat ihm ein großer, bleicher,
junger Mann entgegen, in einer Kleidung, wie er sie noch nicht
gesehen: seine Haare waren phantastisch, ohne strenge Ordnung
empor frisiert, und Figaroslocken in leichten dünnen Röhren
umliefen wie ein Halbkreis die Ohren. Hinten vereinigte ein dik-
ker Katillon die Haare, welche in einer Locke hinüber gekämmt
waren. Ein streifiger Rock mit prächtigen Stahlknöpfen, und
große silberne Schuhschnallen verrieten ihm den Reichtum des
Majoratsherrn. Auch dieser hatte aus den Briefen an die Mutter
gleich den Vetter erraten, und berichtete ihm, daß er Tag und
Nacht mit Kurierpferden gereist sei, und ihm nicht genug sein
Wohlgefallen über das Haus ausdrücken könne, das ganz nach
seinem Geschmack sei, nur müsse er ihm erlauben, daß er neben
dem für ihn bereiteten großen Zimmer, auch ein kleines nehme,
das nach der engen Gasse hinaus sehe; denn, da er nie, oder selten
ausgehe, so liebe er vor allem diese Beweglichkeit der engen Straßen. – Der Vetter bewilligte ihm gern das schlechte Zimmer an
der Judengasse, und wollte gleich Anstalt machen, die trüben,
von der Sonne verbrannten Fenster durch andre mit großen
Scheiben zu ersetzen. – »Mein lieber Herr Vetter!« rief der Majoratsherr, »diese trüben Scheiben sind meine Wonne; denn sehen
Sie, durch diese eine helle Stelle seh ich einem Mädchen ins Zimmer, das mich in jeder Miene und Bewegung an meine Mutter erinnert, ohne daß sie mich bemerken kann.« – »Ei, das gesteh ich«,
sagte der Vetter, und setzte sich in die Schultern, und fing an gegen das Fenster zu streichen, mit seinem Liebestritt, daß er in Eil
eine Prise nahm, nieste, und kaltblütig sagte: »Die da ist ein

Schickselchen.« – »Mein Schicksal?« fragte der Majoratsherr bestürzt. – »Wie Sie es nennen wollen«, fuhr der Vetter fort, »ein Schicksalchen also, ein Judenmädchen; sie heißt Esther, hat unten in der Gasse ihren Laden, eine gebildete Jüdin, hat sonst mit ihrem Vater, der ein großer Roßtäuscher war, alle Städte besucht, alle vornehme Herren bei sich gesehen, spricht alle Sprachen; das war eine Pracht, wenn sie hier ankam, und die Stiefmutter Vasthi mit den jüngern Kindern ging ihnen in Schmutz entgegen. Es konnte niemand was dagegen sagen; Ursach warum? Weil sie mit ihrem Wesen dem Vater gute Käufer anlockte. Aber zuletzt hatte der Vater großes Unglück durch einen Handelsgenossen, der ihm mit dem Vermögen durchging. Da ging's ihm knapp; das konnte er nicht vertragen, und starb. Dieser Tochter erster Ehe, der Esther, hinterließ er ein kleines Kapital, damit sie von der Stiefmutter nicht zu Tode gequält würde; aber das läßt sich die alte Vasthi doch nicht nehmen.« – »Das ist ja entsetzlich«, rief der Majoratsherr, »zwei Leute, die sich hassen, die sich totärgern, in *einem* Hause! Ich habe die alte Vasthi auch schon am Fenster gesehen: ein schrecklich Gesicht!« – »Sie wohnen wohl in *einem* Hause«, antwortete der Vetter; »aber jede hat ihren besondern Laden und Wohnung.« – »Ich will ihr bald etwas zu verdienen geben«, sagte der Majoratsherr. »Es scheinen hier viele Juden zu wohnen.« – »Nichts als Juden«, rief der Vetter; »das ist die Judengasse, da sind sie zusammengedrängt, wie die Ameisen; das ist ein ewig Schachern und Zänken und Zeremonieenmachen, und immer haben sie so viel Plackerei mit ihrem bißchen Essen; bald ist es ihnen verboten, bald ist es ihnen befohlen, bald sollen sie kein Feuer anmachen; kurz, der Teufel ist bei ihnen immer los.« – »Nein, lieber Vetter, Sie irren sich darin«, sagte der Majoratsherr, und drückte ihm die Hände. »Wenn Sie gesehen hätten, was ich in Paris bei meiner Kranken sah, Sie könnten den Teufel nicht für den Vater des Glaubens ansehen; nein, ich versichere es Ihnen, er ist der *Feind* alles Glaubens! Aller Glaube, der geglaubt wird, kommt von Gott, und ist wahr, und ich schwöre Ihnen, selbst die heidnischen Götter, die wir jetzt nur als eine lächerliche Verzierung ansehen, leben noch jetzt, haben freilich nicht mehr ihre alte Macht, aber sie wirken doch noch immer etwas mehr, als gewöhnliche Menschen, und ich möchte von keinem schlecht sprechen. Ich habe sie alle mit meinem zweiten Augenpaar gesehen, sogar gesprochen.« – »Ei der Tausend, da erstaune ich«, rief der Vetter; »das könnte uns erstaunliches Gewicht bei Hofe geben, wenn wir sie den hohen Herrschaften zeigen könnten.« – »So geht das nicht, lieber Vetter«, antwortete jener ernst; »der Mensch, der sie sieht, muß noch mehr darauf vorbereitet sein durch jahrelanges Nachdenken, als jene Geister, die ihm erscheinen sollen; sonst entsetzen sich beide vor einander, und der sterbliche Teil erträgt es nicht. Aber, wer auch bis zu der innern Welt vorgedrungen, – wenn auch noch scheinbar lebend, wie ich, – ist dennoch abgestorben bei ihrem Bestreben, ihrer Tätigkeit. Das wußte meine Mutter von mir, und war darum so unruhig auf ihrem Totenbette, was aus mir werden sollte. Sie hatte bis dahin alle Geschäfte mit großer Einsicht und Ordnung betrieben, während ich mich den Studien und der Beschauung hingab. Ich habe meine Zeit mit großer Anstrengung genutzt, ich habe gerungen, wie keiner, ich habe erreicht, was wenigen zu Teil geworden. Aber verloren war ich, erdrückt, bis zum Wahnsinn zerstreut von den Geschäften, die nach dem Tode der Mutter auf mich eindrangen; ich wollte mich bezwingen, das Höhere dem Niedern opfern; die Qual brachte mich um meine Gesundheit. Eine Kranke, deren Blick weit reicht, sagte mir zu, daß ich hier Ruhe finden würde bei Ihnen, Vetter; Sie hätten ein seltenes Geschick für das praktische Leben, mein Vermögen würde sich unter Ihrer Spekulation verdreifachen. O! Vetter, nehmen Sie mir die Last des Geldes und der Güter ab, genießen Sie des Reichtums, ich brauche wenig, und auch auf den Fall, daß ich den Luftgeist der Erde wieder binden könnte, daß Kinder mein Haus füllten, soll Ihnen die Hälfte meiner Einnahmen für die Besorgung des Ganzen bleiben.« – Bei diesem Vortrage flossen zwei edle Tränen aus den Augen des Majoratsherrn, während die großen Augen des Vetters mit heraufgezogenen Augenbraunen ihn verwunderlich von der Seite anstierten, ohne dem köstlichen Vortrage Glauben beimessen zu können. Dann fuhr der Majoratsherr, um das Gespräch zu ändern, fort: »Als ich mit schwellendem Gefühl, was mir in der Stadt bevorstehe, in welcher der Kreis meines Lebens angefangen, die große Straße herabfuhr, da begegneten mir ausgemergelte Leute, die sich kaum zu den Kaffeehäusern hinbewegen konnten, denn sie wurden fast gewaltsam an den Rücken von unglücklichen Seelen zurückgezogen, die wegen ungeendigter Prozesse nicht zur Ruhe kommen konnten, und jammervolle Vorstellungen ihnen nachtrugen. Auch meinen Vater sah ich dabei wegen des einen Konkursprozesses, dessen Ende wohl keiner erleben wird. Schaffen Sie Ruhe seiner Seele, lieber Vetter, ich bin zu schwach.« – »Wahrhaftig«, rief der Vetter; »zu dem Tore gehen Sonntags die Räte, Schreiber und Kalkulatoren des großen Gerichts gewöhnlich mit ihren Frauen und Kindern zum Kaffeegarten hinaus.« – »Der Postillion meinte auch, das wären Kinder, die sich ihnen an die Röcke gehangen«, fuhr der Majoratsherr fort, »aber solche jammervolle Gesichter haben Kinder nicht, das sind die Plagegeister, die sie wegen ihrer Nachlässigkeit umgeben. Lieber Vetter! befriedigen Sie meines Vaters, Ihres Oheims, arme Seele.« – Der Vetter sah sich ängstlich in dem trüben Zimmer um, ihm war es zu Mute, als ob die Geister, wie der Schnupfen, in der Luft lägen. »Alles, alles will ich tun, was Sie wünschen, bester Vetter«, rief er dann; »ich bin nicht glücklich, wenn ich nicht so etwas zu betreiben habe. Prozesse sind mir lieber, als Liebeshistorien, und Ihre Angelegenheiten sollen bald in eine Ordnung kommen, wie meine Wappensammlung.« Bei diesen Worten führte er ihn in ein Vorderzimmer, und hoffte den Majoratsherrn durch den Anblick seiner zierlichen gebohnten Schiebkasten, in welchen die Wappen, zum Teil mit Zinnober abgedrückt, die Namen in Frakturschrift beigefügt, glänzten, zu zerstreuen und zu befriedigen. Der Majoratsherr schien auch hierin, wie in allen Kenntnissen, wohlbewandert; der Vetter mußte seine Bemerkungen achten. Als er aber den Schrank mit den französischen Wappen eröffnete, da fuhr der Majoratsherr auf: »Gott! welch ein Lärmen! Wie die alten Ritter nach ihren Helmen suchen, und sie sind ihnen zu klein, und ihre Wappen sind mottenfräßig, ihre Schilde vom Rost durchlöchert; das bricht zusammen, ich halte es nicht aus, mir schwindelt, und mein Herz kann den Jammer nicht ertragen!« Der Vetter rückte den unglücklichen Schrank fort und führte den Majoratsherrn ans Fenster, daß er Luft schöpfen möchte. »Und wer fährt dort?« rief er; »der Tod sitzt auf dem Bocke, Hunger und Schmerz zwischen den Pferden; einbeinige und einarmige Geister fliegen um den Wagen, und fordern Arme und Beine von dem Grausamen zurück, der sie mit kannibalischer Begierde ansieht. Seine Ankläger laufen mit Geschrei hinter ihm drein; es sind die Seelen, die er vorzeitig der Welt entriß, – bester Vetter! ist denn hier keine Polizei?« – »Ich will den Mann rufen, lieber Vetter, daß er Ihren Puls fühle«, entgegnete der Vetter, »es ist unser bester Arzt und Chirurgus. Sie haben ihn gewiß an seinem schmalen, einsitzigen Wagen erkannt; sein Kutscher ist freilich mager, und seine Pferde abgetrieben, aber die den Wagen umflattern, sind Sperlinge, und die ihm nachbellen, Gassenhunde.« – »Nein«, antwortete der Majoratsherr, »um Gottes willen rufen Sie keinen Arzt! Wenn die meinen Puls fühlen, der immer in abwechselnden Takten sich bewegt, dann ganz stille steht, so schreien alle, ich sei schon gestorben; und am Ende haben sie recht, denn mich erhält nur der Gedanke einer guten Seele, die auch krank ist. Übrigens habe ich Sie diesmal ohne Grund erschreckt, lieber Vetter, meine Worte drückten nur die Gefahr aus, worin sich der französische Adel befindet; ich bildete mir die Unruhe ein, die Frankreich in den alten Schlössern von den Geistern erfahren muß; Ihre Sammlung ist geistlos. Ich kann genau unterscheiden, was ich mit dem Auge der Wahrheit sehen muß, oder was ich mir gestalte; wirklich bin ich ein guter Beobachter meiner selbst, und die Physik der Geister war von je mein Lieblingsstudium.«

Der Leutnant, der mit dieser Physik der Geister durchaus nichts zu tun haben mochte, brachte die Rede auf häusliche Einrichtungen. Der Majoratsherr erklärte, daß er nur wenig Aufwartung bedürfe, nur die wenigste um sich leiden könne, und deshalb sich selbst frisiere und rasiere, auch alle Dienerschaft entlassen habe. »Die Aufwärterin hier«, sagte er, »ist eine herrliche Seele, sie trägt nicht mit Unrecht diesen Heil'genschein um ihr Haupt.« – »Heil'genschein«, brummte der Vetter vor sich; »das ist wohl das weiße Tuch, womit sie sich den Kopf eingebunden hat!« Dann sprach er laut: »Wenn Gott aus *der* eine Heil'ge schnitzeln wollte, die ginge wohl ganz in die Späne!« – Noch berichtete der Majoratsherr, daß er gewöhnlich bei Tage schlafe und erst, wenn die Sonne im Sinken, aus dem Bette aufzustehen, und seine stille Arbeit zu betreiben pflege, wogegen der Vetter heimlich brummte: »Davon kommt der Geisterspuk im Kopfe; er lebt ja wie die Nachteulen.«

Nachdem das Abendessen eingenommen, hatte sich der Vetter mit einer guten Nacht empfohlen. Auch die Aufwärterin war zu Bette gegangen, während der Majoratsherr sein großes Zimmer mit Wachskerzen tageshell erleuchtet hatte, um seine Bücher und Handschriften, auf- und abgehend, mit gleicher Bequemlichkeit zu durchlaufen, und die Hauptarbeit seines Lebens, sein Tagebuch fortzuführen. Dieser glänzende Kerzenschein war eine neue Erscheinung für die Bewohner der Gegend, und die erste Unruhe, die er ihnen machte; denn bei der Sparsamkeit des Leutnants mußten sie vermuten, daß dort ein Feuer ausgebrochen sei. Als sie sich aber vor dem Hause sammelten, und die klagenden Töne einer Flöte durch das offene Fenster erschallen hörten, beruhigten sie sich wieder und freuten sich des neuen Lichts, das ihnen den Schmutz der Straße deutlich machte. Der Flötenspieler war der Majoratsherr, aber seine Töne sollten sich eigentlich zur Esther hinrichten, die er am dunklen Fenster des Nebenzimmers belauschte, wie sie ihre Kleider abwarf, und im zierlichsten Nachtkleide vor einem eleganten Spiegeltische ihre Haare flocht. Der enge Bau jener Gasse, in welche die Balkenlagen jedes Stockwerks immer weiter hinausragten, um den Zimmern noch etwas Raum zu gewinnen, brachte ihm ihr Fenster so nahe, daß er mit einem kühnen Sprunge zu ihr hinüber hätte fliegen können. Aber das Springen war nicht seine Sache; dagegen übte er die seltene Feinheit seines Ohres, das auf bedeutende Entfernung ihm hörbar machte, was jedem andern verhallte. Er hörte zuerst einen Schuß, oder einen ähnlichen Schlag; da sprang sie auf und las ein

italienisches Gedicht mit vielem Ausdruck, in welchem der
Dienst der Liebesgötter bei einem Putztische beschrieben
wurde, und gleich sah er unzählige dieser zartbeflügelten Gestalten das Zimmer beleben; sah, wie sie ihr Kamm und Bänder
reichten, und ein zierliches Trinkgefäß, wie sie die abgeworfenen
Kleider ordneten, alles nach dem Winken ihrer Hände; dann
aber, als sie sich in ihr Bett gestreckt, wie ein gaukelnder Kreis,
um ihr Haupt schwebten, bis sie immer blässer und blässer sich
im Dampfe der erlöschenden Nachtlampe verloren, in welchem
ihm dagegen die Gestalt seiner Mutter erschien, die von der Stirn
des Mädchens eine kleine beflügelte Lichtgestalt aufhob, und in
ihre Arme nahm, – wie das Bild der Nacht, die das Kindlein
Schlaf in ihrem Gewande trägt, – und in dem Zimmer bis zur
Mitternacht damit auf- und niederschwebte, als wenn sie ihm die
unruhigen Träume vertreiben wollte, es dann aber über den
schwindelnden Straßenabgrund, dicht an das Auge des Staunenden trug, der Esthers verklärte Züge in der Lichtgestalt deutlich
erblickte, sie aber mit einem Schrei des Staunens unwiderruflich
zerstreute. Denn mit diesem Schrei war er aus dem höhern See-
lenzustande, aus dem Kern in die Schale zurückgesunken, und
kein Wunsch führte ihm diesen seligen Anblick zurück. Er sah
Esther in ihrem Bette nicht mehr liegen; ihr Zimmer war dunkel;
nichts regte sich in der Gasse, als die Ratten, die eine muntere
Jagd unter den Brücken der Gossen hielten, auch hustete die alte
Vasthi mit hoher Pelzmütze aus einem Fenster, und fing an zu
beten, als ein Stier in der Nähe ein heftiges Gebrüll erhob. Diesem Gebrüll ging der Majoratsherr im Hause nach, und erblickte
durch ein Hinterfenster beim Schein des aufgehenden Mondes,
auf grüner mit Leichensteinen besetzten ummauerten Fläche, einen Stier von ungeheurer Größe und Dicke, der an einem Grab-
steine wühlte, während zwei Ziegenböcke mit seltsamen Kreuz-
sprüngen durch die Luft sich über sein Wesen zu verwundern
schienen. Hier stand dem Majoratsherrn der Verstand still; diese
schreckliche Wirtschaft auf einem Gottesacker empörte ihn, er
klingelte der Aufwärterin. Sie erschien bald, und fragte ihn: was
er befehle? »Nichts, gar nichts«, antwortete er, »aber was deutet

dieser Spuk?« – Die Frau trat ans Fenster und sagte: »Ich sehe nichts, als die Majoratsherren der Juden, das sind die erstgebornen Tiere, welche sie nach dem Befehle ihres Gesetzes dem Herrn weihen, die werden hier köstlich gefüttert, sie brauchen nichts zu tun; wenn sie aber ein Christ erschlägt, so tut er den Juden einen rechten Gefallen, weil er ihnen die Ausgabe spart.« – »Die unglücklichen Majoratsherren«, seufzte er in sich, »und warum haben sie Nachts keine Ruhe?« – »Die Juden sagen, daß einer aus der Sippschaft stirbt, wo sie Nachts so wühlen am Grabe«, antwortete die Frau; »hier wo dieser wühlt, ist der Vater der Esther, der große Roßtäuscher, begraben.« – »O Gott nein«, rief er, und ging in den betrübtesten Gefühlen auf sein Zimmer, und suchte sich wieder mit heftigem Flötenspiel zu zerstreuen.

Endlich wurde es Tag; die großen Schatten der Häuser lagerten sich unter dem hellen Himmel, die Mägde sprangen frisch geschuht, als ob sie sich an diesem Tage durchaus nicht beschmutzen wollten, von einem trocknen Stein zum andern, die Schwalben dagegen kreuzten hin zu dem köstlichen Baumörtel, den ihnen der gestrige Regen bereitet hatte, und füllten damit alle Lükken der menschlichen Architektur. Auch an dem Fenster, das zu Esther blickte, hatten sich heute zwei von den zwitschernden Grauröcken eingefunden, und wollten ihr Nest gerade da ankleben, wo er durch die einzige helle Scheibe zu Esther hinblickte. Da stand der Majoratsherr zweifelnd, ob er sie stören, ob er alles abwarten solle, was ihm so bedeutend schien. Seine Sinnesart überwog für das Abwarten. Nun ihm Esther verborgen, konnte er sich an den lieben Geschöpfen, an ihrer Lust, an ihrem Fleiße nicht satt sehen, es war ihm zu Mute, als ob er sich selbst da anbaue, als hänge sein Glück davon ab, daß sie fertig würden, und ehe er sich zu Bette legte, sang er noch zu seiner Mandoline:

> Die Sonne scheinet an die Wand,
> Die Schwalbe baut daran;
> O Sonne, halt nur heute Stand,
> Daß sie recht bauen kann.

Es ward ihr Nest so oft zerstört,
Noch eh' es fertig war,
Und dennoch baut sie wie betört;
Die Sonne scheint so klar!
So süß und töricht ist der Sinn,
Der hier ein Haus sich baut; –
Im hohen Flug ist kein Gewinn,
Der fern aus Lüften schaut,
Und ging er auch zur Ewigkeit
Er paßt nicht in die Zeit,
Er ist von ihrer Freudigkeit
Verschieden himmelweit.

Den Abend, als er aufwachte, fand er den Vetter schon mit einem guten Abendessen in seinem Zimmer, auch sprach er von einer angenehmen Überraschung, die er ihm gemacht. – Deswegen
führte er ihn in das Nebenzimmer, von wo er die Gasse beobachten konnte, und der Majoratsherr fand es mit Sopha und Stühlen,
mit Schränken und Tischen geschmückt, auch war das Fenster
gewaschen, – aber die Schwalben waren herabgestoßen. Meine
guten schützenden Engel sind vertrieben, dachte der Majoratsherr. Ich soll sie sehen, meinen Todesengel, soll den ganzen
Traum durchleben, der mich plagte; denn eins ist schon erfüllt,
was ich im Schlafe sah. – »Warum so traurig, Vetter?« fragte der
Leutnant. – »Ich habe unruhig geschlafen«, antwortete der Majoratsherr, »und mir träumte von der Esther, daß sie mein Todesengel. Närrisches Zeug! Ihr Kleid hatte unzählige Augen, und sie
reichte mir einen Schmerzensbecher, einen Todesbecher, und ich
trank ihn aus bis zum letzten Tropfen!« – »Sie hatten Durst im
Schlafe«, sagte der Leutnant. »Setzen Sie sich zum Essen, da steht
guter Wein, echter Unger; ich habe ihn selbst gemacht aus Rosi-
nen und schwarzem Brote. A propos, Sie müssen die gute alte
Hofdame bald einmal besuchen; sie hat mich heute halbtot gequält, daß ich Sie zu ihr bringe; sie wär eine Freundin Ihrer Eltern.« – »Dazu muß ich einen Tag leben, und ich verschlafe
meine Tage viel lieber«, antwortete der Majoratsherr. »Lassen

wir das; nehmen Sie meinen Dank für die Ausschmückung des Zimmers! Eins möchte ich mir noch kaufen, seidene Vorhänge vor jenes Fenster; Sie haben die Scheiben so hell polieren lassen, daß ich nicht mehr versteckt bin, wenn ich in die Gasse schaue.« – »Die finden Sie gleich unten bei der schönen Esther«, rief der Vetter, »da können Sie ihre Bekanntschaft viel näher machen, als durch die Fensterscheiben. Alle unsre Majoratsherren waren verliebter Komplexion, Sie müssen keine Ausnahme machen, bester Vetter! Ich will Sie auch begleiten, damit Sie im Handel nicht betrogen werden, und daß Sie sich nicht abschrecken lassen, wenn das Mädchen sehr spröde tut.«

So gingen beide, der Majoratsherr vom Leutnant fortgezogen, in die Gasse, und der letztere konnte sich eines Schauers nicht erwehren; ihm war's, als wären die hohen hölzernen Häuser nur aus Pappdeckeln zusammen gebaut, und die Menschen hingen wie ein Spielzeug der Kinder an Fäden, und regten sich, wie es das Umdrehen der großen Sonnenwalze ihnen geboten. Jetzt fingen sie an, ihre Läden zu schließen, räumten auf, zählten den Gewinn, und der Majoratsherr wagte in dem Lärmen, in dem Dufte nicht aufzublicken.

»Hier, hier!« rief der Leutnant. Und der Majoratsherr wollte eben in einen Laden treten, als er statt der Esther, ein grimmig Judenweib, mit einer Nase wie ein Adler, mit Augen wie Karfunkel, einer Haut wie geräucherte Gänsebrust, einem Bauche wie ein Bürgermeister, darin erblickte. Sie hatte sich ihm schon mit ihren Waren empfohlen, und gefragt, ob sie auf sein Zimmer kommen solle, sie wolle ihm das Schönste zeigen, auch wenn er keine Elle kaufen möchte, denn er sei ein schöner Herr! – Schon wollte er eintreten, als der Leutnant ihn am Rock zupfte, und zuflüsterte: »Hier im andern Laden ist die schöne Esther!« – Da wendete er sich fort, und sagte verlegen: er wolle nichts kaufen, er hätte sich nur nach einem Komödienzettel an der Ecke umgesehen, und mit diesen Worten wandte er sich nach dem Nebenladen, wo er Esther zu sehen erwartete. Aber die alte Jüdin ließ ihn noch nicht los. Sie rief eifrig: »Junger Herr! hier im Winkel ist auch ein Zettel, ich habe vielleicht auch einen im Laden! Treten

Sie ein, ich habe auch den Zettel von den spanischen Reitern!«
Der Majoratsherr ward dadurch gestört, und blickte sich um, erschrak aber, daß die Jüdin einen schwarzen Raben auf dem
Kopfe trug, und verweilte. Unterdessen hatte der Leutnant
schon ein Gespräch mit Esther angeknüpft, welche ihm ohne Zudringlichkeit Bescheid gegeben. Dieser zog den Majoratsherrn in
den Laden der Esther, und nun erschallte hinter ihm ein fürchterliches Rabengekrächze aus dem Munde der alten Jüdin. In halb
hebräischen Schimpfreden, und im verzerrtesten Judendialekt
zeihte sie die arme Tochter der Unkeuschheit, mit der sie Christen in ihren Laden locke, um ihrer eigenen Mutter den Verdienst
zu rauben, und verfluchte sie dabei zu allen Martern. Endlich ließ
der Atem des wütenden Weibes nach, der trotz der warmen Luft,
wie im Winter geraucht hatte, und sie hetzte vergeblich ein paar
vorübergehende kleine Buben auf, daß sie ihr sollten schimpfen
helfen, wofür sie ihnen Kuchen versprach. Esther glühte vor
Schamröte, aber sie erwiderte nichts. Endlich lief die Alte fort,
weil ein Käufer kam. Der Majoratsherr fragte, wer die grimmige
Alte mit dem Raben auf dem Kopfe gewesen? – »Meine Stiefmutter«, antwortete Esther, »haben Sie vielleicht das schwarze Tuch
mit den langen Zipfeln für einen Raben angesehen?« – Der Klang
der Stimme schien dem Majoratsherrn nun erst bekannt, nun er
sie so nahe hörte; noch deutlicher als aus dem Fenster, durchdrang ihn die Ähnlichkeit mit seiner Mutter. Esther war nicht
frischer, aber jugendlicher; eine schmerzliche Blässe hatte das
zarte Antlitz, selbst die fein geformten Lippen, wie ein schädli-
cher Frühlingsnebel überzogen; auch ihre Augen schienen dem
Lichte zu schwach, und verengten sich unwillkürlich, wie Blumen gegen Abend die Blätter um ihren Sonnenkelch zusammen
ziehen. Während sie mit Eilfertigkeit seidene Zeuge entrollte,
suchte sie der Leutnant in ziemlich ungeschickter Art zu trösten,
indem er ihr die Hoffnung zusicherte, ihre Stiefmutter werde
bald sterben. – »Ich wünsche ihr langes Leben«, antwortete die
Gute; »sie hat noch Kinder, für die sie sorgen muß. Wer weiß,
wer zuerst den bittern Tropfen des Todesengels kosten muß! Ich
fühle mich heute in allen Nerven so gereizt und schwach.« – Der

Majoratsherr meinte einen Todesengel nicht nur fliegen zu sehen, sondern auch sein Flügelsausen zu hören: »Wie schrecklich seine Flügel sausen!« – Aber Esther sprang nach einer Hintertür, schlug sie zu, und entschuldigte sich wegen des heftigen Zuges; ihr kleiner Bruder habe die Tür offen gelassen.

Der Majoratsherr wählte nun unter den Zeugen, fragte aber nach einer Farbe, die nicht im Vorrate war. Gleich sprang Esther zu ihrer Mutter nach dem andern Laden, und diese brachte mit fröhlichem Antlitz den verlangten Stoff, als ob der Gewittervorhang mit einem Hauche fortgezogen worden wäre. Der Leutnant wollte viel abdingen; aber der Majoratsherr warf das Geld hin, was verlangt worden. Da gab ihm Esther einige Taler heraus, denn so viel betrüge ihr Vorschlag; darüber fing die Mutter wieder an zu wettern, aber diesmal ganz hebräisch. Als Esther wieder geduldig die Augen niederschlug, antwortete der Leutnant ihr auf hebräisch, so daß die Alte, ganz erstaunt über seine seltene Fertigkeit, das Feld räumte, und sich in ihr Schneckenhaus verkroch. Esther schien sich darüber noch mehr zu kränken, als über den Schimpf, den sie erdulden müsse, und der Majoratsherr zog aus Schonung den Vetter, der schon Triumph ausrufen wollte, mit sich fort, indem er zugleich das seidene Zeug unter dem Arme selbst forttrug.

Als sie zu Hause, fragte er den Leutnant, woher er das Hebräische wisse. – »Das brauchte ich zu meinem Verkehr mit den Juden«, antwortete er, »und was es mir kostet an Büchern und Lehrmeistern, hat es mir reichlich wieder eingebracht, denn ich konnte nun alle ihre Heimlichkeiten verstehen. Sehen Sie, Vetter, in dem Schranke sind lauter jüdische Sagenbücher, und Beschreibung ihrer Sitten und Gebräuche. Wissen Sie, was die Alte zuletzt sagte? Sie freue sich darauf, wenn Esther stürbe, da würde es eine schöne Auktion geben! Wirklich ist sie auch aus dem Nachlasse ihres Vaters mit allen eleganten Möbeln versorgt, und die Leute erzählen, weil nun die feinen Herren nicht mehr, wie bei ihres Vaters Lebzeiten, zu ihr kommen, daß sie sich Abends prächtig anputze, und Tee mache, als ob sie Gesellschaft sehe, und dabei in allen Sprachen rede.« – Aber der Majoratsherr hörte

wenig mehr darauf, denn er war mit ganzer Seele über die Sagenbücher hergefallen. Der Leutnant wünschte ihm gute Nacht, und
kaum hatte er ihn verlassen, so sah der Majoratsherr beim Lesen
der alten Bücher in seinem Zimmer alle Patriarchen und Prophe-
ten, alle Rabbiner und ihre wunderlichen Geschichten aus den
Sagenbüchern hervorgehen, daß die Stube zu eng schien für die
ungeheure Zahl. Aber der Todesengel schlug sie endlich alle mit
seinen Flügeln hinweg, und er konnte sich nicht satt lesen an seiner Geschichte: »Lilis war die Mitgeschaffene Adams im Paradiese; aber er war zu scheu und sie zu keusch, und so gestanden
sie einander nie ihr Gefühl, und da erschuf ihm der Herr im
Drange seines Lebens ein Weib aus seiner Rippe, wie er es sich im
Schlafe träumte. Aus Gram über diese Mitgenossin ihrer Liebe,
floh Lilis den Adam, und übernahm nach dem Sündenfalle des
ersten Menschen das Geschäft eines Todesengels, bedroht die
Kinder Edens schon in der Geburt mit Tod, und umlauert sie bis
zu dem letzten Augenblicke, wo sie den bittern Tropfen von ihrem Schwert ihnen in den Mund fallen lassen kann. Tod bringt
der Tropfen, und Tod bringt das Wasser, in welchem der Todesengel sein Schwert abwäscht.«

Unruhig lief der Majoratsherr bei diesen Worten im Zimmer
umher, dann sprach er heftig: »Jeder Mensch fängt die Welt an,
und jeder endet sie. Auch ich liebte scheu und fromm, eine keusche Lilis, sie war meine Mutter; in ihrer ungeteilten Liebe ruhte
das Glück meiner Jugend. Esther ist meine Eva, sie entzieht mich
ihr, und gibt mich dem Tode hin!« – Er hielt es nicht aus bei dem
Anblick des Todesengels, den er immer hinter sich lauernd zu
schauen glaubte; er eilte auf die Straße im Mantel verhüllt, um
sich an dem Nachhall des Tages zu zerstreuen. Endlich setzte er
sich ermüdet hinter das Fußgestell einer Bildsäule, die in der Nische eines hohen Hauses stand, und sah den eiligen Läufern zu,
die mit Fackelglanz einem rollenden Wagen vorleuchteten; die
Lilis zog hinter ihm her. Jubelnde Gesellen zogen lärmend aus
der Trinkstube nach Hause, und klapperten noch mit den Nä-
geln gegen die Saiten, die sie so lange hatten schwingen lassen;
aber auch ihnen zog der Todesengel nach, und – blies sie an aus

einem Nachtwächterhorn. Und es wurden der Todesengel so viele vor seinen Augen, daß sie zu einander traten, und paarweis wie Liebende nebeneinander gingen in traulichen Gesprächen. Und er horchte ihnen zu, daß er wüßte, wie er zu Esther reden müsse, um ihr seine Liebe kund zu tun. Aber die Liebenden wurden von den Geschäftigen verdrängt, und er mochte nicht eher zuhören, bis ihm die Stimme der Vasthi auffiel, die mit einem alten Rabbiner vorüber ging, und ihm sagte: »Was soll ich die Esther schonen; ist sie doch nicht das Kind meines Mannes, sondern ein angenommenes Christenkind, der er den größten Teil seines Geldes zugewendet hat.« – »Sei Sie still«, sagte der Rabbiner, »weiß Sie denn, wie viel der Mann mit dem Kinde bekommen hat? Alles. Er hatte nichts, und konnte damit anlegen großen Handel. Was kann das Mädchen dafür, daß ihm sein Geld ist gestohlen worden?« – Hier kamen sie ihm aus dem Bereich seines scharfen Gehörs, er eilte ihnen nach, aber sie hatten sich schon in irgend ein Haus begeben. Auch hier war er wie gewöhnlich zu spät zu einem Entschluß gekommen, doch war ihm der Fingerzeig seltsam bedeutend, und führte ihn sinnend hin in sein Haus.

Als er sich kaum ein paar Minuten ausgeruht hatte, hörte er einen Schuß, er sah zum Fenster hinaus, aber niemand schien es gehört zu haben. Beruhigt rückte er auf seine Warte am Fenster, und wagte es einen Fensterflügel zu öffnen, so daß er noch genauer, als die Nacht vorher, das Zimmer der schönen Esther übersehen konnte. – Da hatte sich vieles verändert, die Kappen der Stühle waren abgenommen, und sie glänzten in weißem Atlas, um einen prachtvollen Teetisch, auf welchem eine silberne Teemaschine dampfte. Esther schüttete wohlriechendes Wasser auf eine glühende Schippe, dann sprach sie in die Luft: »Nanni, es ist die höchste Zeit, daß ich meine Locken mache, meine Gäste müssen bald kommen.« Esther antwortete darauf mit veränderter Stimme: »Gnädiges Fräulein, es ist alles bereit.« – Im Augenblicke des Worts stand eine zierliche Kammerjungfer vor Esther, und half ihr die Locken ausziehen und ordnen. Dann reichte sie Esther den Spiegel, und diese klagte: »Gott, wie bin ich bleich!

Hat es denn nicht Zeit mit dem Erbleichen, bis ich tot bin? Du sagst, ich soll mich schminken. Nein, dann gefalle ich dem Majoratsherrn nicht, denn er ist auch blaß, wie ich, gut wie ich, unglücklich wie ich; wenn er nur heute käme, die Gesellschaft macht mir ohne ihn keine Freude.«

Nun war alles im Zimmer geordnet, und Esther, sehr elegant angezogen, legte einige schön gebundene englische Bücher aufs Sopha, und begrüßte auch englisch das erste Nichts, dem sie in ihrer Gesellschaftskomödie die Tür öffnete. Kaum antwortete sie englisch in seinem Namen, so stand da ein langer finsterer Engländer vor ihm, mit der Art, Freiheit und Anstand, die sie damals vor allen Nationen in Europa auszeichnete. Mit solchen Luftbildern von Franzosen, Polen, Italienern, endlich auch mit einem kantischen Philosophen, einem deutschen Fürsten, der Roßhändler geworden, einem jungen aufgeklärten Theologen, und einigen Edelleuten auf Reisen, belebte sich der Teetisch. Sie war in einer unerschöpflichen Bewegung durch alle Sprachen. Es entspann sich ein Streit über die Angelegenheiten Frankreichs. Der Kantianer demonstrierte; aber der Franzose wütete. Sie suchte sehr gewandt die Streitenden auseinander zu halten, und schüttete endlich, als ob sie angestoßen wäre, eine Tasse heißen Tee dem Kantianer auf die Unterkleider, um eine Diversion zu machen. Das gelang auch; es wurde entschuldigt, abgewischt, und sie versicherte den Tritt des Majoratsherrn zu hören, eine neue Bekanntschaft, die sie erst jetzt gemacht, ein ausgezeichneter junger Mann, der Frankreich erst kürzlich verlassen habe, und jene streitigen Fragen am besten beantworten könne. – Bei diesen Worten durchgriff eine kalte Hand den Majoratsherrn. Er fürchtete, sich selbst eintreten zu sehen; es war ihm, als ob er wie ein Handschuh im Herabziehen von sich selbst umgekehrt würde. Zu seiner Beruhigung sah er gar nichts auf dem Stuhle, den Esther ihm hinrückte, aber den andern Mitgliedern der eleganten Gesellschaft mußte sein Ansehen etwas Unheimliches haben, und während Esther zu ihm flüsterte, empfahlen sich diese, einer nach dem andern. Als alle sich entfernt hatten, sprach Esther lauter zu dem leeren Stuhle: »Sie haben mir in aller Kürze gesagt, ich sei nicht, was ich zu sein – scheine, und ich entgegne darauf, daß auch Sie nicht sind, was Sie scheinen.« Darauf antwortete Esther, indem sie, zum Staunen des ansprechenden Majoratsherrn, seine Stimme täuschend nachahmte: »Ich will mich erklären: Sie sind nicht die Tochter dessen, den die Welt als Ihren Vater nennt, Sie sind ein geraubtes Christkind, Ihren wahren Eltern, Ihrem wahren Glauben geraubt, und mein Entschluß, Sie dahin zurück zu führen, hat mich bestimmt, Ihnen meine Aufwartung zu machen. Erklären Sie sich mir jetzt auch deutlicher.« – Esther: »Es sei. Ich bin Sie und Sie sind ich; sollte aber die Sache wieder in Ordnung gebracht werden, so zweifle ich, daß ich dabei gewinnen kann, Sie aber verlören unglaublich viel, und nur der schreckliche rotnasige Vetter würde zu einer schwindelnden Höhe erhoben.«

Sie schwieg und flehte sich selbst mit der Stimme des Majoratsherrn an, weiter zu reden, denn eine Ähnlichkeit mit der geliebten Mutter enthüllte ihm nun halb das Geheimnis. – Dann fuhr sie fort: »Ist Ihnen denn der Eigensinn eines alten Majoratsherrn, der von seinem Vetter, dem Leutnant, mehrmals gekränkt worden, einem eignen Sohne die geliebten Reichtümer überlassen möchte, so geheimnisvoll? Nehmen Sie an, daß die Erfüllung dieser Hoffnung ihm nahe bevorstand, da seine Frau in Wochen kommen sollte, daß ihn aber die Furcht quälte, die Geburt eines Mädchens könne alles vereiteln. Wenn diese oft geäußerte Furcht eine listige Hofdame benutzt, um ihm einen Knaben aufzuschwatzen, den sie eine Woche früher ins Geheim geboren: bedarf es da mehr, als einer oft bestochenen Hebamme, wenn nun die Furcht erfüllt wird, und ich statt eines Knaben geboren werde? Ich werde einem dienstbaren Juden überliefert, der, außer dem Vorteil, auch seiner *Religion* dadurch etwas zuzuwenden hofft. Haben Sie ›Nathan den Weisen‹ gelesen?« – Majoratsherr: »Nein!« – Esther: »Nun gut, Sie werden der Mutter an die Brust gegeben, wie die Nachtigall auch Kuckuckseier ausbrütet; doch es versteht sich, ohne etwas Böses damit sagen zu wollen. Und daß ich dies alles weiß, danke ich der Sterbestunde meines Pflegevaters; er versicherte mir noch dabei, daß jenes Kapital,

was er mir zurücklasse, mehr betrage, als was ich nach der Stiftung des Majorats fordern könne; er habe aber wohl das Dreifache vom alten Majoratsherrn empfangen, um das Geheimnis zu
bewahren, es sei die Grundlage seines großen Handelverkehrs
geworden. Sie verstummen, Sie zweifeln, was zu tun sei? Sie verfluchen die Eitelkeit des männlichen Geschlechts, seinen Namen
allein in Ansehen erhalten zu wollen? Aber was ist zu tun? Lassen Sie den alten lächerlichen Vetter Ihres Reichtums mit froh
werden, wie Sie schon jetzt getan; meine Bahn ist bald durchlaufen, und ich ertrage keinen großen Wechsel der Witterung. Aber
Sie lieben mich, sagen Sie. Ach, ich habe Ihre Augen beim ersten
Blick verstanden, aber unsre Liebe ist nicht von dieser Welt;
diese Welt hat mich mit aller ihrer Torheit zerstört. Freund, nicht
alle Männer meinten es mit mir so ehrlich, wie Sie, und sie umstrickten mich mit jeder Eitelkeit des kindischen Verstandes.
Scheiden wir für heute, denn es kostet mir viel, Ihnen zu sagen,
daß ich Ihnen kein ganzes Herz mehr schenken kann; es brach, es
ging in Stücken, und nur dort heilt sich der Riß.« – Bei diesen
Worten verfinsterte eine Tränenflut die Augen des Majoratsherrn. Als er aufblickte, lag Esther, nachdem sie das Nachtlicht
ausgelöscht, in ihrem Hemdchen im Fenster, und atmete heftig
die kalte Nachtluft ein; dann ging sie zu Bette, und er setzte sich
zu seinem Tagebuche, um alles Wunderbare, so treu er vermochte, aufzuzeichnen.

Gegen Mittag kam der Vetter, wie gewöhnlich, vor sein Bette,
und fragte ihn, ob er nicht endlich Lust habe, die Hofdame zu besuchen. Der Majoratsherr überraschte ihn mit einem vernehmli-
chen Ja, hätte aber gern hinzu gefügt, daß er lieber allein den Besuch gemacht hätte. Er kleidete sich schnell an, und machte sich
mit dem Vetter auf den Weg, der sich darüber freute, daß sie jetzt
gewiß noch allein sei. Wie sie sich dem Hause näherten, pochte
dem Majoratsherrn das Herz. »Was ist das für ein schrecklich
großer Menschenkasten dort«, fragte er, »mit den Spiegelschei-
ben? In dieser Nische habe ich einmal Nachts hinter der Statue in
der Nische gesessen!« – »Kennen Sie noch nicht Ihr eignes Majoratshaus?« fragte der Vetter. »Da ließe es sich besser wohnen, als

in meinem kleinen Neste!« – »Bewahre der Himmel«, antwortete der Majoratsherr, »ich wollte, daß ich es nie gesehen hätte; die großen Steine scheinen mit Hunger und Kummer zusammengemauert.« – »Freilich, der es baute, hat sich kaum satt zu essen gewagt, und Ihr Vater war nicht auf sonderliche Ausgaben eingerichtet, hat mir einmal, als ich knapp von einem Tage zum andern lebte, einen Prozeß gemacht, weil ich eine Schneiderrechnung, die er für mich ausgelegt, am festgesetzten Tage ihm nicht wieder gezahlt hatte.« – »Gott, das ist hart«, sagte der Majoratsherr, »das kann den Erben keinen Segen bringen!«

Unter solchen Gesprächen waren sie in das Vorzimmer der Hofdame getreten, die darum bitten ließ, daß die Herren eine halbe Stunde warten möchten, sie hätte noch einige Worte zu schreiben. Der Vetter sah an seiner Uhr, daß er nicht so lange warten könne, wegen seines regelmäßigen Spaziergangs, und ließ den Majoratsherrn allein. Diesem ward sehr unheimlich in dem Zimmer. Der schreiende Laubfrosch auf der kleinen Leiter schien von einem fatalen Geiste beseelt; auch die Blumen in den Töpfen hatten kein recht unschuldiges Ansehen; aus dem Potpourri glaubte er ein Dutzend abgelebte Diplomaten heraufhorchen zu sehen. Aber mehr, als alles, quälte ihn der schwarze Pudel, obgleich sich dieser vor ihm zu fürchten schien; er hielt ihn für eine Inkarnation des Teufels. Als nun endlich die Hofdame wie ein chinesisches Feuerwerk mit dem steifen Wechsel ihrer Farben aus dem andern Zimmer hervortrat, da vergingen ihm fast die Sinne, denn ihm stand's vor der Seele, daß die Abscheuliche seine Mutter sei. »Mutter«, sagte er, und sah sie scharf an, »deinem Sohn ist sehr wehe!« Er dachte, sie würde erschrecken, ihn für einen Toren erklären; aber sie setzte sich ruhig zu ihm, und sagte: »Sohn, deiner Mutter ist sehr wohl.« Sie wollte ihm ein emailliertes großes Riechfläschchen reichen, aber er scheute sich davor, und sagte: »Da seh ich eine Seele eingesperrt!« Sie legte es bei Seite und sagte: »Wenn darin eine Seele, so ist es die Seele deines Vaters, des Schönen; ich reichte es ihm, als er vom Leutnant, dem Vetter, durchstochen ward, im unerwarteten Zweikampf vor meiner Türe.« – »Ich lebe mit dem Mörder meines Vaters unter einem Dache, und du bist seine geliebte Freundin?« – »Du weißt zu viel, mein Sohn«, fuhr sie fort, »als daß du nicht alles wissen solltest, wie viel du mir zu danken, was ich für dich getan habe. Dein Vater hieß der schöne ... in der ganzen Stadt; dieser Ruf machte, daß ich gegen ihn alle Vorsicht vergaß. Unser Liebeshandel blieb zwar heimlich; aber bei den Folgen, die ich trug, mußte ich auf Verbannung vom Hofe gefaßt sein, wenn ich diese Folgen nicht verheimlichen könnte, nachdem dein Vater erstochen war, ehe er sein Versprechen, mich zu heiraten, erfüllen können. Das gelang mir.« – »Ich weiß es.« – »Und zugleich rächte ich deinen Vater an seinem Mörder, indem ich dir das Vermögen zuwandte, was jenem mit allem Rechte zugefallen wäre. Ich tat noch mehr. Durch meinen Einfluß am Hofe hemmte ich jeden seiner Versuche, sich in Ehren fortzuarbeiten, und erhielt ihn dabei in den Netzen meiner Reize. Weder seinem Verstande, noch seinem Mute wurde gerechte Anerkennung; so veraltete er in sinnlosem Treiben und quälenden Nahrungsspekulationen, ein lächerliches Spottgesicht aller Welt, während die ältern Leute noch mit Entzücken von der Schönheit deines Vaters reden, ihn noch als Sprichwort brauchen, um Schönheit zu bezeichnen. Wenn ich dich in deinem Reichtum edel, sorgenfrei aufgewachsen sehe, allem Höheren zugewendet, und den Vetter denke, wie er da täglich unter schielenden Seitenblicken der Alten, und mit Hohnlachen der Gassenbuben in lächerlichen Hahnentritten vor meinem Fenster vorübertrippelt, oder Sonntags meinen Hund kämmen muß, dann fühle ich, daß ich deinen Vater gerächt, ihm ein rechtes Totenopfer gebracht habe. Oder soll ich noch mehr tun, um den Vetter zu kränken, soll ich ihn heiraten, ihn in seinem Stundenlauf durch die Stadt stören, seine Wappensammlung zusammenwerfen?« – Der Majoratsherr hatte auf das alles nicht gehört, sonst möchte sein Widerspruch sie früher unterbrochen haben. Er sprach halbträumend in sich hinein: »Also ward ich der Edlen nur als ein Dieb an die Mutterbrust gelegt. Und wo ist das unglückliche Kind, das meinetwegen verstoßen wurde? Ich weiß es, Esther ist es; die unglückliche, geistreiche, von der Gemeinheit der Ihren, von dem Fluch ihres Glaubens niedergebeugte Esther!« – »Darüber kann ich dir keine Antwort geben«, sagte die Hofdame, »der alte Majoratsherr allein führte die Sache aus; ich war beruhigt, als ich dich aus der Schande unehelicher Geburt zu dem glänzendsten Schicksale erhoben sah. Du dankst mir nicht dafür!« – Er saß in sich versunken und hörte nicht, sondern sprach halblaut: »Ich sollte reich sein auf Unkosten eines Armen? Hab ich nicht manches gelernt, was mir einen Unterhalt verschaffen kann? Ich spiele mehrere Instrumente, so fertig, wie irgend einer; ich male, ich kann in mancher Sprache Unterricht geben. Fort mit der Sündenlast des Reichtums; sie hat mich nie beglückt!« – Die Hofdame hörte ihm aufmerksam zu, und sprach mit ihrem Pudel, der seine Vorderpfoten auf ihre Knie stützte und ihr ans Ohr den Kopf ausstreckte, dann nahm sie die Hand des Majoratsherrn und sagte: »Du bist deiner Mutter wenigstens Gehorsam schuldig, und was ich fordere, ist nicht unbillig; nur vierundzwanzig Stunden bewahre das Geheimnis deiner Geburt, und schiebe jeden Entschluß auf, den es in dir erregen könnte; darauf gib mir Hand und Wort!« – Der Majoratsherr war froh, daß er in vierundzwanzig Stunden zu keinem Entschluß zu kommen brauchte, schlug ein, küßte die Hand, empfahl sich ihr und eilte nach Hause, um zu einer ruhigen Fassung zu gelangen.

Aber eine neue Veranlassung zur tiefsten Beunruhigung seines Gemüts mußte er dort vorfinden. Er sah vor dem Hause der Esther eine große Versammlung von Juden und Jüdinnen, die heftig mit einander redeten. Weil er sich nicht darunter mischen wollte, so ging er in sein Haus und befragte die alte Aufwärterin. Sie berichtete ihm, daß der Verlobte der schönen Esther vor einer Stunde ganz zerlumpt von einer Reise nach England zurückgekommen sei; er habe alles das Seine verloren. Die alte Vasthi habe ihm darauf erklärt, daß er ihre Schwelle nicht betreten, an ihre Stieftochter nicht denken solle; aber Esther habe laut versichert, daß sie gerade jetzt ihre Zusage erfüllen wolle, den Unglücklichen zu heiraten, weil er ihrer bedürfe, sonst hätte sie wegen ihrer Kränklichkeit das Verlöbnis aufgelöst. Darüber sei eine schreckliche Wut der Mutter Vasthi ausgebrochen, die kaum

durch das Zwischentreten der ältesten Nachbarn beschwichtigt
worden sei. Jedermann gebe ihr laut schuld, daß sie nicht aus
Vorsorge für die Stieftochter, sondern aus Verlangen, sie zu be-
erben, weil sie sehr kränklich, die Heirat zu hindern suche.

So war nun ein Mittel der Ausgleichung, wenn er selbst, der
Majoratsherr, die verstoßene Esther geheiratet hätte, fast verloren und seine Neigung schien ihm jetzt sträflich. Er sah Esther,
die bleich und erstarrt, wie eine Tote auf ihrem Sopha lag, während der Verlobte, ein jammervoller Mensch, ihr seine unglücklichen Begebenheiten erzählte. Es wurde Licht angezündet; sie
schien sich zu erholen, tröstete ihn, versprach ihm ihren Handel
zu überlassen, wenn sie verheiratet wären, aber er dürfe dann nie
ihr Zimmer betreten. Er beschwor alle Bedingungen, die sie ihm
machen wolle, wenn sie ihn aus dem Elend reißen, und vor dem
Zorn der grausamen Vasthi bewahren wolle. »Sie ist der Würg-
engel, der Todesengel«, sagte er, »ich weiß es gewiß; sie wird
Abends gerufen, daß die toten Leute nicht über Nacht im Hause
bleiben müssen, und saugt ihnen den Atem aus, daß sie sich nicht
lange quälen, und den Ihren zur Last fallen. Ich hab's gesehen, als
sie von meiner Mutter fortschlich, und als ich ans Bette kam, war
sie tot; ich hab es gehört von meinem Schwager, es darf nur keiner davon reden. Es ist eine Sache der Milde, aber ich scheue
mich davor.« Esther suchte es ihm auszureden, endlich sagte sie:
»Bedenk Er sich wohl! Wenn Er sich allzusehr vor ihr fürchtet,
so heirate Er mich nicht. Mir ist es einerlei, ich tue es nur, um Ihn
aus dem Elend zu retten; das bedenk Er sich, und geh Er, und laß
Er mich allein.« Der Verlobte ging. Kaum war er fort, so stand
Esther mit Mühe auf, erschrak, als sie sich im Spiegel erblickte,
und rang die Hände.

Der Majoratsherr beschauete den schmalen Raum, der sie
trennte; er glaubte, sie trösten zu müssen. Aber ehe er entschlossen, ob er sich einem kühnen Sprunge hingeben, oder durch ein
Brett beide Fenster in aller Sicherheit vereinigen könnte, hörte
er, wie alle Abende, einen Schuß, und es überfiel der gesellige
Wahnsinn die schöne Esther schon wieder. Sie schlüpfte mit Eil
in ein kurzes Ballkleid, und warf darüber einen feuerfarbenen

Maskenmantel, nahm auch eine Maske vor, und so erwartete sie die übrigen Masken zu dem Balle. Es ging wie am vorigen Tage, nur viel wilder. Groteske Verkleidungen, Teufel, Schornsteinfeger, Ritter, große Hähne schnarrten und schrieen in allen Sprachen, er sah die Gestalten, so wie ihre Stimme sie belebte. Sie war schlagend witzig gegen alle Angriffe, die sie sich selbst machte, und scheute in diesen Spottreden keine ihrer Schwächen, die sie je gehabt hatte; aber sie wußte auch von allem die beste Seite zu zeigen. Nur einer Maske wußte sie nichts zu antworten, die ihr vorwarf, so nahe ihrer Hochzeit solchen Leichtsinn zu treiben. »Nennen Sie dieses Almosen, das ich dem armen Jungen reiche, keine Hochzeit. Ich bin verlassen; der Majoratsherr wird sich immerdar zu lange in Unschlüssigkeit bedenken, ehe er etwas für mich tut, meine Pulse schlagen bald die letzte Stunde, kurz, David tanzte vor der Bundeslade, und ich tanze dem höheren Bunde entgegen.« Bei diesen Worten ergriff sie die Maske und raste einen schnellen Walzer, welchem Beispiel die andern Masken folgten, während ihr Mund mit seltener Fertigkeit Violinen, Bässe, Hautboen und Waldhörner tanzend nachzuahmen wußte. Kaum war dieser allgemeine Tanz geendet, so wurde sie angefleht, die Fandango zu tanzen. Sie warf die Maske und auch das Ballkleid von sich, ergriff die Kastanietten und tanzte mit einer Zierlichkeit den zierlichsten Tanz, daß dem Majoratsherrn alle andere Gedanken in Wonne des Anschauens untergingen. Als ihr nun alle für diese Kunst ihren Dank zollten, und sie nur mit Mühe wieder zu Atem kam, sah sie mit Schrecken einen kleinen Mann eintreten, den auch der Majoratsherr, sobald sie ihn genannt, in einer sehr abgetragenen Maske die Herren begrüßen sah. »Gott, das ist mein armer Bräutigam«, sagte sie, »der will mit seinen Kunststücken Geld verdienen.« Diese armselige Maske trug einen kleinen Tisch und Stuhl auf dem Rücken, empfahl seine Kunststücke, ließ einen Teller umhergehen, um für sich einzusammeln, und eröffnete den Schauplatz mit sehr geschickten Kartenkünsten; dann brachte er Becher, Ringe, Beutel, Leuchter und ähnliche Schnurrpfeifereien vor, mit denen er das größte Entzücken in der ganzen Gesellschaft erregte. Zuletzt sprang er

in einem leichten weißen Anzuge, doch wieder maskiert, wie
eine Seele aus dem schmutzigen Maskenmantel heraus, und versicherte, mit seinem Körper seltsame Kunststücke machen zu
wollen, legte sich auf den Bauch und drehte sich wie ein angesto-
chener Käfer umher. Aber Esther faßte einen so gräßlichen Widerwillen gegen ihn in dieser Verzerrung, daß sie mit zugehalte-
nen Augen in Krämpfen auf ihr Bett stürzte. Im Augenblicke waren dem Majoratsherrn alle Gestalten verschwunden; er sah die
Geliebte, die Unterdrückte, im schrecklichsten Leiden verlassen;
er beschloß, zu ihr zu eilen. Er sprang die Treppe hinunter, aber
er fehlte die Tür, und trat in ein Zimmer, das er nie betreten. Und
ihm und seiner Laterne entgegen drängten sich ungeheure gefie-
derte Gestalten, denen rote Nasen, wie Nachtmützen über die
Schnäbel hingen. Er flieht zurück und steigt zum Dache empor,
indem er sein Zimmer sucht. Er blickt umher in dem Raume, und
still umsitzen ihn heilige Gestalten, fromme Symbole, weiße
Tauben; und das Gefühl, wie er zwischen Himmel und Hölle
wohne, und die Sehnsucht nach dem himmlischen Frieden, dessen Sinnbilder ihn umgaben, stillte wie Öl die Sturmeswellen, die
ihn durchbeben, und eine Ahnung, daß er ihm nahe, daß es seiner auf Erden nicht mehr bedürfe, drängte seine aufglimmende
Tätigkeit für Esther wieder zurück.

Doch diesem höheren Traum stellte sich die Wirklichkeit mit
spitzer Nachtmütze, einen bunten Band darum gebunden, eine
Brille auf der roten Nase, einen japanischen bunten Schlafrock
am Leibe, mit bloßem Schwerte entgegen; natürlich der Vetter,
der von dem Geräusche im Hause erwacht, den Majoratsherrn
mit den Worten begrüßte: »Sind Sie es, lieber Vetter, oder Ihr
Geist?« – »Mein Geist«, antwortete der Majoratsherr verlegen,
»denn kaum weiß ich, wie ich hier unter die Engel versetzt bin.«
– »Kommen Sie in Ihr Zimmer zurück«, entgegnete der Vetter,
»sonst verlassen die Tauben ihre Eier; meine Puthähne unten
wollen sich ohnehin nicht zufrieden geben; Sie waren gewiß auch
dort, ich konnte mir dieses Treppensteigen, den Lärmen bei den
Tieren nicht anders erklären, als daß ein Dieb von der Judengasse
eingestiegen sei. Nun ist es mir nur lieb, daß Sie es sind. Vielleicht

etwas mondsüchtig, lieber Vetter? Das weiß ich zu kurieren.« –
Unter solchen Gesprächen führte er den Majoratsherrn in sein
Zimmer zurück. Dieser aber faßte den Entschluß, dem Vetter zu
erzählen, daß er Esther in Krämpfen ganz verlassen aus seinem
Fenster gesehen habe, und daß er, in der Eil, ihr zu Hülfe zu
kommen, die Türen verfehlt habe. – »Welch ein Glück«, rief der
Vetter, »denn wenn die Türe der Gasse offen gewesen, Sie wären
nicht ohne Unglück oder Schimpf hinaus gekommen.« – Der
Majoratsherr war an das Fenster gegangen und sagte: »Sie scheint
jetzt zu schlummern, der schreckliche Anfall ist vorüber.« Der
Leutnant erzählte aber weiter: »Vor einem Jahre hätten Sie noch
die Esther sehen sollen, da war sie schön; da kam der Sohn eines
Regimentskameraden vom Lande hieher unter die Dragoner. Er
war das einzige Gut der Mutter, seitdem der Vater in einem
Scharmützel geblieben; denn die sind oft gefährlicher, als die
großen Schlachten. Ich sah es, wie sie ihm das letzte Hemde zu
seiner Equipierung nähte; sie dachte nicht, daß es sein Sterbe-
hemde werden sollte. Aber der Mensch war unbesonnen; ich sah
es ihm gleich beim Reiten an: er wollte immer Kunststücke auf
den Straßen machen, und dachte nicht daran, daß da Leute neben
ihm gingen. Genug, der verliebt sich in die schöne Esther, und sie
in ihn, und mein junger Herr will Abends zu ihr schleichen, und
wie die armen Juden außer ihrer Gasse mißhandelt werden, so
meinen sie, die Christen drinnen auch mißhandeln zu können,
und fallen über ihn her, – besonders die alte Vasthi, die hätte ihn
fast erwürgt. Die Sache ward laut, die Offiziere wollten nicht mit
dem jungen Fähndrich weiter dienen. Er kam zu mir: was er tun
sollte? Ich sagte ihm: ›schießt Euch tot, weiter ist nichts zu tun.‹
Und der Mensch nimmt das Wort buchstäblich, und schießt sich
tot. Da hatte ich Mühe, es der Mutter auf gute Art beizubringen.
Die Esther aber bekommt seitdem Abends um die Zeit, wo er
sich erschossen, einen Eindruck, als ob ein Pistolenschuß in der
Nähe fiele, – andre hören es nicht, – und dann einen Anfall von
Reden, Tanzen, daß kein Mensch aus ihr klug wird; und die andern im Hause lassen sie allein und scheuen sich vor ihr!« – Entsetzt von dem kaltblütigen Vortrage, rief der Majoratsherr:

»Welche Klüfte trennen die arme Menschheit, die sich immer
nach Vereinigung liebend sehnt! Wie hoch muß ihre Bestimmung sein, daß sie solcher Fundamente bedarf, daß solche Opfer
von der ewigen Liebe gefordert werden, solche Zeichen, – die,
mehr als Wunder, die Wahrheit der heiligen Geschichte bewäh-
ren? O! sie sind *alle* wahr, die heiligen Geschichten *aller* Völ-
ker!« – Nach einer Pause fragte er: »Ist denn diese Vasthi wirklich der Würgeengel? Die Leute sagen, daß sie den Sterbenden
den Todesdruck gebe.« – »Wenn das der Fall ist«, sagte der Vetter, »so ist es Milde, daß sie nicht *lebend* begraben werden, weil
ein törichtes Gesetz gebietet, die Toten nach dreien Stunden aus
dem Hause zu schaffen.« Es habe ihm ein Arzt versichert, – daß
er deswegen einem, der an Krämpfen gelitten, schwören mußte,
bei ihm zu bleiben, daß er nicht erstickt würde, wenn man ihn für
tot hielte. »Und da sah er, wie die Verwandten ihn verlegen bere-
den wollten, fortzugehen, – der Tote sei tot; aber er blieb, und
rettete das Leben des Erstarrten, der ihm noch lange dankte. Da
sollte die Obrigkeit ein Einsehen haben, und das frühe Beerdigen
verbieten. Aber lassen Sie uns von angenehmeren Dingen reden«, fuhr der Vetter fort. »Ich habe Ihnen vielen Dank zu sagen,
Sie haben mein Glück gemacht. Meine vortreffliche Herzens-
und Hofdame fühlt eine so gütige, mütterliche Zärtlichkeit gegen
Sie, daß sie mir die seit dreißig Jahren versagte Hand reichen will,
insofern ich Sie verpflichten kann, als ein geliebter Sohn in ihrer
Nähe zu bleiben und unser nahendes Alter zu unterstützen. Da
Sie nun, lieber Vetter, Ihr ganzes äußeres Dasein mit der Verwal-
tung des Majorats mir übertragen haben, ich auch aus der nähern
Kenntnis der Verhandlungen ersehe, daß Sie viel zu abstrakt in
Ihren Studien sind, um Ihrem Vermögen selbst vorstehen zu
können, so habe ich, gleichsam als Ihr natürlicher Vormund, Ihr
Wort dazu gegeben.«

Der Majoratsherr fühlte sich in den Willen des Vetters ebenso
hingegeben, wie Esther in den Willen der Vasthi; er kam ihm
auch vor wie ein Würgeengel, und er konnte sich denken, daß er
ihm eben so gleichgültig, wie dem jungen Dragoner die Pistole
reichen würde, wenn er das Geheimnis des Majorats erführe. Der

Majoratsherr liebte aber sein Leben, wie alle Kranke und Leidende, und es schien ihm ein milder Ausweg, den die Hofdame
ersonnen, ihn durch diese Heirat als Sohn dem Hause dergestalt
zu verknüpfen, daß bei der Unwahrscheinlichkeit, in ihrem Alter
noch andre Kinder zu bekommen, er allein die Aussicht und der
Mittelpunkt aller Hoffnungen beider werden müßte. So fand er
sich gezwungen, dem Vetter zur Heirat Glück zu wünschen, und
ihm seine kindliche Ergebenheit gegen die Hofdame zu versichern; auch versprach er ihm, künftig mit ihm im Majoratshause
zu wohnen, Gesellschaften zu sehen und am Hofe sein Glück zu
suchen. Dann las ihm der Vetter einige wohlgereimte Gedichte
vor, in denen er dieses Glück besungen hatte, und empfahl sich
erst spät dem schlaftrunkenen Majoratsherrn, der heimlich allen
Versen abgeschworen, seitdem er die edle Reimkunst mit so fata-
ler, nichtiger Fertigkeit hatte handhaben hören. Und doch
konnte er es nicht lassen, einige Reime bis zum Verzweifeln sich
zu wiederholen, und wußte auch nicht, wo er sie gehört hatte, –
doch meinte er damals, als er die alte Vasthi hinter der Bildsäule
belauerte.

> Es war eine alte Jüdin,
> Ein grimmig gelbes Weib;
> Sie hatt' eine schöne Tochter;
> Ihr Haar war schön geflochten,
> Mit Perlen, so viel sie mochte,
> Zu ihrem Hochzeitkleid.

> »Ach liebste, liebste Mutter,
> Wie tut mir's Herz so weh; –
> In meinem geblümten Kleide
> Ach laß mich eine Weile
> Spazieren auf grüner Heide,
> Bis an die blaue See.

> Gut Nacht! Gut Nacht, Herz Mutter,
> Du siehst mich nimmermehr;
> Zum Meere will ich laufen

Und sollt ich auch ersaufen;
Es muß mich heute taufen;
Es stürmet gar zu sehr!«

Spät entschlafen, unter diesen immer wiederkehrenden Reimen, wurde er erst gegen Abend durch den Pistolenschuß erweckt, der sich zur gewohnten Stunde hören ließ. Fast zugleich
trat die alte gute Aufwärterin leise ein, und als sie ihn wachend
fand, fragte sie: Ob er nicht der Judenhochzeit aus dem Hinterfenster zusehen wolle. – »Wer wird verheiratet?« fuhr er auf. –
»Die schöne Esther mit dem armen Lump, der gestern zurückgekehrt ist.« – Zum Glück war der Majoratsherr unausgekleidet auf
seinem Sopha eingeschlafen, denn Zeit konnte er nicht verlieren,
mit solcher Heftigkeit sprang er nach den hinteren Fenstern des
Hauses, aus denen er den Begräbnisort mit den wilden Tieren gesehen hatte. Lange Häuserschatten und zwischendurch strah-
lende Abendlichter streiften über den grünen Platz neben dem
Begräbnisort, der mit einem schrecklichen Gewirre schmutziger
Kinder eingehegt war. Die Art der Musik, welche jetzt anhob,
erinnerte an das Morgenland; auch der reich gestickte Baldachin,
der von vier Knaben vorausgetragen wurde. Eben so fremdartig
waren alle Zeichen der Lustigkeit unter den Zuschauern, welche
Nachtigallen und Wachteln künstlich nachmachten, einander
zwickten und Gesichter schnitten, und endlich, zum Teil mit
künstlichen Sprüngen, den Bräutigam begrüßten, der wie ein
Schornsteinfeger ein schwarzes Tuch um den Kopf trug und mit
einer Zahl befreundeter Männer eintrat. Und welche Ungeduld,
wie viele seltsame Einfälle unter den Leuten, als die Braut länger,
als erlaubt, auf sich warten ließ. Aber endlich kam händeringend
ein Weib und schrie unbarmherzig: »Esther ist tot!«
Die Musik der Cymbeln und kleinen Pauken schwieg; die
Knaben ließen den Thronhimmel fallen, der wilde Stier brüllte
schrecklich, oder wurde jetzt erst gehört. Der Majoratsherr allein, während alles lief um zu schauen, blieb erstarrt in seiner
Fensterecke liegen, bis die Tauben heimkehrend es mit lautem
Flügel umflogen, und die Aufwärterin sagte: »Ach Gott! da ha-

ben sie wieder eine mitgebracht; wer weiß, welchem armen Menschen sie gehört hat, und wie viele sich darum grämen!« – »Sie ist's«, rief der Majoratsherr, »die *himmlische* Taube, und ich werde nicht lange um sie weinen!« Er ging auf sein Zimmer zurück, und wagte es, nach ihren Fenstern hinzublicken. Schon waren alle aus ihrem Zimmer entflohen, aus Furcht der Einwirkung eines Toten. Der Verlobte zerriß sein Kleid vor dem Hause, und überließ sich allen Rasereien des Schmerzens, während die Ältesten von der Beerdigung redeten. Sie lag auf ihrem Bette. Der Kopf hing herab, und die Haarflechten rollten aufgelöst zum Boden. Ein Topf mit blühenden Zweigen aller Art stand neben ihr, und ein Becher mit Wasser, aus dem sie wohl die letzte Kühlung im heißen Lebenskampfe mochte empfangen haben. – »Wohin seid ihr nun entrückt«, rief er nun zum Himmel, »ihr himmlischen Gestalten, die ahnend sie umgaben? Wo bist du, schöner Todesengel, Abbild meiner Mutter! So ist der Glaube nur ein zweifelhaft Schauen zwischen Schlaf und Wachen, ein Morgennebel, den das schmerzliche Licht zerstreut! Wo ist die geflügelte Seele, der ich mich einst in reinerer Umgebung zu nahen hoffte? Und wenn ich mir alles abstreite, wer legt Zeugnis ab für jene höhere Welt? Die Männer vor dem Hause reden von Begräbnis, und dann ist alles abgetan. Immer dunkler wird ihr Zimmer, die geliebten Züge verschwinden darin.«

Während er in tränenlosem Wahnsinn so vor sich hinredete, trat die alte Vasthi mit einer Diebeslaterne in das Zimmer, öffnete einen Schrank und nahm einige Beutel heraus, die sie in ihre lange Seitentasche steckte. Dann nahm sie den Brautschmuck der Erstarrten vom Kopfe, und maß mit einem Bande ihre Länge, wohl nicht zu einem Kleide, sondern zur Auswahl des Sarges. Und nun setzte sie sich auf das Bett, und es schien, als ob sie bete. Und der Majoratsherr vergab ihr den Diebstahl für dies Gebet und betete mit ihr. Und wie sie gebetet hatte, zogen sich alle Züge ihres Antlitzes in lauter Schatten zusammen, wie die ausgeschnittenen Kartengesichter, welche einem Lichte entgegengestellt, mit dem durchscheinenden Lichte ein menschliches Bild darstellen, das sie doch selbst nicht zu erkennen geben: sie erschien nicht wie ein menschliches Wesen, sondern wie ein Geier, der lange von Gottes Sonne gnädig beschienen, mit der gesammelten Glut auf eine Taube niederstößt. So setzte sie sich wie ein Alpdruck auf die Brust der armen Esther, und legte ihre Hände an ihren Hals. Der Majoratsherr meinte einige Bewegungen am Kopf, an Händen und Füßen der schönen Esther zu sehen; aber Wille und Entschluß lagen ihm wie immer fern, der Anblick ergriff ihn, daß er es nicht meinte überleben zu können. »Der grimmige Geier, die arme Taube!« – Und wie Esther das Ringen aufgab und ihre Arme über den Kopf ausstreckte, da erlosch das Licht, und aus der Tiefe des Zimmers erschienen mit mildem Gruße die Gestalten der ersten reinen Schöpfung, Adam und Eva, unter dem verhängnisvollen Baume, und blickten tröstend zu der Sterbenden aus dem ewigen Frühlingshimmel des wiedergewonnenen Paradieses, während der Todesengel zu ihrem Haupte mit traurigem Antlitze in einem Kleide voll Augen mit glänzendem gesenkten Flammenschwerte lauerte, den letzten bittern Tropfen ihren Lippen einzuflößen. So saß der Engel wartend tiefsinnig, wie ein Erfinder am Schlusse seiner mühevollen Arbeit. Aber Esther sprach mit gebrochener Stimme zu Adam und Eva: »Euretwegen muß ich so viel leiden!« – Und jene erwiderten: »Wir taten nur eine Sünde, und hast du *auch* nur eine getan?« – Da seufzte Esther, und wie sich ihr Mund öffnete, fiel der bittere Tropfen von dem Schwerte des Todesengels in ihren Mund, und mit Unruhe lief ihr Geist durch alle Glieder getrieben, und nahm Abschied von dem schmerzlich geliebten Aufenthaltsorte. Der Todesengel wusch aber die Spitze seines Schwertes in dem offenen Wasserbecher vor dem Bette ab, und steckte es in die Scheide, und empfing dann die geflügelte, lauschende Seele von den Lippen der schönen Esther, ihr reines Ebenbild. Und die Seele stellte sich auf die Zehen in seine Hand und faltete die Hände zum Himmel, und so entschwanden beide, als ob das Haus ihrem Fluge kein Hindernis sei, *und es erschien überall durch den Bau dieser Welt eine höhere, welche den Sinnen nur in der Phantasie erkenntlich wird: in der Phantasie, die zwischen beiden Welten als Vermittlerin steht, und immer neu den toten Stoff der Umhüllung zu lebender*

Gestaltung vergeistigt, indem sie das Höhere verkörpert. Die alte Vasthi schien aber von all der Herrlichkeit nichts zu erkennen, und zu sehen; ihre Augen waren abgewandt, und als sich der Todeskampf gestillt hatte, nahm sie noch einigen Schmuck zu sich, und hob ein Bild von Adam und Eva von der Wand und schleppte es auch mit sich fort.

Erst jetzt fiel dem Majoratsherrn ein, daß etwas Wirkliches auch für diese Welt an allem dem sein könne, was er gesehen, und mit dem Schrei: »Um Gottes Gnade willen, die Alte hat sie erwürgt«, sprang er, seiner selbst unbewußt, auf das Fenster, und glücklich hinüber in das offene Fenster der Esther. Sein Schrei hatte die Totengräber und den Verlobten ins Haus gerufen. Sie kamen in das Zimmer, wo sie den Majoratsherrn, den keiner kannte, beschäftigt fanden, der armen Esther Leben einzuhauchen. Aber vergebens. Mit Mühe sagte er ihnen, was er gesehen, wie Vasthi sie erwürgt habe. Der Verlobte rief: »Es ist gewißlich wahr, ich sah sie hinauf schleichen und sah sie herunter schleichen, aber ich fürchtete mich vor ihr!« Die Totenbegleiter verwiesen ihm aber solche frevelhafte Gedanken, der Fremde sei ein Rasender, vielleicht ein Dieb, der solche Lügen ersonnen, um sich der Strafe zu entziehen. Da ergriff der Majoratsherr den Becher mit Wasser und sprach: »So gewiß der Tod in diesem Wasser sein Schwert gewaschen, und es tödlich vergiftet hat, so gewiß hat Vasthi die arme Esther vor meinen Augen erwürgt!« – Bei diesen Worten trank er den Becher aus und sank dann am Bette nieder. – Alle sahen an dem Glanze seiner Augen, an der Bleichheit seiner Lippen, daß ihm sehr wehe sei, und sie hörten seinen gebrochenen Reden zu. »Sie würgte an ihr schon manches Jahr«, sagte er, »und Esther starb in einem Abbilde ihres Lebens, das mit seinem eiteln Schmuck noch in dem Tode die Raubgier der Alten, und vergebliche Liebe in mir regte. Sie ist dem Himmel ihres Glaubens nicht entzogen; sie hat ihn gefunden, und auch ich werde meinen Himmel, die Ruhe und Unbeweglichkeit des ewigen Blaus finden, das mich aufnimmt in seiner Unendlichkeit, sein jüngstes Kind, wie seine Erstgebornen, alle in gleicher Seligkeit!«

Bald wurden seine Worte undeutlicher und er bewegte kaum noch die Lippen. Und die Juden alle sagten, daß das Wasser in einem Sterbezimmer gefährlich, und selbst öfter als tödlich erfunden sei bei gewaltsamen Todesfällen. Sie trugen ihn in das Haus des Leutnants, und erzählten, was er ihnen von den Ereignissen berichtet hätte. Dieser versicherte ihnen, der Sterbende sei schon lange sehr kränklich gewesen, und rief eben den Arzt in das Haus, den der Majoratsherr zuerst erblickt hatte, wie der Tod auf seinem Wagen gesessen, und die beiden Rosse, Hunger und Schmerz gelenkt habe. Dieser zuckte die Achseln, machte Versuche mit Stechen und Brennen und einigen heftigen Mitteln; aber er konnte die Ruhe des Unglücklichen nicht mehr stören, sondern beschleunigte nur seinen Tod.

Noch am Abend nahm der Leutnant Besitz von dem Majoratshause, und schlief seine erste selige Nacht in dem Prachtbette des Hauses. Seine glänzende Bedienung, sein Geschmack in der Pracht zeigte sich zur allgemeinen Bewunderung bei dem Leichenbegräbnisse des Majoratsherrn. Er gab mehrere große Mittagessen, und es verging keine Woche, und jedermann war erstaunt, wie dem Manne Unrecht geschehen. Viele rühmten seinen echt praktischen Verstand, wie er sich durch alle Not des Lebens durchgearbeitet habe; andre erinnerten sich jetzt, wie viele Proben seines Mutes er im Kriege gegeben; einige verehrten sogar seine Gedichte, und erboten sich, sie herauszugeben. Bald trat er nach seinem Dienstalter in die Armee ein, und reichte als General der alten Hofdame seine Hand, nachdem er durch die glückliche Erfindungsgabe jenes Arztes von seiner roten Nase kuriert war.

Dem Hochzeitstage zu Ehren wurde alles Geflügel geschlachtet, das er im kleinen Hause so lange verpflegt hatte. Die hohen Herrschaften beehrten ihn selbst mit ihrer Gegenwart, und jedermann rühmte die Fröhlichkeit und die Pracht dieses Festes. Um so unruhiger war die Nacht. Die Ärzte behaupteten, der Vetter habe sich im Weine übernommen; die Leute im Hause aber berichteten, die Hofdame habe im Zu-Bette-gehen ein emailliertes Riechfläschchen zerbrochen, worin der Geist ihres erstochenen Freundes eingeschlossen gewesen. Dieser Geist habe ihr Bett gegen ihn mit dem Degen verteidigt, und beide hätten die ganze Nacht gefochten, bis endlich der Herr ermüdet sich vor ihm zurückgezogen. Die Hofdame verhöhnte ihn am Morgen als einen törichten Geisterseher, und als er ihr im Zorne antwortete, drohte sie, die Geschichte zu seinem Schimpfe am Hofe bekannt zu machen. Zu ihren Füßen flehte er, daß sie schweigen möchte, und sie versprach es unter der Bedingung, daß er sie in keiner ihrer Launen stören wolle. So mußte er es ruhig dulden, daß die Hunde der Frau, als diese die Wappensammlung besehen und offen stehen lassen, mit den kostbarsten Wappen spielten und sie im Spiel zerbissen. Auch mit der Ordnung seiner Zeit hatte es ein Ende, denn die Frau verstellte und verdrehte ihm alle Uhren, wenn die Hunde zum Mittagessen früher ein Lusten bezeigten. Auch hatte er zum Spazierengehen nun so wenig Zeit übrig, seit ihm die Frau eine gewisse Anzahl junger Hühnerhunde und Hetzhunde zum Abrichten übergeben hatte. Die gute alte Ursula wagte es zu reden, ihn zum Widerstande aufzumuntern; aber er fürchtete schon bei dem bloßen Gedanken, daß sie in der nächsten Nacht den Geist aus dem emaillierten Riechfläschchen loslassen möchte, und jagte sie aus seinem Dienst; er trug die physische Angst in seinem Herzen, wie ein gebissener Hahn, der einmal vor seinem Gegner flüchtig geworden ist.

Die Frau kannte diese schwache Seite und trieb ihn mit dieser Furcht aus allen guten Zimmern des großen Hauses auf ein Bodenzimmer, um ihre neuen Kolonien von Hunderassen aller Art in den Prachtzimmern wohl unterzubringen. Ungeachtet seiner Ehrenstellen wagte er sich unter solchen beschämenden Umständen nicht in die Welt, die sich der Frau, wegen der allmählich verbreiteten Geschichte ihrer heimlichen Niederkunft und des Kindertausches ohnehin verschloß. Um so ungestörter ergab sie sich ihrer Liebhaberei zu Tieren aller Art, und gestattete niemand den Eintritt in das Innere ihres Hauses. Neugierige Leute lauerten wohl Abends vor dem Fenster, wenn sie durch die Ritzen der Fensterladen die Kronenleuchter hell brennen sahen, und kletterten auch wohl hinan, um etwas von diesem seltsamen Feste zu ersehen. Sie erzählten dann, daß sie unzählige Hunde und Katzen an großen, wohlgedeckten, mit silbernen Schüsseln voll feiner Gerichte bedeckten Tischen hätten tafeln sehen, und wie der Herr General hinter dem Stuhle des Lieblingshundes mit einem Teller unter dem Arme aufgewartet habe, während *sie* alle mit den artigsten französischen Worten zum Essen überredet habe. Sie erzählten, wie sie es als einen artigen Einfall belacht habe, als ein paar Hunde die schmutzigen Pfoten an dem großen Wappen des Majorat-Damastgedeckes abgewischt hätten, während der Teller des Eheherrn hinter dem Stuhle des Hundes vom Zittern des unterdrückten Zornes an den Uniformknöpfen den hellsten Triller geschlagen habe. »Wir sind jetzt alle bei recht guter Laune«, hatte sie da gesagt, »lesen Sie uns Ihr Gedicht auf den Namenstag meines Kartusch vor!« Als der Horcher bei diesen Worten laut auflachte, brachte dies dem ganzen Feste eine Störung. Die Frau schalt, die Hunde bellten, der General schickte seine Leute hinaus. Alle Zuschauer flüchteten, und am andern Tage wurde das Haus mit einem hohen eisernen Gitter umgeben, so daß niemand mehr diesen Heimlichkeiten zusehen konnte.

Mit diesem Gitter schließen sich auch, zufällig oder historisch, je nachdem man es ansehen will, die Nachrichten von den Majoratsherren. Die Stadt hatte während des Revolutionskrieges sehr bald Gelegenheit, andere Leutnants und Generale zu beobachten. Es war eine so unruhige Zeit, daß die alten Leute gar nicht mehr mitkommen konnten, und deswegen unbemerkt abstarben. So erging es wenigstens dem Majoratsherrn, seiner Frau und ihren Hunden nach einigen heftigen Auftritten, in denen einer der fremden Offiziere, der eine bessere Hausordnung zu stiften sich berufen glaubte, die Hunde auf gewaltsame Weise aus den Staatszimmern hetzte und den alten Majoratsherrn in seine Rechte auf die Hausherrschaft wieder einzusetzen strebte. Bald darauf kam die Stadt unter die Herrschaft der Fremden; die Lehnsmajorate wurden aufgehoben, die Juden aus der engen Gasse *befreit*, der Kontinent aber wie ein überwiesener Verbrecher eingesperrt. Da gab es viel heimlichen Handelsverkehr auf Schleichwegen, und Vasthi soll ihre Zeit so wohl benutzt haben,

daß sie das ausgestorbene Majoratshaus durch Gunst der neuen
Regierung zur Anlegung einer Salmiakfabrik für eine Kleinigkeit
erkaufte, welche durch den Verkauf einiger darin übernomme-
nen Bilder völlig wieder erstattet war. So erhielt das Majoratshaus eine den Nachbarn zwar unangenehme, aber doch sehr
nützliche Bestimmung, und es trat der Kredit an die Stelle des
Lehnrechts.

Ernst Theodor Amadeus Hoffmann
Die Bergwerke zu Falun

An einem heitern sonnenhellen Juliustage hatte sich alles Volk zu
Götaborg auf der Reede versammelt. Ein reicher Ostindienfah-
rer glücklich heimgekehrt aus dem fernen Lande lag im Klippa-
Hafen vor Anker und ließ die langen Wimpel, die schwedischen
Flaggen lustig hinauswehen in die azurblaue Luft, während
Hunderte von Fahrzeugen, Böten, Kähnen, vollgepfropft mit ju-
belnden Seeleuten auf den spiegelblanken Wellen der Götaelf hin
und her schwammen und die Kanonen von Masthuggetorg ihre
weithallenden Grüße hinüberdonnerten in das weite Meer. Die
Herren von der ostindischen Kompagnie wandelten am Hafen
auf und ab, und berechneten mit lächelnden Gesichtern den reichen Gewinn, der ihnen geworden, und hatten ihre Herzens-
freude daran, wie ihr gewagtes Unternehmen nun mit jedem Jahr
mehr und mehr gedeihe und das gute Götaborg im schönsten
Handelsflor immer frischer und herrlicher emporblühe. Jeder
sah auch deshalb die wackern Herrn mit Lust und Vergnügen an
und freute sich mit ihnen, denn mit ihrem Gewinn kam ja Saft
und Kraft in das rege Leben der ganzen Stadt.

Die Besatzung des Ostindienfahrers, wohl an die hundertund-
funfzig Mann stark, landete in vielen Böten die dazu ausgerüstet,
und schickte sich an ihren Hönsning zu halten. So ist nämlich das
Fest geheißen, das bei derlei Gelegenheit von der Schiffsmann-
schaft gefeiert wird, und das oft mehrere Tage dauert. Spielleute
in wunderlicher bunter Tracht zogen vorauf mit Geigen, Pfeifen,
Oboen und Trommeln, die sie wacker rührten, während andere
allerlei lustige Lieder dazu absangen. Ihnen folgten die Matrosen
zu Paar und Paar. Einige mit bunt bebänderten Jacken und Hüten schwangen flatternde Wimpel, andere tanzten und sprangen

und alle jauchzten und jubelten, daß das helle Getöse weit in den Lüften erhallte.

So ging der fröhliche Zug fort über die Werfte – durch die Vorstädte bis nach der Haga-Vorstadt, wo in einem Gästgifvaregard tapfer geschmaust und gezecht werden sollte.

Da floß nun das schönste Öl in Strömen und Bumper auf Bumper wurde geleert. Wie es denn nun bei Seeleuten, die heimkehren von weiter Reise, nicht anders der Fall ist, allerlei schmucke Dirnen gesellten sich alsbald zu ihnen, der Tanz begann und wilder und wilder wurde die Lust und lauter und toller der Jubel.

Nur ein einziger Seemann, ein schlanker hübscher Mensch, kaum mocht er zwanzig Jahr alt sein, hatte sich fortgeschlichen aus dem Getümmel, und draußen einsam hingesetzt auf die Bank, die neben der Tür des Schenkhauses stand.

Ein paar Matrosen traten zu ihm, und einer von ihnen rief laut auflachend: »Elis Fröbom! – Elis Fröbom! – Bist du mal wieder ein recht trauriger Narr worden, und vertrödelst die schöne Zeit mit dummen Gedanken? – Hör, Elis, wenn du von unserm Hönsning wegbleibst, so bleib lieber auch ganz weg vom Schiff! – Ein ordentlicher tüchtiger Seemann wird doch so aus dir niemals werden. Mut hast du zwar genug, und tapfer bist du auch in der Gefahr, aber saufen kannst du gar nicht, und behältst lieber die Dukaten in der Tasche, als sie hier gastlich den Landratzen zuzuwerfen. – Trink, Bursche! oder der Seeteufel Näcken – der ganze Troll soll dir über den Hals kommen!«

Elis Fröbom sprang hastig von der Bank auf, schaute den Matrosen an mit glühendem Blick, nahm den mit Branntwein bis an den Rand gefüllten Becher und leerte ihn mit einem Zuge. Dann sprach er: »Du siehst, Joens, daß ich saufen kann wie einer von euch, und ob ich ein tüchtiger Seemann bin, mag der Kapitän entscheiden. Aber nun halt dein Lästermaul, und schier dich fort! – Mir ist eure wilde Tollheit zuwider. – Was ich hier draußen treibe, geht dich nichts an!« »Nun, nun«, erwiderte Joens, »ich weiß es ja, du bist ein Neriker von Geburt, und die sind alle trübe und traurig, und haben keine rechte Lust am wackern Seemannsleben! – Wart nur, Elis, ich werde dir jemand herausschicken, du sollst bald weggebracht werden von der verhexten Bank, an die dich der Näcken genagelt hat.«

Nicht lange dauerte es, so trat ein gar feines schmuckes Mädchen aus der Tür des Gästgifvaregard und setzte sich hin neben dem trübsinnigen Elis, der sich wieder verstummt und in sich gekehrt auf die Bank niedergelassen hatte. Man sah es dem Putz, dem ganzen Wesen der Dirne wohl an, daß sie sich leider böser Lust geopfert, aber noch hatte das wilde Leben nicht seine zerstörende Macht geübt an den wunderlieblichen sanften Zügen ihres holden Antlitzes. Keine Spur von zurückstoßender Frechheit, nein, eine stille sehnsüchtige Trauer lag in dem Blick der dunkeln Augen.

»Elis! – wollt Ihr denn gar keinen Teil nehmen an der Freude Eurer Kameraden? – Regt sich denn gar keine Lust in Euch, da Ihr wieder heimgekommen und der bedrohlichen Gefahr der trügerischen Meereswellen entronnen nun wieder auf vaterländischem Boden steht?«

So sprach die Dirne mit leiser, sanfter Stimme, indem sie den Arm um den Jüngling schlang. Elis Fröbom, wie aus tiefem Traum erwachend, schaute dem Mädchen ins Auge, er faßte ihre Hand, er drückte sie an seine Brust, man merkte wohl, daß der Dirne süß Gelispel recht in sein Inneres hineingeklungen.

»Ach«, begann er endlich, wie sich besinnend, »ach, mit meiner Freude, mit meiner Lust ist es nun einmal gar nichts. Wenigstens kann ich durchaus nicht einstimmen in die Toberei meiner Kameraden. Geh nur hinein, mein gutes Kind, juble und jauchze mit den andern, wenn du es vermagst, aber laß den trüben, traurigen Elis hier draußen allein; er würde dir nur alle Lust verderben. – Doch wart! – Du gefällst mir gar wohl, und sollst an mich fein denken, wenn ich wieder auf dem Meere bin.«

Damit nahm er zwei blanke Dukaten aus der Tasche, zog ein schönes ostindisches Tuch aus dem Busen, und gab beides der Dirne. *Der* traten aber die hellen Tränen in die Augen, sie stand auf, sie legte die Dukaten auf die Bank, sie sprach: »Ach, behaltet doch nur Eure Dukaten, die machen mich nur traurig, aber das schöne Tuch, das will ich tragen Euch zum teuern Andenken, und Ihr werdet mich wohl übers Jahr nicht mehr finden, wenn Ihr Hönsning haltet hier in der Haga.«

Damit schlich die Dirne, nicht mehr zurückkehrend in das Schenkhaus, beide Hände vors Gesicht gedrückt, fort über die Straße.

Aufs neue versank Elis Fröbom in seine düstre Träumerei, und rief endlich, als der Jubel in der Schenke recht laut und toll wurde: »Ach läg ich doch nur begraben in dem tiefsten Meeresgrunde! – denn im Leben gibt's keinen Menschen mehr, mit dem ich mich freuen sollte!«

Da sprach eine tiefe traurige Stimme dicht hinter ihm: »Ihr müßt gar großes Unglück erfahren haben, junger Mensch, daß Ihr Euch schon jetzt, da das Leben Euch erst recht aufgehen sollte, den Tod wünschet.«

Elis schaute sich um, und gewahrte einen alten Bergmann, der mit übereinandergeschlagenen Armen an die Plankenwand des Schenkhauses angelehnt stand, und mit ernstem durchdringenden Blick auf ihn herabschaute.

Sowie Elis den Alten länger ansah, wurde es ihm, als trete in tiefer wilder Einsamkeit, in die er sich verloren geglaubt, eine bekannte Gestalt ihm freundlich tröstend entgegen. Er sammelte sich, und erzählte, wie sein Vater ein tüchtiger Steuermann gewesen, aber in demselben Sturme umgekommen, aus dem er gerettet worden auf wunderbare Weise. Seine beiden Brüder wären als Soldaten geblieben in der Schlacht, und er allein habe seine arme verlassene Mutter erhalten mit dem reichen Solde, den er nach jeder Ostindienfahrt empfangen. Denn Seemann habe er doch nun einmal, von Kindesbeinen an dazu bestimmt, bleiben müssen, und da habe es ihm ein großes Glück gedünkt, in den Dienst der ostindischen Kompagnie treten zu können. Reicher als jemals sei diesmal der Gewinn ausgefallen, und jeder Matrose habe noch außer dem Sold ein gut Stück Geld erhalten, so daß er, die Tasche voll Dukaten, in heller Freude hingelaufen sei nach dem kleinen Häuschen, wo seine Mutter gewohnt. Aber fremde Gesichter hätten ihn aus dem Fenster angekuckt, und eine junge Frau, die

ihm endlich die Tür geöffnet, und der er sich zu erkennen gegeben, habe ihm mit kaltem rauhem Ton berichtet, daß seine Mutter schon vor drei Monaten gestorben, und daß er die paar Lumpen, die, nachdem die Begräbniskosten berichtigt, noch übriggeblieben, auf dem Rathause in Empfang nehmen könne. Der Tod
seiner Mutter zerreiße ihm das Herz, er fühle sich von aller Welt
verlassen, einsam wie auf ein ödes Riff verschlagen, hülflos,
elend. Sein ganzes Leben auf der See erscheine ihm wie ein irres
zweckloses Treiben, ja, wenn er daran denke, daß seine Mutter
vielleicht schlecht gepflegt von fremden Leuten, so ohne Trost
sterben müssen, komme es ihm ruchlos und abscheulich vor, daß
er überhaupt zur See gegangen, und nicht lieber daheim geblieben, seine arme Mutter nährend und pflegend. Die Kameraden
hätten ihn mit Gewalt fortgerissen zum Hönsning, und er selbst
habe geglaubt, daß der Jubel um ihn her, ja auch wohl das starke
Getränk, seinen Schmerz betäuben werde, aber statt dessen sei es
ihm bald geworden, als spränge alle Adern in seiner Brust, und
er müsse sich verbluten.

»Ei«, sprach der alte Bergmann, »ei, du wirst bald wieder in
See stechen, Elis, und dann wird dein Schmerz vorüber sein in
weniger Zeit. Alte Leute sterben, das ist nun einmal nicht anders,
und deine Mutter hat ja, wie du selbst gestehst, nur ein armes
mühseliges Leben verlassen.«

»Ach«, erwiderte Elis, »ach, daß niemand an meinen Schmerz
glaubt, ja daß man mich wohl albern und töricht schilt, das ist es
ja eben, was mich hinausstößt aus der Welt. – Auf die See mag ich
nicht mehr, das Leben ekelt mich an. Sonst ging mir wohl das
Herz auf, wenn das Schiff die Segel wie stattliche Schwingen ausbreitend, über das Meer dahinfuhr, und die Wellen in gar lustiger
Musik plätscherten und sausten, und der Wind dazwischen pfiff
durch das knätternde Tauwerk. Da jauchzte ich fröhlich mit den
Kameraden auf dem Verdeck, und dann – hatte ich in stiller
dunkler Nacht die Wache, da gedachte ich der Heimkehr und
meiner guten alten Mutter, wie die sich nun wieder freuen
würde, wenn Elis zurückgekommen! – Hei! da konnt ich wohl
jubeln auf dem Hönsning, wenn ich dem Mütterchen die Duka-

ten in den Schoß geschüttet, wenn ich ihr die schönen Tücher und wohl noch manch anderes Stück seltner Ware aus dem fernen Lande hingereicht. Wenn ihr dann vor Freude die Augen hell aufleuchteten, wenn sie die Hände einmal über das andere zusammenschlug, ganz erfüllt von Vergnügen und Lust, wenn sie geschäftig hin und her trippelte, und das schönste Ähl herbeiholte, das sie für Elis aufbewahrt. Und saß ich denn nun abends bei der Alten, dann erzählte ich ihr von den seltsamen Leuten, mit denen ich verkehrt, von ihren Sitten und Gebräuchen, von allem Wunderbaren was mir begegnet, auf der langen Reise. Sie hatte ihre große Lust daran, und redete wieder zu mir von den wunderbaren Fahrten meines Vaters im höchsten Norden, und tischte mir dagegen manches schauerliche Seemannsmärlein auf, das ich schon hundertmal gehört, und an dem ich mich doch gar nicht satt hören konnte! – Ach! wer bringt mir diese Freude wieder! – Nein, niemals mehr auf die See. – Was sollt ich unter den Kameraden, die mich nur aushöhnen würden, und wo sollt ich Lust hernehmen zur Arbeit, die mir nur ein mühseliges Treiben um nichts dünken würde!«

»Ich höre Euch«, sprach der Alte, als Elis schwieg, »ich höre Euch mit Vergnügen reden, junger Mensch, so wie ich schon seit ein paar Stunden, ohne daß Ihr mich gewahrtet, Euer ganzes Betragen beobachtete, und meine Freude daran hatte. Alles, was Ihr tatet, was Ihr spracht, beweist, daß Ihr ein tiefes, in sich selbst gekehrtes, frommes, kindliches Gemüt habt, und eine schönere Gabe konnte Euch der hohe Himmel gar nicht verleihen. Aber zum Seemann habt Ihr Eure Lebetage gar nicht im mindesten getaugt. Wie sollte Euch stillem, wohl gar zum Trübsinn geneigten Neriker (daß Ihr das seid, seh ich an den Zügen Eures Gesichts, an Eurer ganzen Haltung) wie sollte Euch das wilde unstete Leben auf der See zusagen. Ihr tut wohl daran, daß Ihr dies Leben aufgebt für immer. Aber die Hände werdet Ihr doch nicht in den Schoß legen? – Folgt meinem Rat, Elis Fröbom! geht nach Falun, werdet ein Bergmann. Ihr seid jung, rüstig, gewiß bald ein tüchtiger Knappe, dann Hauer, Steiger und immer höher herauf. Ihr habt tüchtige Dukaten in der Tasche, die legt Ihr an, verdient dazu, kommt wohl gar zum Besitz eines Bergmannshemmans, habt Eure eigne Kuxe in der Grube. Folgt meinem Rat, Elis Fröbom, werdet ein Bergmann!«

Elis Fröbom erschrak beinahe über die Worte des Alten. »Wie«, rief er, »was ratet Ihr mir? Von der schönen freien Erde, aus dem heitern sonnenhellen Himmel, der mich umgibt, labend, erquickend, soll ich hinaus – hinab in die schauerliche Höllentiefe und dem Maulwurf gleich wühlen und wühlen nach den Erzen und Metallen, schnöden Gewinns halber?«

»So ist«, rief der Alte erzürnt, »so ist nun das Volk, es verachtet das, was es nicht zu erkennen vermag. Schnöder Gewinn! Als ob alle grausame Quälerei auf der Oberfläche der Erde, wie sie der Handel herbeiführt, sich edler gestalte als die Arbeit des Bergmanns, dessen Wissenschaft, dessen unverdrossenem Fleiß die Natur ihre geheimsten Schatzkammern erschließt. Du sprichst von schnödem Gewinn, Elis Fröbom! – ei es möchte hier wohl noch Höheres gelten. Wenn der blinde Maulwurf in blindem Instinkt die Erde durchwühlt, so möcht es wohl sein, daß in der tiefsten Teufe bei dem schwachen Schimmer des Grubenlichts des Menschen Auge hellsehender wird, ja daß es endlich sich mehr und mehr erkräftigend, in dem wunderbaren Gestein die Abspieglung dessen zu erkennen vermag, was oben über den Wolken verborgen. Du weißt nichts von dem Bergbau, Elis Fröbom, laß dir davon erzählen.«

Mit diesen Worten setzte sich der Alte hin auf die Bank neben Elis, und begann sehr ausführlich zu beschreiben, wie es bei dem Bergbau hergehe, und mühte sich, mit den lebendigsten Farben dem Unwissenden alles recht deutlich vor Augen zu bringen. Er kam auf die Bergwerke von Falun, in denen er, wie er sagte, seit seiner frühen Jugend gearbeitet, er beschrieb die große Tagesöffnung mit den schwarzbraunen Wänden, die dort anzutreffen, er sprach von dem unermeßlichen Reichtum der Erzgrube an dem schönsten Gestein. Immer lebendiger und lebendiger wurde seine Rede, immer glühender sein Blick. Er durchwanderte die Schachten wie die Gänge eines Zaubergartens. Das Gestein lebte auf, die Fossile regten sich, der wunderbare Pyrosmalith, der Almandin blitzten im Schein der Grubenlichter – die Bergkristalle leuchteten und flimmerten durcheinander.

Elis horchte auf; des Alten seltsame Weise, von den unterirdischen Wundern zu reden, als stehe er gerade in ihrer Mitte, erfaßte sein ganzes Ich. Er fühlte seine Brust beklemmt, es war ihm, als sei er schon hinabgefahren mit dem Alten in die Tiefe, und ein mächtiger Zauber halte ihn unten fest, so daß er nie mehr das freundliche Licht des Tages schauen werde. Und doch war es ihm wieder, als habe ihm der Alte eine neue unbekannte Welt erschlossen, in die er hineingehöre, und aller Zauber dieser Welt sei ihm schon zur frühsten Knabenzeit in seltsamen geheimnisvollen Ahnungen aufgegangen.

»Ich habe«, sprach endlich der Alte, »ich habe Euch, Elis Fröbom, alle Herrlichkeit eines Standes dargetan, zu dem Euch die Natur recht eigentlich bestimmte. Geht nur mit Euch selbst zu Rate, und tut dann, wie Euer Sinn es Euch eingibt!«

Damit sprang der Alte hastig auf von der Bank, und schritt von dannen, ohne Elis weiter zu grüßen oder sich nach ihm umzuschauen. Bald war er seinem Blick entschwunden.

In dem Schenkhause war es indessen still geworden. Die Macht des starken Ähls (Biers), des Branntweins hatte gesiegt. Manche vom Schiffsvolk waren fortgeschlichen mit ihren Dirnen, andere lagen in den Winkeln und schnarchten. Elis, der nicht mehr einkehren konnte in das gewohnte Obdach, erhielt auf sein Bitten ein kleines Kämmerlein zur Schlafstelle.

Kaum hatte er sich müde und matt wie er war, hingestreckt auf sein Lager, als der Traum über ihm seine Fittiche rührte. Es war ihm, als schwämme er in einem schönen Schiff mit vollen Segeln auf dem spiegelblanken Meer, und über ihm wölbe sich ein dunkler Wolkenhimmel. Doch wie er nun in die Wellen hinabschaute, erkannte er bald, daß das, was er für das Meer gehalten, eine feste durchsichtige funkelnde Masse war, in deren Schimmer das ganze Schiff auf wunderbare Weise zerfloß, so daß er auf dem Kristallboden stand, und über sich ein Gewölbe von schwarz flimmerndem Gestein erblickte. Gestein war das nämlich, was er erst für den Wolkenhimmel gehalten. Von unbekannter Macht

fortgetrieben, schritt er vorwärts, aber in dem Augenblick regte
sich alles um ihn her, und wie kräuselnde Wogen erhoben sich
aus dem Boden wunderbare Blumen und Pflanzen von blinken-
dem Metall, die ihre Blüten und Blätter aus der tiefsten Tiefe emporrankten, und auf anmutige Weise ineinander verschlangen.
Der Boden war so klar, daß Elis die Wurzeln der Pflanzen deutlich erkennen konnte, aber bald immer tiefer mit dem Blick ein-
dringend, erblickte er ganz unten – unzählige holde jungfräuliche Gestalten, die sich mit weißen glänzenden Armen umschlungen hielten, und aus ihren Herzen sproßten jene Wurzeln, jene
Blumen und Pflanzen empor, und wenn die Jungfrauen lächel-
ten, ging ein süßer Wohllaut durch das weite Gewölbe, und höher und freudiger schossen die wunderbaren Metallblüten empor. Ein unbeschreibliches Gefühl von Schmerz und Wollust ergriff den Jüngling, eine Welt von Liebe, Sehnsucht, brünstigem
Verlangen ging auf in seinem Innern. »Hinab – hinab zu euch«,
rief er, und warf sich mit ausgebreiteten Armen auf den kristallenen Boden nieder. Aber *der* wich unter ihm, und er schwebte wie
in schimmerndem Äther. »Nun, Elis Fröbom, wie gefällt es dir in
dieser Herrlichkeit?« – So rief eine starke Stimme. Elis gewahrte
neben sich den alten Bergmann, aber so wie er ihn mehr und
mehr anschaute wurde er zur Riesengestalt aus glühendem Erz
gegossen. Elis wollte sich entsetzen, aber in dem Augenblick
leuchtete es auf aus der Tiefe wie ein jäher Blitz und das ernste
Antlitz einer mächtigen Frau wurde sichtbar. Elis fühlte, wie das
Entzücken in seiner Brust immer steigend und steigend zur zer-
malmenden Angst wurde. Der Alte hatte ihn umfaßt und rief:
»Nimm dich in acht, Elis Fröbom, das ist die Königin, noch
magst du heraufschauen.« – Unwillkürlich drehte er das Haupt,
und wurde gewahr wie die Sterne des nächtlichen Himmels
durch eine Spalte des Gewölbes leuchteten. Eine sanfte Stimme
rief wie in trostlosem Weh seinen Namen. Es war die Stimme seiner Mutter. Er glaubte ihre Gestalt zu schauen oben an der
Spalte. Aber es war ein holdes junges Weib die ihre Hand tief
hinabstreckte in das Gewölbe und seinen Namen rief. »Trage
mich empor«, rief er dem Alten zu, »ich gehöre doch der Ober-

welt an und ihrem freundlichen Himmel.« – »Nimm dich in acht«, sprach der Alte dumpf, »nimm dich in acht, Fröbom! – sei treu der Königin der du dich ergeben.« Sowie nun aber der Jüngling wieder hinabschaute in das starre Antlitz der mächtigen Frau, fühlte er, daß sein Ich zerfloß in dem glänzenden Gestein. Er kreischte auf in namenloser Angst und erwachte aus dem wunderbaren Traum, dessen Wonne und Entsetzen tief in seinem Innern widerklang.

»Es konnte«, sprach Elis, als er sich mit Mühe gesammelt, zu sich selbst, »es konnte wohl nicht anders sein, es mußte mir solch wunderliches Zeug träumen. Hat mir doch der alte Bergmann so viel erzählt von der Herrlichkeit der unterirdischen Welt, daß mein ganzer Kopf davon erfüllt ist, noch in meinem ganzen Leben war mir nicht so zumute als eben jetzt. – Vielleicht träume ich noch fort – Nein nein – ich bin wohl nur krank, hinaus ins Freie, der frische Hauch der Seeluft wird mich heilen!«

Er raffte sich auf und rannte nach dem Klippa-Hafen, wo der Jubel des Hönsnings aufs neue sich erhob. Aber bald gewahrte er, wie alle Lust an ihm vorüberging, wie er keinen Gedanken in der Seele festhalten konnte, wie Ahnungen, Wünsche die er nicht zu nennen vermochte, sein Inneres durchkreuzten. – Er dachte mit tiefer Wehmut an seine verstorbene Mutter, dann war es ihm aber wieder, als sehne er sich nur noch einmal jener Dirne zu begegnen, die ihn gestern so freundlich angesprochen. Und dann fürchtete er wieder, träte auch die Dirne aus dieser oder jener Gasse ihm entgegen, so würd es am Ende der alte Bergmann sein, vor dem er sich, selbst konnte er nicht sagen warum, entsetzen müsse. Und doch hätte er wieder auch von dem Alten sich gern mehr erzählen lassen von den Wundern des Bergbaues.

Von all diesen treibenden Gedanken hin und her geworfen, schaute er hinein in das Wasser. Da wollt es ihm bedünken, als wenn die silbernen Wellen erstarrten zum funkelnden Glimmer, in dem nun die schönen großen Schiffe zerfließen, als wenn die dunklen Wolken, die eben heraufzogen an dem heitern Himmel, sich hinabsenken würden und verdichten zum steinernen Gewölbe. – Er stand wieder in seinem Traum, er schaute wieder das ernste Antlitz der mächtigen Frau, und die verstörende Angst des sehnsüchtigsten Verlangens erfaßte ihn aufs neue. –

Die Kameraden rüttelten ihn auf aus der Träumerei, er mußte ihrem Zuge folgen. Aber nun war es, als flüstre eine unbekannte Stimme ihm unaufhörlich ins Ohr: »Was willst du noch hier? – fort! – fort – in den Bergwerken zu Falun ist deine Heimat. – Da geht alle Herrlichkeit dir auf, von der du geträumt – fort, fort nach Falun!«

Drei Tage trieb sich Elis Fröbom in den Straßen von Götaborg umher, unaufhörlich verfolgt von den wunderlichen Gebilden seines Traums, unaufhörlich gemahnt von der unbekannten Stimme.

Am vierten Tage stand Elis an dem Tore durch welches der Weg nach Gefle führt. Da schritt eben ein großer Mann vor ihm hindurch. Elis glaubte den alten Bergmann erkannt zu haben und eilte unwiderstehlich fortgetrieben ihm nach, ohne ihn zu erreichen.

Rastlos ging es nun fort und weiter fort.

Elis wußte deutlich, daß er sich auf dem Wege nach Falun befinde und eben dies beruhigte ihn auf besondere Weise, denn gewiß war es ihm, daß die Stimme des Verhängnisses durch den alten Bergmann zu ihm gesprochen, der ihn nun auch seiner Bestimmung entgegenführe.

In der Tat sah er auch manchmal, vorzüglich wenn der Weg ihm ungewiß werden wollte, den Alten, wie er aus einer Schlucht, aus dickem Gestripp, aus dunklem Gestein plötzlich hervortrat, und vor ihm ohne sich umzuschauen daherschritt, dann aber schnell wieder verschwand.

Endlich nach manchem mühselig durchwanderten Tage erblickte Elis in der Ferne zwei große Seen, zwischen denen ein dicker Dampf aufstieg. So wie er mehr und mehr die Anhöhe westlich erklimmte, unterschied er in dem Rauch ein paar Türme und schwarze Dächer. Der Alte stand vor ihm riesengroß, zeigte mit ausgestrecktem Arm hin nach dem Dampf und verschwand wieder im Gestein.

»Das ist Falun!« rief Elis, »das ist Falun, das Ziel meiner

Reise!« – Er hatte recht, denn Leute die ihm hinterher wanderten bestätigten es, daß dort zwischen den Seen Runn und Warpann die Stadt Falun liege, und daß er soeben den Guffrisberg hinansteige wo die große Pinge oder Tagesöffnung der Erzgrube befindlich.

Elis Fröbom schritt guten Mutes vorwärts, als er aber vor dem ungeheuern Höllenschlunde stand, da gefror ihm das Blut in den Adern und er erstarrte bei dem Anblick der fürchterlichen Zerstörung.

Bekanntlich ist die große Tagesöffnung der Erzgrube zu Falun an zwölfhundert Fuß lang, sechshundert Fuß breit und einhundertundachtzig Fuß tief. Die schwarzbraunen Seitenwände gehen anfangs größtenteils senkrecht nieder; dann verflächen sie sich aber gegen die mittlere Tiefe durch ungeheuern Schutt und Trümmerhalden. In diesen und an den Seitenwänden blickt hin und wieder die Zimmerung alter Schächte hervor, die aus starken, dicht aufeinandergelegten und an den Enden ineinandergefugten Stämmen nach Art des gewöhnlichen Blockhäuserbaues aufgeführt sind. Kein Baum, kein Grashalm sproßt in dem kahlen zerbröckelten Steingeklüft und in wunderlichen Gebilden, manchmal riesenhaften versteinerten Tieren, manchmal menschlichen Kolossen ähnlich, ragen die zackigen Felsenmassen ringsumher empor. Im Abgrunde liegen in wilder Zerstörung durcheinander Steine, Schlacken – ausgebranntes Erz, und ein ewiger betäubender Schwefeldunst steigt aus der Tiefe, als würde unten der Höllensud gekocht, dessen Dämpfe alle grüne Lust der Natur vergiften. Man sollte glauben, hier sei Dante herabgestiegen und habe den Inferno geschaut mit all seiner trostlosen Qual, mit all seinem Entsetzen.*

Als nun Elis Fröbom hinabschaute in den ungeheueren Schlund, kam ihm in den Sinn was ihm vor langer Zeit der alte Steuermann seines Schiffs erzählt. Dem war es, als er einmal im Fieber gelegen, plötzlich gewesen, als seien die Wellen des Mee-

* S. die Beschreibung der großen Pinge zu Falun in Hausmanns Reise durch Skandinavien. V. Teil. Seite 96 ff.

res verströmt, und unter ihm habe sich der unermeßliche Abgrund geöffnet, so daß er die scheußlichen Untiere der Tiefe erblicke die sich zwischen Tausenden von seltsamen Muscheln, Korallenstauden, zwischen wunderlichem Gestein in häßlichen Verschlingungen hin und her wälzten bis sie mit aufgesperrtem Rachen zum Tode erstarrt liegen geblieben. Ein solches Gesicht, meinte der alte Seemann, bedeute den baldigen Tod in den Wellen, und wirklich stürzte er auch bald darauf unversehens von dem Verdeck in das Meer und war rettungslos verschwunden. Daran dachte Elis, denn wohl bedünkte ihm der Abgrund wie der Boden der von den Wellen verlassenen See, und das schwarze Gestein, die blaulichen, roten Schlacken des Erzes schienen ihm abscheuliche Untiere, die ihre häßlichen Polypenarme nach ihm ausstreckten. – Es geschah, daß eben einige Bergleute aus der Teufe emporstiegen, die in ihrer dunklen Grubentracht, mit ihren schwarz verbrannten Gesichtern, wohl anzusehen waren wie häßliche Unholde, die aus der Erde mühsam hervorgekrochen sich den Weg bahnen wollten bis auf die Oberfläche.

Elis fühlte sich von tiefen Schauern durchbebt und was dem Seemann noch niemals geschehen, ihn ergriff der Schwindel; es war ihm als zögen unsichtbare Hände ihn hinab in den Schlund.

Mit geschlossenen Augen rannte er einige Schritte fort, und erst als er weit von der Pinge den Guffrisberg wieder hinabstieg und er hinaufblickte zum heitern sonnenhellen Himmel, war ihm alle Angst jenes schauerlichen Anblicks entnommen. Er atmete wieder frei und rief recht aus tiefer Seele: »O Herr meines Lebens, was sind alle Schauer des Meeres gegen das Entsetzen was dort in dem öden Steingeklüft wohnt! – Mag der Sturm toben, mögen die schwarzen Wolken hinabtauchen in die brausenden Wellen, bald siegt doch wieder die schöne herrliche Sonne und vor ihrem freundlichen Antlitz verstummt das wilde Getöse, aber nie dringt ihr Blick in jene schwarze Höhlen, und kein frischer Frühlingshauch erquickt dort unten jemals die Brust. – Nein, zu euch mag ich mich nicht gesellen, ihr schwarzen Erdwürmer, niemals würd ich mich eingewöhnen können in euer trübes Leben!«

Elis gedachte in Falun zu übernachten und dann mit dem frühesten Morgen seinen Rückweg anzutreten nach Götaborg.

Als er auf den Marktplatz, der Helsingtorget geheißen, kam, fand er eine Menge Volks versammelt.

Ein langer Zug von Bergleuten in vollem Staat mit Grubenlichtern in den Händen, Spielleute voraus, hielt eben vor einem stattlichen Hause. Ein großer schlanker Mann von mittleren Jahren trat heraus, und schaute mit mildem Lächeln umher. An dem freien Anstande, an der offnen Stirn, an den dunkelblau leuchtenden Augen mußte man den echten Dalkarl erkennen. Die Bergleute schlossen einen Kreis um ihn, jedem schüttelte er treuherzig die Hand, mit jedem sprach er freundliche Worte.

Elis Fröbom erfuhr auf Befragen, daß der Mann Pehrson Dahlsjö sei, Masmeister Altermann und Besitzer einer schönen Bergsfrälse bei Stora-Kopparberg. Bergsfrälse sind in Schweden Ländereien geheißen die für die Kupfer- und Silberbergwerke verliehen wurden. Die Besitzer solcher Frälsen haben Kuxe in den Gruben, für deren Betrieb sie zu sorgen gehalten sind.

Man erzählte dem Elis weiter, daß eben heute der Bergsthing (Gerichtstag) geendigt, und daß dann die Bergleute herumzögen bei dem Bergmeister, dem Hüttenmeister und den Altermännern, überall aber gastlich bewirtet würden.

Betrachtete Elis die schönen stattlichen Leute mit den freien freundlichen Gesichtern, so konnte er nicht mehr an jene Erdwürmer in der großen Pinge denken. Die helle Fröhlichkeit, die, als Pehrson Dahlsjö hinaustrat, wie aufs neue angefacht durch den ganzen Kreis aufloderte, war wohl ganz anderer Art als der wilde tobende Jubel der Seeleute beim Hönsning.

Dem stillen ernsten Elis ging die Art, wie sich diese Bergmänner freuten, recht tief ins Herz. Es wurde ihm unbeschreiblich wohl zumute, aber der Tränen konnte er sich vor Rührung kaum enthalten, als einige der jüngeren Knappen ein altes Lied anstimmten, das in gar einfacher in Seele und Gemüt dringender Melodie den Segen des Bergbaues pries.

Als das Lied geendet, öffnete Pehrson Dahlsjö die Türe seines Hauses und alle Bergleute traten nacheinander hinein. Elis folgte unwillkürlich und blieb an der Schwelle stehen, so daß er den ganzen geräumigen Flur übersehen konnte, in dem die Bergleute auf Bänken Platz nahmen. Ein tüchtiges Mahl stand auf einem Tisch bereitet.

Nun ging die hintere Türe dem Elis gegenüber auf, und eine holde festlich geschmückte Jungfrau trat hinein. Hoch und schlank gewachsen, die dunklen Haare in vielen Zöpfen über der Scheitel aufgeflochten, das nette schmucke Mieder mit reichen Spangen zusammengenestelt ging sie daher in der höchsten Anmut der blühendsten Jugend. Alle Bergleute standen auf und ein leises freudiges Gemurmel lief durch die Reihen: »Ulla Dahlsjö – Ulla Dahlsjö! – Wie hat Gott gesegnet unsern wackern Altermann mit dem schönen frommen Himmelskinde!« – Selbst den ältesten Bergleuten funkelten die Augen, als Ulla ihnen so wie allen übrigen die Hand bot zum freundlichen Gruß. Dann brachte sie schöne silberne Krüge, schenkte treffliches Ähl, wie es denn nun in Falun bereitet wird, ein, und reichte es dar den frohen Gästen, indem aller Himmelsglanz der unschuldvollsten Unbefangenheit ihr holdes Antlitz überstrahlte.

Sowie Elis Fröbom die Jungfrau erblickte, war es ihm, als schlüge ein Blitz durch sein Innres und entflamme alle Himmelslust, allen Liebesschmerz – alle Inbrunst die in ihm verschlossen. – Ulla Dahlsjö war es, die ihm in dem verhängnisvollen Traum die rettende Hand geboten; er glaubte nun die tiefe Deutung jenes Traums zu erraten, und pries, des alten Bergmanns vergessend, das Schicksal, dem er nach Falun gefolgt. –

Aber dann fühlte er sich, auf der Türschwelle stehend, ein unbeachteter Fremdling, elend, trostlos, verlassen und wünschte, er sei gestorben ehe er Ulla Dahlsjö geschaut, da er doch nun vergehen müsse in Liebe und Sehnsucht. Nicht das Auge abzuwenden vermochte er von der holden Jungfrau, und als sie nun bei ihm ganz nahe vorüberstreifte, rief er mit leiser bebender Stimme ihren Namen. Ulla schaute sich um und erblickte den armen Elis, der, glühende Röte im ganzen Gesicht, mit niedergesenktem Blick dastand – erstarrt – keines Wortes mächtig.

Ulla trat auf ihn zu und sprach mit süßem Lächeln: »Ei Ihr seid ja wohl ein Fremdling, lieber Freund! das gewahre ich an Eurer seemännischen Tracht! – Nun! – warum steht Ihr denn so auf der Schwelle. – Kommt doch nur hinein und freut Euch mit uns!« – Damit nahm sie ihn bei der Hand, zog ihn in den Flur und reichte ihm einen vollen Krug Ähl! »Trinkt«, sprach sie, »trinkt mein lieber Freund auf guten gastlichen Willkommen!«

Dem Elis war es, als läge er in dem wonnigen Paradiese eines herrlichen Traums, aus dem er gleich erwachen und sich unbeschreiblich elend fühlen werde. Mechanisch leerte er den Krug. In dem Augenblick trat Pehrson Dahlsjö an ihn heran und fragte, nachdem er ihm die Hand geschüttelt zum freundlichen Gruß, von wannen er käme und was ihn hingebracht nach Falun.

Elis fühlte die wärmende Kraft des edlen Getränks in allen Adern. Dem wackern Pehrson ins Auge blickend wurde ihm heiter und mutig zu Sinn. Er erzählte, wie er, Sohn eines Seemanns, von Kindesbeinen an auf der See gewesen, wie er eben von Ostindien zurückgekehrt, seine Mutter, die er mit seinem Solde gehegt und gepflegt, nicht mehr am Leben gefunden, wie er sich nun ganz verlassen auf der Welt fühle, wie ihm nun das wilde Leben auf der See ganz und gar zuwider geworden, wie seine innerste Neigung ihn zum Bergbau treibe, und wie er hier in Falun sich mühen werde als Knappe unterzukommen. Das letzte, so sehr allem entgegen was er vor wenigen Augenblicken beschlossen, fuhr ihm ganz unwillkürlich heraus, es war ihm, als hätte er dem Altermann gar nichts anders eröffnen können, ja als wenn er eben seinen innersten Wunsch ausgesprochen, an den er bisher selbst nur nicht geglaubt.

Pehrson Dahlsjö sah den Jüngling mit sehr ernstem Blick an, als wollte er sein Innerstes durchschauen, dann sprach er: »Ich mag nicht vermuten, Elis Fröbom, daß bloßer Leichtsinn Euch von Euerem bisherigen Beruf forttreibt, und daß Ihr nicht alle Mühseligkeit, alle Beschwerde des Bergbaues vorher reiflich erwägt habt, ehe Ihr den Entschluß gefaßt, sich ihm zu ergeben. Es ist ein alter Glaube bei uns, daß die mächtigen Elemente, in denen der Bergmann kühn waltet, ihn vernichten, strengt er nicht sein ganzes Wesen an, die Herrschaft über sie zu behaupten, gibt er noch andern Gedanken Raum, die die Kraft schwächen, welche er ungeteilt der Arbeit in Erd und Feuer zuwenden soll. Habt Ihr aber Euern innern Beruf genugsam geprüft und ihn bewährt gefunden, so seid Ihr zur guten Stunde gekommen. In meiner Kuxe fehlt es an Arbeitern. Ihr könnt, wenn Ihr wollt, nun gleich bei mir bleiben und morgenden Tages mit dem Steiger anfahren, der Euch die Arbeit schon anweisen wird.«

Das Herz ging dem Elis auf bei Pehrson Dahlsjös Rede. Er dachte nicht mehr an die Schrecken des entsetzlichen Höllenschlundes in den er geschaut. Daß er nun die holde Ulla täglich sehen, daß er mit ihr unter einem Dache wohnen werde, das erfüllte ihn mit Wonne und Entzücken; er gab den süßesten Hoffnungen Raum.

Pehrson Dahlsjö tat den Bergleuten kund, wie sich eben ein junger Knappe zum Bergdienst bei ihm gemeldet und stellte ihnen den Elis Fröbom vor.

Alle schauten wohlgefällig auf den rüstigen Jüngling und meinten, mit seinem schlanken kräftigen Gliederbau sei er ganz zum Bergmann geboren, und an Fleiß und Frömmigkeit werde es ihm gewiß auch nicht fehlen.

Einer von den Bergleuten, schon hoch in Jahren, näherte sich und schüttelte ihm treuherzig die Hand, indem er sagte, daß er der Obersteiger in der Kuxe Pehrson Dahlsjös sei, und daß er sich's recht angelegen sein lassen werde ihn sorglich in allem zu unterrichten was ihm zu wissen nötig. Elis mußte sich zu ihm setzen, und sogleich begann der Alte beim Kruge Ähl weitläuftig über die erste Arbeit der Knappen zu sprechen.

Dem Elis kam wieder der alte Bergmann aus Götaborg in den Sinn und auf besondere Weise wußte er beinahe alles, was der ihm gesagt, zu wiederholen. »Ei«, rief der Obersteiger voll Erstaunen, »Elis Fröbom, wo habt Ihr denn die schönen Kenntnisse her? – Nun da kann es Euch ja gar nicht fehlen, Ihr müßt in kurzer Zeit der tüchtigste Knappe der Zeche sein!«

Die schöne Ulla, unter den Gästen auf und ab wandelnd und sie bewirtend, nickte oft freundlich dem Elis zu und munterte ihn auf recht froh zu sein. Nun sei er, sprach sie, ja nicht mehr fremd, sondern gehöre ins Haus und nicht mehr das trügerische Meer, nein! – Falun mit seinen reichen Bergen sei seine Heimat! – Ein ganzer Himmel voll Wonne und Seligkeit tat sich dem Jüngling auf bei Ullas Worten. Man merkte es wohl daß Ulla gern bei ihm weilte, und auch Pehrson Dahlsjö betrachtete ihn in seinem stillen ernsten Wesen mit sichtlichem Wohlgefallen.

Das Herz wollte dem Elis doch mächtig schlagen, als er wieder bei dem rauchenden Höllenschlunde stand und eingehüllt in die Bergmannstracht, die schweren mit Eisen beschlagenen Dalkarl-schuhe an den Füßen mit dem Steiger hinabfuhr in den tiefen Schacht. Bald wollten heiße Dämpfe, die sich auf seine Brust leg-ten, ihn ersticken, bald flackerten die Grubenlichter von dem schneidend kalten Luftzuge, der die Abgründe durchströmte. Immer tiefer und tiefer ging es hinab, zuletzt auf kaum ein Fuß breiten eisernen Leitern, und Elis Fröbom merkte wohl, daß alle Geschicklichkeit, die er sich als Seemann im Klettern erworben, ihm hier nichts helfen könne.

Endlich standen sie in der tiefsten Teufe und der Steiger gab dem Elis die Arbeit an die er hier verrichten sollte.

Elis gedachte der holden Ulla, wie ein leuchtender Engel sah er ihre Gestalt über sich schweben und vergaß alle Schrecken des Abgrundes, alle Beschwerden der mühseligen Arbeit. Es stand nun einmal fest in seiner Seele, daß nur dann, wenn er sich bei Pehrson Dahlsjö mit aller Macht des Gemüts, mit aller Anstren-gung die nur der Körper dulden wolle, dem Bergbau ergebe, viel-leicht dereinst die süßesten Hoffnungen erfüllt werden könnten, und so geschah es, daß er in unglaublich kurzer Zeit es dem geüb-testen Bergmann in der Arbeit gleichtat.

Mit jedem Tage gewann der wackre Pehrson Dahlsjö den flei-ßigen frommen Jüngling mehr lieb und sagte es ihm öfters unver-hohlen, daß er in ihm nicht sowohl einen tüchtigen Knappen, als einen geliebten Sohn gewonnen. Auch Ullas innige Zuneigung tat sich immer mehr und mehr kund. Oft, wenn Elis zur Arbeit ging und irgend Gefährliches im Werke war, bat, beschwor sie ihn, die hellen Tränen in den Augen, doch nur ja sich vor jedem Unglück zu hüten. Und wenn er dann zurückkam, sprang sie

ihm freudig entgegen, und hatte immer das beste Ähl zur Hand
oder sonst ein gut Gericht bereitet ihn zu erquicken.

Das Herz bebte dem Elis vor Freude, als Pehrson Dahlsjö einmal zu ihm sprach, daß, da er ohnedies ein gut Stück Geld mitgebracht, es bei seinem Fleiß, bei seiner Sparsamkeit ihm gar nicht
fehlen könne, künftig zum Besitztum eines Berghemmans oder
wohl gar einer Bergsfrälse zu gelangen, und daß dann wohl kein
Bergbesitzer zu Falun ihn abweisen werde, wenn er um die Hand
der Tochter werbe. Er hätte nun gleich sagen mögen wie unaussprechlich er Ulla liebe, und wie er alle Hoffnung des Lebens auf
ihren Besitz gestellt. Doch unüberwindliche Scheu, mehr aber
wohl noch der bange Zweifel, ob Ulla, wie er manchmal ahne,
ihn auch wirklich liebe, verschlossen ihm den Mund.

Es begab sich, daß Elis Fröbom einmal in der tiefsten Teufe arbeitete in dicken Schwefeldampf gehüllt, so daß sein Grubenlicht
nur schwach durchdämmerte und er die Gänge des Gesteins
kaum zu unterscheiden vermochte. Da hörte er, wie aus noch
tieferm Schacht ein Klopfen heraustönte als werde mit dem
Puchhammer gearbeitet. Da dergleichen Arbeit nun nicht wohl
in der Teufe möglich, und Elis wohl wußte, daß außer ihm heute
niemand herabgefahren, da der Steiger eben die Leute im Förderschacht anstellte, so wollte ihm das Pochen und Hämmern ganz
unheimlich bedünken. Er ließ Handfäustel und Eisen ruhen und
horchte zu den hohl angeschlagenen Tönen, die immer näher
und näher zu kommen schienen. Mit eins gewahrte er dicht neben sich einen schwarzen Schatten und erkannte, da eben ein
schneidender Luftstrom den Schwefeldampf verblies, den alten
Bergmann von Götaborg, der ihm zur Seite stand. »Glück auf!«
rief der Alte, »Glück auf, Elis Fröbom hier unten im Gestein! –
Nun wie gefällt dir das Leben, Kamerad?« – Elis wollte fragen,
auf welche wunderbare Art der Alte in den Schacht gekommen,
der schlug aber mit seinem Hammer an das Gestein mit solcher
Kraft, daß Feuerfunken umherstoben und es wie ferner Donner
im Schacht widerhallte und rief dann mit entsetzlicher Stimme:
»Das ist hier ein herrlicher Trappgang, aber du schnöder schuftiger Geselle schauest nichts als einen Trum, der kaum eines Stroh-

halms mächtig. – Hier unten bist du ein blinder Maulwurf, dem der Metallfürst ewig abhold bleiben wird, und oben vermagst du auch nichts zu unternehmen, und stellst vergebens dem Garkönig nach. – Hei! des Pehrson Dahlsjö Tochter Ulla willst du zum Weibe gewinnen, deshalb arbeitest du hier ohne Lieb und Gedanken. – Nimm dich in acht, du falscher Gesell, daß der Metallfürst, den du verhöhnst, dich nicht faßt und hinabschleudert, daß deine Glieder zerbröckeln am scharfen Gestein. – Und nimmer wird Ulla dein Weib, das sag ich dir!«

Dem Elis wallte der Zorn auf vor den schnöden Worten des Alten. »Was tust du«, rief er, »was tust du hier in dem Schacht meines Herrn Pehrson Dahlsjö, in dem ich arbeite mit aller Kraft und wie es meines Berufs ist? Hebe dich hinweg wie du gekommen oder wir wollen sehen, wer hier unten einer dem andern zuerst das Gehirn einschlägt.« – Damit stellte sich Elis Fröbom trotzig vor den Alten hin und schwang sein eisernes Handfäustel, mit dem er gearbeitet, hoch empor. Der Alte lachte höhnisch auf, und Elis sah mit Entsetzen wie er behende gleich einer Eichkatz die schmalen Sprossen der Leiter heraufhüpfte und in dem schwarzen Geklüft verschwand.

Elis fühlte sich wie gelähmt an allen Gliedern, die Arbeit wollte nicht mehr vonstatten gehen, er stieg herauf. Als der alte Obersteiger der eben aus dem Förderschacht gestiegen, ihn gewahrte, rief er: »Um Christus willen, was ist dir widerfahren, Elis, du siehst blaß und verstört aus wie der Tod! – Gelt! – der Schwefeldampf, den du noch nicht gewohnt, hat es dir angetan? – Nun – trink, guter Junge, das wird dir wohltun.« – Elis nahm einen tüchtigen Schluck Branntwein aus der Flasche die ihm der Obersteiger darbot, und erzählte dann erkräftigt alles was sich unten im Schacht begeben, sowie, auf welche Weise er die Bekanntschaft des alten unheimlichen Bergmanns in Götaborg gemacht.

Der Obersteiger hörte alles ruhig an, dann schüttelte er aber bedenklich den Kopf und sprach: »Elis Fröbom, das ist der alte Torbern gewesen, dem du begegnet, und ich merke nun wohl, daß das mehr als ein Märlein ist, was wir uns hier von ihm erzäh-

len. Vor mehr als hundert Jahren gab es hier in Falun einen Bergmann, namens Torbern. Er soll einer der ersten gewesen sein, der
den Bergbau zu Falun recht in Flor gebracht hat, und zu seiner
Zeit war die Ausbeute bei weitem reicher als jetzt. Niemand verstand sich damals auf den Bergbau so als Torbern, der in tiefer
Wissenschaft erfahren, dem ganzen Bergwesen in Falun vor-
stand. Als sei er mit besonderer höherer Kraft ausgerüstet, erschlossen sich ihm die reichsten Gänge und kam noch hinzu, daß
er ein finstrer tiefsinniger Mann war, der ohne Weib und Kind, ja
ohne eigentliches Obdach in Falun zu haben beinahe niemals ans
Tageslicht kam, sondern unaufhörlich in den Teufen wühlte, so
konnte es nicht fehlen, daß bald von ihm die Sage ging, er stehe
mit der geheimen Macht, die im Schoß der Erde waltet und die
Metalle kocht, im Bunde. Auf Torberns strenge Ermahnungen
nicht achtend, der unaufhörlich Unglück prophezeite, sobald
nicht wahre Liebe zum wunderbaren Gestein und Metall den
Bergmann zur Arbeit antreibe, weitete man in gewinnsüchtiger
Gier die Gruben immer mehr und mehr aus, bis endlich am
Johannistage des Jahres eintausendsechshundertundsiebenund-
achtzig sich der fürchterliche Bergsturz ereignete, der unsere un-
geheuere Pinge schuf, und dabei den ganzen Bau dergestalt ver-
wüstete, daß erst nach vielem Mühen und mit vieler Kunst mancher Schacht wieder hergestellt werden konnte. Von Torbern
war nichts mehr zu hören und zu sehn, und gewiß schien es, daß
er in der Teufe arbeitend durch den Einsturz verschüttet. – Bald
darauf, und zwar, als die Arbeit immer besser und besser vonstatten ging, behaupteten die Hauer, sie hätten im Schacht den alten Torbern gesehen, der ihnen allerlei guten Rat erteilt und die
schönsten Gänge gezeigt. Andere hatten den Alten oben an der
Pinge umherstreichend erblickt, bald wehmütig klagend, bald
zornig tobend. Andere Jünglinge kamen so wie du hierher und
behaupteten, ein alter Bergmann habe sie ermahnt zum Bergbau
und hieher gewiesen. Das geschah allemal wenn es an Arbeitern
mangeln wollte, und wohl mochte der alte Torbern auch auf
diese Weise für den Bergbau sorgen. – Ist es nun wirklich der alte
Torbern gewesen, mit dem du Streit gehabt im Schacht, und hat

er von einem herrlichen Trappgange gesprochen, so ist es gewiß
daß dort eine reiche Eisenader befindlich, der wir morgen nach-
spüren wollen. – Du hast nämlich nicht vergessen, daß wir hier
die eisengehaltige Ader im Gestein, Trappgang nennen, und daß
Trum eine Ader von dem Gange ist, die sich in verschiedene Teile
zerschlägt und wohl gänzlich auseinandergeht.«

Als Elis Fröbom von mancherlei Gedanken hin und her geworfen eintrat in Pehrson Dahlsjös Haus, kam ihm nicht wie
sonst Ulla freundlich entgegen. Mit niedergeschlagenem Blick,
und wie Elis zu bemerken glaubte mit verweinten Augen saß
Ulla da und neben ihr ein stattlicher junger Mann, der ihre Hand
festhielt in der seinigen und sich mühte allerlei Freundliches
Scherzhaftes vorzubringen, worauf Ulla aber nicht sonderlich
achtete. – Pehrson Dahlsjö zog den Elis, der von trüber Ahnung
ergriffen den starren Blick auf das Paar heftete, fort ins andere
Gemach und begann: »Nun, Elis Fröbom, wirst du bald deine
Liebe zu mir, deine Treue beweisen können, denn, habe ich dich
schon immer wie meinen Sohn gehalten, so wirst du es nun wirklich werden ganz und gar. Der Mann, den du bei mir siehst, ist
der reiche Handelsherr Eric Olawsen geheißen aus Götaborg.
Ich geb ihm auf sein Werben meine Tochter zum Weibe; er zieht
mit ihr nach Götaborg und du bleibst dann allein bei mir, Elis,
meine einzige Stütze im Alter. – Nun, Elis, du bleibst stumm? –
du erbleichst, ich hoffe nicht daß dir mein Entschluß mißfällt,
daß du jetzt, da meine Tochter mich verlassen muß, auch von mir
willst! – doch ich höre Herrn Olawsen meinen Namen nennen –
ich muß hinein!«

Damit ging Pehrson wieder in das Gemach zurück.

Elis fühlte sein Inneres von tausend glühenden Messern zer-
fleischt – Er hatte keine Worte, keine Tränen. – In wilder Verzweiflung rannte er aus dem Hause fort – fort – bis zur großen
Pinge. Bot das ungeheure Geklüft schon im Tageslicht einen
entsetzlichen Anblick dar, so war vollends jetzt, da die Nacht
eingebrochen und die Mondesscheibe erst aufdämmerte, das wüste Gestein anzusehen als wühle und wälze unten eine zahllose
Schar gräßlicher Untiere, die scheußliche Ausgeburt der Hölle,

sich durcheinander am rauchenden Boden und blitze herauf mit
Flammenaugen und strecke die riesigen Krallen aus nach dem armen Menschenvolk. –

»Torbern – Torbern!« schrie Elis mit furchtbarer Stimme, daß
die öden Schlüfte widerhallten – »Torbern, hier bin ich! – Du
hattest recht, ich war ein schuftiger Gesell, daß ich alberner Le-
benshoffnung auf der Oberfläche der Erde mich hingab! – Unten
liegt mein Schatz, mein Leben, mein alles! – Torbern! – steig
herab mit mir, zeig mir die reichsten Trappgänge, da will ich
wühlen und bohren und arbeiten und das Licht des Tages fürder
nicht mehr schauen! – Torbern! – Torbern – steig herab mit mir!«

Elis nahm Stahl und Stein aus der Tasche, zündete sein Grubenlicht an und stieg hinab in den Schacht den er gestern befah-
ren, ohne daß sich der Alte sehen ließ. Wie ward ihm, als er in der
tiefsten Teufe deutlich und klar den Trappgang erblickte, so daß
er seiner Salbänder Streichen und Fallen zu erkennen vermochte.

Doch als er fester und fester den Blick auf die wunderbare
Ader im Gestein richtete, war es als ginge ein blendendes Licht
durch den ganzen Schacht, und seine Wände wurden durchsichtig wie der reinste Kristall. Jener verhängnisvolle Traum, den er
in Götaborg geträumt kam zurück. Er blickte in die paradiesi-
schen Gefilde der herrlichsten Metallbäume und Pflanzen, an denen wie Früchte, Blüten und Blumen feuerstrahlende Steine hingen. Er sah die Jungfrauen, er schaute das hohe Antlitz der mächtigen Königin. Sie erfaßte ihn, zog ihn hinab, drückte ihn an ihre
Brust, da durchzuckte ein glühender Strahl sein Inneres und sein
Bewußtsein war nur das Gefühl als schwämme er in den Wogen
eines blauen durchsichtig funkelnden Nebels. –

»Elis Fröbom, Elis Fröbom!« – rief eine starke Stimme von
oben herab und der Widerschein von Fackeln fiel in den Schacht.
Pehrson Dahlsjö selbst war es, der mit dem Steiger hinabkam um
den Jüngling den sie wie im hellen Wahnsinn nach der Pinge ren-
nen gesehen zu suchen.

Sie fanden ihn wie erstarrt stehend, das Gesicht gedrückt in das
kalte Gestein.

»Was«, rief Pehrson ihn an, »was machst du hier unten zur

Nachtzeit, unbesonnener junger Mensch! – Nimm deine Kraft zusammen und steige mit uns herauf, wer weiß was du oben Gutes erfahren wirst!«

In tiefem Schweigen stieg Elis herauf, in tiefem Schweigen folgte er dem Pehrson Dahlsjö, der nicht aufhörte ihn tapfer auszuschelten, daß er sich in solche Gefahr begeben.

Der Morgen war hell aufgegangen als sie ins Haus traten. Ulla stürzte mit einem lauten Schrei dem Elis an die Brust, und nannte ihn mit den süßesten Namen. Aber Pehrson Dahlsjö sprach zu Elis: »Du Tor! mußte ich es denn nicht längst wissen, daß du Ulla liebtest, und wohl nur ihretwegen mit so vielem Fleiß und Eifer in der Grube arbeitetest? Mußte ich nicht längst gewahren, daß auch Ulla dich liebte recht aus dem tiefsten Herzensgrunde? Konnte ich mir einen bessern Eidam wünschen, als einen tüchtigen fleißigen frommen Bergmann, als eben dich, mein braver Elis? – Aber daß ihr schwiegt, das ärgerte, das kränkte mich.« – »Haben wir«, unterbrach Ulla den Vater, »haben wir denn selbst gewußt, daß wir uns so unaussprechlich liebten?« – »Mag«, fuhr Pehrson Dahlsjö fort, »mag dem sein wie ihm wolle, genug ich ärgerte mich, daß Elis nicht offen und ehrlich von seiner Liebe zu mir sprach und deshalb, und weil ich dein Herz auch prüfen wollte, förderte ich gestern das Märchen mit Herrn Eric Olawsen zutage, worüber du bald zugrunde gegangen wärst. Du toller Mensch! – Herr Eric Olawsen ist ja längst verheiratet und dir, braver Elis Fröbom, gebe ich meine Tochter zum Weibe, denn ich wiederhole es, keinen bessern Schwiegersohn konnt ich mir wünschen.«

Dem Elis rannten die Tränen herab vor lauter Wonne und Freude. Alles Lebensglück war so unerwartet auf ihn herabgekommen und es mußte ihm beinahe bedünken, er stehe abermals im süßen Traum! –

Auf Pehrson Dahlsjös Gebot sammelten sich die Bergleute mittags zum frohen Mahl.

Ulla hatte sich in ihren schönsten Schmuck gekleidet und sah anmutiger aus als jemals, so daß alle einmal über das andere riefen: »Ei, welche hochherrliche Braut hat unser wackrer Elis Fröbom erworben! – Nun! – der Himmel segne beide in ihrer Frömmigkeit und Tugend!«

Auf Elis Fröboms bleichem Gesicht lag noch das Entsetzen der Nacht und oft starrte er vor sich hin wie entrückt allem was ihn umgab.

»Was ist dir, mein Elis?« fragte Ulla. Elis drückte sie an seine Brust und sprach: »Ja ja! – Du bist wirklich mein und nun ist ja alles gut!«

Mitten in aller Wonne war es dem Elis manchmal als griffe auf einmal eine eiskalte Hand in sein Inneres hinein und eine dunkle Stimme spräche: »Ist es denn nun noch dein Höchstes, daß du Ulla erworben? Du armer Tor! – Hast du nicht das Antlitz der Königin geschaut?«

Er fühlte sich beinahe übermannt von einer unbeschreiblichen Angst, der Gedanke peinigte ihn, es werde nun plötzlich einer von den Bergleuten riesengroß sich vor ihm erheben, und er werde zu seinem Entsetzen den Torbern erkennen, der gekommen ihn fürchterlich zu mahnen an das unterirdische Reich der Steine und Metalle, dem er sich ergeben!

Und doch wußte er wieder gar nicht, warum ihm der gespenstische Alte feindlich sein, was überhaupt sein Bergmannshantieren mit seiner Liebe zu schaffen haben solle.

Pehrson merkte wohl Elis Fröboms verstörtes Wesen und schrieb es dem überstandenen Weh, der nächtlichen Fahrt in den Schacht zu. Nicht so Ulla die von geheimer Ahnung ergriffen in den Geliebten drang, ihr doch nur zu sagen, was ihm denn Entsetzliches begegnet, das ihn ganz von ihr hinwegreiße. Dem Elis wollte die Brust zerspringen. – Vergebens rang er danach, der Geliebten von dem wunderbaren Gesicht, das sich ihm in der Teufe aufgetan, zu erzählen. Es war als verschlösse ihm eine unbekannte Macht mit Gewalt den Mund, als schaue aus seinem Innern heraus das furchtbare Antlitz der Königin, und nenne er ihren Namen, so würde, wie bei dem Anblick des entsetzlichen Medusenhaupts sich alles um ihn her versteinen zum düstern schwarzen Geklüft! – Alle Herrlichkeit, die ihn unten in der Teufe mit der höchsten Wonne erfüllt, erschien ihm jetzt wie eine Hölle voll trostloser Qual trügerisch ausgeschmückt zur verderblichsten Verlockung!

Pehrson Dahlsjö gebot, daß Elis Fröbom einige Tage hindurch daheim bleiben solle, um sich ganz von der Krankheit zu erholen, in die er gefallen schien. In dieser Zeit verscheuchte Ullas Liebe, die nun hell und klar aus ihrem kindlichen frommen Herzen ausströmte das Andenken an die verhängnisvollen Abenteuer im Schacht. Elis lebte ganz auf in Wonne und Freude und glaubte an sein Glück, das wohl keine böse Macht mehr verstören könne.

Als er wieder hinabfuhr in den Schacht, kam ihm in der Teufe alles ganz anders vor wie sonst. Die herrlichsten Gänge lagen offen ihm vor Augen, er arbeitete mit verdoppeltem Eifer, er vergaß alles, er mußte sich, auf die Oberfläche hinaufgestiegen, auf Pehrson Dahlsjö, ja auf seine Ulla besinnen, er fühlte sich wie in zwei Hälften geteilt, es war ihm, als stiege sein besseres, sein eigentliches Ich hinab in den Mittelpunkt der Erdkugel und ruhe aus in den Armen der Königin, während er in Falun sein düsteres Lager suche. Sprach Ulla mit ihm von ihrer Liebe und wie sie so glücklich miteinander leben würden, so begann er von der Pracht der Teufen zu reden; von den unermeßlich reichen Schätzen die dort verborgen lägen und verwirrte sich dabei in solch wunderliche unverständliche Reden, daß Angst und Beklommenheit das arme Kind ergriff und sie gar nicht wußte, wie Elis sich auf einmal so in seinem ganzen Wesen geändert. – Dem Steiger, Pehrson Dahlsjö selbst verkündete Elis unaufhörlich in voller Lust, wie er die reichhaltigsten Adern, die herrlichsten Trappgänge entdeckt, und wenn sie dann nichts fanden als taubes Gestein, so lachte er höhnisch und meinte, freilich verstehe er nur allein die geheimen Zeichen, die bedeutungsvolle Schrift, die die Hand der Königin selbst hineingrabe in das Steingeklüft, und genug sei es auch eigentlich, diese Zeichen zu verstehen, ohne das, was sie verkündeten, zu Tage zu fördern.

Wehmütig blickte der alte Steiger den Jüngling an, der mit wild funkelndem Blick von dem glanzvollen Paradiese sprach das im tiefen Schoß der Erde aufleuchte.

»Ach Herr«, lispelte der Alte Pehrson Dahlsjö leise ins Ohr, »ach Herr! dem armen Jungen hat's der böse Torbern angetan!«

»Glaubt«, erwiderte Pehrson Dahlsjö, »glaubt nicht an solche Bergmannsmärlein, Alter! – Dem tiefsinnigen Neriker hat die Liebe den Kopf verrückt, das ist alles. Laßt nur erst die Hochzeit vorüber sein, dann wird's sich schon geben mit den Trappgängen und Schätzen und dem ganzen unterirdischen Paradiese!«

Der von Pehrson Dahlsjö bestimmte Hochzeittag kam endlich heran. Schon einige Tage vorher war Elis Fröbom stiller, ernster, in sich gekehrter gewesen als jemals, aber auch nie hatte er sich so ganz in Liebe der holden Ulla hingegeben als in dieser Zeit. Er mochte sich keinen Augenblick von ihr trennen, deshalb ging er nicht zur Grube; er schien an sein unruhiges Bergmannstreiben gar nicht zu denken, denn kein Wort von dem unterirdischen Reich kam über seine Lippen. Ulla war ganz voll Wonne; alle Angst, wie vielleicht die bedrohlichen Mächte des unterirdischen Geklüfts, von denen sie oft alte Bergleute reden gehört, ihren Elis ins Verderben locken würden, war verschwunden. Auch Pehrson Dahlsjö sprach lächelnd zum alten Steiger: »Seht Ihr wohl, daß Elis Fröbom nur schwindlicht geworden im Kopfe vor Liebe zu meiner Ulla!«

Am frühen Morgen des Hochzeitstages – es war der Johannistag – klopfte Elis an die Kammer seiner Braut. Sie öffnete und fuhr erschrocken zurück, als sie den Elis erblickte schon in den Hochzeitskleidern, todbleich, dunkel sprühendes Feuer in den Augen. »Ich will«, sprach er mit leiser schwankender Stimme, »ich will dir nur sagen, meine herzgeliebte Ulla, daß wir dicht an der Spitze des höchsten Glücks stehen, wie es nur dem Menschen hier auf Erden beschieden. Mir ist in dieser Nacht alles entdeckt worden. Unten in der Teufe liegt in Chlorit und Glimmer eingeschlossen der kirschrot funkelnde Almandin, auf den unsere Lebenstafel eingegraben, den mußt du von mir empfangen als Hochzeitsgabe. Er ist schöner als der herrlichste blutrote Karfunkel, und wenn wir in treuer Liebe verbunden hineinblicken in sein strahlendes Licht, können wir es deutlich erschauen, wie unser Inneres verwachsen ist mit dem wunderbaren Gezweige das

aus dem Herzen der Königin im Mittelpunkt der Erde empor-
keimt. Es ist nur nötig, daß ich diesen Stein hinauffördere zu
Tage, und das will ich nunmehro tun. Gehab dich so lange wohl,
meine herzgeliebte Ulla! – bald bin ich wieder hier.«

Ulla beschwor den Geliebten mit heißen Tränen doch abzu-
stehen von diesem träumerischen Unternehmen, da ihr großes
Unglück ahne; doch Elis Fröbom versicherte, daß er ohne jenes
Gestein niemals eine ruhige Stunde haben würde, und daß an irgendeine bedrohliche Gefahr gar nicht zu denken sei. Er drückte
die Braut innig an seine Brust und schied von dannen.

Schon waren die Gäste versammelt um das Brautpaar nach der
Kopparbergs-Kirche wo nach gehaltenem Gottesdienst die
Trauung vor sich gehen sollte, zu geleiten. Eine ganze Schar zierlich geschmückter Jungfrauen, die, nach der Sitte des Landes, als
Brautmädchen der Braut voranziehen sollten, lachten und
scherzten um Ulla her. Die Musikanten stimmten ihre Instrumente und versuchten einen fröhlichen Hochzeitsmarsch. –
Schon war es beinahe Mittag, noch immer ließ sich Elis Fröbom
nicht sehen. Da stürzten plötzlich Bergleute herbei Angst und
Entsetzen in den bleichen Gesichtern, und meldeten, wie eben
ein fürchterlicher Bergfall die ganze Grube, in der Dahlsjös Kuxe
befindlich, verschüttet.

»Elis – mein Elis du bist hin – hin!« – So schrie Ulla laut auf
und fiel wie tot nieder. – Nun erfuhr erst Pehrson Dahlsjö von
dem Steiger, daß Elis am frühen Morgen nach der großen Pinge
gegangen und hinabgefahren, sonst hatte, da Knappen und Steiger zur Hochzeit geladen, niemand in dem Schacht gearbeitet.
Pehrson Dahlsjö, alle Bergleute eilten hinaus, aber alle Nachforschungen, so wie sie nur selbst mit der höchsten Gefahr des Lebens möglich, blieben vergebens. Elis Fröbom wurde nicht gefunden. Gewiß war es, daß der Erdsturz den Unglücklichen im
Gestein begraben; und so kam Elend und Jammer über das Haus
des wackern Pehrson Dahlsjö, in dem Augenblick, als er Ruhe
und Frieden für seine alten Tage sich zu bereiten gedacht.

Längst war der wackre Masmeister Altermann Pehrson Dahlsjö
gestorben, längst seine Tochter Ulla verschwunden, niemand in
Falun wußte von beiden mehr etwas, da seit Fröboms unglückse-
ligem Hochzeitstage wohl an die funfzig Jahre verflossen. Da geschah es, daß die Bergleute, als sie zwischen zwei Schachten einen Durchschlag versuchten, in einer Teufe von dreihundert El-
len im Vitriolwasser den Leichnam eines jungen Bergmanns fanden, der versteinert schien, als sie ihn zu Tage förderten.

Es war anzusehen als läge der Jüngling in tiefem Schlaf, so
frisch, so wohlerhalten waren die Züge seines Antlitzes, so ohne
alle Spur der Verwesung seine zierliche Bergmannskleider, ja
selbst die Blumen an der Brust. Alles Volk aus der Nähe sammelte sich um den Jüngling, den man heraufgetragen aus der
Pinge, aber niemand kannte die Gesichtszüge des Leichnams,
und keiner der Bergleute vermochte sich auch zu entsinnen, daß
irgendeiner der Kameraden verschüttet. Man stand im Begriff
den Leichnam weiter fortzubringen nach Falun, als aus der Ferne
ein steinaltes eisgraues Mütterchen auf Krücken hinankeuchte.
»Dort kommt das Johannismütterchen!« riefen einige von den
Bergleuten. Diesen Namen hatten sie der Alten gegeben, die sie
schon seit vielen Jahren bemerkt, wie sie jedesmal am Johannistage erschien, in die Tiefe schauend, die Hände ringend, in den
wehmütigsten Tönen ächzend und klagend an der Pinge um-
herschlich und dann wieder verschwand.

Kaum hatte die Alte den erstarrten Jüngling erblickt, als sie
beide Krücken fallen ließ, die Arme hoch emporstreckte zum
Himmel und mit dem herzzerschneidendsten Ton der tiefsten
Klage rief: »O Elis Fröbom – o mein Elis – mein süßer Bräutigam!« Und damit kauerte sie neben dem Leichnam nieder und
faßte die erstarrten Hände und drückte sie an ihre im Alter erkal-
tete Brust, in der noch, wie heiliges Naphthafeuer unter der Eis-
decke, ein Herz voll heißer Liebe schlug. »Ach«, sprach sie dann,
sich im Kreise umschauend, »ach niemand, niemand von euch
kennt mehr die arme Ulla Dahlsjö, dieses Jünglings glückliche
Braut vor funfzig Jahren! – Als ich mit Gram und Jammer fortzog nach Ornäs, da tröstete mich der alte Torbern und sprach,

ich würde meinen Elis, den das Gestein begrub am Hochzeitstage, noch wiedersehen hier auf Erden, und da bin ich jahraus
jahrein hergekommen und habe ganz Sehnsucht und treue Liebe
hinabgeschaut in die Tiefe. – Und heute ist mir ja wirklich solch
seliges Wiedersehen vergönnt! – O mein Elis – mein geliebter
Bräutigam!«

Aufs neue schlug sie die dürren Arme um den Jüngling, als
wolle sie ihn nimmer lassen, und alle standen tiefbewegt ringsumher.

Leiser und leiser wurden die Seufzer, wurde das Schluchzen
der Alten, bis es dumpf vertönte.

Die Bergleute traten hinan, sie wollten die arme Ulla aufrichten, aber sie hatte ihr Leben ausgehaucht auf dem Leichnam des
erstarrten Bräutigams. Man bemerkte, daß der Körper des Unglücklichen, der fälschlicherweise für versteinert gehalten, in
Staub zu zerfallen begann.

In der Kopparbergs-Kirche, dort wo vor funfzig Jahren das
Paar getraut werden sollte, wurde die Asche des Jünglings beige-
setzt und mit ihr die Leiche der bis in den bittern Tod getreuen
Braut.

Wilhelm Hauff
Das kalte Herz
Ein Märchen

Erste Abteilung

Wer durch Schwaben reist, der sollte nie vergessen, auch ein wenig in den Schwarzwald hineinzuschauen; nicht der Bäume wegen, obgleich man nicht überall solch unermeßliche Menge herrlich aufgeschossener Tannen findet, sondern wegen der Leute,
die sich von den andern Menschen ringsumher merkwürdig unterscheiden. Sie sind größer als gewöhnliche Menschen, breit-
schultrig, von starken Gliedern, und es ist als ob der stärkende
Duft, der morgens durch die Tannen strömt, ihnen von Jugend
auf einen freieren Atem, ein klareres Auge und einen festeren,
wenn auch rauheren Mut, als den Bewohnern der Stromtäler und
Ebenen gegeben hätte. Und nicht nur durch Haltung und
Wuchs, auch durch ihre Sitten und Trachten sondern sie sich von
den Leuten, die außerhalb des Waldes wohnen, streng ab. Am
schönsten kleiden sich die Bewohner des badenschen Schwarzwaldes; die Männer lassen den Bart wachsen, wie er von Natur
dem Mann ums Kinn gegeben ist, ihre schwarzen Wämser, ihre
ungeheuren, enggefalteten Pluderhosen, ihre roten Strümpfe
und die spitzen Hüte, von einer weiten Scheibe umgeben, verleihen ihnen etwas Fremdartiges, aber etwas Ernstes, Ehrwürdiges.
Dort beschäftigen sich die Leute gewöhnlich mit Glasmachen;
auch verfertigen sie Uhren und tragen sie in der halben Welt umher.

Auf der andern Seite des Waldes wohnt ein Teil desselben
Stammes, aber ihre Arbeiten haben ihnen andere Sitten und Ge-
wohnheiten gegeben, als den Glasmachern. Sie handeln mit ihrem Wald; sie fällen und behauen ihre Tannen, flößen sie durch

die Nagold in den Neckar, und von dem obern Neckar den
Rhein hinab, bis weit hinein nach Holland, und am Meer kennt
man die Schwarzwälder und ihre langen Flöße; sie halten an jeder
Stadt, die am Strom liegt, an, und erwarten stolz, ob man ihnen
Balken und Bretter abkaufen werde; ihre stärksten und längsten
Balken aber verhandeln sie um schweres Geld an die Mynheers,
welche Schiffe daraus bauen. Diese Menschen nun sind an ein
rauhes, wanderndes Leben gewöhnt. Ihre Freude ist, auf ihrem
Holz die Ströme hinabzufahren, ihr Leid, am Ufer wieder her-
aufzuwandeln. Darum ist auch ihr Prachtanzug so verschieden
von dem der Glasmänner im andern Teil des Schwarzwaldes. Sie
tragen Wämser von dunkler Leinwand, einen handbreiten grünen Hosenträger über die breite Brust, Beinkleider von schwarzem Leder, aus deren Tasche ein Zollstab von Messing wie ein
Ehrenzeichen hervorschaut; ihr Stolz und ihre Freude aber sind
ihre Stiefeln, die größten wahrscheinlich, welche auf irgendeinem Teil der Erde Mode sind; denn sie können zwei Spannen
weit über das Knie hinaufgezogen werden, und die »Flözer«
können damit in drei Schuh tiefem Wasser umherwandeln, ohne
sich die Füße naß zu machen.

Noch vor kurzer Zeit glaubten die Bewohner dieses Waldes an
Waldgeister, und erst in neuerer Zeit hat man ihnen diesen törichten Aberglauben benehmen können. Sonderbar ist es aber,
daß auch die Waldgeister, die der Sage nach im Schwarzwalde
hausen, in diese verschiedenen Trachten sich geteilt haben. So hat
man versichert, daß das »Glasmännlein«, ein gutes Geistchen
von $3^{1}/_{2}$ Fuß Höhe, sich nie anders zeige, als in einem spitzen
Hütlein mit großem Rand, mit Wams und Pluderhöschen und
roten Strümpfchen. Der »Holländer-Michel« aber, der auf der
andern Seite des Waldes umgeht, soll ein riesengroßer, breit-
schultriger Kerl in der Kleidung der Flözer sein, und mehrere,
die ihn gesehen haben, wollen versichern, daß sie die Kälber
nicht aus ihrem Beutel bezahlen möchten, deren Felle man zu
seinen Stiefeln brauchen würde. »So groß, daß ein gewöhnlicher
Mann bis an den Hals hineinstehen könnte«, sagten sie, und
wollten nichts übertrieben haben.

Mit diesen Waldgeistern soll einmal ein junger Schwarzwälder eine sonderbare Geschichte gehabt haben, die ich erzählen will: Es lebte nämlich im Schwarzwald eine Witwe, Frau Barbara Munkin; ihr Gatte war Kohlenbrenner gewesen, und nach seinem Tod hielt sie ihren 16jährigen Knaben nach und nach zu demselben Geschäft an.

Der junge Peter Munk, ein schlauer Bursche, ließ es sich gefallen, weil er es bei seinem Vater auch nicht anders gesehen hatte, die ganze Woche über am rauchenden Meiler zu sitzen, oder schwarz und berußt und den Leuten ein Abscheu hinab in die Städte zu fahren und seine Kohlen zu verkaufen. Aber ein Köhler hat viel Zeit zum Nachdenken über sich und andere, und wenn Peter Munk an seinem Meiler saß, stimmten die dunkeln Bäume umher und die tiefe Waldesstille sein Herz zu Tränen und unbewußter Sehnsucht. Es betrübte ihn etwas, es ärgerte ihn etwas, er wußte nicht recht was. Endlich merkte er sich ab was ihn ärgerte, und das war – sein Stand. »Ein schwarzer, einsamer Kohlenbrenner!« sagte er sich, »es ist ein elend Leben. Wie angesehen sind die Glasmänner, die Uhrenmacher, selbst die Musikanten am Sonntag abends! Und wenn Peter Munk, rein gewaschen und geputzt, in des Vaters Ehrenwams mit silbernen Knöpfen und mit nagelneuen roten Strümpfen erscheint, und wenn dann einer hinter mir her geht und denkt, wer ist wohl der schlanke Bursche? und lobt bei sich die Strümpfe und meinen stattlichen Gang – sieh, wenn er vorübergeht und schaut sich um, sagt er gewiß: ›Ach, es ist *nur* der Köhler-Munk-Peter.‹«

Auch die Flözer auf der andern Seite waren ein Gegenstand seines Neids. Wenn diese Waldriesen herüberkamen, mit stattlichen Kleidern, und an Knöpfen, Schnallen und Ketten einen halben Zentner Silber auf dem Leib trugen, wenn sie mit ausgespreizten Beinen und vornehmen Gesichtern dem Tanz zuschauten, holländisch fluchten und wie die vornehmsten Mynheers aus ellenlangen kölnischen Pfeifen rauchten, da stellte er sich als das vollendetste Bild eines glücklichen Menschen solch einen Flözer vor. Und wenn diese Glücklichen dann erst in die Taschen fuhren, ganze Hände voll großer Taler herauslangten und um Sechs-

bätzner würfelten, fünf Gulden hin, zehen her, so wollten ihm
die Sinne vergehen, und er schlich trübselig nach seiner Hütte;
denn an manchem Feiertagabend hatte er einen oder den andern
dieser »Holzherren« mehr verspielen sehen, als der arme Vater
Munk in einem Jahr verdiente. Es waren vorzüglich drei dieser
Männer, von welchen er nicht wußte, welchen er am meisten be-
wundern sollte. Der eine war ein dicker, großer Mann, mit rotem
Gesicht, und galt für den reichsten Mann in der Runde. Man hieß
ihn den dicken Ezechiel. Er reiste alle Jahre zweimal mit Bauholz
nach Amsterdam, und hatte das Glück es immer um so viel teurer
als andere zu verkaufen, daß er, wenn die übrigen zu Fuß heim-
gingen, stattlich herauffahren konnte. Der andere war der längste
und magerste Mensch im ganzen Wald, man nannte ihn den langen Schlurker, und diesen beneidete Munk wegen seiner ausneh-
menden Kühnheit; er widersprach den angesehensten Leuten,
brauchte, wenn man noch so gedrängt im Wirtshaus saß, mehr
Platz als vier der Dicksten, denn er stützte entweder beide Ellbogen auf den Tisch oder zog eines seiner langen Beine zu sich auf
die Bank, und doch wagte ihm keiner zu widersprechen, denn er
hatte unmenschlich viel Geld. Der dritte aber war ein schöner,
junger Mann, der am besten tanzte weit und breit, und daher den
Namen Tanzbodenkönig hatte. Er war ein armer Mensch gewesen, und hatte bei einem Holzherren als Knecht gedient; da
wurde er auf einmal steinreich; die einen sagten er habe unter einer alten Tanne einen Topf voll Geld gefunden, die andern behaupteten, er habe unweit Bingen im Rhein mit der Stechstange,
womit die Flözer zuweilen nach den Fischen stechen, einen Pack
mit Goldstücken heraufgefischt, und der Pack gehöre zu dem
großen Nibelungenhort, der dort vergraben liegt, kurz, er war
auf einmal reich geworden, und wurde von jung und alt angesehen wie ein Prinz.

An diese drei Männer dachte Kohlen-Munk-Peter oft, wenn er
einsam im Tannenwald saß. Zwar hatten alle drei einen Haupt-
fehler, der sie bei den Leuten verhaßt machte, es war dies ihr un-
menschlicher Geiz, ihre Gefühllosigkeit gegen Schuldner und
Arme, denn die Schwarzwälder sind ein gutmütiges Völklein;

aber man weiß wie es mit solchen Dingen geht; waren sie auch
wegen ihres Geizes verhaßt, so standen sie doch wegen ihres Geldes in Ansehen; denn wer konnte Taler wegwerfen, wie sie, als
ob man das Geld von den Tannen schüttelte?

»So geht es nicht mehr weiter«, sagte Peter eines Tages
schmerzlich betrübt zu sich, denn tags zuvor war Feiertag gewesen, und alles Volk in der Schenke; »wenn ich nicht bald auf den
grünen Zweig komme, so tu ich mir etwas zuleid; wär ich doch
nur so angesehen und reich, wie der dicke Ezechiel, oder so kühn
und so gewaltig wie der lange Schlurker, oder so berühmt, und
könnte den Musikanten Taler statt Kreuzer zuwerfen, wie der
Tanzbodenkönig! Wo nur der Bursche das Geld her hat?« Allerlei Mittel ging er durch, wie man sich Geld erwerben könne, aber
keines wollte ihm gefallen; endlich fielen ihm auch die Sagen von
Leuten bei, die vor alten Zeiten durch den »Holländer-Michel«
und durch das »Glasmännlein« reich geworden waren. Solang
sein Vater noch lebte, kamen oft andere arme Leute zum Besuch,
und da wurde lang und breit von reichen Menschen gesprochen,
und wie sie reich geworden; da spielte nun oft das Glasmännlein
eine Rolle; ja, wenn er recht nachsann, konnte er sich beinahe
noch des Versleins erinnern, das man am Tannenbühl in der
Mitte des Waldes sprechen mußte, wenn es erscheinen sollte. Es
fing an:

>»Schatzhauser im grünen Tannenwald,
Bist schon viel' hundert Jahre alt,
Dir gehört all' Land wo Tannen stehn –«

Aber er mochte sein Gedächtnis anstrengen wie er wollte, weiter
konnte er sich keines Verses mehr entsinnen. Er dachte oft, ob er
nicht diesen oder jenen alten Mann fragen sollte, wie das Sprüchlein heiße; aber immer hielt ihn eine gewisse Scheu seine Gedanken zu verraten ab, auch schloß er, es müsse die Sage vom Glasmännlein nicht sehr bekannt sein und den Spruch müssen nur
wenige wissen, denn es gab nicht viele reiche Leute im Wald, und
– warum hatten denn nicht sein Vater und die andern armen
Leute ihr Glück versucht? Er brachte endlich einmal seine

Mutter auf das Männlein zu sprechen, und diese erzählte ihm
was er schon wußte, kannte auch nur noch die erste Zeile von
dem Spruch, und sagte ihm endlich, nur Leuten, die an einem
Sonntag zwischen eilf und zwei Uhr geboren seien, zeige sich das
Geistchen. Er selbst würde wohl dazu passen, wenn er nur das
Sprüchlein wüßte, denn er sei Sonntag mittags zwölf Uhr geboren.

Als dies der Kohlen-Munk-Peter hörte, war er vor Freude und
vor Begierde, dies Abenteuer zu unternehmen, beinahe außer
sich. Es schien ihm hinlänglich, einen Teil des Sprüchleins zu
wissen und am Sonntag geboren zu sein, und Glasmännlein
mußte sich ihm zeigen. Als er daher eines Tages seine Kohlen
verkauft hatte, zündete er keinen neuen Meiler an, sondern zog
seines Vaters Staatswams und neue rote Strümpfe an, setzte den
Sonntagshut auf, faßte seinen fünf Fuß hohen Schwarzdornstock
in die Hand und nahm von der Mutter Abschied: »Ich muß aufs
Amt in die Stadt, denn wir werden bald spielen müssen wer Soldat wird, und da will ich dem Amtsmann nur noch einmal ein-
schärfen, daß Ihr Witwe seid, und ich Euer einziger Sohn.« Die
Mutter lobte seinen Entschluß, er aber machte sich auf nach dem
Tannenbühl. Der Tannenbühl liegt auf der höchsten Höhe des
Schwarzwaldes, und auf zwei Stunden im Umkreis stand damals
kein Dorf, ja nicht einmal eine Hütte, denn die abergläubischen
Leute meinten es sei dort »unsicher«. Man schlug auch, so hoch
und prachtvoll dort die Tannen standen, ungern Holz in jenem
Revier, denn oft waren den Holzbauern, wenn sie dort arbeite-
ten, die Äxte vom Stiel gesprungen und in den Fuß gefahren,
oder die Bäume waren schnell umgestürzt und hatten die Männer
mit umgerissen und beschädigt oder gar getötet; auch hätte man
die schönsten Bäume von dorther nur zu Brennholz brauchen
können, denn die Floßherren nahmen nie einen Stamm aus dem
Tannenbühl unter ein Floß auf, weil die Sage ging, daß Mann und
Holz verunglücke, wenn ein Tannenbühler mit im Wasser sei.
Daher kam es, daß im Tannenbühl die Bäume so dicht und so
hoch standen, daß es am hellen Tag beinahe Nacht war, und Peter Munk wurde es ganz schaurig dort zumut; denn er hörte

keine Stimme, keinen Tritt als den seinigen, keine Axt; selbst die
Vögel schienen diese dichte Tannennacht zu vermeiden.

Kohlen-Munk-Peter hatte jetzt den höchsten Punkt des Tannenbühls erreicht, und stand vor einer Tanne von ungeheurem
Umfang, um die ein holländischer Schiffsherr an Ort und Stelle
viele hundert Gulden gegeben hätte. Hier, dachte er, wird wohl
der Schatzhauser wohnen, zog seinen großen Sonntagshut,
machte vor dem Baum eine tiefe Verbeugung, räusperte sich und
sprach mit zitternder Stimme: »Wünsche glückseligen Abend,
Herr Glasmann.« Aber es erfolgte keine Antwort, und alles umher war so still wie zuvor. Vielleicht muß ich doch das Verslein
sprechen, dachte er weiter und murmelte:

> »Schatzhauser im grünen Tannenwald,
> Bist schon viel' hundert Jahre alt,
> Dir gehört all' Land wo Tannen stehn –«

Indem er diese Worte sprach, sah er zu seinem großen Schrecken
eine ganz kleine, sonderbare Gestalt hinter der dicken Tanne
hervorschauen; es war ihm, als habe er das Glasmännlein gesehen, wie man ihn beschrieben, das schwarze Wämschen, die roten Strümpfchen, das Hütchen, alles war so, selbst das blasse,
aber feine und kluge Gesichtchen, wovon man erzählte, glaubte
er gesehen zu haben. Aber, ach, so schnell es hervorgeschaut
hatte, das Glasmännlein, so schnell war es auch wieder verschwunden! »Herr Glasmann«, rief nach einigem Zögern Peter
Munk, »seid so gütig und haltet mich nicht für Narren. – Herr
Glasmann, wenn Ihr meint, ich habe Euch nicht gesehen, so täu-
schet Ihr Euch sehr, ich sah Euch wohl hinter dem Baum hervor-
gucken.« – Immer keine Antwort, nur zuweilen glaubte er ein
leises, heiseres Kichern hinter dem Baum zu vernehmen. Endlich
überwand seine Ungeduld die Furcht, die ihn bis jetzt noch abge-
halten hatte: »Warte, du kleiner Bursche«, rief er, »dich will ich
bald haben«, sprang mit einem Satz hinter die Tanne, aber da war
kein Schatzhauser im grünen Tannenwald, und nur ein kleines
zierliches Eichhörnchen jagte an dem Baum hinauf.

Peter Munk schüttelte den Kopf; er sah ein, daß er die Be-
schwörung bis auf einen gewissen Grad gebracht habe, und daß
ihm vielleicht nur noch ein Reim zu dem Sprüchlein fehle, so
könne er das Glasmännlein hervorlocken; aber er sann hin, er
sann her, und fand nichts. Das Eichhörnchen zeigte sich an den
untersten Ästen der Tanne und schien ihn aufzumuntern oder zu
verspotten. Es putzte sich, es rollte den schönen Schweif, es
schaute ihn mit klugen Augen an, aber endlich fürchtete er sich
doch beinahe mit diesem Tier allein zu sein, denn bald schien das
Eichhörnchen einen Menschenkopf zu haben und einen dreispit-
zigen Hut zu tragen, bald war es ganz wie ein anderes Eichhörnchen, und hatte nur an den Hinterfüßen rote Strümpfe und
schwarze Schuhe. Kurz es war ein lustiges Tier, aber dennoch
graute Kohlen-Peter, denn er meinte *es gehe nicht mit rechten
Dingen zu.*

Mit schnelleren Schritten, als er gekommen war, zog Peter
wieder ab. Das Dunkel des Tannenwaldes schien immer schwär-
zer zu werden, die Bäume standen immer dichter, und ihm fing
an so zu grauen, daß er im Trab davonjagte und erst als er in der
Ferne Hunde bellen hörte und bald darauf zwischen den Bäumen
den Rauch einer Hütte erblickte, wurde er wieder ruhiger. Aber
als er näher kam und die Tracht der Leute in der Hütte erblickte,
fand er, daß er aus Angst gerade die entgegengesetzte Richtung
genommen, und statt zu den Glasleuten zu den Flözern gekommen sei. Die Leute, die in der Hütte wohnten, waren Holzfäller;
ein alter Mann, sein Sohn, der Hauswirt, und einige erwachsene
Enkel. Sie nahmen Kohlen-Munk-Peter, der um ein Nachtlager
bat, gut auf, ohne nach seinem Namen und Wohnort zu fragen,
gaben ihm Apfelwein zu trinken, und abends wurde ein großer
Auerhahn, die beste Schwarzwaldspeise, aufgesetzt.

Nach dem Nachtessen setzten sich die Hausfrau und ihre
Töchter mit ihren Kunkeln um den großen Lichtspan, den die
Jungen mit dem feinsten Tannenharz unterhielten, der Großvater, der Gast und der Hauswirt rauchten und schauten den Weibern zu, die Bursche aber waren beschäftigt, Löffel und Gabeln
aus Holz zu schnitzeln. Draußen im Wald heulte der Sturm und

raste in den Tannen, man hörte da und dort sehr heftige Schläge, und es schien oft, als ob ganze Bäume abgeknickt würden und zusammenkrachten. Die furchtlosen Jungen wollten hinaus in den Wald laufen, und dieses furchtbar-schöne Schauspiel mit ansehen, ihr Großvater aber hielt sie mit strengem Wort und Blick zurück. »Ich will keinem raten, daß er jetzt von der Tür geht«, rief er ihnen zu; »bei Gott, der kommt nimmermehr wieder; denn der Holländer-Michel haut sich heute nacht ein neues ›G'stair‹ (Floßgelenke) im Wald.«

Die Kleinen staunten ihn an; sie mochten von dem Holländer-Michel schon gehört haben, aber sie baten jetzt den Ehni einmal recht schön, von jenem zu erzählen. Auch Peter Munk, der vom Holländer-Michel auf der andern Seite des Waldes nur undeutlich hatte sprechen gehört, stimmte mit ein und fragte den Alten, wer und wo er sei. »Er ist der Herr dieses Waldes, und nach dem zu schließen, daß Ihr in Eurem Alter dies noch nicht erfahren, müßt Ihr drüben über dem Tannenbühl oder wohl gar noch weiter zu Hause sein. Vom Holländer-Michel will ich Euch aber erzählen was ich weiß, und wie die Sage von ihm geht. Vor etwa hundert Jahren, so erzählte es wenigstens mein Ehni, war weit und breit kein ehrlicher Volk auf Erden, als die Schwarzwälder. Jetzt, seit so viel Geld im Land ist, sind die Menschen unredlich und schlecht. Die jungen Burschen tanzen und johlen am Sonntag und fluchen, daß es ein Schrecken ist; damals war es aber anders, und wenn er jetzt zum Fenster dort hereinschaute, so sag ich's, und hab es oft gesagt, der Holländer-Michel ist schuld an all dieser Verderbnis. Es lebte also vor hundert Jahr und drüber ein reicher Holzherr, der viel Gesind hatte; er handelte bis weit in den Rhein hinab, und sein Geschäft war gesegnet, denn er war ein frommer Mann. Kommt eines Abends ein Mann an seine Türe, dergleichen er noch nie gesehen. Seine Kleidung war wie der Schwarzwälder Bursche, aber er war einen guten Kopf höher als alle, und man hatte noch nie geglaubt, daß es einen solchen Riesen geben könne. Dieser bittet um Arbeit bei dem Holzherrn, und der Holzherr, der ihm ansah, daß er stark und zu großen Lasten tüchtig sei, rechnet mit ihm seinen Lohn, und sie schlagen

ein. Der Michel war ein Arbeiter, wie selbiger Holzherr noch
keinen gehabt. Beim Baumschlagen galt er für drei, und wenn
sechs an einem End schleppten, trug er allein das andere. Als er
aber ein halb Jahr Holz geschlagen, trat er eines Tags vor seinen
Herrn, und begehrte von ihm: ›Hab jetzt lange genug hier Holz
gehackt, und so möcht ich auch sehen, wohin meine Stämme
kommen, und wie wär's, wenn Ihr mich auch mal auf den Floß
ließet?‹

Der Holzherr antwortete: ›Ich will dir nicht im Weg sein, Michel, wenn du ein wenig hinaus willst in die Welt, und zwar beim
Holzfällen brauche ich starke Leute wie du bist, auf dem Floß
aber kommt es auf Geschicklichkeit an, aber es sei für diesmal.‹

Und so war es; der Floß, mit dem er abgehen sollte, hatte 8
Glaich (Glieder), und waren im letzten von den größten Zim-
merbalken. Aber was geschah? Am Abend zuvor bringt der
lange Michel noch acht Balken ans Wasser, so dick und lang, als
man keinen je sah, und jeden trug er so leicht auf der Schulter,
wie eine Flözerstange, so daß sich alles entsetzte. Wo er sie ge-
hauen, weiß bis heute noch niemand. Dem Holzherrn lachte das
Herz, als er dies sah, denn er berechnete, was diese Balken kosten
könnten; Michel aber sagte: ›So, die sind für mich zum Fahren,
auf den kleinen Spänen dort kann ich nicht fortkommen‹; sein
Herr wollte ihm zum Dank ein Paar Flözerstiefel schenken, aber
er warf sie auf die Seite, und brachte ein Paar hervor, wie es sonst
noch keine gab; mein Großvater hat versichert, sie haben hundert Pfund gewogen und seien 5 Fuß lang gewesen.

Der Floß fuhr ab, und hatte der Michel früher die Holzhauer
in Verwunderung gesetzt, so staunten jetzt die Flözer; denn statt
daß der Floß, wie man wegen der ungeheuren Balken geglaubt
hatte, langsamer auf dem Fluß ging, flog er, sobald sie in den
Neckar kamen, wie ein Pfeil; machte der Neckar eine Wendung,
und hatten sonst die Flözer Mühe gehabt, den Floß in der Mitte
zu halten und nicht auf Kies oder Sand zu stoßen, so sprang jetzt
Michel allemal ins Wasser, rückte mit einem Zug den Floß links
oder rechts, so daß er ohne Gefahr vorüberglitt, und kam dann
eine gerade Stelle, so lief er aufs erste G'stair (Gelenk) vor, ließ

alle ihre Stangen beisetzen, steckte seinen ungeheuren Weberbaum ins Kies, und mit *einem* Druck flog der Floß dahin, daß das Land und Bäume und Dörfer vorbeizujagen schienen. So waren sie in der Hälfte der Zeit, die man sonst brauchte, nach Köln am Rhein gekommen, wo sie sonst ihre Ladung verkauft hatten; aber hier sprach Michel: ›Ihr seid mir rechte Kaufleute, und versteht euren Nutzen! Meinet ihr denn die Kölner brauchen all dies Holz, das aus dem Schwarzwald kömmt, für sich? Nein, um den halben Wert kaufen sie es euch ab, und verhandeln es teuer nach Holland. Lasset uns die kleinen Balken hier verkaufen, und mit den großen nach Holland gehen; was wir über den gewöhnlichen Preis lösen, ist unser eigener Profit.‹

So sprach der arglistige Michel, und die andern waren es zufrieden; die einen, weil sie gerne nach Holland gezogen wären, es zu sehen, die andern des Geldes wegen. Nur ein einziger war redlich und mahnte sie ab, das Gut ihres Herrn der Gefahr auszusetzen, oder ihn um den höheren Preis zu betrügen, aber sie hörten nicht auf ihn und vergaßen seine Worte, aber der Holländer-Michel vergaß sie nicht. Sie fuhren auch mit dem Holz den Rhein hinab, Michel leitete den Floß und brachte sie schnell bis nach Rotterdam. Dort bot man ihnen das Vierfache von dem früheren Preis, und besonders die ungeheuren Balken des Michel wurden mit schwerem Geld bezahlt. Als die Schwarzwälder so viel Geld sahen, wußten sie sich vor Freude nicht zu fassen. Michel teilte ab; einen Teil dem Holzherrn, die drei andern unter die Männer. Und nun setzten sie sich mit Matrosen und anderem schlechten Gesindel in die Wirtshäuser, verschlemmten und verspielten ihr Geld, den braven Mann aber, der ihnen abgeraten, verkaufte der Holländer-Michel an einen Seelenverkäufer, und man hat nichts mehr von ihm gehört. Von da an war den Burschen im Schwarzwald Holland das Paradies, und Holländer-Michel ihr König; die Holzherren erfuhren lange nichts von dem Handel, und unvermerkt kam Geld, Flüche, schlechte Sitten, Trunk und Spiel aus Holland herauf.

Der Holländer-Michel war aber, als die Geschichte herauskam, nirgends zu finden, aber tot ist er auch nicht; seit hundert

Jahren treibt er seinen Spuk im Wald, und man sagt, daß er schon
vielen behülflich gewesen sei, reich zu werden, aber – auf Kosten
ihrer armen Seele, und mehr will ich nicht sagen. Aber soviel ist
gewiß, daß er noch jetzt in solchen Sturmnächten im Tannenbühl, wo man nicht hauen soll, überall die schönsten Tannen aus-
sucht, und mein Vater hat ihn eine vier Schuh dicke umbrechen
sehen, wie ein Rohr. Mit diesen beschenkt er die, welche sich
vom Rechten abwenden, und zu ihm gehen; um Mitternacht
bringen sie dann die G'stair ins Wasser, und er rudert mit ihnen
nach Holland. Aber wäre ich Herr und König in Holland, ich
ließe ihn mit Kartätschen in den Boden schmettern, denn alle
Schiffe, die von dem Holländer-Michel auch nur *einen* Balken
haben, müssen untergehen. Daher kommt es, daß man so viel
von Schiffbrüchen hört; wie könnte denn sonst ein schönes,
starkes Schiff, so groß als eine Kirche, zu Grund gehen auf dem
Wasser? Aber sooft Holländer-Michel in einer Sturmnacht im
Schwarzwald eine Tanne fällt, springt eine seiner alten aus den
Fugen des Schiffes; das Wasser dringt ein, und das Schiff ist mit
Mann und Maus verloren. Das ist die Sage vom Holländer-Michel, und wahr ist es, alles Böse im Schwarzwald schreibt sich
von ihm her; oh! er kann einen reich machen!« setzte der Greis
geheimnisvoll hinzu, »aber ich möchte nichts von ihm haben; ich
möchte um keinen Preis in der Haut des dicken Ezechiel, und des
langen Schlurkers stecken; auch der Tanzbodenkönig soll sich
ihm ergeben haben!«

Der Sturm hatte sich während der Erzählung des Alten gelegt;
die Mädchen zündeten schüchtern die Lampen an, und gingen
weg; die Männer aber legten Peter Munk einen Sack voll Laub als
Kopfkissen auf die Ofenbank, und wünschten ihm gute Nacht.

Kohlen-Munk-Peter hatte noch nie so schwere Träume gehabt,
wie in dieser Nacht; bald glaubte er der finstere riesige Holländer-Michel reiße die Stubenfenster auf, und reiche mit seinem
ungeheuer langen Arm einen Beutel voll Goldstücke herein, die
er untereinander schüttelte, daß es hell und lieblich klang; bald
sah er wieder das kleine, freundliche Glasmännlein auf einer un-

geheuren, grünen Flasche im Zimmer umherreiten, und er meinte das heisere Lachen wieder zu hören, wie im Tannenbühl; dann brummte es ihm wieder ins linke Ohr:

> »In Holland gibt's Gold,
> Könnet's haben, wenn Ihr wollt
> Um geringen Sold
> Gold, Gold.«

Dann hörte er wieder in sein rechtes Ohr das Liedchen vom Schatzhauser im grünen Tannenwald, und eine zarte Stimme flüsterte: »Dummer Kohlen-Peter, dummer Peter Munk, kannst kein Sprüchlein reimen auf ›stehen‹, und bist doch am Sonntag geboren Schlag zwölf Uhr. Reime, dummer Peter, reime!«

Er ächzte, er stöhnte im Schlaf, er mühte sich ab, einen Reim zu finden, aber da er in seinem Leben noch keinen gemacht hatte, war seine Mühe im Traum vergebens. Als er aber mit dem ersten Frührot aufwachte, kam ihn doch sein Traum sonderbar vor; er setzte sich mit verschränkten Armen hinter den Tisch, und dachte über die Einflüsterungen nach, die ihm noch immer im Ohr lagen: »Reime, dummer Kohlen-Munk-Peter, reime«, sprach er zu sich, und pochte mit dem Finger an seine Stirne, aber es wollte kein Reim hervorkommen. Als er noch so dasaß, und trübe vor sich hinschaute, und an den Reim auf »stehen« dachte, da zogen drei Bursche vor dem Haus vorbei in den Wald, und einer sang im Vorübergehen:

> »Am Berge tat ich stehen
> Und schaute in das Tal,
> Da hab ich sie gesehen
> Zum allerletztenmal.«

Das fuhr wie ein leuchtender Blitz durch Peters Ohr, und hastig raffte er sich auf, stürzte aus dem Haus, weil er meinte, nicht recht gehört zu haben, sprang den drei Burschen nach, und packte den Sänger hastig und unsanft beim Arm: »Halt Freund!«

rief er, »was habt Ihr da auf ›stehen‹ gereimt, tut mir die Liebe und sprecht, was Ihr gesungen.«

»Was ficht's dich an, Bursche?« entgegnete der Schwarzwälder. »Ich kann singen was ich will, und laß gleich meinen Arm los, oder –«

»Nein, sagen sollst du, was du gesungen hast!« schrie Peter beinahe außer sich und packte ihn noch fester an; die zwei andern aber, als sie dies sahen, zögerten nicht lange, sondern fielen mit derben Fäusten über den armen Peter her, und walkten ihn derb, bis er vor Schmerzen das Gewand des dritten ließ, und erschöpft in die Kniee sank. »Jetzt hast du dein Teil«, sprachen sie lachend, »und merk dir, toller Bursche, daß du Leute, wie wir sind, nimmer anfällst auf offenem Wege.«

»Ach, ich will es mir gewißlich merken!« erwiderte Kohlen-Peter seufzend; »aber so ich die Schläge habe, seid so gut und sagt deutlich, was jener gesungen.«

Da lachten sie aufs neue, und spotteten ihn aus; aber der das Lied gesungen, sagte es ihm vor, und lachend und singend zogen sie weiter.

»Also ›sehen‹«, sprach der arme Geschlagene, indem er sich mühsam aufrichtete; »›sehen‹ und ›stehen‹, jetzt, Glasmännlein, wollen wir wieder ein Wort zusammen sprechen.« Er ging in die Hütte, holte seinen Hut und den langen Stock, nahm Abschied von den Bewohnern der Hütte, und trat seinen Rückweg nach dem Tannenbühl an. Er ging langsam und sinnend seine Straße, denn er mußte ja seinen Vers ersinnen; endlich, als er schon in dem Bereich des Tannenbühls ging, und die Tannen höher und dichter wurden, hatte er auch seinen Vers gefunden, und machte vor Freude einen Sprung in die Höhe. Da trat ein riesengroßer Mann in Flözerkleidung, und eine Stange, so lang wie ein Mastbaum in der Hand, hinter den Tannen hervor. Peter Munk sank beinahe in die Kniee, als er jenen langsamen Schrittes neben sich wandeln sah; denn er dachte, das ist der Holländer-Michel, und kein anderer. Noch immer schwieg die furchtbare Gestalt, und Peter schielte zuweilen furchtsam nach ihm hin. Er war wohl einen Kopf größer, als der längste Mann, den Peter je gesehen, sein

Gesicht war nicht mehr jung, doch auch nicht alt, aber voll Furchen und Falten; er trug ein Wams von Leinwand, und die ungeheuren Stiefel, über die Lederbeinkleider heraufgezogen, waren Peter aus der Sage wohlbekannt.

»Peter Munk, was tust du im Tannenbühl?« fragte der Waldkönig endlich mit tiefer, dröhnender Stimme.

»Guten Morgen, Landsmann«, antwortete Peter, indem er sich unerschrocken zeigen wollte, aber heftig zitterte, »ich will durch den Tannenbühl nach Haus zurück.«

»Peter Munk«, erwiderte jener, und warf einen stechenden furchtbaren Blick nach ihm herüber, »dein Weg geht nicht durch diesen Hain.«

»Nun, so gerade just nicht«, sagte jener, »aber es macht heute warm, da dachte ich, es wird hier kühler sein.«

»Lüge nicht, du, Kohlen-Peter!« rief Holländer-Michel mit donnernder Stimme, »oder ich schlag dich mit der Stange zu Boden; meinst, ich hab dich nicht betteln sehen bei dem Kleinen?« setzte er sanft hinzu. »Geh, geh, das war ein dummer Streich, und gut ist es, daß du das Sprüchlein nicht wußtest; er ist ein Knauser, der kleine Kerl, und gibt nicht viel, und wem er gibt, der wird seines Lebens nicht froh. – Peter, du bist ein armer Tropf, und dauerst mich in der Seele; so ein munterer, schöner Bursche, der in der Welt was anfangen könnte, und sollst Kohlen brennen! Wenn andere große Taler oder Dukaten aus dem Ärmel schütteln, kannst du kaum ein paar Sechser aufwenden; 's ist ein ärmlich Leben.«

»Wahr ist's; und recht habt Ihr; ein elendes Leben.«

»Na, mir soll's nicht drauf ankommen«, fuhr der schreckliche Michel fort; »hab schon manchem braven Kerl aus der Not geholfen, und du wärst nicht der erste. Sag einmal, wieviel hundert Taler brauchst du fürs erste?«

Bei diesen Worten schüttelte er das Geld in seiner ungeheuren Tasche untereinander, und es klang wieder wie diese Nacht im Traum. Aber Peters Herz zuckte ängstlich und schmerzhaft bei diesen Worten, es wurde ihm kalt und warm, und der Holländer-Michel sah nicht aus, wie wenn er aus Mitleid Geld wegschenkte,

ohne etwas dafür zu verlangen. Es fielen ihm die geheimnisvollen
Worte des alten Mannes über die reichen Menschen ein, und von
unerklärlicher Angst und Bangigkeit gejagt, rief er: »Schön
Dank, Herr! aber mit Euch will ich nichts zu schaffen haben, und
ich kenn Euch schon«, und lief was er laufen konnte. – Aber der
Waldgeist schritt mit ungeheuren Schritten neben ihm her, und
murmelte dumpf und drohend: »Wirst's noch bereuen, Peter,
wirst noch zu mir kommen; auf deiner Stirne steht's geschrieben,
in deinem Auge ist's zu lesen; du entgehst mir nicht. – Lauf nicht
so schnell, höre nur noch ein vernünftig Wort, dort ist schon
meine Grenze.« Aber als Peter dies hörte, und unweit vor ihm einen kleinen Graben sah, beeilte er sich nur noch mehr, über die
Grenze zu kommen, so daß Michel am Ende schneller laufen
mußte und unter Flüchen und Drohungen ihn verfolgte. Der
junge Mann setzte mit einem verzweifelten Sprung über den
Graben, denn er sah, wie der Waldgeist mit seiner Stange aus-
holte, und sie auf ihn niederschmettern lassen wollte; er kam
glücklich jenseits an, und die Stange zersplitterte in der Luft, wie
an einer unsichtbaren Mauer, und ein langes Stück fiel zu Peter
herüber.

Triumphierend hob er es auf, um es dem groben Holländer-
Michel zuzuwerfen, aber in diesem Augenblick fühlte er das
Stück Holz in seiner Hand sich bewegen, und zu seinem Entsetzen sah er, daß es eine ungeheure Schlange sei, was er in der Hand
hielt, die sich schon mit geifernder Zunge und blitzenden Augen
an ihm hinaufbäumte. Er ließ sie los, aber sie hatte sich schon fest
um seinen Arm gewickelt und kam mit schwankendem Kopf seinem Gesicht immer näher; da rauschte auf einmal ein ungeheurer
Auerhahn nieder, packte den Kopf der Schlange mit dem Schnabel, erhob sich mit ihr in die Lüfte, und Holländer-Michel, der
dies alles von dem Graben aus gesehen hatte, heulte und schrie
und raste, als die Schlange von einem Gewaltigern entführt ward.

Erschöpft und zitternd setzte Peter seinen Weg fort; der Pfad
wurde steiler, die Gegend wilder, und bald fand er sich wieder an
der ungeheuren Tanne. Er machte wieder wie gestern seine Ver-

beugungen gegen das unsichtbare Glasmännlein, und hub dann an:

> »Schatzhauser im grünen Tannenwald,
> Bist schon viel' hundert Jahre alt,
> Dein ist all' Land wo Tannen stehn,
> Läßt dich nur Sonntagskindern sehn.«

»Hast's zwar nicht ganz getroffen, aber weil du es bist, Kohlen-Munk-Peter, so soll es so hingehen«, sprach eine zarte, feine Stimme neben ihm. Erstaunt sah er sich um, und unter einer schönen Tanne saß ein kleines, altes Männlein, in schwarzem Wams und roten Strümpfen, und den großen Hut auf dem Kopf. Er hatte ein feines, freundliches Gesichtchen, und ein Bärtchen so zart wie aus Spinnweben; er rauchte, was sonderbar anzusehen war, aus einer Pfeife von blauem Glas und als Peter näher trat, sah er zu seinem Erstaunen, daß auch Kleider, Schuhe und Hut des Kleinen aus gefärbtem Glas bestanden; aber es war geschmeidig, als ob es noch heiß wäre, denn es schmiegte sich wie ein Tuch nach jeder Bewegung des Männleins.

»Du hast dem Flegel begegnet, dem Holländer-Michel?« sagte der Kleine, indem er zwischen jedem Wort sonderbar hüstelte; »er hat dich recht ängstigen wollen, aber seinen Kunstprügel habe ich ihm abgejagt, den soll er nimmer wiederkriegen.«

»Ja, Herr Schatzhauser«, erwiderte Peter mit einer tiefen Verbeugung, »es war mir recht bange. Aber Ihr seid wohl der Herr Auerhahn gewesen, der die Schlange totgebissen; da bedanke ich mich schönstens. – Ich komme aber, um mich Rats zu erholen bei Euch; es geht mir gar schlecht und hinderlich; ein Kohlenbrenner bringt es nicht weit; und da ich noch jung bin, dächte ich doch, es könnte noch was Besseres aus mir werden; und wenn ich oft andere sehe, wie weit die es in kurzer Zeit gebracht haben; wenn ich nur den Ezechiel nehme und den Tanzbodenkönig; die haben Geld wie Heu.«

»Peter«, sagte der Kleine sehr ernst, und blies den Rauch aus seiner Pfeife weit hinweg; »Peter, sagt mir nichts von *diesen*. Was haben sie davon, wenn sie hier ein paar Jahre dem Schein nach glücklich, und dann nachher desto unglücklicher sind? Du mußt dein Handwerk nicht verachten; dein Vater und Großvater waren Ehrenleute und haben es auch getrieben, Peter Munk! ich will nicht hoffen, daß es Liebe zum Müßiggang ist, was dich zu mir führt.«

Peter erschrak vor dem Ernst des Männleins und errötete: »Nein«, sagte er, »Müßiggang, weiß ich wohl, Herr Schatzhauser im Tannenwald, Müßiggang ist aller Laster Anfang, aber das könnet Ihr mir nicht übelnehmen, wenn mir ein anderer Stand besser gefällt, als der meinige. Ein Kohlenbrenner ist halt so gar etwas Geringes auf der Welt, und die Glasleute und Flözer und Uhrmacher und alle sind angesehener.«

»Hochmut kommt oft vor dem Fall«, erwiderte der kleine Herr vom Tannenwald etwas freundlicher; »ihr seid ein sonderbar Geschlecht, ihr Menschen! Selten ist einer mit dem Stand ganz zufrieden, in dem er geboren und erzogen ist, und was gilt's, wenn du ein Glasmann wärest, möchtest du gern ein Holzherr sein, und wärest du Holzherr, so stünde dir des Försters Dienst, oder des Amtmanns Wohnung an. Aber es sei; wenn du versprichst, brav zu arbeiten, so will ich dir zu etwas Besserem verhelfen, Peter. Ich pflege jedem Sonntagskind, das sich zu mir zu finden weiß, drei Wünsche zu gewähren; die ersten zwei sind frei; den dritten kann ich verweigern, wenn er töricht ist. So wünsche dir also jetzt etwas; aber – Peter, etwas Gutes und Nützliches.«

»Heisa! Ihr seid ein treffliches Glasmännlein, und mit Recht nennt man Euch Schatzhauser, denn bei Euch sind die Schätze zu Hause. Nu – und also darf ich wünschen, wornach mein Herz begehrt, so will ich denn fürs erste, daß ich noch besser tanzen könne, als der Tanzbodenkönig, und jedesmal noch einmal soviel Geld ins Wirtshaus bringe als er.«

»Du Tor!« erwiderte der Kleine zürnend. »Welch ein erbärmlicher Wunsch ist dies, gut tanzen zu können, und Geld zum Spiel zu haben. Schämst du dich nicht, dummer Peter, dich selbst so um dein Glück zu betrügen? Was nützt es dir und deiner armen Mutter, wenn du tanzen kannst? Was nützt dir dein Geld,

das nach deinem Wunsch nur für das Wirtshaus ist, und wie das
des elenden Tanzbodenkönigs dort bleibt. Dann hast du wieder
die ganze Woche nichts, und darbst wie zuvor. Noch *einen*
Wunsch gebe ich dir frei, aber sieh dich vor, daß du vernünftiger
wünschest.«

Peter kraute sich hinter den Ohren, und sprach nach einigem
Zögern: »Nun so wünsche ich mir die schönste und reichste
Glashütte im ganzen Schwarzwald, mit allem Zugehör, und
Geld, sie zu leiten.«

»Sonst nichts?« fragte der Kleine mit besorglicher Miene. »Peter, sonst nichts?«

»Nu – Ihr könnet noch ein Pferd dazutun, und ein Wägelchen –«

»Oh, du dummer Kohlen-Munk-Peter!« rief der Kleine, und
warf seine gläserne Pfeife im Unmut an eine dicke Tanne, daß sie
in hundert Stücke sprang, »Pferde, Wägelchen? Verstand, sag ich
dir, Verstand, gesunden Menschenverstand und Einsicht hättest
du wünschen sollen, aber nicht Pferdchen und Wägelchen. Nun,
werde nur nicht so traurig, wir wollen sehen, daß es auch so nicht
zu deinem Schaden ist; denn der zweite Wunsch war im ganzen
nicht töricht; eine gute Glashütte nährt auch ihren Mann und
Meister, nur hättest du Einsicht und Verstand dazu mitnehmen
können, Wagen und Pferde wären dann wohl von selbst gekommen.«

»Aber, Herr Schatzhauser«, erwiderte Peter, »ich habe ja noch
einen Wunsch übrig; da könnte ich ja Verstand wünschen, wenn
er mir so überaus nötig ist, wie Ihr meinet.«

»Nichts da; du wirst noch in manche Verlegenheit kommen,
wo du froh sein wirst, wenn du noch einen Wunsch frei hast; und
nun mache dich auf den Weg nach Hause. Hier sind«, sprach der
kleine Tannengeist, indem er ein kleines Beutelein aus der Tasche
zog, »hier sind zweitausend Gulden, und damit genug, und
komm mir nicht wieder um Geld zu fordern, denn dann müßte
ich dich an die höchste Tanne aufhängen; so hab ich's gehalten,
seit ich in dem Wald wohne. Vor drei Tagen aber ist der alte
Winkfritz gestorben, der die große Glashütte gehabt hat im Un-

terwald. Dorthin gehe morgen frühe, und mach ein Bot auf das Gewerbe, wie es recht ist. Halt dich wohl, sei fleißig und ich will dich zuweilen besuchen, und dir mit Rat und Tat an die Hand gehen, weil du dir doch keinen Verstand erbeten; aber, und das sag ich dir ernstlich, dein erster Wunsch war böse; nimm dich in acht vor dem Wirtshauslaufen; Peter! 's hat noch bei keinem lange gut getan.« Das Männlein hatte, während es dies sprach, eine neue Pfeife vom schönsten Beinglas hervorgezogen, sie mit gedörrten Tannenzapfen gestopft, und in den kleinen, zahnlosen Mund gesteckt. Dann zog er ein ungeheures Brennglas hervor, trat in die Sonne, und zündete seine Pfeife an. Als er damit fertig war, bot er dem Peter freundlich die Hand, gab ihm noch ein paar gute Lehren auf den Weg, rauchte und blies immer schneller, und verschwand endlich in einer Rauchwolke, die nach echtem holländischen Tabak roch, und langsam sich kräuselnd in den Tannenwipfeln verschwebte.

Als Peter nach Haus kam, fand er seine Mutter sehr in Sorgen um ihn, denn die gute Frau glaubte nicht anders, als ihr Sohn sei zum Soldaten ausgehoben worden. Er aber war fröhlich und guter Dinge, und erzählte ihr, wie er im Wald einen guten Freund getroffen, der ihm Geld vorgeschossen habe, um ein anderes Geschäft, als Kohlenbrennen, anzufangen. Obgleich seine Mutter schon seit dreißig Jahren in der Köhlerhütte wohnte, und an den Anblick berußter Leute so gewöhnt war, als jede Müllerin an das Mehlgesicht ihres Mannes, so war sie doch eitel genug, sobald ihr Peter ein glänzenderes Los zeigte, ihren früheren Stand zu verachten, und sprach: »Ja, als Mutter eines Mannes, der eine Glashütte besitzt, bin ich doch was anderes, als Nachbarin Grete und Bete, und setze mich in Zukunft vornehin in der Kirche, wo rechte Leute sitzen.« Ihr Sohn aber wurde mit den Erben der Glashütte bald handelseinig; er behielt die Arbeiter, die er vorfand, bei sich, und ließ nun Tag und Nacht Glas machen. Anfangs gefiel ihm das Handwerk wohl; er pflegte gemächlich in die Glashütte hinabzusteigen, ging dort mit vornehmen Schritten, die Hände in die Taschen gesteckt, hin und her, guckte dahin, guckte dorthin, sprach dies und jenes, worüber seine Arbeiter oft nicht wenig lachten, und seine größte Freude war das Glas blasen zu sehen, und oft machte er sich selbst an die Arbeit, und formte aus der noch weichen Masse die sonderbarsten Figuren. Bald aber war ihm die Arbeit entleidet, und er kam zuerst nur noch eine Stunde des Tages in die Hütte, dann nur alle zwei Tage, endlich die Woche nur einmal, und seine Gesellen machten was sie wollten. Das alles kam aber nur vom Wirtshauslaufen; den Sonntag, nachdem er vom Tannenbühl zurückgekommen war, ging er ins Wirtshaus, und wer schon auf dem Tanzboden sprang, war der Tanzbodenkönig, und der dicke Ezechiel saß auch schon hinter der Maßkanne, und knöchelte um Kronentaler. Da fuhr Peter schnell in die Tasche, zu sehen, ob ihm das Glasmännlein Wort gehalten, und siehe, seine Tasche strotzte von Silber und Gold; auch in seinen Beinen zuckte und drückte es, wie wenn sie tanzen und springen wollten, und als der erste Tanz zu Ende war, stellte er sich mit seiner Tänzerin obenan, neben den Tanzbodenkönig, und sprang dieser drei Schuh hoch, so flog Peter vier, und machte dieser wunderliche und zierliche Schritte, so verschlang und drehte Peter seine Füße, daß alle Zuschauer vor Lust und Verwunderung beinahe außer sich kamen. Als man aber auf dem Tanzboden vernahm, daß Peter eine Glashütte gekauft habe, als man sah, daß er, sooft er an den Musikanten vorbeitanzte, ihnen einen Sechsbätzner zuwarf, da war des Staunens kein Ende; die einen glaubten, er habe einen Schatz im Wald gefunden, die andern meinten, er habe eine Erbschaft getan, aber alle verehrten ihn jetzt, und hielten ihn für einen gemachten Mann, nur weil er Geld hatte. Verspielte er doch noch an demselben Abend zwanzig Gulden, und nichtsdestominder rasselte und klang es in seiner Tasche, wie wenn noch hundert Taler darin wären.

Als Peter sah, wie angesehen er war, wußte er sich vor Freude und Stolz nicht zu fassen. Er warf das Geld mit vollen Händen weg, und teilte es den Armen reichlich mit, wußte er doch, wie ihn selbst einst die Armut gedrückt hatte. Des Tanzbodenkönigs Künste wurden vor den übernatürlichen Künsten des neuen Tänzers zuschanden, und Peter führte jetzt den Namen Tanzkai-

ser. Die unternehmendsten Spieler am Sonntag wagten nicht so
viel wie er, aber sie verloren auch nicht so viel. Und je mehr er
verlor, desto mehr gewann er; das verhielt sich aber ganz so, wie
er es vom kleinen Glasmännlein verlangt hatte; er hatte sich gewünscht, immer so viel Geld in der Tasche zu haben, wie der
dicke Ezechiel, und gerade dieser war es, an welchen er sein Geld
verspielte; und wenn er zwanzig, dreißig Gulden auf einmal verlor, so hatte er sie alsobald wieder in der Tasche, wenn sie Ezechiel einstrich. Nach und nach aber brachte er es im Schlemmen
und Spielen weiter, als die schlechtesten Gesellen im Schwarzwald, und man nannte ihn öfter Spiel-Peter als Tanzkaiser, denn
er spielte jetzt auch beinahe an allen Werktagen. Darüber kam
aber seine Glashütte nach und nach in Verfall, und daran war Peters Unverstand schuld. Glas ließ er machen, soviel man immer
machen konnte, aber er hatte mit der Hütte nicht zugleich das
Geheimnis gekauft, wohin man es am besten verschleißen könne.
Er wußte am Ende mit der Menge Glas nichts anzufangen, und
verkaufte es um den halben Preis an herumziehende Händler,
nur um seine Arbeiter bezahlen zu können.

Eines Abends ging er auch wieder vom Wirtshaus heim, und
dachte trotz des vielen Weines, den er getrunken, um sich fröhlich zu machen, mit Schrecken und Gram an den Verfall seines
Vermögens; da bemerkte er auf einmal, daß jemand neben ihm
gehe, er sah sich um, und siehe da – es war das Glasmännlein. Da
geriet er in Zorn und Eifer, vermaß sich hoch und teuer, und
schwur, der Kleine sei an all seinem Unglück schuld; »Was tu ich
nun mit Pferd und Wägelchen?« rief er, »was nützt mich die
Hütte und all mein Glas? Selbst als ich noch ein elender Köhlers-
bursch war, lebte ich froher, und hatte keine Sorgen; jetzt weiß
ich nicht, wenn der Amtmann kommt, und meine Habe schätzt,
und mir vergantet der Schulden wegen!«

»So?« entgegnete das Glasmännlein; »so? ich also soll schuld
daran sein, wenn du unglücklich bist? Ist dies der Dank für meine
Wohltaten? Wer hieß dich auch so töricht wünschen? Ein Glasmann wolltest du sein, und wußtest nicht wohin dein Glas verkaufen? Sagte ich dir nicht, du solltest behutsam wünschen? Verstand, Peter, Klugheit hat dir gefehlt.«

»Was Verstand und Klugheit!« rief jener, »ich bin ein so kluger
Bursche als irgendeiner, und will es dir zeigen, Glasmännlein«,
und bei diesen Worten faßt er das Männlein unsanft am Kragen
und schrie: »Hab ich dich jetzt, Schatzhauser im grünen Tannenwald? Und den dritten Wunsch will ich jetzt tun, den sollst du mir
gewähren; und so will ich hier auf der Stelle zweimalhunderttau-
send harte Taler, und ein Haus und – o weh!« schrie er und schüttelte die Hand, denn das Waldmännchen hatte sich in glühendes
Glas verwandelt und brannte in seiner Hand wie sprühendes
Feuer. Aber von dem Männlein war nichts mehr zu sehen.

Mehrere Tage lang erinnerte ihn seine geschwollene Hand an
seine Undankbarkeit und Torheit, dann aber übertäubte er sein
Gewissen und sprach: »Und wenn sie mir die Glashütte und alles
verkaufen, so bleibt mir doch noch immer der dicke Ezechiel; solange der Geld hat am Sonntag, kann es mir nicht fehlen.«

Ja Peter! Aber wenn er keines hat? Und so geschah es eines Tages und war ein wunderliches Rechenexempel. Denn eines Sonntags kam er angefahren ans Wirtshaus, und die Leute steckten die
Köpfe durch die Fenster, und der eine sagte: »Da kommt der
Spiel-Peter«, und der andere: »Ja der Tanzkaiser, der reiche
Glasmann«, und ein dritter schüttelte den Kopf und sprach: »Mit
dem Reichtum kann man es machen, man sagt allerlei von seinen
Schulden, und in der Stadt hat einer gesagt, der Amtmann werde
nicht mehr lang säumen zum Auspfänden.« Indessen grüßte der
reiche Peter die Gäste am Fenster vornehm und gravitätisch,
stieg vom Wagen und schrie: »Sonnenwirt, guten Abend, ist der
dicke Ezechiel schon da?« Und eine tiefe Stimme rief: »Nur herein, Peter! Dein Platz ist dir aufbehalten, wir sind schon da und
bei den Karten.« So trat Peter Munk in die Wirtsstube, und fuhr
gleich in die Tasche, und merkte, daß Ezechiel gut versehen sein
müsse, denn seine Tasche war bis oben angefüllt.

Er setzte sich hinter den Tisch zu den andern, und spielte und
gewann und verlor hin und her, und so spielten sie, bis andere
ehrliche Leute, als es Abend wurde, nach Hause gingen, und
spielten bei Licht, bis zwei andere Spieler sagten: »Jetzt ist's genug, und wir müssen heim zu Frau und Kind.« Aber Spiel-Peter

forderte den dicken Ezechiel auf zu bleiben; dieser wollte lange
nicht, endlich aber rief er: »Gut, jetzt will ich mein Geld zählen
und dann wollen wir knöcheln, den Satz um 5 Gulden, denn nie-
derer ist es doch nur Kinderspiel.« Er zog den Beutel und zählte,
und fand hundert Gulden bar, und Spiel-Peter wußte nun wieviel
er selbst habe und brauchte es nicht erst zu zählen. Aber hatte
Ezechiel vorher gewonnen, so verlor er jetzt Satz für Satz, und
fluchte greulich dabei. Warf er einen Pasch, gleich warf Spiel-Peter auch einen, und immer zwei Augen höher. Da setzte er endlich die letzten fünf Gulden auf den Tisch und rief: »Noch einmal, und wenn ich auch den noch verliere, so höre ich doch nicht
auf, dann leihst du mir von deinem Gewinn, Peter, ein ehrlicher
Kerl hilft dem andern!«

»Soviel du willst, und wenn es hundert Gulden sein sollten«,
sprach der Tanzkaiser, fröhlich über seinen Gewinn, und der
dicke Ezechiel schüttelte die Würfel und warf 15. »Pasch!« rief
er, »jetzt wollen wir sehen!« Peter aber warf 18, und eine heisere
bekannte Stimme hinter ihm sprach: »So, das war der *letzte*.«

Er sah sich um, und riesengroß stand der Holländer-Michel
hinter ihm; erschrocken ließ er das Geld fallen, das er schon eingezogen hatte. Aber der dicke Ezechiel sah den Waldmann nicht,
sondern verlangte, der Spiel-Peter solle ihm 10 Gulden vorstrek-
ken zum Spiel; halb im Traum fuhr dieser mit der andern Hand
in die Tasche, aber da war kein Geld, er suchte in der andern Tasche, aber auch da fand sich nichts, er kehrte den Rock um, aber
es fiel kein roter Heller heraus, und jetzt erst gedachte er seines
eigenen ersten Wunsches, immer soviel Geld zu haben, als der
dicke Ezechiel. Wie Rauch war alles verschwunden.

Der Wirt und Ezechiel sahen ihn staunend an, als er immer
suchte und sein Geld nicht finden konnte, sie wollten ihm nicht
glauben, daß er keines mehr habe, aber als sie endlich selbst in
seinen Taschen suchten, wurden sie zornig und schwuren, der
Spiel-Peter sei ein böser Zauberer, und habe all das gewonnene
Geld und sein eigenes nach Hause gewünscht. Peter verteidigte
sich standhaft, aber der Schein war gegen ihn; Ezechiel sagte, er
wolle die schreckliche Geschichte allen Leuten im Schwarzwald

erzählen, und der Wirt versprach ihm, morgen mit dem frühesten in die Stadt zu gehen, und Peter Munk als Zauberer anzuklagen, und er wolle es erleben, setzte er hinzu, daß man ihn verbrenne. Dann fielen sie wütend über ihn her, rissen ihm das Wams vom Leib und warfen ihn zur Türe hinaus.

Kein Stern schien am Himmel, als Peter trübselig seiner Wohnung zuschlich, aber dennoch konnte er eine dunkle Gestalt erkennen, die neben ihm her schritt und endlich sprach: »Mit dir ist's aus, Peter Munk, all deine Herrlichkeit ist zu Ende, und das hätt ich dir schon damals sagen können, als du nichts von mir hören wolltest, und zu dem dummen Glaszwerg liefst. Da siehst du jetzt, was man davon hat, wenn man meinen Rat verachtet. Aber versuch es einmal mit mir, ich habe Mitleiden mit deinem Schicksal; noch keinen hat es gereut, der sich an mich wandte, und wenn du den Weg nicht scheust, morgen den ganzen Tag bin ich am Tannenbühl zu sprechen, wenn du mich rufst.« Peter merkte wohl, wer so zu ihm spreche, aber es kam ihn ein Grauen an; er antwortete nichts, sondern lief seinem Haus zu.

Zweite Abteilung

Als Peter am Montagmorgen in seine Glashütte ging, da waren nicht nur seine Arbeiter da, sondern auch andere Leute, die man nicht gerne sieht, nämlich der Amtmann und drei Gerichtsdiener. Der Amtmann wünschte Petern einen guten Morgen, fragte wie er geschlafen, und zog dann ein langes Register heraus, und darauf waren Peters Gläubiger verzeichnet. »Könnt Ihr zahlen oder nicht?« fragte der Amtmann mit strengem Blick, »und macht es nur kurz, denn ich habe nicht viel Zeit zu versäumen, und in den Turm ist es drei gute Stunden.« Da verzagte Peter, gestand, daß er nichts mehr habe, und überließ es dem Amtmann, Haus und Hof, Hütte und Stall, Wagen und Pferde zu schätzen; und als die Gerichtsdiener und der Amtmann umhergingen und prüften und schätzten, dachte er, bis zum Tannenbühl ist's nicht weit, hat mir der *Kleine* nichts geholfen, so will ich es einmal mit dem *Großen* versuchen. Er lief dem Tannenbühl zu, so schnell, als ob die Gerichtsdiener ihm auf den Fersen wären, es war ihm, als er an dem Platz vorbeirannte, wo er das Glasmännlein zuerst gesprochen, als halte ihn eine unsichtbare Hand auf, aber er riß sich los und lief weiter, bis an die Grenze, die er sich früher wohl gemerkt hatte, und kaum hatte er, beinahe atemlos, »Holländer-Michel, Herr Holländer-Michel« gerufen, als auch schon der riesengroße Flözer mit seiner Stange vor ihm stand.

»Kommst du?« sprach dieser lachend; »haben sie dir die Haut abziehen und deinen Gläubigern verkaufen wollen? Nu, sei ruhig; dein ganzer Jammer kommt, wie gesagt, von dem kleinen Glasmännlein, von dem Separatisten und Frömmler her. Wenn man schenkt, muß man gleich recht schenken, und nicht wie dieser Knauser. Doch komm«, fuhr er fort, und wandte sich gegen den Wald, »folge mir in mein Haus, dort wollen wir sehen, ob wir *handelseinig* werden.«

Handelseinig? dachte Peter. Was kann er denn von mir verlangen, was kann ich an ihn verhandeln? Soll ich ihm etwa dienen, oder was will er? Sie gingen zuerst über einen steilen Waldsteig hinan, und standen dann mit einemmal an einer dunkeln, tiefen, abschüssigen Schlucht; Holländer-Michel sprang den Felsen hinab, wie wenn es eine sanfte Marmortreppe wäre; aber bald wäre Peter in Ohnmacht gesunken, denn als jener unten angekommen war, machte er sich so groß wie ein Kirchturm und reichte ihm einen Arm, so lange als ein Weberbaum, und eine Hand daran, so breit als der Tisch im Wirtshaus, und rief mit einer Stimme, die heraufschallte wie eine tiefe Totenglocke: »Setz dich nur auf meine Hand und halte dich an den Fingern, so wirst du nicht fallen.« Peter tat zitternd, wie jener befohlen, nahm Platz auf der Hand, und hielt sich am Daumen des Riesen.

Es ging weit und tief hinab, aber dennoch ward es zu Peters Verwunderung nicht dunkler, im Gegenteil, die Tageshelle schien sogar zuzunehmen in der Schlucht, aber er konnte sie lange in den Augen nicht ertragen. Der Holländer-Michel hatte sich, je weiter Peter herabkam, wieder kleiner gemacht, und stand nun in seiner früheren Gestalt vor einem Haus, so gering oder gut, als es reiche Bauern auf dem Schwarzwald haben. Die Stube, worein Peter geführt wurde, unterschied sich durch nichts von den Stuben anderer Leute, als dadurch, daß sie einsam schien.

Die hölzerne Wanduhr, der ungeheure Kachelofen, die breiten Bänke, die Gerätschaften auf den Gesimsen, waren hier wie überall. Michel wies ihm einen Platz hinter dem großen Tisch an, ging dann hinaus, und kam bald mit einem Krug Wein und Gläsern wieder. Er goß ein und nun schwatzten sie, und Holländer-Michel erzählte von den Freuden der Welt, von fremden Ländern, schönen Städten und Flüssen, daß Peter, am Ende große Sehnsucht darnach bekommend, dies auch offen dem Holländer erzählte.

»Wenn du im ganzen Körper Mut und Kraft etwas zu unternehmen hattest, da konnten ein paar Schläge des dummen Herzens dich zittern machen; und dann die Kränkungen der Ehre, das Unglück, für was soll sich ein vernünftiger Kerl um dergleichen bekümmern? hast du's im Kopf empfunden, als dich letzthin einer einen Betrüger und schlechten Kerl nannte? hat es dir im Magen wehe getan, als der Amtmann kam, dich aus dem Haus zu werfen? Was? sag an, was hat dir wehe getan?«

»Mein Herz«, sprach Peter, indem er die Hand auf die pochende Brust preßte, denn es war ihm, als ob sein Herz sich ängstlich hin und her wendete.

»Du hast, nimm es mir nicht übel, du hast viele hundert Gulden an schlechte Bettler und anderes Gesindel weggeworfen; was hat es dich genützt? Sie haben dir dafür Segen und einen gesunden Leib gewünscht; ja bist du deswegen gesünder geworden? Um die Hälfte des verschleuderten Geldes hättest du einen Arzt gehalten. Segen, ja ein schöner Segen, wenn man ausgepfändet und ausgestoßen wird! Und was war es, das dich getrieben, in die Tasche zu fahren, sooft ein Bettelmann seinen zerlumpten Hut hinstreckte? – Dein Herz, auch wieder dein Herz, und weder deine Augen, noch deine Zunge, deine Arme noch deine Beine, sondern dein Herz. Du hast dir es, wie man richtig sagt, zu sehr zu Herzen genommen.«

»Aber wie kann man sich denn angewöhnen, daß es nicht mehr so ist? Ich gebe mir jetzt alle Mühe, es zu unterdrücken, und dennoch pocht mein Herz und tut mir wehe.«

»*Du* freilich«, rief jener mit Lachen, »du armer Schelm, kannst nichts dagegen tun; aber gib mir das kaum pochende Ding und du wirst sehen, wie gut du es dann hast.«

»Euch, mein Herz?« schrie Peter mit Entsetzen. »Da müßte ich ja sterben auf der Stelle! Nimmermehr!«

»Ja, wenn dir einer eurer Herrn Chirurgen das Herz aus dem Leib operieren wollte, da müßtest du wohl sterben; bei mir ist dies ein anderes Ding; doch komm herein und überzeuge dich selbst.« Er stand bei diesen Worten auf, öffnete eine Kammertüre und führte Peter hinein. Sein Herz zog sich krampfhaft zusammen, als er über die Schwelle trat, aber er achtete es nicht, denn der Anblick, der sich ihm bot, war sonderbar und überraschend. Auf mehreren Gesimsen von Holz standen Gläser, mit durchsichtiger Flüssigkeit gefüllt, und in jedem dieser Gläser lag ein Herz, auch waren an den Gläsern Zettel angeklebt und Namen darauf geschrieben, die Peter neugierig las: da war das Herz des Amtmanns in F.; das Herz des dicken Ezechiel, das Herz des Tanzbodenkönigs, das Herz des Oberförsters; da waren sechs Herzen von Kornwucherern, acht von Werboffizieren, drei von Geldmäklern – kurz es war eine Sammlung der angesehensten Herzen in der Umgegend von zwanzig Stunden.

»Schau!« sprach Holländer-Michel, »diese alle haben des Lebens Ängsten und Sorgen weggeworfen, keines dieser Herzen schlägt mehr ängstlich und besorgt und ihre ehemaligen Besitzer befinden sich wohl dabei, daß sie den unruhigen Gast aus dem Hause haben.«

»Aber was tragen sie denn jetzt dafür in der Brust?« fragte Peter, den dies alles, was er gesehen, beinahe schwindeln machte.

»Dies«, antwortete jener, und reichte ihm aus einem Schubfach – ein *steinernes Herz*.

»So?« erwiderte er, und konnte sich eines Schauers, der ihm über die Haut ging, nicht erwehren. »Ein Herz von Marmelstein? Aber, horch einmal, Herr Holländer-Michel, das muß doch gar kalt sein in der Brust.«

»Freilich, aber ganz angenehm kühl; warum soll denn ein
Herz warm sein? im Winter nützt dich die Wärme nichts, da hilft
ein guter Kirschgeist mehr als ein warmes Herz, und im Sommer,
wenn alles schwül und heiß ist – du glaubst nicht, wie dann solch
ein Herz abkühlt; und wie gesagt, weder Angst noch Schrecken,
weder törichtes Mitleiden noch anderer Jammer pocht an solch
ein Herz.«

»Und das ist alles, was Ihr mir geben könnet«, fragte Peter unmutig; »ich hoff auf Geld, und Ihr wollet mir einen Stein geben!«

»Nu, ich denke an hunderttausend Gulden hättest du fürs erste genug; wenn du es geschickt umtreibst, kannst du bald ein
Millionär werden.«

»Hunderttausend?« rief der arme Köhler freudig, »nun so po-
che doch nicht so ungestüm in meiner Brust, wir werden bald
fertig sein miteinander. Gut, Michel; gebt mir den Stein und das
Geld und die Unruh könnet Ihr aus dem Gehäuse nehmen.«

»Ich dachte es doch, daß du ein vernünftiger Bursche seist«,
antwortete der Holländer freundlich lächelnd, »komm, laß uns
noch eins trinken, und dann will ich das Geld auszahlen.«

So setzten sie sich wieder in die Stube zum Wein, tranken und
tranken wieder, bis Peter in eine tiefen Schlaf verfiel.

Kohlen-Munk-Peter erwachte beim fröhlichen Schmettern eines
Posthorns und siehe da, er saß in einem schönen Wagen, fuhr auf
einer breiten Straße dahin, und als er sich aus dem Wagen bog,
sah er in blauer Ferne hinter sich den Schwarzwald liegen. Anfänglich wollte er gar nicht glauben, daß er es selbst sei, der in
diesem Wagen sitze; denn auch seine Kleider waren gar nicht
mehr dieselben, die er gestern getragen, aber er erinnerte sich
doch an alles so deutlich, daß er endlich sein Nachsinnen aufgab
und rief: »Der Kohlen-Munk-Peter bin ich, das ist ausgemacht,
und kein anderer.« Er wunderte sich über sich selbst, daß er gar
nicht wehmütig werden konnte, als er jetzt zum erstenmal aus
der stillen Heimat, aus den Wäldern, wo er so lange gelebt, auszog; selbst nicht, als er an seine Mutter dachte, die jetzt wohl
hülflos und im Elend saß, konnte er eine Träne aus dem Auge

pressen oder nur seufzen: denn es war ihm alles so gleichgültig. »Ach freilich«, sagte er dann, »Tränen und Seufzer, Heimweh und Wehmut kommen ja aus dem Herzen, und Dank dem Holländer-Michel – das meine ist kalt und von Stein.«

Er legte seine Hand auf die Brust, und es war ganz ruhig dort, und rührte sich nichts. »Wenn er mit den Hunderttausenden so gut Wort hielt, wie mit dem Herz, so soll es mich freuen«, sprach er und fing an seinen Wagen zu untersuchen. Er fand Kleidungsstücke von aller Art, wie er sie nur wünschen konnte, aber kein Geld; endlich stieß er auf eine Tasche und fand viele tausend Taler in Gold und Scheinen, auf Handlungshäuser in allen großen Städten. Jetzt hab ich's, wie ich's wollte, dachte er, setzte sich bequem in die Ecke des Wagens, und fuhr in die weite Welt.

Er fuhr zwei Jahre in der Welt umher, und schaute aus seinem Wagen links und rechts an den Häusern hinauf, schaute, wenn er anhielt, nichts als den Schild seines Wirtshauses an, lief dann in der Stadt umher, und ließ sich die schönsten Merkwürdigkeiten zeigen; aber es freute ihn nichts, kein Bild, kein Haus, keine Musik, kein Tanz, sein Herz von Stein nahm an nichts Anteil und seine Augen, seine Ohren waren abgestumpft für alles Schöne. Nichts war ihm mehr geblieben, als die Freude an Essen und Trinken und der Schlaf, und so lebte er, indem er ohne Zweck durch die Welt reiste, zu seiner Unterhaltung speiste und aus Langerweile schlief. Hie und da erinnerte er sich zwar, daß er fröhlicher, glücklicher gewesen sei, als er noch arm war und arbeiten mußte, um sein Leben zu fristen. Da hatte ihn jede schöne Aussicht ins Tal, Musik und Gesang hatten ihn ergötzt, da hatte er sich stundenlang auf die einfache Kost, die ihm die Mutter zu dem Meiler bringen sollte, gefreut; wenn er so über die Vergangenheit nachdachte, so kam es ihm ganz sonderbar vor, daß er jetzt nicht einmal lachen konnte, und sonst hatte er über den kleinsten Scherz gelacht; wenn andere lachten, so verzog er nur aus Höflichkeit den Mund, aber sein Herz – lächelte nicht mit. Er fühlte dann, daß er zwar überaus ruhig sei – aber zufrieden fühlte er sich doch nicht. Es war nicht Heimweh oder Wehmut, sondern Öde, Überdruß, freudenloses Leben, was ihn endlich wieder zur Heimat trieb.

Als er von Straßburg herüberfuhr und den dunkeln Wald seiner Heimat erblickte, als er zum erstenmal wieder jene kräftigen
Gestalten, jene freundlichen, treuen Gesichter der Schwarzwälder sah, als sein Ohr die heimatlichen Klänge, stark, tief, aber
wohltönend vernahm, da fühlte er schnell an sein Herz, denn
sein Blut wallte stärker, und er glaubte, er müsse sich freuen, und
müsse weinen zugleich, aber – wie konnte er nur so töricht sein,
er hatte ja ein Herz von Stein; und Steine sind tot und lächeln und
weinen nicht.

Sein erster Gang war zum Holländer-Michel, der ihn mit alter
Freundlichkeit aufnahm. »Michel«, sagte er zu ihm, »gereist bin
ich nun, und habe alles gesehen, ist aber alles dummes Zeug und
ich hatte nur Langeweile. Überhaupt, Euer steinernes Ding, das
ich in der Brust trage, schützt mich zwar vor manchem; ich er-
zürne mich nie, bin nie traurig, aber ich freue mich auch nie, und
es ist mir, als wenn ich nur halb lebte. Könnet Ihr das Steinherz
nicht ein wenig beweglicher machen, oder – gebt mir lieber mein
altes Herz; ich hatte mich in fünfundzwanzig Jahren daran gewöhnt, und wenn es zuweilen auch einen dummen Streich
machte, so war es doch munter und ein fröhliches Herz.«

Der Waldgeist lachte grimmig und bitter: »Wenn du einmal
tot bist, Peter Munk«, antwortete er, »dann soll es dir nicht fehlen, dann sollst du dein weiches, rührbares Herz wiederhaben
und du kannst dann fühlen was kommt, Freud oder Leid; aber
hier oben kann es nicht mehr dein werden! Doch, Peter! gereist
bist du wohl, aber, so wie du lebtest, konnte es dich nichts nüt-
zen. Setze dich jetzt hier irgendwo im Wald, bau ein Haus, heirate, treibe dein Vermögen um, es hat dir nur an Arbeit gefehlt,
weil du müßig warst hattest du Langeweile, und schiebst jetzt alles auf dieses unschuldige Herz.« Peter sah ein, daß Michel recht
habe, was den Müßiggang beträfe, und nahm sich vor, reich und
immer reicher zu werden; Michel schenkte ihm noch einmal
hunderttausend Gulden und entließ ihn als seinen guten Freund.

Bald vernahm man im Schwarzwald die Märe, der Kohlen-
Munk-Peter oder Spiel-Peter sei wieder da, und noch viel reicher, als zuvor. Es ging auch jetzt wie immer; als er am Bettelstab

war, wurde er in der »Sonne« zur Türe hinausgeworfen, und als
er jetzt an einem Sonntagnachmittag seinen ersten Einzug dort
hielt, schüttelten sie ihm die Hand, lobten sein Pferd, fragten
nach seiner Reise, und als er wieder mit dem dicken Ezechiel um
harte Taler spielte, stand er in der Achtung so hoch, als je. Er
trieb jetzt aber nicht mehr das Glashandwerk, sondern den
Holzhandel, aber nur zum Schein. Sein Hauptgeschäft war mit
Korn und Geld zu handeln. Der halbe Schwarzwald wurde ihm
nach und nach schuldig, aber er lieh Geld nur auf zehen Prozente
aus, oder verkaufte Korn an die Armen, die nicht gleich zahlen
konnten, um den dreifachen Wert. Mit dem Amtmann stand er
jetzt in enger Freundschaft, und wenn einer Herrn Peter Munk
nicht auf den Tag bezahlte, so ritt der Amtmann mit seinen
Schergen heraus, schätzte Haus und Hof, verkaufte es flugs, und
trieb Vater, Mutter und Kind in den Wald. Anfangs machte dies
dem reichen Peter einige Unlust, denn die armen Ausgepfände-
ten belagerten dann haufenweise seine Türe, die Männer flehten
um Nachsicht, die Weiber suchten das steinerne Herz zu erwei-
chen und die Kinder winselten um ein Stücklein Brot; aber als er
sich ein paar tüchtige Fleischerhunde angeschafft hatte, hörte
diese Katzenmusik, wie er es nannte, bald auf; er pfiff und hetzte,
und die Bettelleute flogen schreiend auseinander. Am meisten
Beschwerde machte ihm das »alte Weib«. Das war aber niemand
anders als Frau Munkin, Peters Mutter. Sie war in Not und Elend
geraten, als man ihr Haus und Hof verkauft hatte, und ihr Sohn,
als er reich zurückgekehrt war, hatte nicht mehr nach ihr umgesehen; da kam sie nun zuweilen, alt, schwach und gebrechlich an
einem Stock vor das Haus; hinein wagte sie sich nimmer, denn er
hatte sie einmal weggejagt, aber es tat ihr wehe, von den Gut-
taten anderer Menschen leben zu müssen, da der eigene Sohn ihr
ein sorgenloses Alter hätte bereiten können. Aber das kalte
Herz wurde nimmer gerührt von dem Anblicke der bleichen,
wohlbekannten Züge, von den bittenden Blicken, von der wel-
ken, ausgestreckten Hand, von der hinfälligen Gestalt; mürrisch
zog er, wenn sie sonnabends an die Türe pochte, einen Sechsbätzner heraus, schlug ihn in ein Papier und ließ ihn hinausrei-

chen durch einen Knecht. Er vernahm ihre zitternde Stimme, wenn sie dankte und wünschte, es möge ihm wohlgehen auf Erden, er hörte sie hüstelnd von der Türe schleichen, aber er dachte weiter nicht mehr daran, als daß er wieder sechs Batzen umsonst ausgegeben.

Endlich kam Peter auch auf den Gedanken zu heuraten. Er wußte, daß im ganzen Schwarzwald jeder Vater ihm gerne seine Tochter geben werde; aber er war schwierig in seiner Wahl, denn er wollte, daß man auch hierin sein Glück und seinen Verstand preisen sollte; daher ritt er umher, im ganzen Wald, schaute hier, schaute dort, und keine der schönen Schwarzwälderinnen deuchte ihm schön genug. Endlich, nachdem er auf allen Tanzböden umsonst nach der Schönsten ausgeschaut hatte, hörte er eines Tages, die Schönste und Tugendsamste im ganzen Wald sei eines armen Holzhauers Tochter. Sie lebe still und für sich, besorge geschickt und emsig ihres Vaters Haus, und lasse sich nie auf dem Tanzboden sehen, nicht einmal zu Pfingsten oder Kirmes. Als Peter von diesem Wunder des Schwarzwalds hörte, beschloß er, um sie zu werben, und ritt nach der Hütte, die man ihm bezeichnet hatte. Der Vater der schönen Lisbeth empfing den vornehmen Herrn mit Staunen, und er staunte noch mehr, als er hörte, es sei dies der reiche Herr Peter und er wolle sein Schwiegersohn werden. Er besann sich auch nicht lange, denn er meinte, all seine Sorge und Armut werde nun ein Ende haben, sagte zu, ohne die schöne Lisbeth zu fragen, und das gute Kind war so folgsam, daß sie ohne Widerrede Frau Peter Munkin wurde.

Aber es wurde der Armen nicht so gut, als sie sich geträumt hatte. Sie glaubte ihr Hauswesen wohl zu verstehen, aber sie konnte Herrn Peter nichts zu Dank machen, sie hatte Mitleiden mit armen Leuten, und da ihr Eheherr reich war, dachte sie, es sei keine Sünde, einem armen Bettelweib einen Pfennig, oder einem alten Mann einen Schnaps zu reichen; aber als Herr Peter dies eines Tages merkte, sprach er mit zürnenden Blicken und rauher Stimme:

»Warum verschleuderst du mein Vermögen an Lumpen und

Straßenläufer? Hast du was mitgebracht ins Haus, das du weg-
schenken könntest? Mit deines Vaters Bettelstab kann man keine
Suppe wärmen, und wirfst das Geld aus, wie eine Fürstin? Noch
einmal laß dich betreten, so sollst du meine Hand fühlen!« Die
schöne Lisbeth weinte in ihrer Kammer über den harten Sinn ihres Mannes, und sie wünschte oft lieber heim zu sein, in ihres Vaters ärmlicher Hütte, als bei dem reichen, aber geizigen, harther-
zigen Peter zu hausen. Ach, hätte sie gewußt, daß er ein Herz von
Marmor habe, und weder sie noch irgendeinen Menschen lieben
könnte, so hätte sie sich wohl nicht gewundert. Sooft sie aber
jetzt unter der Türe saß, und es ging ein Bettelmann vorüber, und
zog den Hut, und hub an seinen Spruch, so drückte sie die Augen
zu, das Elend nicht zu schauen, sie ballte die Hand fester, damit
sie nicht unwillkürlich in die Tasche fahre, ein Kreuzerlein her-
auszulangen. So kam es, daß die schöne Lisbeth im ganzen Wald
verschrieen wurde, und es hieß, sie sei noch geiziger als Peter
Munk. Aber eines Tages saß Frau Lisbeth wieder vor dem Haus
und spann und murmelte ein Liedchen dazu; denn sie war munter, weil es schön Wetter und Herr Peter ausgeritten war über
Feld. Da kömmt ein altes Männlein des Weges daher, der trägt einen großen, schweren Sack, und sie hört ihn schon von weitem
keuchen. Teilnehmend sieht ihm Frau Lisbeth zu und denkt, einem so alten kleinen Mann sollte man nicht mehr so schwer auf-
laden.

Indes keucht und wankt das Männlein heran, und als es gegenüber von Frau Lisbeth war, brach es unter dem Sack beinahe zusammen. »Ach habt die Barmherzigkeit, Frau, und reichet mir
nur einen Trunk Wasser«, sprach das Männlein, »ich kann nicht
weiter, muß elend verschmachten.«

»Aber Ihr solltet in Eurem Alter nicht mehr so schwer tragen«,
sagte Frau Lisbeth.

»Ja, wenn ich nicht Boten gehen müßte, der Armut halber und
um mein Leben zu fristen«, antwortete er, »ach so eine reiche
Frau, wie Ihr, weiß nicht, wie wehe Armut tut, und wie wohl ein
frischer Trunk bei solcher Hitze.«

Als sie dies hörte, eilte sie ins Haus, nahm einen Krug vom Ge-

sims und füllte ihn mit Wasser; doch als sie zurückkehrte, und
nur noch wenige Schritte von ihm war, und das Männlein sah,
wie es so elend und verkümmert auf dem Sack saß, da fühlte sie
inniges Mitleid, bedachte, daß ja ihr Mann nicht zu Hause sei,
und so stellte sie den Wasserkrug beiseite, nahm einen Becher
und füllte ihn mit Wein, legte ein gutes Roggenbrot darauf, und
brachte es dem Alten. »So, und ein Schluck Wein mag Euch besser frommen, als Wasser, da Ihr schon so gar alt seid«, sprach sie,
»aber trinket nicht zu hastig, und esset auch Brot dazu.«

Das alte Männlein sah sie staunend an, bis große Tränen in seinen alten Augen standen, er trank und sprach dann:

»Ich bin alt geworden, aber ich hab wenige Menschen gesehen,
die so mitleidig wären, und ihre Gaben so schön und herzig zu
spenden wußten, wie Ihr, Frau Lisbeth. Aber es wird Euch dafür
auch recht wohl gehen auf Erden; solch ein Herz bleibt nicht un-
belohnt.«

»Nein, und den Lohn soll sie zur Stelle haben«, schrie eine
schreckliche Stimme, und als sie sich umsahen, war es Herr Peter
mit blutrotem Gesicht.

»Und sogar meinen Ehrenwein gießest du aus an Bettelleute
und meinen Mundbecher gibst du an die Lippen der Straßenläufer? Da, nimm deinen Lohn!« Frau Lisbeth stürzte zu seinen Füßen, und bat um Verzeihung, aber das steinerne Herz kannte
kein Mitleid, er drehte die Peitsche um, die er in der Hand hielt,
und schlug sie mit dem Handgriff von Ebenholz so heftig vor die
schöne Stirne, daß sie leblos dem alten Mann in die Arme sank.
Als er dies sah, war es doch als reuete ihn die Tat auf der Stelle; er
bückte sich herab zu schauen, ob noch Leben in ihr sei, aber das
Männlein sprach mit wohlbekannter Stimme: »Gib dir keine
Mühe, Kohlen-Peter; es war die schönste und lieblichste Blume
im Schwarzwald, aber du hast sie zertreten und nie mehr wird sie
wieder blühen.«

Da wich alles Blut aus Peters Wangen und er sprach: »Also Ihr
seid es, Herr Schatzhauser? Nun, was geschehen ist, ist geschehen, und es hat wohl so kommen müssen. Ich hoffe aber, Ihr
werdet mich nicht bei dem Gericht anzeigen als Mörder.«

»Elender!« erwiderte das Glasmännlein. »Was würde es mir frommen, wenn ich deine sterbliche Hülle an den Galgen brächte? Nicht irdische Gerichte sind es, die du zu fürchten hast, sondern andere und strengere; denn du hast deine Seele an den Bösen verkauft.«

»Und hab ich mein Herz verkauft«, schrie Peter, »so ist niemand daran schuld, als du, und deine betrügerische Schätze; du tückischer Geist hast mich ins Verderben geführt, mich getrieben daß ich bei einem andern Hülfe suchte, und auf dir liegt die ganze Verantwortung.« Aber kaum hatte er dies gesagt, so wuchs und schwoll das Glasmännlein und wurde hoch und breit, und seine Augen sollen so groß gewesen sein, wie Suppenteller und sein Mund war wie ein geheizter Backofen und Flammen blitzten daraus hervor. Peter warf sich auf die Knie, und sein steinernes Herz schützte ihn nicht, daß nicht seine Glieder zitterten, wie eine Espe. Mit Geierskrallen packte ihn der Waldgeist im Nakken, drehte ihn um, wie ein Wirbelwind dürres Laub, und warf ihn dann zu Boden, daß ihm alle Rippen knackten. »Erdenwurm!« rief er mit einer Stimme, die wie der Donner rollte, »ich könnte dich zerschmettern, wenn ich wollte, denn du hast gegen den Herrn des Waldes gefrevelt. Aber um dieses toten Weibes willen, die mich gespeist und getränkt hat, gebe ich dir acht Tage Frist; bekehrst du dich nicht zum Guten, so komme ich und zermalme dein Gebein und du fahrst hin in deinen Sünden.«

Es war schon Abend, als einige Männer, die vorbeigingen, den reichen Peter Munk an der Erde liegen sahen. Sie wandten ihn hin und her, und suchten, ob noch Atem in ihm sei, aber lange war ihr Suchen vergebens. Endlich ging einer in das Haus und brachte Wasser herbei, und besprengte ihn. Da holte Peter tief Atem, stöhnte und schlug die Augen auf, schaute lange um sich her, und fragte dann nach Frau Lisbeth, aber keiner hatte sie gesehen. Er dankte den Männern für ihre Hülfe, schlich in sein Haus und schaute sich um, aber Frau Lisbeth war weder im Keller noch auf dem Boden, und das was er für einen schrecklichen Traum gehalten, war bittere Wahrheit. Wie er nun so ganz allein

war, da kamen ihm sonderbare Gedanken; er fürchtete sich vor
nichts, denn sein Herz war ja kalt, aber wenn er an den Tod seiner Frau dachte – kam ihm sein eigenes Hinscheiden in den Sinn,
und wie belastet er dahinfahren werde, schwer belastet mit Tränen der Armen, mit tausend ihrer Flüche, die sein Herz nicht er-
weichen konnten, mit dem Jammer der Elenden, auf die er seinen
Hund gehetzt, belastet mit der stillen Verzweiflung seiner Mutter, mit dem Blut der schönen, guten Lisbeth; und konnte er
doch nicht einmal dem alten Mann, ihrem Vater Rechenschaft
geben, wann er käme und fragte: »Wo ist meine Tochter, dein
Weib?« Wie wollte er einem andern Frage stehen, dem alle Wälder, alle Seen, alle Berge gehören, und – die Leben der Menschen?

Es quälte ihn auch nachts im Traume, und alle Augenblicke
wachte er auf an einer süßen Stimme, die ihm zurief: »Peter,
schaff dir ein wärmeres Herz!« und wenn er erwacht war, schloß
er doch schnell wieder die Augen, denn der Stimme nach mußte
es Frau Lisbeth sein, die ihm diese Warnung zurief. Den andern
Tag ging er ins Wirtshaus, um seine Gedanken zu zerstreuen und
dort traf er den dicken Ezechiel. Er setzte sich zu ihm hin, sie
sprachen dies und jenes, vom schönen Wetter, vom Krieg, von
den Steuern und endlich auch vom Tod, und wie da und dort einer so schnell gestorben sei. Da fragte Peter den Dicken, was er
denn vom Tod halte, und wie es nachher sein werde? Ezechiel
antwortete ihm, daß man den Leib begrabe, die Seele aber fahre
entweder auf zum Himmel oder hinab in die Hölle.

»Also begrabt man das Herz auch?« fragte Peter gespannt.

»Ei freilich, das wird auch begraben.«

»Wenn aber einer sein Herz nicht mehr hat?« fuhr Peter fort.

Ezechiel sah ihn bei diesen Worten schrecklich an: »Was willst
du damit sagen? willst du mich foppen? Meinst du, ich habe kein
Herz?«

»Oh, Herz genug, so fest wie Stein«, erwiderte Peter.

Ezechiel sah ihn verwundert an; schaute sich um, ob es niemand gehört habe, und sprach dann: »Woher weißt du es? Oder
pocht vielleicht das deinige auch nicht mehr!«

»Pocht nicht mehr, wenigstens nicht hier in meiner Brust«, antwortete Peter Munk. »Aber sag mir, da du jetzt weißt, was ich meine, wie wird es gehen mit *unseren* Herzen?«

»Was kümmert dich dies, Gesell!?« fragte Ezechiel lachend. »Hast ja auf Erden vollauf zu leben und damit genug. Das ist ja gerade das Bequeme in unsern kalten Herzen, daß uns keine Furcht befällt, vor solchen Gedanken.«

»Wohl wahr, aber man denkt doch daran, und wenn ich auch jetzt keine Furcht mehr kenne, so weiß ich doch wohl noch, wie sehr ich mich vor der Hölle gefürchtet, als ich noch ein kleiner unschuldiger Knabe war.«

»Nun – gut wird es uns gerade nicht gehen«, sagte Ezechiel. »Hab mal einen Schulmeister darüber befragt, der sagte mir, daß nach dem Tod die Herzen gewogen werden, wie schwer sie sich versündigt hätten. Die leichten steigen auf, die schweren sinken hinab, und ich denke, unsere Steine werden ein gutes Gewicht haben.«

»Ach freilich«, erwiderte Peter, »und es ist mir oft selbst unbequem, daß mein Herz so teilnahmslos und ganz gleichgültig ist, wenn ich an solche Dinge denke.«

So sprachen sie; aber in der nächsten Nacht hörte er fünf- oder sechsmal die bekannte Stimme in sein Ohr lispeln: »Peter, schaff dir ein wärmeres Herz!« Er empfand keine Reue, daß er sie getötet, aber wenn er dem Gesinde sagte, seine Frau sei verreist, so dachte er immer dabei, wohin mag sie wohl gereist sein? Sechs Tage hatte er es so getrieben, und immer hörte er nachts diese Stimme und immer dachte er an den Waldgeist und seine schreckliche Drohung; aber am siebenten Morgen sprang er auf von seinem Lager, und rief: »Nun ja, will sehen, ob ich mir ein wärmeres schaffen kann, denn der gleichgültige Stein in meiner Brust macht mir das Leben nur langweilig und öde.« Er zog schnell seinen Sonntagsstaat an, und setzte sich auf sein Pferd und ritt dem Tannenbühl zu.

Im Tannenbühl, wo die Bäume dichter standen, saß er ab, band sein Pferd an, und ging schnellen Schrittes dem Gipfel des Hügels zu, und als er vor der dicken Tanne stand, hub er seinen Spruch an:

>Schatzhauser im grünen Tannenwald,
Bist viele hundert Jahre alt,
Dein ist all' Land, wo Tannen stehen,
Läßt dich nur Sonntagskindern sehen.«

Da kam das Glasmännlein hervor, aber nicht freundlich und traulich, wie sonst, sondern düster und traurig; es hatte ein Röcklein an von schwarzem Glas und ein langer Trauerflor flatterte herab vom Hut und Peter wußte wohl, um wen es traure.

»Was willst du von mir, Peter Munk?« fragte es mit dumpfer Stimme.

»Ich hab noch einen Wunsch, Herr Schatzhauser«, antwortete Peter, mit niedergeschlagenen Augen.

»Können Steinherzen noch wünschen?« sagte jener; »du hast alles, was du für deinen schlechten Sinn bedarfst, und ich werde schwerlich deinen Wunsch erfüllen.«

»Aber Ihr habt mir doch drei Wünsche zugesagt; einen hab ich immer noch übrig.«

»Doch kann ich ihn versagen, wenn er töricht ist«, fuhr der Waldgeist fort; »aber wohlan, ich will hören, was du willst!«

»So nehmet mir den toten Stein heraus und gebet mir mein lebendiges Herz«, sprach Peter.

»Hab ich den Handel mit dir gemacht?« fragte das Glasmännlein; »bin ich der Holländer-Michel, der Reichtum und kalte Herzen schenkt? Dort, bei ihm mußt du dein Herz suchen!«

»Ach, er gibt es nimmer zurück«, antwortete Peter.

»Du dauerst mich, so schlecht du auch bist«, sprach das Männlein nach einigem Nachdenken. »Aber weil dein Wunsch nicht töricht ist, so kann ich dir wenigstens meine Hülfe nicht abschlagen. So höre. Dein Herz kannst du mit keiner Gewalt mehr bekommen, wohl aber durch List, und es wird vielleicht nicht schwer halten; denn Michel bleibt doch nur der dumme Michel, obgleich er sich ungemein klug dünkt. So gehe denn geraden Weges zu ihm hin, und tue, wie ich dir heiße.« Und nun unterrichtete er ihn in allem, und gab ihm ein Kreuzlein aus reinem Glas: »Am Leben kann er dir nicht schaden, und er wird dich freilassen, wenn du ihm dies vorhalten und dazu beten wirst. Und hast du denn, was du verlangt hast, erhalten, so komm wieder zu mir an diesen Ort.«

Peter Munk nahm das Kreuzlein, prägte sich alle Worte ins Gedächtnis, und ging weiter nach Holländer-Michels Behausung. Er rief dreimal seinen Namen und alsobald stand der Riese vor ihm. »Du hast dein Weib erschlagen?« fragte er ihn, mit schrecklichem Lachen, »hätt es auch so gemacht, sie hat dein Vermögen an das Bettelvolk gebracht. Aber du wirst auf einige Zeit außer Landes gehen müssen, denn es wird Lärm machen, wenn man sie nicht findet; und du brauchst wohl Geld, und kommst, um es zu holen?«

»Du hast's erraten«, erwiderte Peter, »und nur recht viel diesmal, denn nach Amerika ist's weit.«

Michel ging voran, und brachte ihn in seine Hütte, dort schloß er eine Truhe auf, worin viel Geld lag und langte ganze Rollen Gold heraus. Während er es so auf den Tisch hinzählte, sprach Peter: »Du bist doch ein loser Vogel, Michel, daß du mich belogen hast, ich hätte einen Stein in der Brust, und du habest mein Herz!«

»Und ist es denn nicht so?« fragte Michel staunend; »fühlst du denn dein Herz? ist es nicht kalt, wie Eis? Hast du Furcht oder Gram, kann dich etwas reuen?«

»Du hast mein Herz nur stillestehen lassen, aber ich hab es noch wie sonst in meiner Brust und Ezechiel auch, der hat es mir gesagt, daß du uns angelogen hast; du bist nicht der Mann dazu, der einem das Herz so unbemerkt und ohne Gefahr aus der Brust reißen könnte! da müßtest du zaubern können.«

»Aber ich versichere dich«, rief Michel unmutig, »du und Ezechiel und alle reichen Leute, die es mit mir gehalten, haben solche kalte Herzen wie du, und ihre rechten Herzen habe ich hier in meiner Kammer.«

»Ei, wie dir das Lügen von der Zunge geht!« lachte Peter. »Das mach du einem andern weis. Meinst du, ich hab auf meinen Reisen nicht solche Kunststücke zu Dutzenden gesehen? Aus Wachs nachgeahmt sind deine Herzen hier in der Kammer. Du bist ein reicher Kerl, das geb ich zu; aber zaubern kannst du nicht.«

Da ergrimmte der Riese und riß die Kammertüre auf. »Komm herein, und lies die Zettel alle und jenes dort, schau, das ist Peter Munks Herz; siehst du, wie es zuckt? kann man das auch aus Wachs machen?«

»Und doch ist es aus Wachs«, antwortete Peter. »So schlägt ein rechtes Herz nicht, ich habe das meinige noch in der Brust. Nein, zaubern kannst du nicht!«

»Aber ich will es dir beweisen!« rief jener ärgerlich; »du sollst es selbst fühlen, daß dies dein Herz ist.« Er nahm es, riß Peters Wams auf, und nahm einen Stein aus seiner Brust, und zeigte ihn vor. Dann nahm er das Herz, hauchte es an, und setzte es behutsam an seine Stelle und alsobald fühlte Peter, wie es pochte, und er konnte sich wieder darüber freuen.

»Wie ist es dir jetzt?« fragte Michel lächelnd.

»Wahrhaftig, du hast doch recht gehabt«, antwortete Peter, indem er behutsam sein Kreuzlein aus der Tasche zog. »Hätt ich doch nicht geglaubt, daß man dergleichen tun könne!«

»Nicht wahr? und zaubern kann ich, das siehst du; aber komm jetzt, jetzt will ich dir den Stein wieder hineinsetzen.«

»Gemach, Herr Michel!« rief Peter, trat einen Schritt zurück, und hielt ihm das Kreuzlein entgegen. »Mit Speck fängt man Mäuse und diesmal bist du der Betrogene.« Und zugleich fing er an zu beten, was ihm nur beifiel.

Da wurde Michel kleiner und immer kleiner, fiel nieder und wand sich hin und her wie ein Wurm und ächzte und stöhnte, und alle Herzen umher fingen an zu zucken und zu pochen, daß es tönte, wie in der Werkstatt eines Uhrenmachers. Peter aber fürchtete sich, es wurde ihm ganz unheimlich zumut, er rannte zur Kammer und zum Haus hinaus, und klimmte, von Angst getrieben, die Felsenwand hinan; denn er hörte, daß Michel sich aufraffte, stampfte und tobte, und ihm schreckliche Flüche nachschickte. Als er oben war, lief er dem Tannenbühl zu; ein schreckliches Wetter zog auf, Blitze fielen links und rechts an ihm nieder, und zerschmetterten die Bäume, aber er kam wohlbehalten in dem Revier des Glasmännleins an.

Sein Herz pochte freudig, und nur darum, *weil es pochte*. Dann aber sah er mit Entsetzen auf sein Leben zurück, wie auf das Gewitter, das hinter ihm rechts und links den schönen Wald zersplitterte. Er dachte an Frau Lisbeth, sein schönes, gutes Weib, das er aus Geiz gemordet, er kam sich selbst wie der Auswurf der Menschen vor, und er weinte heftig, als er an Glasmännleins Hügel kam.

Schatzhauser saß schon unter dem Tannenbaum und rauchte aus seiner kleinen Pfeife, doch er sah munterer aus, als zuvor. »Warum weinst du, Kohlen-Peter?« fragte er, »hast du dein Herz nicht erhalten? liegt noch das kalte in deiner Brust?«

»Ach Herr!« seufzte Peter; »als ich noch das kalte Steinherz trug, da weinte ich nie, meine Augen waren so trocken, als das Land im Juli; jetzt aber will es mir beinahe das alte Herz zerbrechen, was ich getan! Meine Schuldner hab ich ins Elend gejagt, auf Arme und Kranke die Hunde gehetzt, und, Ihr wißt es ja selbst – wie meine Peitsche auf ihre schöne Stirne fiel!«

»Peter! Du warst ein großer Sünder!« sprach das Männlein. »Das Geld und der Müßiggang haben dich verderbt, bis dein Herz zu Stein wurde, nicht Freud, nicht Leid, keine Reue, kein Mitleid mehr kannte. Aber Reue versöhnt, und wenn ich nur wüßte, daß dir dein Leben recht leid tut, so könnte ich schon noch was für dich tun.«

»Will nichts mehr«, antwortete Peter und ließ traurig sein Haupt sinken. »Mit mir ist es aus; kann mich mein Lebtag nicht mehr freuen; was soll ich so allein auf der Welt tun? Meine Mutter verzeiht mir nimmer, was ich ihr getan und vielleicht hab ich sie unter den Boden gebracht, ich Ungeheuer! Und Lisbeth, meine Frau! Schlaget mich lieber auch tot, Herr Schatzhauser, dann hat mein elend Leben mit einmal ein Ende.«

»Gut«, erwiderte das Männlein, »wenn du nicht anders willst, so kannst du es haben; meine Axt hab ich bei der Hand.« Er nahm ganz ruhig sein Pfeiflein aus dem Mund, klopfte es aus und steckte es ein. Dann stand er langsam auf und ging hinter die Tannen. Peter aber setzte sich weinend ins Gras, sein Leben war ihm nichts mehr und er erwartete geduldig den Todesstreich. Nach

einiger Zeit hörte er leise Tritte hinter sich und dachte: jetzt wird
er kommen.

»Schau dich noch einmal um, Peter Munk!« rief das Männlein.
Er wischte sich die Tränen aus den Augen, und schaute sich um,
und sah – seine Mutter und Lisbeth seine Frau, die ihn freundlich
anblickten. Da sprang er freudig auf: »So bist du nicht tot, Lisbeth; und auch Ihr seid da, Mutter, und habt mir vergeben?«

»Sie wollen dir verzeihen«, sprach das Glasmännlein, »weil du
wahre Reue fühlst und alles soll vergessen sein. Zieh jetzt heim in
deines Vaters Hütte, und sei ein Köhler wie zuvor; bist du brav
und bieder, so wirst du dein Handwerk ehren und deine Nachbarn werden dich mehr lieben und achten, als wenn du zehen
Tonnen Goldes hättest.« So sprach das Glasmännlein und nahm
Abschied von ihnen.

Die drei lobten und segneten ihn und gingen heim.

Das prachtvolle Haus des reichen Peters stand nicht mehr; der
Blitz hatte es angezündet und mit all seinen Schätzen niederge-
brannt; aber nach der väterlichen Hütte war es nicht weit; dorthin ging jetzt ihr Weg und der große Verlust bekümmerte sie
nicht.

Aber wie staunten sie, als sie an die Hütte kamen! Sie war zu
einem schönen Bauernhaus geworden, und alles darin war einfach, aber gut und reichlich.

»Das hat das gute Glasmännlein getan!« rief Peter.

»Wie schön!« sagte Frau Lisbeth, »und hier ist mir viel heimi-
scher, als in dem großen Haus mit dem vielen Gesinde.«

Von jetzt an wurde Peter Munk ein fleißiger und wackerer
Mann. Er war zufrieden mit dem, was er hatte, trieb sein Handwerk unverdrossen und so kam es, daß er durch eigene Kraft
wohlhabend wurde, und angesehen und beliebt im ganzen Wald.
Er zankte nie mehr mit Frau Lisbeth, ehrte seine Mutter und gab
den Armen, die an seine Türe pochten. Als nach Jahr und Tag
Frau Lisbeth von einem schönen Knaben genas, ging Peter nach
dem Tannenbühl und sagte sein Sprüchlein. Aber das Glasmännlein zeigte sich nicht. »Herr Schatzhauser«, rief er laut, »hört
mich doch; ich will ja nichts anderes, als Euch zu Gevatter bitten

bei meinem Söhnlein!« Aber er gab keine Antwort; nur ein kurzer Windstoß sauste durch die Tannen, und warf einige Tannzapfen herab ins Gras. »So will ich dies zum Andenken mitnehmen, weil Ihr Euch doch nicht sehen lassen wollet«, rief Peter, steckte die Zapfen in die Tasche, und ging nach Hause; aber als er zu Hause das Sonntagswams auszog, und seine Mutter die Taschen umwandte, und das Wams in den Kasten legen wollte, da fielen vier stattliche Geldrollen heraus, und als man sie öffnete, ware es lauter gute, neue badische Taler, und kein einziger falscher darunter. Und das war das Patengeschenk des Männleins im Tannenwald für den kleinen Peter.

So lebten sie still und unverdrossen fort, und noch oft nachher, als Peter Munk schon graue Haare hatte, sagte er: »Es ist doch besser zufrieden sein mit wenigem, als Gold und Güter haben, und ein *kaltes Herz*.«

Nachwort

Um herauszufinden, was wir sind, müssen wir wieder in die
Träume eingehen, die uns träumten. Etwas in der Welt bindet Ge-
sichter und Blätter, Blumen, Wind und Wolken und macht aus ih-
nen eine lange Schnur mit Medaillons. (Wilhelm C. Falkner)

Auch für das Kunstmärchen in der deutschsprachigen Literatur
gilt: Es beginnt nicht alles bei Johann Wolfgang von Goethe und
findet zugleich seinen Höhepunkt bei ihm, selbst wenn uns *Das*
Märchen (1795) zu verstehen gibt, es handle sich hier um das Musterbeispiel der Spezies. Dennoch hat sich in der Forschung lange
eine Tendenz halten können, die Goethes *Märchen* zum Vorbild
und Inbegriff der Gattung erklärt und alle früheren Leistungen
auf dem Gebiet ins Feld der »Vorgeschichte« verwiesen sowie
die nach der »Blütezeit« entstandenen Kunstmärchen nur als
Zeugnisse einer »Verfallsgeschichte« gewertet hatte. Damit
wurde zum einen der Großteil der Kunstmärchen überhaupt
ausgeklammert, zum anderen ein reichlich restriktiver Gattungs-
begriff zur Norm erhoben. So hatte es sich die Kunstmärchen-
forschung, wenn sie sich denn neben der Volksmärchenfor-
schung durchsetzen konnte, von Beginn an selber schwerer gemacht als nötig. Das einzige, worauf sie bei der Gattungsabgren-
zung verweisen konnte, war im Grunde die Tatsache, daß das
Kunstmärchen im Gegensatz zu den mündlich tradierten und
immer neu variierten Volksmärchen aus dem individuellen Ge-
staltungswillen des Dichters hervorgeht, also eine schriftlich fi-
xierte Leistung eines Original-Schöpfers darstellt. Damit jedoch
ist über die spezifische Eigenheit des Kunstmärchens relativ wenig gesagt, überspitzt ausgedrückt: Was ein Kunstmärchen eigentlich ist, wußte lange Zeit niemand so recht.

Sucht man Orientierungshilfe bei Goethe, so erfährt man, daß
das Märchen »mögliche Begebenheiten unter möglichen Bedingungen oder unmöglichen Bedingungen als möglich« darstellt.
Die Phantasie solle dabei »wie eine Musik auf uns selbst spielen,
uns in uns selbst bewegen, und zwar so, daß wir vergessen, daß
etwas außer uns sei, das diese Bewegung hervorbringt«. Christoph Martin Wieland definierte früher schon ähnlich: »Das
Märchen ist eine Begebenheit aus dem Reich der Fantasie, der
Traumwelt, dem Feenland, mit Menschen und Ereignissen aus
der wirklichen verwebt [...], bei dem die Einbildung getäuscht,
das Herz ins Spiel gezogen, und der Verstand sanft eingeschläfert
werden soll.« Und Novalis forderte gar: »In einem ächten Märchen muß alles wunderbar – geheimnißvoll und unzusammen-
hängend seyn.«

Aufgabe der Literaturwissenschaft ist es, über die poetologi-
schen Selbstaussagen der Dichter hinaus Ordnung in das defini-
torische Chaos zu bringen und den Zusammenhang der Dinge zu
erschließen. Eine gültige, auf breitem Konsens beruhende Defi-
nition des Kunstmärchens gibt es in der Forschung allerdings bis
heute nicht. Eine solche zu erstellen kann nicht Aufgabe der folgenden Übersicht sein. Ich beschränke mich daher darauf, das
Wesentliche zu resümieren, um wenigstens einen Arbeitsbegriff
zu erhalten, der einigermaßen das umreißt, was das Kunstmärchen auszeichnet. Ich beziehe mich dabei auf die neueren Arbeiten von Ewers[*], Klotz, Tismar und Wührl, die wesentlich zur
Überwindung alter Forschungspositionen und zur Begriffsklä-
rung beigetragen haben.

Die Begriffe Kunstballade, Kunstode, Kunstnovelle, Kunst-
sage, Kunstlegende oder ähnliche denkbare Prägungen gibt es
nicht. Das verweist schon darauf, daß die Bezeichnung Kunstmärchen eine – ursprünglich eher aus Verlegenheit geborene –
künstliche Neuschöpfung darstellt. Im Unterschied zum anony-
men, mündlich überlieferten Volksmärchen bezeichnet der Be-

---

[*] Ich zitiere Sekundärliteratur nur mit den Namen der Verfasser; nähere Angaben finden sich in den bibliographischen Hinweisen, unten S. 404 ff.

griff Kunstmärchen schriftlich festgehaltene Individualliteratur.
Freilich bezieht das Kunstmärchen seine »Orientierungsmuster«
(Klotz) – jedoch kaum seine Weltsicht mit der klaren Scheidung
von Gut und Böse und der wiederhergestellten Ordnung zum
guten Schluß – aus dem Volksmärchen. Dieser Rekurs erfolgt in
je unterschiedlicher Abhängigkeit, die von der Imitation bis zur
Parodie reichen kann. Damit ist jedoch erst ein geringer Teil der
Kunstmärchen erfaßt. »Wir haben es beim Kunstmärchen von
Beginn an mit einer genuin modernen, eigenständigen Erzählgattung zu tun, die in ihrer literarischen Struktur anders als das
Volksmärchen geartet ist.« (Ewers). Das Kunstmärchen hat man
als Teil eines literarischen *Systems* zu sehen, in dem das Volksmärchen als stoffliche Vorlage dient: Es liefert ganze Plots oder
einzelne Handlungsmuster, Motive und Personenkonstellatio-
nen, die vom Autor in einen neuen Kontext gestellt werden, in
den geschichtliche Erfahrungen ebenso einfließen (man denke
etwa an E. T. A. Hoffmanns »Märchen aus der neuen Zeit«) wie
literarische Entwicklungen im Zusammenhang mit der Konstitution der modernen Erzählformen. Kunstmärchen können
strukturell an die Allegorie angelehnt sein oder an die Novelle,
genauso an den Entwicklungs- oder den Abenteuerroman. Andererseits wiederum kann das Kunstmärchen so unmittelbar an
das Volksmärchen anknüpfen, daß man geradezu von einer Imitation oder Verdoppelung sprechen kann, wiewohl man ihm
auch in dem Fall literarische Eigenständigkeit zusprechen muß.
Hier kommen stilistische Momente des modernen Erzählens
zum Tragen, etwa satirische oder humoristische Brechungen,
auch selbstreferentielles und intertextuelles Spiel mit den Kon-
ventionen, Requisiten und Mustern der Gattung. Die ganze
Bandbreite dieser stilistischen Spielformen deckt das Kunstmärchen als moderne Gattung ab, und das Reservoir an Neuerungs-
möglichkeiten ist noch lange nicht ausgeschöpft. Das Kunstmärchen nimmt teil an der gesamten literarischen und geschichtlichen Entwicklung, deren Ausgang offen ist.
    Die Anfänge des Kunstmärchens hat man nach der neueren
Forschung erheblich früher als im 18. Jahrhundert anzusetzen.

Außerdem darf die Geschichte der Gattung nicht auf einen nationalliterarischen Bereich beschränkt werden; das Kunstmärchen läßt sich nur im europäischen Zusammenhang denken. Ein Verzicht auf diesen europäischen Kontext verbietet sich schon durch die Entstehungsgeschichte des Kunstmärchens. Im folgenden soll kurz deren Verlauf und die Entwicklung bis zur Romantik skizziert werden.

Die Geschichte dieser Gattung könnte überschrieben sein: »Der Tod und das Märchen.« Das muß kurz erläutert werden. Volker Klotz hat als besonderes Merkmal des Kunstmärchens sehr treffend den Zusammenhang von zyklischem und instrumentalem Erzählen herausgearbeitet. Erinnern wir uns an das Urbild des Märchenerzählens überhaupt: Scheherezade in *Tausendundeine Nacht*. Bei ihrem Erzählen geht es um Leib und Leben, ihre Geschichten sind ein Anerzählen gegen den Tod. Am Ende rettet sie ihren eigenen Kopf und das Leben ihrer Landsleute, weil sie erzählend den mordlustigen Sultan zum Sinneswandel über*redet*. Das zyklische Erzählen meint die Integration der einzelnen Geschichten in den größeren Erzählzusammenhang des umfassenden Rahmens. Instrumentales Erzählen bezieht sich auf die im Erzählkreis miteinander verbundenen Personen, die sich in einer Notlage befinden, die durch das Erzählen überwunden werden soll. In Boccaccios *Decamerone* (entstanden 1348–53, Erstdruck 1470) zum Beispiel sind es die Florentiner Adligen, die der in ihrer Stadt wütenden Pest entgehen wollen. Auch hier bedingen sich zyklisches und instrumentales Erzählen gegenseitig: der gesellige Rahmen, mithin Öffentlichkeit, einerseits und der Zweck des Erzählens, das Überleben, andererseits. So ist das Kunstmärchen von seinen Anfängen an eine Frage auf Leben und Tod: Ein höherer Anspruch an die Kraft des Erzählens läßt sich kaum erheben.

Wer Giovan Francesco Straparola eigentlich war, weiß man nicht. Der Name ist ein pfiffiges Pseudonym oder ein Spitzname, mit dem jemand bezeichnet wird, »der zuviel redet«. Welch treffender Name für den Autor, der mit seiner Sammlung *Die ergötzlichen Nächte* (1550/53) nach dem Vorbild Boccaccios No-

vellen und Märchen zusammengetragen hat, die den (fließenden)
Übergang von mündlich tradierten, volkstümlichen Märchen
zur schriftlich fixierten Individualliteratur markieren. Weit
wichtiger noch für die Entwicklung des Kunstmärchens ist der
Pentamerone (1634–37) von Giambattista Basile, der ebenfalls
auf dem Muster Boccaccios basiert, es jedoch wesentlich erweitert: Das Märchenerzählen selber steht auf dem Spiel. Es geht um
Kopf und Kragen. Während sich Straparola darauf beschränkt,
das Märchen literatur- und hoffähig zu machen, gelingt es Basile,
das Novellenschema Boccaccios ganz auf das Märchen zu bezie-
hen. Bei Basile werden bereits Märchen über Märchen und über
das Erzählen von Märchen erzählt, dies in einer literarisierten
Sprache, deren barocker Witz und Erfindungsreichtum mindestens in der damaligen Zeit seinesgleichen sucht. Ihm an die Seite
zu stellen ist allenfalls noch der dritte, für die Fortentwicklung
des Kunstmärchens bedeutende Italiener Pompeo Sarnelli. Mit
seinem Zyklus *Posilecheata* (1684) nimmt er zwar den Ernst instrumentalen Erzählens etwas zurück, indem er einen kulinari-
schen Festschmaus veranstaltet, jedoch dem Märchen mehr All-
tagsnähe abgewinnt. Übrigens sind es ausschließlich Frauen, die
die Märchen erzählen, deren Hauptfiguren wiederum ebenfalls
Frauen sind.

Nach Italien wird die Weiterentwicklung des Kunstmärchens
von Frankreich aus vorangetrieben. Es ist Charles Perrault mit
seinen *Geschichten oder Erzählungen aus vergangenen Zeiten,
mit moralischen Schlüssen* (1697). Er hat damit das Subgenre der
Feenmärchen begründet, das in der Folgezeit Mode wurde, nicht
zuletzt dank schreibender Hofdamen mit Madame d'Aulnoy
und ihren *Feenmärchen* (1698) an der Spitze. Wenig später wurden die Märchen aus *Tausendundeiner Nacht* übersetzt (von
Jean Antoine Galland), was eine ganze Flut orientalischer oder
»morgenländischer« Märchen samt Imitationen nach sich zog
(etwa von Lesage, Crébillon, Hamilton). In dieser Phase beginnt
auch die Geschichte des Kunstmärchens in Deutschland.

Christoph Martin Wieland schloß unmittelbar an die Feenmärchen französischer Provenienz an und übernahm Stoffe aus

Tausendundeiner Nacht. Sein Roman *Der Sieg der Natur über
die Schwärmerei oder Die Abenteuer des Don Sylvio von Rosalva*
(1764) schildert mit der Titelfigur einen Don Quijote des Märchens. Don Sylvio ist ein Phantast, der sich am liebsten in die
Feenmärchen der Madame d'Aulnoy vertieft und der von seinem
Eskapismus kuriert werden soll. Gerade mit Hilfe von Märchen
wird er zur Tauglichkeit in der Wirklichkeit erzogen. Die *Geschichte vom Prinz Biribinker*, das erste deutsche Kunstmärchen,
potenziert gleichsam die Wunderwelt der Feenmärchen und holt
damit den Helden auf den Boden der Wahrscheinlichkeit zurück. Das Wunderbare hat bei Wieland zwar die Funktion, »die
Einbildungs-Kraft zu belustigen«, es steht aber dennoch im Zeichen rationalistischer Belehrung, der alle Unwahrscheinlichkei-
ten, die im Sinne eines parodistischen Resümees der bisherigen
Märchentradition vorgeführt werden, am Ende weichen müssen.
Verstärkt wird diese Tendenz noch in Wielands später erschiene-
ner Märchensammlung *Dschinnistan* (1786–89). In dem darin
enthaltenen Märchen *Timander und Melissa* werden die Mär-
chenhelden von den Abenteuern mit dem Wunderbaren abgeru-
fen im Namen einer Aufklärung, die gegen die weite Welt möglicher republikanischer Freiheiten optiert und daher die Rückkehr
des Helden an den heimischen Herd bürgerlicher Einschränkung
verlangt.

Johann Karl August Musäus' *Volksmärchen der Deutschen*
(1782–87) greifen, wie schon der Titel besagt, weniger auf auslän-
dische Stoffe zurück. Entgegen dem Titel jedoch gelingt es Musäus durchaus, der Gattung individuell geprägte Züge zu verleihen, die seine Erzählungen zu Kunstmärchen werden lassen. Neben Musäus' Vorliebe für Neologismen, Wortspiele und einen
gedrechselten Tonfall ist dies zum einen die humoristische Er-
zählweise, die auf Autoren wie Jean Paul oder Wilhelm Raabe
vorausweist, zum anderen eine deutlich satirische Tendenz. Das
verlangt, im Gegensatz zum Volksmärchen, die Ansiedlung der
Handlung an konkreten Schauplätzen. Zeitgeschichtliches und
Alltägliches, das Lokalkolorit findet so Eingang in das Märchen.

Bei Johann Wolfgang von Goethe gerät das Erzählen von Märchen zum Programm für die ganze Gattung. In dem Erzählzyklus *Unterhaltungen deutscher Ausgewanderten* (1795), der ersten deutschen Novellensammlung nach italienischem Muster – den Rahmen bildet hier die Extremsituation der Flucht Adeliger vor der Französischen Revolution –, steht am Ende *Das Märchen*. Es soll, Goethe selbst zufolge, die Sammlung »ins Unendliche« münden lassen. Diese Intention markiert bereits einen an die Gattung geknüpften utopischen Anspruch, den *Das Märchen* exemplarisch einlösen soll. Goethe verwendet traditionelle Märchenmotive (Zauberrequisiten, Verwandlungen), stellt sie aber in den Dienst einer Handlung, die gesellschaftliche Prozesse reflektiert. So gipfelt das Märchen in der brückenschlagenden Utopie einer neuen harmonischen Ära, in der nicht die alte Ordnung (wie im Volksmärchen) wiederhergestellt wird, sondern die Garant ist für »Solidarität« (Klotz) und Kooperation zwischen den einzelnen Ständen. Das Märchen entwirft so ein evolutives Gegenbild zur Französischen Revolution, das auf die Autonomie und Freiheit einer ästhetischen Ordnung verweist. Hier wird die Wunderwelt der Märchen in ein politisches und künstlerisches Wunschbild überhöht.

Die Romantiker haben Goethes *Märchen* begeistert, ja hymnisch aufgenommen. Novalis bezeichnete es als »eine erzählte Oper«, und August Wilhelm Schlegel nannte es ein »Märchen par excellence«. Die von Goethe im *Märchen* gebaute Brücke auf dem Weg zum ästhetischen als dem idealen Staat haben denn auch vor allem die Romantiker betreten. Die Romantik wird als *die* Epoche des Kunstmärchens schlechthin angesehen. Das gilt nicht nur in quantitativer, sondern auch in qualitativer Hinsicht. Nach der Produktion und dem eigenen Anspruch gilt den Romantikern das Kunstmärchen als *die* poetische Gattung überhaupt; sie ist der Inbegriff der Poesie. Mit den Worten des Novalis: »Das Mährchen ist gleichsam der *Canon* der *Poësie* – alles Poëtische muß mährchenhaft seyn.«

Ludwig Tieck hat sein Märchen *Der blonde Eckbert* nach dem Erstdruck (1797) später in den Zyklus *Phantasus* (1812) einge-

fügt, in dessen Rahmen er eine Bestandsaufnahme des Kunstmärchens unternimmt und seine eigenen Vorstellungen von der
Gattung entwickelt. Sich für die zyklische Anordnung Boccac-
cio verpflichtet wissend, nennt er unter anderen Crébillon, Musäus und Hamilton, lehnt Feenmärchen ab, lobt die orientalischen Märchen und stellt über alle Goethes *Märchen* (»ein Mei-
sterwerk«) zusammen mit Klingsohrs Märchen in Novalis'
Heinrich von Ofterdingen (der zum Zeitpunkt, als Tieck die
Rahmengespräche des *Phantasus* schrieb, längst erschienen war).
Dann umreißt Tieck seine eigene Auffassung vom Märchen, im
Bewußtsein der definitorischen Schwierigkeiten: »Es ist schwer
[...] zu bestimmen, worin denn ein Märchen eigentlich bestehen
und welchen Ton es halten soll. Wir wissen nicht, was es ist, und
können auch nur wenige Rechenschaft darüber geben, wie es
entstanden sein mag.« (L. Tieck: *Phantasus*. Hrsg. von Manfred
Frank. Frankfurt am Main 1985. S. 105) Wie Novalis versteht
Tieck das Märchen als höchste Form der Poesie, die eine ausge-
prägte allegorische Tendenz verlange: »Es gibt eine Art, das gewöhnlichste Leben wie ein Märchen anzusehn, eben so kann
man sich mit dem Wundervollsten, als wäre es das Alltäglichste,
vertraut machen. Man könnte sagen, alles, das Gewöhnlichste
wie das Wunderbarste, Leichteste und Lustigste, habe nur Wahrheit und ergreife uns nur darum, weil diese Allegorie im letzten
Hintergrunde als Halt dem Ganzen dient.« (*Phantasus*, S. 113)
Wenngleich Tieck an anderer Stelle Vorbehalte gegen allegorische Märchen äußerte, so gilt doch auch bei ihm: Märchen erzählen immer eine versteckte Wahrheit hinter dem, was sie zu erzählen scheinen. Die Allegorie springt da ein, wo sich das eigentlich
Gemeinte nicht sagen läßt, wo die Begrenztheit der Darstel-
lungsmöglichkeit (also der Sprache) das Unendliche nur andeu-
ten kann. Das Wunderbare entzieht sich letztlich der Darstel-
lung, deshalb kann es nur hinter dem Alltäglichen aufscheinen,
das sich wiederum auf das Unendliche bezieht, auf das eigentlich
Gemeinte. Das ist nichts anderes als Novalis' Forderung, die
Welt müsse »romantisiert« werden. Tieck vermischt demnach
Alltägliches mit dem Wunderbaren, das Schöne mit dem

Schrecklichen und verwebt den Leser in ein rätselhaftes Gespinst, daß dieser die Orientierung zu verlieren droht. So handelt *Der blonde Eckbert*, mit dem Tieck die Tradition des romantischen Kunstmärchens einleitet, von der Phantasie und ihren Gefährdungen, wenn sie über die Ordnung des bürgerlichen Alltags hinaus für den verwirrenden Zauber des Wunderbaren empfänglich wird. Obwohl Tieck dem Goetheschen *Märchen* seine Reverenz erweist, schlägt er ganz andere Töne an: Es ist das Grauen, das über Tiecks frühen Kunstmärchen schwebt. Die ihm aus der Trivialliteratur, die er in seinen *Straußfedern*-Geschichten routiniert bedient hatte, vertrauten Elemente des »Gothic Horror«, dämonische Schicksale und gespenstische Gestalten und die dazu gehörigen Schreckensszenarien, verwendet er nun als Stilelemente des Kunstmärchens. Auch in diesem Grauen kündigt sich bereits die Moderne an.

In den Gesprächen des Phantasus-Kreises heißt es: »selbst die schönste Gegend hat Gespenster, die durch unser Herz schreiten, sie kann so seltsame Ahndungen, so verwirrte Schatten durch unsre Phantasie jagen, daß wir ihr entfliehen, und uns in das Getümmel der Welt hinein retten möchten. Auf diese Weise entstehn nun wohl auch in unserm Innern Gedichte und Märchen, indem wir die ungeheure Leere, das furchtbare Chaos, mit Gestalten bevölkern, und kunstmäßig den unerfreulichen Raum schmücken [...]. In diesen Natur-Märchen mischt sich das Liebliche mit dem Schrecklichen, das Seltsame mit dem Kindischen, und verwirrt unsre Phantasie bis zum poetischen Wahnsinn, um diesen selbst in unserm Innern zu lösen und frei zu machen.« (*Phantasus*, S. 112 f.) Hier gibt uns Tieck selbst den Schlüssel zur Deutung seiner Märchen.

Im *Blonden Eckbert* lauern die Gespenster im Gebirge: feindliche, unwegsame Natur, nachtfinstere Wildnis mit Felslabyrinthen, Schlüften, Klüften und jähen Abgründen. Der Blick in die äußere Landschaft, Überbleibsel einer volksmärchenhaften Szenerie, ist hier bereits Einblick in die tiefsten Abgründe der menschlichen Seele: Psycholandschaft, wie wir sie später bei E. T. A. Hoffmann oder in Georg Büchners *Lenz* antreffen wer-

den. Die guten Feen haben abgedankt. Aus dem Zauberwald tritt
man nicht mehr wunderbar errettet, sondern heillos verloren, ist
man erst der hexenhaften Alten, ihrem Hund und ihrem Vogel
(keine helfenden Tiere mehr) und seinen eigenen Dämonen darin
begegnet. So erzählt dieses Märchen die Geschichte einer – auf
tragische Weise unverschuldet – mißglückten Individuation.

Zwei Erzählkreise verbinden die Vergangenheit mit der Gegenwart, und beide Zeitebenen sind durch ein Geheimnis miteinander verbunden, das entschlüsselt werden soll und das am Ende
noch rätselhafter erscheint. Der Ritter Eckbert und seine Frau
Bertha (man beachte ihre in den Namen angedeutete Liaison) haben Besuch von ihrem gemeinsamen Freund Walther, dem Bertha ihre Lebensgeschichte erzählt, um mit der Enthüllung dieses
Geheimnisses ihre Freundschaft endgültig zu besiegeln (das
Thema ist in den Rahmengesprächen des Phantasus-Kreises vorbereitet [*Phantasus*, S. 26 f.]). Bertha erzählt, wie sie als kleines
Mädchen ihre Eltern verließ, bei der rätselhaften Alten mit dem
Hund und dem Perleneier legenden, von der »Waldeinsamkeit«
singenden Wundervogel lebte, bis sie als junge Frau Vogel und
Schätze entwendet, sich in der Stadt niedergelassen und Eckbert
geheiratet hatte (zu den Anklängen von Berthas Pubertätsge-
schichte an das Volksmärchen *Frau Holle* vgl. Wührl, S. 240 f.).
Bertha liegt nach ihrer Erzählung krank und verstört darnieder,
zumal Walther den Namen des Hundes kannte. Voller Angst,
Walther könne das Geheimnis ihrer Liebe und ihres Reichtums
preisgeben, erschlägt Eckbert den Freund. Im selben Moment
stirbt Bertha. Später tötet Eckbert den Ritter Hugo, in dem er
Walther zu erkennen glaubt. Dem Wahnsinn verfallen, zieht sich
Eckbert in den Wald zurück, wo er erkennt, daß hinter Walther
und Hugo die hexenhafte Alte gesteckt hatte, die ihm nunmehr
verrät, daß Bertha Eckberts (Halb)Schwester war. Dies ist
gleichsam der psychisch-moralische Gnadenstoß, mit dem Eckbert in den Tod geschickt wird. Schuldig ist keiner der inzestuös
Verstrickten: Bertha erliegt im Wald den Zauberkräften der Natur, Eckbert den Reizen und dem Reichtum Berthas. Schon als –
vermeintlich armer Leute – Kind träumt Bertha von Edelsteinen

und dem Zauberprinzen, aber da ist keine rettende Fee, die ihr Schicksal in eine gütige Hand nimmt. Der Waldeinsamkeit und den Wundern ist sie schon ebenso entfremdet, wie sie den Schätzen der Natur erliegt. Wie sie selber sagt, »es ist ein Unglück für den Menschen, daß er seinen Verstand nur darum bekömmt, um die Unschuld seiner Seele zu verlieren«. Der Gebrauchswert der Metalle hat über ihre Schönheit gesiegt. Gleiches wiederholt und spiegelt sich in der Beziehung zwischen Eckbert und Bertha. Auch er verliert durch die Liebe seine Unschuld, und später den Verstand dazu. Zuerst erscheint ihm Bertha wie ein Wunder, dann verhilft sie ihm zu Reichtum. Mit seiner Sucht, Berthas Rätsel zu lösen, wird er zum Spielball des Schicksals. Er muß morden, um seine bürgerlichen Besitzansprüche zu wahren und um die Wahrheit über Berthas Vergangenheit aufzuklären. Im Augenblick der Wahrheit wird er mit seiner eigenen Herkunft konfrontiert: Er bezahlt dafür, wie Bertha, mit dem Tod. Das ist beinahe eine zynische Pointe des Fatums am Ende: Erst im Tod finden die Geschwister ihre (geahnte) Identität, die Wiedergewinnung der Unschuld ist allenfalls postmortal möglich.

Nun könnte der moderne Leser aus diesem Märchen aussteigen, tiefenpsychologisch gerüstet und sich den Verlust des Goldenen Zeitalters mit dem Sündenfall erklärend. Doch hat Tieck solcher Ausweichmöglichkeit vorgebeugt durch die Verschränkung beider Erzählkreise und den Verzicht auf auktoriale Wertungen. So bleibt der Leser auf die Perspektive der Figuren angewiesen. Schon Bertha hatte Wert darauf gelegt, ihre Jugendgeschichte nur ja »für kein Märchen« zu halten. Tatsächlich ist es so, daß die Vergangenheit – das vermeintliche Märchen – in die Wirklichkeit der Erwachsenenhandlung (die Gegenwart) eingreift. Zwar verfällt Eckbert dem Wahnsinn, aber an seiner Abkunft ist nicht zu zweifeln. Und es bleibt die »Tatsache«, daß sich hinter Walther, Hugo und dem Bauern die Alte verbirgt, die als rational nicht erklärbare Macht über den Figuren steht: eine dämonische Zaubermeisterin, die ihren Puppen zum Totentanz aufspielt, begleitet von dem Wundervogel, der am Ende triumphal wieder sein Liedchen von der Waldeinsamkeit trällert.

Die strikte Trennung von (phantastischer) Märchenwelt und (empirischer) Wirklichkeit wird so aufgehoben; und der Leser befindet sich auf unsicherem Terrain. Er darf sich, zumal er selber längst jede Unschuld verloren hat, seiner eigenen Wirklichkeit nicht mehr so sicher sein. Damit hat Tieck das eingelöst, was die *Phantasus*-Freunde in ihren Gesprächen vom Märchen erwartet haben und was zum Schluß für Eckbert gilt: Das »Wunderbarste vermischte sich mit dem Gewöhnlichsten, die Welt um ihn her war verzaubert«. Doch auch für den Leser bedeutet dies, daß das »Leben in manchen Augenblicken mehr wie ein seltsames Märchen, als wie ein wirklicher Lebenslauf« anmutet. Nur scheint es ein Leben voller Chaos und Grauen im Herzen dämonischer Finsternis, so aufgeklärt sich die Köpfe der Zeitgenossen auch wissen mögen.

Etwas heller wirkt dieses Märchen allerdings, wenn man es im Kontext der Rahmengespräche liest. Die von dem *Phantasus*-Kreis geschriebenen und vorgetragenen Märchen (*Der blonde Eckbert* stammt von Anton) haben vor allem therapeutische Funktion (ähnlich später in den *Serapions-Brüdern* von E. T. A. Hoffmann). Anton litt an einer schweren Krankheit, und das Schreiben und Hören von Märchen soll der endgültigen Genesung dienen. Clara sagt von dem Märchen, es treibe einem »Tränen eines heimlichen Grauens« in die Augen (*Phantasus*, S. 146), und verweist damit auf den ungebrochenen Glauben an die Möglichkeiten der Poesie: ein Simulationsraum bei herabgesetztem Risiko, der es erlaubt, uns mit den Abgründen in der eigenen Seele zu konfrontieren. Eckberts Melancholie ist eine Krankheit zum Tode, für den Dichter und den Leser gibt es vielleicht doch noch die heilende Retterin Kunst.

Wilhelm Heinrich Wackenroder schlägt in seinem (einzigen) Märchen wiederum ganz andere Töne an, obwohl er gemeinsam mit Tieck an den *Herzensergießungen eines kunstliebenden Klosterbruders* (1797) und an den *Phantasien über die Kunst* (1799) gearbeitet hat, in denen auch sein *Wunderbares morgenländisches Märchen von einem nackten Heiligen* steht. Der Titel läßt

eines der modischen orientalischen Märchen erwarten, doch erinnert nur der Schauplatz wie ein zitathaftes Relikt an *Tausendundeine Nacht*. Es steht vielmehr in der Nachfolge von Goethes
Märchen, damit im Zeichen der »Abkehr von der Ironisierung
des Wunderbaren im Rokoko-Märchen« (Wührl, S. 70). Wakkenroder erweitert – im Sinne des von Novalis geforderten »Romantisierens« – Goethes politisches Ideal in eine umfassende
Menschheits-Utopie. Ähnlich wie Tiecks *Blonder Eckbert* aus
keiner Quelle hervorging, was Jean Paul kaum glauben mochte,
ist auch Wackenroders Beitrag zum Märchen seine eigene Erfin-
dung.

Der um 1797 entstandene, von Tieck erst nach Wackenroders
Tod veröffentlichte Text erscheint in den *Phantasien über die
Kunst* innerhalb einer Reihe von nachgelassenen Schriften Joseph Berglingers, also jenes tragisch gescheiterten Musikers aus
den *Herzensergießungen eines kunstliebenden Klosterbruders*,
der seine Idealvorstellungen von der göttlichen Kunst nicht mit
den auf Nützlichkeit und Brauchbarkeit fixierten Anforderun-
gen des (bürgerlichen) Alltags hatte vereinbaren können. Man
wird diesen intertextuellen Verweis auf Wackenroders frühere
Berglinger-Novelle für die Deutung mit berücksichtigen müssen, denn damit erscheint das *Wunderbare morgenländische
Märchen* wie eine von Berglinger gleichsam posthum nachgetra-
gene Wunschphantasie. Was ihm selber in seinem Künstlerleben
verwehrt geblieben war, das imaginiert er in diesem Märchen als
utopische Erfüllung.

Auch bei Wackenroder erscheint der Orient als das Ur-
sprungsland der Poesie. In Kenntnis der von der aufgeklärten
Medizin hartnäckig behaupteten Diagnose, die in die Wüste ge-
flüchteten Einsiedler (Anachoreten) litten an Wahnsinn, setzt
Wackenroder an den Beginn seines Märchens eine kurze Reflexion über das Problem gesellschaftlicher Norm. Dabei schließt
er an die in der Romantik allgemein vorgenommene Nobilitie-
rung von Melancholie und Wahnsinn an, wenn er darauf verweist, daß im Mutterland aller Poesie diese Eremiten als »die
wunderlichen Behältnisse eines höhern Genius« betrachtet wor-

den seien. Damit ist bereits deutlich, daß Wackenroder in seinem
Märchen, eingekleidet in eine bewußt kulissenartig inszenierte
orientalische Szenerie, die Probleme des modernen Künstlers behandelt, der von der Gesellschaft als Außenseiter betrachtet
wird. So möchte der Heilige auch nichts mit »kleinen irdischen
Beschäftigungen« zu tun haben. Seine Vorstellung vom »rauschenden Rad der Zeit« wäre nach der zeitgenössischen Pathologie eine jeder rationalen Grundlage entbehrende fixe Idee, damit
Symptom des Wahnsinns. Bei Wackenroder jedoch ist die quä-
lende Vorstellung Ausdruck eines Konfliktes mit Zeit und Gesellschaft, Ausdruck der Angst angesichts heilloser Verlorenheit.
In einem höchst wahrscheinlich ebenfalls von Wackenroder
stammenden »Brief Joseph Berglingers« kehrt dieses Bild nahezu
wörtlich wieder. Berglinger beklagt eine angstvolle Unruhe, weil
ihm der »Maßstab fehlt für die Welt« und weil er sich danach
sehne, etwas zu schaffen, »was von keinem Rade des großen Rä-
derwerks getrieben wird und keines wieder treibt. Keine Flamme
des menschlichen Busens steigt höher und gerader zum Himmel
auf als die Kunst!«

Diese Überzeugung Berglingers, zugleich dessen erwünschtes
Ideal, illustriert das *Morgenländische Märchen*. Wovon Berglinger nur träumen konnte, das wird für den nackten Heiligen
Wirklichkeit. Die Nacktheit des Ausgeliefertseins an ein trost-
loses Schicksal wird überwunden, indem der Heilige seinen
menschlichen Körper verläßt. Der Einsiedler wird durch eine
»ätherische Musik«, die auf geheimnisvolle Weise aus dem Nachen der von einem Zaubermond überstrahlten Liebenden em-
porströmt, von seinen Angstvorstellungen geheilt. Das »sausende Rad der Zeit« verschwindet, der »verirrte Genius« wird
aus seiner »irdischen Hülle befreit«. Wie der Heilige als »engels-
schöne Geisterbildung« aus der Höhle schwebt und »sich nach
den Tönen der Musik in tanzender Bewegung von dem Boden in
die Höhe hebt« und sich in »himmlischer Fröhlichkeit« ins »unendliche Firmament« verliert, das ist jene Himmelfahrt der Seele,
die sich Berglinger im Taumel der Musik stets erhofft hatte und
die doch Projektion bleiben mußte. Sein Traum wird nun für den

geheilten Heiligen zur Wirklichkeit. Und sollten dessen Melancholie und Wahnsinn denn Krankheit gewesen sein, so ist die
Kunst, in Verbindung mit der Liebe, das einzig wirksame Therapeutikum. Wie nach den Plänen des Novalis Heinrich von Ofterdingen zuletzt in eine »wunderbare Mythologie« eingehen sollte,
so entschwindet der nackte Heilige unter synästhetischer Ster-
nenmusik und im Zustand höherer Gesundheit aus der irdischen
Welt und geht in die Transzendenz ein. Die Realisierung der
Utopie erscheint nur jenseits der Alltagswirklichkeit möglich.
Ein höheres Vertrauen in die Erlösungskraft von Liebe und Poesie läßt sich kaum denken. Bei Wackenroder realisiert sich diese
Utopie als ›tödliche‹ Wunderheilung in Mythos und Märchen.

Der nackte Heilige und Joseph Berglinger sind Vorläufer von
E. T. A. Hoffmanns Künstlerfiguren, etwa des Einsiedlers Serapion und des Kapellmeisters Johannes Kreisler. Mit seinem
künstlerischen Credo verweist Wackenroder auf die Vorstellungen von der rettenden Kraft der Kunst, wie sie später Nietzsche
oder der junge Hofmannsthal entwickelten. Am nächsten ver-
wandt ist Wackenroders Kunstideal jedoch mit Novalis' Visionen vom »Goldenen Zeitalter«.

Geträumt wird auch in Novalis' Roman *Heinrich von Ofterdin-*
gen, ja es steht darin wohl der berühmteste Traum der Romantik
überhaupt: der von der sprichwörtlich gewordenen »blauen
Blume«. Die Träume wirken so tief in den Alltag hinein, daß sie
die Lebenseinstellung des Träumers entscheidend verändern.
Hat Heinrich erst einmal den Traum von der blauen Blume geträumt, so ist er für seine Wallfahrt auf der Suche nach seiner
künstlerischen Berufung prädestiniert. Denn Heinrich weiß, daß
der Traum in seine »Seele wie ein weites Rad hineingreift, und sie
in mächtigem Schwunge forttreibt«. Im ersten Teil des Romans,
»Die Erwartung« überschrieben (der Fragment gebliebene
zweite Teil, »Die Erfüllung«, sollte die Utopie des idealen Staates
beschreiben), wird Heinrich erst einmal in die weite Welt hinaus-
getrieben, damit er seine Bestimmung erkennt. Dieses Hand-
lungsschema erfolgt im Sinne einer »Kontrafaktur« (Klotz, S.

142) zum Goetheschen Entwicklungsroman *Wilhelm Meisters Lehrjahre* und zielt auf nichts weniger als eine »Apotheose der Poesie« (Novalis in einem Brief an Tieck).

Novalis siedelt das Geschehen in der frühen Neuzeit an, für ihn wie für die übrigen Romantiker jenes »Mittelalter« oder jene »altdeutsche Zeit«, in die noch (vom poetischen Menschen erahnte) Überreste einer ursprünglichen Harmonie projiziert werden. Heinrich durchläuft auf seinem Weg von Eisenach nach Augsburg verschiedene Entwicklungsstadien, in denen er immer wieder auf Personen, Geschichten und Träume stößt, die auf Vergangenes und Zukünftiges zugleich verweisen. So erfährt er (auf der Ritterburg) vom Krieg und vom Orient (durch die Morgenländerin), wird vom Bergmann in die Geheimnisse und Lokkungen der Metalle eingeführt (von denen in Tiecks *Runenberg* und Hoffmanns *Bergwerken zu Falun* noch die Rede sein wird) und vom Einsiedler (bei dem man auch an Wackenroders Heiligen denken mag) mit dem inneren Zusammenhang von Poesie und Historie vertraut gemacht. Beschlossen wird dieser Initiationsweg von Klingsohrs Märchen. Zu Beginn stehen die beiden Märchen, die ihm von den Kaufleuten erzählt werden: das Arion-Märchen und das Atlantis-Märchen.

Die Tatsache, daß es Kaufleute sind, die diese Märchen Heinrich erzählen, darf nicht einfach überlesen werden. Die Kaufleute erkennen nicht nur Heinrichs »Anlage zum Dichter«, sie wissen sogar von der saturnischen Herkunft und melancholischen Konstitution der Künstler, die sie zu den »besonderen Menschen« zählen. In diesem idealisierten Mittelalter gilt die Trennung von Kunst und Kommerz nicht, ja der florierende Handel ist gleichsam die Voraussetzung für eine blühende Kunst. Und die Kaufleute haben teil an dem alten Wissen vom Einklang aller Wesen. Erzählt das Arion-Märchen von dem magischen Zusammenwirken der Natur (des Delphins) und des Künstlers, so illustriert das Atlantis-Märchen die Wunderwirkungen der Kunst. Zwar spielt es zeitlich etwas später, jedoch hegt auch der alte König – aus einem uralten morgenländischen Geschlecht – neben der Liebe für seine Tochter eine »wahre Lei-

denschaft für die Dichtkunst und ihre Meister«. Jedoch ist er so
den Menschen entrückt, daß niemand um die Hand seiner Tochter anzuhalten wagt. Dabei hängt von der Vermählung der Prinzessin die Fortdauer dieser »seligen Zeiten« und das Geschick
des Landes ab. In der Nähe des Königshofes wohnt in einer Ere-
mitage ein alter Mann, der »in wichtigen Krankheiten Rat« erteilt
und dessen Sohn sich ganz der »Wissenschaft der Natur« ergibt.
Der Vater als Arzt und der Sohn als Künstler sind die Garanten
für die Verwirklichung von Novalis' Programm einer »transzen-
dentalen Gesundheit« und der Idee vom poetischen als dem
höchsten Staat. Das goldene Zeitalter ist auch in diesem Märchen
bereits vorüber, und Königshof und Einsiedelei müssen aufeinander zugehen. So kommt die Rettung für den der Natur ent-
fremdeten Königshof aus der dem Menschengewühl (aber auch
der Kultur) fernen Einsiedelei des Alten, wie umgekehrt in der
Person der Prinzessin die Welt Einzug hält in die Abgeschieden-
heit der Klause. Die Prinzessin ist nach einem ersten Besuch wie
verzaubert von den Gesängen des Jünglings und der seltsamen
»Heiligkeit des Ortes«. Was bei Wackenroder (aus Berglingers
Sicht) nur in einer Projektion gelingen konnte, das soll bei Novalis in die Wirklichkeit seiner Figuren herübergerettet werden (am
Ende des Romans sollten Märchenkosmos und Wirklichkeit in-
einanderfließen). Dem Karfunkel, den die Prinzessin verliert,
fügt der von erwachender Liebe inspirierte Jüngling Verse hinzu,
die dem Stein ahnungsvoll »ein rätselhaft Zeichen« eingraben.
Wie der Vater dem Sohn sein Wissen weitergegeben hat, so erteilt
dieser der Prinzessin Unterricht über die »Naturgeheimnisse«
und die durch »wundervolle Sympathie« entstandene Welt. Umgekehrt bringt die Prinzessin dem Jüngling das Lautenspiel bei
und bildet ihn so zum Dichter und Sänger aus. Beide entdecken
die »Heiligkeit der wahrhaften Liebe« und bereiten die Wieder-
vereinigung des Getrennten im Erkennen des Zusammenhangs
von Natur und Kunst vor. Die ›Vermählung‹ der beiden findet in
freier Natur, in einer Höhle »unter dem Brautgesange des Sturms
und den Hochzeitsfackeln der Blitze« statt. Am Königshof
macht man sich Sorgen um die verschwundene Prinzessin, der

König verfällt in ratlose Melancholie, Nachforschungen sind
vergeblich; doch scheint der Alte die Zukunft des jungen Paares
ebenso vorauszuwissen, wie bei Hofe »die Sage« entsteht, die
Prinzessin werde bald mit einem Gemahl heimkehren. Im Frühling taucht ein Jüngling bei Hofe auf und singt zur Laute ein
Lied, das vom »Ursprunge der Welt« und der »allmächtigen
Sympathie der Natur, von der uralten goldenen Zeit«, dann von
der »Barbarei« und schließlich von dem »zukünftigen Triumph«
und der »Wiederkehr eines ewigen goldenen Zeitalters« erzählt.

Da haben wir Novalis' dreistufiges Geschichtsmodell, jenes
triadische Denken, das er immer wieder veranschaulicht und das
die Romantik insgesamt bestimmt. Auch Heinrich soll mit diesem Modell vertraut werden und danach seinen geschichtlichen
und künstlerischen Auftrag erkennen, am Exempel der beiden
Liebenden. Im Wiedererkennen der eigenen Geschichte wird der
König von seiner Melancholie geheilt, er kann die Kluft zum
Volk überwinden. Die Dichter am Hof begrüßen den Jüngling
als Kollegen, alle sind von seinem Gesang wie verzückt. In einem
weiteren Lied schließlich erzählt der Jüngling von seiner Liebe
zur Prinzessin und bringt das zuvor universal (nach dem triadi-
schen Modell) Vorgebrachte mit der Geschichte des Hofes zur
Deckung. Die »Hütten« und der »Palast« finden zusammen in
einer alle Stände umgreifenden, von der Poesie gestifteten neuen
Harmonie. Der Dichter kann es sich hier sogar erlauben, den
»Myrthenkranz« gegen die »Krone« einzutauschen: So wird er
»des Königs Sohn«. Indes kommt der Vater des Jünglings mit der
Prinzessin, die das Kind in den Armen hält, hinzu; der Lieblingsadler des Königs fliegt herab und krönt den Jüngling zum König.
In allesvereinender Liebe und Poesie endet das Märchen: »Nur
in Sagen heißt es, daß Atlantis von mächtigen Fluten den Augen
entzogen worden sey.« Heinrichs Aufgabe wird es sein, Atlantis
wiederzuentdecken.

Wie Heinrich von der blauen Blume im Traum innerhalb eines
Traumes träumte, so erzählen innerhalb des Romans die Kaufleute dieses Märchen, in dem wiederum in einem Lied vom Verlust und vom Wiedergewinn des goldenen Zeitalters erzählt

wird. Auf jeder Ebene dieser mehrfach ineinander verwobenen
Fiktionen wird die Fiktion selber auch zum Thema: Poesien über
die Poesie, Märchen über das Erzählen von Märchen, die von der
Poesie handeln. Solche Verschachtelungen relativieren durch
den damit erhöhten Fiktionsgrad jedoch nicht die Wahrheit dessen, was erzählt werden soll. Das Märchen enthält neben dem
Erzählten stets auch das eigentlich Gemeinte, die Wahrheit, auf
die es ankommt. Die potenzierte Fiktion soll gerade die Authentizität und Glaubhaftigkeit von Roman und Märchen auf allen
Ebenen steigern. Atlantis soll gleichsam so sehr ins Märchen-
hafte gehoben werden, bis es sich mit der Wirklichkeit deckt.
»Im Werk nehmen die erdichteten Dichter voraus, was das Werk
in der wirklichen Welt zu bewerkstelligen hätte: die Verwandlung von Märchen in Geschichte, von Geschichte in Märchen.«
(Klotz, S. 146) Damit sind beide, Märchen und Wirklichkeit, zuletzt ununterscheidbar geworden.

Vom zeitgenössischen Alltag und seiner Realität ist in Novalis'
universalem Geschichtsentwurf kaum noch etwas aufgehoben.
Die Transzendentalphilosophie und deren utopische Modelle
lassen »absolute Märchen« (Klotz, S. 147) entstehen, die alle Wi-
dersprüche in eine neue Harmonie des Mythos überführen wollen. Damit löst sich aber auch die Gattung Kunstmärchen selber
auf – was nur ein Problem literaturwissenschaftlicher Nomen-
klatur wäre, wenn diese Märchen bei Novalis nicht an die Grenzen des Darstellbaren stießen. Als Roman blieb der *Heinrich von
Ofterdingen* ein Fragment. Welche Bruchstücke und Splitter der
Utopie von Atlantis lebenspraktisch für die Wirklichkeit des
zeitgenössischen Alltags zu gewinnen wären, das sind brisante
Fragen, die Novalis nicht mehr zu interessieren scheinen. Seine
Vision vom Künstler als Wahrsager, Priester, Gesetzgeber und
Arzt, der mit seiner Poesie den Weg zurück ins verlorene Para-
dies weist, entzieht sich einer Realisierung außerhalb des Textes.
Das höhere Leben setzt gleichsam den irdischen Tod voraus.
Novalis entwickelt eine regelrechte Philosophie des Todes: »Der
Tod ist das romantisirende Princip unsers Lebens. Der Tod ist –
das Leben.« Wer ins Reich Atlantis gelangen will, muß vorher

sterben, wie Wackenroders nackter Heiliger und wie zuletzt (in Novalis' Aufzeichnungen zur Fortsetzung des *Ofterdingen*) auch Heinrich. Denn, so Novalis, der »Tod ist des Lebens höchstes Ziel«.

Auch in Clemens Brentanos Märchen *Von dem traurigen Untergang zeitlicher Liebe* steht am Ende der Tod, der ähnlich wie bei Wackenroder als eine Art Himmelfahrt gestaltet wird. Die Äbtissin und der Fischer werden von einer schiffsförmigen Wolke heimgeholt und entschwinden den Blicken der Irdischen. Im Gegensatz zu Novalis und dessen Vision von der durch Liebe und Poesie gestifteten Wiederkehr des Goldenen Zeitalters votiert Brentanos Märchen für eine Abkehr von einer absolut gesehenen Kunst und von der irdischen Liebe. Aber auch Wackenroders »klosterbruderisierender« (Goethe) Idee von der Kunst als höchster Religion erteilt Brentano eine Absage. Denn das Reich des Perlengeistes, die Insel mit der Steinernen Trauer und der Kammer der Weinenden, in welcher der Becher von Thule aufbewahrt wird, steht für ein poetisches Zwischenreich, in der eine verabsolutierte Kunst zu Hybris und Hochmut verleitet. Die von Brentano vielleicht intendierte ferne Reminiszenz der Zauberinsel an das sagenhafte Atlantis gemahnt vor allem daran, daß vom dort herrschenden Perlengeist die Lockungen des Bösen ausgehen. Der Schöne Bettler, eine Mischung aus Eremit und Dichter, bezahlt seinen unbedingten Kunstwillen mit dem Tod.

In einer komplexen Verschachtelung der Erzählstränge setzt sich das parabelhafte Märchen aus zwei Geschichten zusammen, die im Legendenton vorgetragen werden und in einem mythisch verklärten Mittelalter angesiedelt sind. Die Rahmenerzählung berichtet von den drei törichten Jungfräulein und dem alten Schiffer. In der Binnengeschichte erzählt der Fischer der überlebenden Schwester vom Perlengeist und dem Schönen Bettler. Am Ende gehen beide Erzählstränge ineinander über. Zwei der »eitlen weltliebenden« und daher törichten Jungfräulein fallen dem Perlengeist zum Opfer, nur ihre fromme Schwester überlebt. Im Bericht des alten Fischers wird ihr gleichsam ›die Moral von der Geschicht'‹ vermittelt: »Der Perlengeist ist aber der Geist der weltlichen Eitelkeit und Liebe, der irdischen Freude und der sie begleitenden Trauer. Alle Menschen, die das Ewige vergessen über der Zeit, den Geist über dem Leib, sie werden der ewigen Sünde und der Trauer hingegeben.« Alle in der Steinernen Trauer erstarrten, Perlentränen weinenden Menschen illustrieren den Abfall von dieser Lehre und die Bestrafung »des sündlichen Geschlechts, der irdischen Lust«. Die »göttlichsten Tränen« sind daher die »Tränen der Andacht«. So steht das Märchen im Zeichen der Leibfeindlichkeit und der Weltabkehr. Positiv beschwört es ein christliches Erlösungsideal, das die Perlen des Rosenkranzes symbolisieren. Der »Strudel der Welt« und die Macht des bösen Perlengeistes werden besiegt, indem zwei Klöster auf den beiden Felsen der Insel errichtet werden. Die Jungfrau wird Äbtissin des Klosters zu Ehren der büßenden Magdalena, der alte Fischer leitet die Abtei zu Ehren der Schmerzhaften Maria: So ist das Reich des bösen Geistes gleichsam umzingelt von zwei »christlichen Kastellen«. Nach dem Tod von Abt und Äbtissin wird der Bann des Perlengeistes endgültig gebrochen. Die Toten werden von ihrer Versteinerung erlöst, zusammen mit Abt und Äbtissin verschwinden sie in der Wolke, und der Stern Wermut vertreibt den Perlengeist endgültig.

Brentano versucht nicht nur mit der Koppelung von Rahmen- und Binnenerzählung (in der zudem das Buch des Perlengeistes das Schicksal des Schönen Bettlers prophetisch festgeschrieben hat) die Glaubwürdigkeit der legendenhaften Geschichte zu erhöhen. Auch mit der Einbindung des Märchens in den größeren Erzählkontext der *Chronika des fahrenden Schülers*, die in der Urfassung mit diesem Märchen schließt, soll die Authentizität des Erzählten unterstrichen werden. Der fahrende Schüler Johannes der Rahmenhandlung liest dieses Märchen in Straßburg den Töchtern des Ritters Veltlin von Türlingen vor (genau an einem Maitag des Jahres 1358), insbesondere der traurigen Athala. Diese betrachtet ein Bild, das drei vom Untergang bedrohte Jungfrauen auf offener See darstellt, in denen unschwer die törichten Jungfräulein des Märchens wiederzuerkennen sind. Das

Märchen gilt denn auch insbesondere Athala, die in der klassischen Körperhaltung der Melancholie dargestellt wird: Sie »saß allein auf einem niedrigen Schemel und sah mit gestütztem Haupte zur Erde«. Athala ist heillos verliebt und soll durch das Märchen »guten Muts«, das heißt vor allem: von der »zeitlichen Liebe« kuriert werden.

Auch bei Brentano steht somit das menschliche Heil auf dem Spiel, das durch das Erzählen von Geschichten wiedergewonnen werden soll. Jedoch wird dem Glauben an die alles heilende Kraft der Poesie in dem Märchen die Grundlage entzogen. Der Becher von Thule und der Ring des Vaters, die Insignien der Phantasie, werden zu Werkzeugen des Dämons. Als oberstes Therapeutikum feiert das Märchen, wie später Brentano mit seiner Konversion zum Katholizismus (1817) selber, den Glauben an die allmächtige göttliche Vorsehung. Die Muse Melancholie erlaubt erlösende Höhenflüge nur im Gewand von Demut und Buße.

Der Geist der Versuchung ist in Ludwig Tiecks Märchen *Der Runenberg* die Zaubergestalt der Bergkönigin, die Christian ins unterirdische Reich der glänzenden Metalle lockt. Der fromme Name kann den Helden nicht vor Unheil schützen. Geblendet vom Glanz des Goldes, vom kalten »Liebesblick des Metalls«, verkauft Christian seine Seele, bricht aus den bürgerlichen Bindungen aus und verschwindet wahnsinnig im Wald. Tieck erzählt das Geschehen in drei Bögen: Der ersten Begegnung Christians mit dem Zauberreich der Bergkönigin folgen die Rückkehr in den Schoß der Familie und schließlich der neuerliche und endgültige Aufbruch in das (vermeintliche) Eldorado unermeßlichen Reichtums. Dieser Dreier-Struktur in der Erzählabfolge entspricht eine konsequente Zweiteiligkeit in der Topographie und in den Leitmotiven. Da ist zum einen die Ebene unten mit dem Dorf und das Gebirge oben mit dem Reich der Bergkönigin. Diesen Räumen entsprechend zugeordnet sind die gegensätzlichen Bereiche der Pflanzenwelt und der Metalle. Zur Sphäre familiärer Geborgenheit und bürgerlicher Sicherheit gehört der Pflanzenbereich (die blühende Elisabeth, die Gärtnerei), zur

Sphäre der wie im *Blonden Eckbert* dämonischen Natur gehört
die Welt der Steine (Gebirge, Felsen, Mineralien). Als der Vater
Christian zur Vernunft bringen will, hält er eine Blume in der
Hand: eine zitathafte Erinnerung an die blaue Blume, die bei
Novalis den rechten Weg wies. Doch Christian kann nicht mehr
in die heile Welt der Pflanzen zurückgeholt werden, seit er auf
der Runentafel die Botschaft der Metalle gelesen hat. Der Anblick der sich entkleidenden Bergfee und die Lektüre jener Geheimzeichen besiegeln einen Pakt, bei dem Christian sein irdi-
sches Glück und das Seelenheil zugleich verliert. Während der
Vater Christian mahnt, vom Gold zu lassen, weil darin nicht »das
Glück« liege, meint Christian, das Geld des Fremden könnte
seine Familie »recht glücklich machen«. Doch der geblendete
Christian hat nur den Oberflächenwert des Metalls im Sinn. Er
denkt in Zahlen, sieht allein die »Summe«, sie heimlich immer
wieder nachzählend und nicht merkend, daß »sein verzaubertes
Herz nicht menschlich mehr, sondern von kaltem Metall« ist. Er
ist den Verlockungen der glitzernden Materie erlegen und folgt
dem häßlichen Waldweib, der Bergkönigin seiner Wahnvorstel-
lungen.

Schon im *Heinrich von Ofterdingen* geht es um die Unter-
scheidung von Tausch- und Gebrauchswert der Metalle. Karl
Marx hat sich bei seiner Analyse des Geldfetisches bei Novalis
und den anderen Romantikern kundig gemacht (vgl. dazu
Frank). Der echte Bergmann, so wird der angehende Dichter
Heinrich unterwiesen, sehe die Metalle stets nur in ihrer »ursprünglichen bunten Wunderbarkeit«. An der Oberfläche verlieren sie ihre natürliche Qualität, werden zu Besitz und Ware per-
vertiert und führen zum Untergang dessen, der blind diesem
Qualitätsumschwung folgt: »Die Natur will nicht der aus-
schließliche Besitz eines einzigen sein. Als Eigentum verwandelt
sie sich in ein böses Gift, was die Ruhe verscheucht und die ver-
derbliche Lust, alles in diesen Kreis des Besitzers zu ziehn, mit
einem Gefolge von unendlichen Sorgen und wilden Leidenschaften herbeilockt. So untergräbt sie heimlich den Grund des Eigentümers, und begräbt ihn bald in den einbrechenden Abgrund.«

Diese scharfsinnige Analyse im *Ofterdingen* läßt sich wie ein Kommentar zu Tiecks *Runenberg* lesen. Christian erliegt dem Reich der Mineralien gleich zweifach: Er kann sich nicht mit dem schönen Schimmer der Kristalle (dem Gebrauchswert) begnügen. Vom schönen Schein gleichsam bestochen, spekuliert er auf den materiellen Tauschwert der Metalle und ist damit dem Untergang preisgegeben. Bezeichnend dafür ist, daß er seiner Umwelt wie eine »Maschine« vorkommt. Daraus wird bereits deutlich, daß Tiecks Märchen bewußt auf das Zeitalter der Maschinen und des Kapitalismus anspielt (noch in der späten Novelle *Der Alte vom Berge* übt Tieck Kritik am »Ungeheuer der Capitalvermehrung«).

Ein »vergängliches und zeitliches« Glück bietet dem verirrten Christian keinen Reiz mehr, und sein vermeintliches »hohes ewiges Glück« ist Ausgeburt seiner wahnwitzigen Projektionen. Der Gegensatz zwischen Vergänglichkeit (dem ›bürgerlichen Glück‹) und Ewigkeit (der unwandelbaren Welt der Metalle; hier übernimmt Tieck naturphilosophische Ideen von Henrik Steffens) kann auch im Märchen nicht mehr überwunden werden. Darin liegt Christians Tragik, der wie Bertha und Eckbert zum Spielball einer dämonischen Natur wird, die ihre Besitzrechte einfordert. In den Wunschprojektionen seiner Phantasie (hierin gleicht Christian dem Nathanael in E. T. A. Hoffmanns Erzählung *Der Sandmann*), verkörpert in der makellosen Schönheit der Bergkönigin, begegnet Christian am Ende sich selbst, das heißt den Abgründen in seinem eigenen Inneren. Nicht zufällig erinnert die abgerissene Gestalt mit dem grünen Laubkranz im Haar, die angesichts der Kieselsteine von Juwelen deliriert, an die wahnsinnige Ophelia, die der Fluß durch die Jahrhunderte schwemmt (vor allem in der Lyrik seit Rimbaud). Der letzte Satz des *Runenbergs* wendet die traditionelle Schlußformel des Märchens (sie könnte hier lauten: ›Und wenn er nicht gestorben ist, so irrt er noch heute im Wald umher‹) in die existentielle Tragik des modernen Menschen.

Die Zuhörer des *Phantasus*-Kreises, vor allem die weiblichen, sind denn auch geradezu entsetzt von Manfreds Märchen; sie finden es »zu schrecklich« und bar der Realität. Manfred verteidigt sich gegen die Kritik: »Aber eure Wirklichkeit! Tut doch nur die Augen auf [...] und seht, daß es dort, vor euren Augen, hinter eurem Rücken, wenn ihr euch nur erkundigt, weit schlimmer hergeht. Schlimmer und herber, und also auch viel gräßlicher, weil das Schrecken hier durch nichts Poetisches gemildert wird. Soll ich euch dergleichen Dinge aus dem täglichen Leben oder aus der Geschichte erzählen? [...] In dergleichen märchenhaften Erfindungen aber kann ja dieses Elend der Welt nur wie von vielen muntern Farben gebrochen hineinspielen.« (*Phantasus*, S. 242 f.) Manfred appelliert »an eine bessere Nachwelt, die mich dankbar anerkennen wird« (ebd., S. 346). Der Appell verhallte nicht ungehört: Tieck hat mit diesem Märchen eine bis in die Gegenwart reichende Tradition von Geschichten begründet, in denen Herz oder Seele gegen das lockende Gold eingetauscht wird. Einen Teufelspakt dieser Art schildern zum Beispiel Chamisso, Hoffmann und Hauff in ihren Märchen. Wie Christian erliegen ihre Helden dem Zauber dieser Welt.

Auch Joseph von Eichendorffs *Zauberei im Herbste* ist in dieser Tradition zu sehen. Zu Eichendorffs Quellen gehörten Tiecks Märchen *Der getreue Eckart und der Tannenhäuser* (ebenfalls aus dem *Phantasus*) sowie *Der blonde Eckbert*, aus welchem vermutlich das Motiv des Zaubervogels stammt. Eichendorff war offenbar von Tiecks dämonischen Entwürfen so tief beeindruckt, daß er selber ein Natur-Märchen dieser Art verfaßt hat. Es war usprünglich für Achim von Arnims *Trösteinsamkeit* (1808) gedacht, blieb aber nach dem Eingehen der Zeitschrift im Nachlaß Eichendorffs liegen. Möglicherweise verzichtete er auf eine Veröffentlichung zu Lebzeiten auch deshalb, weil ihm die Abhängigkeiten von Tieck zu groß erschienen. Bei Eichendorff ist es der jugendliche Ritter Raimund, der einer wunderbaren Frauengestalt hörig wird. Sie lockt ihn mit den Zaubergesängen des Wundervogels, den magischen Waldhornklängen und nicht zuletzt mit ihren körperlichen Reizen in nymphisch gespiegelter Nacktheit. Von dem Kuß der Venus und dem Stein aus ihrer

Aster im Innersten getroffen, glaubt Raimund die Geschichte
vom verräterischen Rivalen und entschließt sich zum Mord.
Wieder sind es zwei Erzählkreise, die am Ende von Raimunds
Bericht (oder Lebensbeichte) ineinander münden. Der Einsied-
ler Raimund – auch er gehört zur Gemeinde der romantischen
Eremiten – hofft, sich durch Reue und Buße von der gräßlichen
Schandtat reinzuwaschen. Als er von Ubaldo erfährt, daß ihn die
Zaubergestalt angelogen und betrogen hat, treibt es ihn zurück
auf sein Schloß. Die Wahrheit vermag den bösen Bann nicht zu
brechen. Raimund hört wieder den verlockenden Gesang des
Vogels und glaubt den blutüberströmten Ubaldo zu sehen. Als
dann noch prompt die schöne Zaubervenus auftaucht, nimmt die
Katastrophe ihren Lauf: »im Wahnsinn verloren ging der arme
Raimund den Klängen nach in den Wald hinein und ward nie-
mals mehr wiedergesehen.«

Der Schlußsatz ist beinahe mit dem Tiecks im *Runenberg*
identisch: Wie Christian ist Raimund dazu verdammt, ewig in
den Wäldern umherzustreifen. Die Venusgestalt erscheint auch
bei Eichendorff als Ausdruck einer bedingungslos ausgelebten
Phantasie und als Projektion des eigenen Inneren des Helden
(samt der erwachenden Sexualität). Als Raimund erkennt, daß
die Angebetete in Wahrheit »ein steinernes Bild, schön, aber totenkalt und unbeweglich« ist und gefährliche »Basiliskenaugen«
hat, steigert dies nur das empfundene »Grausen«. Eichendorff
dreht den Pygmalion-Mythos hier um: Die Versteinerung der
Frau geht mit ihrer Dämonisierung einher (vgl. Eichendorffs
spätere Novelle *Das Marmorbild* [1819]). Raimund weiß, daß
»das alte, stille Gottesreich der Kindheit« längst verloren und
nicht wiederzuerlangen ist. Auch er ist ohne Schuld dem Verhängnis preisgegeben. Zwar besteht an seinem Wahnsinn kein
Zweifel, jedoch muß ihm immerhin zugute gehalten werden, daß
der herbstliche Zauber ja tatsächlich existiert. Der vernünftige
Ubaldo bestätigt dies ausdrücklich; nur schenken er und Berta
dem Spuk keinerlei Beachtung. Das wackere christliche Gemüt
des Kreuzritters und seine Unanfälligkeit für die Lockungen der
Phantasie tragen in dem Märchen den Sieg davon. Die Muse der

Poesie dagegen erscheint als Todesdämon, der den poetisch begabten Jüngling ins Verhängnis reißt und in eine trostlose Wahnwelt ruft, aus der kein Weg zurückführt. Der Verlust der ursprünglichen Harmonie und Kindheit der Seele, den Raimund beklagt, kommt am tiefsten in seiner Melancholie zum Ausdruck: »die unsichtbaren Quellen rauschen wehmütig lockend in einem fort, und es zieht dich ewig hinunter – hinunter!« Der Naturphilosoph Friedrich Wilhelm Schelling schrieb 1810 in den *Stuttgarter Privatvorlesungen*: »Das Dunkelste und darum Tiefste der menschlichen Natur ist die Sehnsucht, gleichsam die innere Schwerkraft des Gemüts, daher in ihrer tiefsten Erscheinung Schwermut.« So empfindet Raimund Trauer um den verlorenen Naturzustand, seine Melancholie ist eine Krankheit zum Tode. Und es gibt keine gute Fee in dem Märchen, die Mensch und Natur wieder in Ordnung brächte, indem sie die Schwerkraft besiegte.

Zu einem regelrechten Pakt mit dem Teufel kommt es in Friedrich de la Motte Fouqués *Geschichte vom Galgenmännlein*, das neben der *Undine* (1811) das bekannteste Märchen des Autors darstellt. Während im *Blonden Eckbert* Tiecks die Helden ihren eigenen Dämonen zum Opfer fallen, kommt es dort jedoch noch nicht zu einem eigentlichen Teufelspakt. Auch im *Runenberg* ist der Verkauf der Seele – an die Bergkönigin, nicht an den Teufel in Person – eher nur angedeutet. Und während bei Novalis und Brentano von der Gier nach materiellem Reichtum beziehungsweise nach irdischer Lust die Rede ist, führt Fouqué beide Aspekte in seinem Märchen zusammen: Hauptfigur ist ein deutscher Kaufmann namens Reichard, den in den Wirren des Dreißigjährigen Krieges eine Handelsreise nach Venedig führt. Trotz der historischen Rückverlagerung läßt das Geschehen keinen Zweifel daran, daß es um das expandierende Profitstreben in einer bereits vom Kapitalismus geprägten Gesellschaft geht. So ist Reichard ein bürgerlicher Charakter, für den die Prinzipien der Profitmaximierung und des Lustgewinnes zwei Seiten einer Münze darstellen. Um aus dem Warentausch möglichst viel Kapital zu schlagen (auch die Sexualität in dem Märchen ist käufliche Ware), läßt sich Reichard auf ein Geschäft mit dem Teufel ein: Geld gegen Seele. Fouqués besonderer, die Regeln des kapitalistischen Warenverkehrs auf den Kopf stellender Trick liegt darin, daß der Besitzer des Galgenmännleins beim Weiterverkauf einerseits den wahren Wert der Ware (das Geheimnis des Zauberfläschleins) offenlegen muß und sie andererseits stets nur unter dem Einkaufswert losschlagen darf. Dies ist die perfide Mathematik des Teufels, dessen Kalkulationen Reichard nur mühsam nachvollziehen kann. Denn Reichard ist ein in höchstem Grade arglos-naives Gemüt, freilich auch ein rechter Lottersack, dessen Horizont nur bis ins Dekolleté der nächsten Kurtisane oder zum Rahmen des letzten Kredits reicht. Lange will er nicht wahrhaben, daß er Kopf und Kragen riskiert, so sehr seine Träume ihn warnen. Eine Spielrunde mit dem Teufel geht immer noch, denkt der Hasardeur seines Seelenheils. Daß er am Ende ungeschoren davonkommt, liegt nur daran, daß Beelzebub gleichsam vom Teufel selber überlistet wird. Der gräßliche Reiter mit dem Schwarzroß, eine Art ›Satanas ex machina‹, hat seine Seele längst ohne Rücktauschrecht verkauft und möchte seinem geizigen Gläubiger nur ein letztes Schnippchen schlagen. Reichard besteht die Bewährungsprobe im Grunde nicht, und ein großzügiger Staatsmann hilft außerdem, die Welt wieder in Ordnung zu bringen. Reichard wäre, auf sich allein gestellt, dem Teufel vor lauter »teutscher Tumbheit« (Wührl, S. 143) ins Netz gegangen. Eigentlich erst nach seiner Rettung gelangt er zur Einsicht und besinnt sich auf die nötigen Tugenden des soliden Bürgersmannes: eine »fromme, ehrenwerte und freudige Art«, in »tüchtiger Arbeit« zu leben. So darf er als reicher Kaufmann in die »lieben deutschen Lande« heimkehren, sich »ein Weib« nehmen, Kinder zeugen und noch den Enkeln und Urenkeln »die Mär von dem verfluchten Galgenmännlein zu nutzreicher Warnung« erzählen.

Trotz zahlreicher Schauerelemente (Kulissenhorror im Stil der »Gothic Novel«, etwa in der Schwarzbrunnen-Episode) und ungeachtet des Teufelspaktes in dem Märchen scheint das Grauen bei Fouqué abgemildert, verglichen etwa mit Eckberts, Christians oder Raimunds tragischen Schicksalen. Das liegt an dem »altertümelnden Sagenton« (Wührl, S. 143) und an der Biedernatur, die trotz aller Lumpereien in Reichard steckt. E. T. A. Hoffmann hielt das *Galgenmännlein* für eine »meisterhafte Erzählung«, weil darin »jene Mischung des wunderbar Gemütlichen, das wenigstens an das Komische anstreift, mit dem Grauenhaften gar herrlich geraten« sei. Die von der Atmosphäre des Märchens ausgehende Wirkung gleiche »der eines starken Getränks, das die Sinne heftig aufreizt, zugleich aber im Innern eine wohltuende Wärme verbreitet. In dem durchaus gehaltenen Ton, in der Lebenskraft der einzelnen Bilder liegt es, daß, ist man beim Schluß selbst von der Wonne des armen Teufels, der sich glücklich aus den Klauen des bösen Teufels gerettet, durchdrungen, nochmals all die Szenen, die in das Gebiet des gemütlich Komischen streifen, z. B. die Geschichte vom Halbheller, hell aufleuchten. Ich erinnere mich kaum, daß irgendeine Teufelsgeschichte mich auf so seltsam wohltuende Weise gespannt, aufgeregt hätte, als eben Fouqués ›Galgenmännlein‹« (*Die Serapions-Brüder*, 3. Bd. München 1983. S. 530f.). Fouqués Märchen wurde denn auch weitergedichtet, etwa in Ferdinand Rosenaus Dramatisierung *Vizlipuzli* (1817) oder in Robert Louis Stevensons *The Bottle Imp* (1892), aber auch von Hoffmann selbst in der *Geschichte vom verlornen Spiegelbilde*. Dazwischen jedoch liegt Chamissos wohl berühmtestes Märchen, in dem es ebenfalls um einen Bund mit dem Teufel geht.

Adelbert von Chamisso schildert in *Peter Schlemihls wundersamer Geschichte* die fatalen Folgen eines Teufelspaktes, dessen Opfer nicht nur auf Nimmerwiedersehen im Wald verschwindet, sondern auf ewig um die ganze Welt wandert. Über die Entstehungsgeschichte und die Quellen dieses Märchens sind wir relativ gut unterrichtet. Fouqué war für viele Romantiker ein unermüdlicher Mäzen, so auch für Chamisso, dessen *Schlemihl* er nicht nur zum Druck verhalf, sondern zu dem er auch den grundlegenden Einfall beisteuerte. Als Chamisso auf einer Reise

Hab und Gut verloren hatte, fragte ihn Fouqué scherzhaft, ob ihm
nicht auch sein Schatten abhanden gekommen sei, womöglich gar
in einem Teufelspakt. Die Idee zu einem der in der Weltliteratur
wirkungsmächtigsten deutschen Märchen war somit geboren. Im
Volksglauben gilt der Schatten als Sinnbild der Seele, des »besse-
ren Selbst«, wie Schlemihl selber sagt. Die Paktgeschichte entstammt dem Faust-Stoff, die Figur des unglückseligen Helden aus
dem Talmud, das wunderbare Vogelnest von Grimmelshausen,
die Wundertasche von La Fontaine, die Siebenmeilenstiefel von
Tieck *(Leben und Taten des kleinen Thomas, genannt Däumchen)*
und das Galgenmännlein von Fouqué. Beiden, Tieck und Fouqué,
erweist Chamisso im Text denn auch auf dankbar-schelmische
Weise Reverenz. Was er dann aus diesen stofflichen Vorgaben fa-
buliert, ist jedoch seine eigene Leistung.

Wie Fouqués Held ist auch Peter Schlemihl ein kleinbürgerli-
cher Jüngling, den nicht faustische Forscherneugier, sondern
notorischer Geldmangel in die Fänge des Versuchers treibt. Ein
besonderer erzählerischer Kniff Chamissos liegt in der Heraus-
geberfiktion: Schlemihl tritt als Ich-Erzähler auf, der seine Lebensbeichte an Chamisso adressiert. Damit erhalten die berichteten Wunderdinge der phantastischen Märchenwelt einen Grad
an Authentizität, der sich der Leser nicht entziehen kann, da er
durch die Anreden in die Position des Autors gerückt wird. Außerdem sind die wunderbaren Ereignisse in einer konkreten Alltagswirklichkeit angesiedelt, gleichsam von Hamburg bis Australien mit dem Finger auf der Landkarte nachzuverfolgen. Im
Unterschied zu Fouqués Märchen jedoch findet Schlemihl nicht
in die bürgerliche Welt zurück, der Pakt mit dem Teufel sondert
ihn definitiv aus der Gesellschaft aus. Er bleibt eine romantische
Außenseiterfigur, ewig auf Wanderschaft. Die romantische
Nostalgie nach der Ferne, wie noch in Tiecks Roman *Franz
Sternbalds Wanderungen* (1798), ist Schlemihl jedoch fremd; er
gleicht eher einer Ahasver-Figur (im Sanatorium hält man ihn für
einen Juden, man denke auch an die Herkunft seines Namens).

Bei dem Pakt mit dem spindeldürren, häßlichen Alten (ob ein
Abgesandter des Teufels oder Seine Pestilenz persönlich, sei da-

hingestellt) hat Schlemihl anfänglich die Qual der Wahl: Auch das Galgenmännlein wird ihm angeboten, er entscheidet sich aber für Fortunats Glückssäckel. Mit dem Schatten hat Schlemihl zugleich alle sozialen Bindungen verloren (einen Überblick über die Deutungsgeschichte des Motivs gibt Wilpert, S. 30ff.). Über diesen Verlust (gipfelnd in der Unmöglichkeit, mit Mina die Ehe einzugehen) kann auch der unerschöpfliche Reichtum nicht hinwegtrösten, wiewohl Schlemihl gerne in ihm badet. Gerade Reichtum, Ruhm und öffentliches Ansehen erscheinen Schlemihl erstrebenswert. Nach den Gründen der Schattenlosigkeit befragt, behilft sich Schlemihl mit grotesken Lügen; und zur List greift er (hier Reichard ähnlich), um dem grauen Alten den Schatten wieder abzuluchsen. Dabei zeigt sich, daß der Schattenverkauf nur den Vorhandel zum eigentlichen Geschäft darstellt: Natürlich ist Satan hinter der Seele des »armen Teufels« her, um deren Preis der Schatten wiederzugewinnen wäre. Auch Schlemihl kommt eine gnädige Fügung des Schicksals zu Hilfe. Als er den Pakt schon mit seinem Blute signieren will, fällt er in Ohnmacht. Außerdem begeht der Versucher einen entscheidenden Fehler, wenn er ihm die »bleiche entstellte Gestalt« des reichen John vorzeigt. Da wirft Schlemihl das Glückssäckel in den Abgrund und wünscht den häßlichen Schleicher zum Teufel. Die Gnade der Ohnmacht zum richtigen Zeitpunkt und der Verzicht auf das Geld sind die Garanten für Schlemihls Rettung. Die Kritik am Materialismus und der antikapitalistische Tenor des Märchens (hier übernimmt Chamisso Gedanken Adam Müllers) beruhen auf einer konservativen Wertideologie, die dem Adel durchaus die Vormachtstellung belassen will. Kritik wird an dem Privategoismus und an dem Reichtum im Stile des nur Besitz anhäufenden, verantwortungslosen John geübt. So sagt der Adlatus diaboli, daß »die Reichen besonders gut« mit ihm stünden. Und wie John und Konsorten wenig Format aufzuweisen haben, so ist auch der Abgesandte des Teufels ein mickriger, buckelnder Büttel: das Böse auf kleinbürgerliches Mittelmaß gestutzt. Die Blasiertheit dieser Mediokrität wird von Chamisso an den Pranger gestellt.

Eine Utopie von Atlantis wie bei Novalis oder Hoffmann gibt es in Chamissos Märchen nicht. Schlemihl meint, seine Bestimmung in der Arbeit in einem Bergwerk finden zu können, wo Schatten nicht mehr zählen. Aber auch dieser Platz, sozusagen im Untergrund der Gesellschaft, aber doch noch in ihren Diensten, bleibt ihm versagt. Er bringt sein Los selber am besten zum Ausdruck: »Ich werde allein unstet in der Welt wandern.« Für den Verzicht auf Geld und den Nichtverkauf der Seele erhält Schlemihl (erneut in einer Fügung des Wunderbaren) das Werkzeug, das dem Fußgänger den Traum von Mobilität, Schnelligkeit und Freiheit verwirklicht: Siebenmeilenstiefel. Über den Globus eilend, findet er auch einen Ort, der ihm halbwegs als Heimat dienen kann: eine Einsiedlerhöhle in der thebäischen Wüste. Als Anachoret im Büßerhemd, ohne Schatten zwar, aber im Besitz seiner Seele, bringt er den Rest seiner Existenz zu. Er widmet sich den Wissenschaften, umkreist als Kartograph und Botaniker den Erdball und schreibt an seinem Opus magnum, das allerdings Fragment bleiben muß. Den großen Sprung nach Australien und Tasmanien kann der Privatgelehrte auch mit den Siebenmeilenstiefeln nicht schaffen. Einmal darf er noch in die bürgerliche Welt zurückkehren. Im Spital SCHLEMIHLIUM, das der getreue Bendel von Schlemihls Vermögen gestiftet hat und in dem auch die Witwe Mina als Wohltäterin wirkt, wird er von einer gefährlichen Erkältung geheilt. Der philanthropische Einsatz des Geldes für die Menschen, nicht privater Eigennutz, stehen am Ende des Märchens. Schlemihls Resümee »zur nützlichen Lehre« lautet denn auch: »lerne verehren zuvörderst den Schatten, sodann das Geld.«

Im SCHLEMIHLIUM hätte so mancher romantische Held eine Heimstatt finden können: Denken wir an Raimund und Christian oder Eckbert und Bertha, denken wir an die späteren Außenseitergestalten der Romantik (etwa Hoffmanns gespaltene Figuren: Kreisler, Nathanael, Spikher oder Serapion). Sie alle hätten ein Sanatorium nötig, ein Refugium für ihren heil- und ruhelosen Geist: das SCHLEMIHLIUM, ein Ort für die Nomaden dieser Welt, die nirgendwo heimisch werden können. Es überrascht ein wenig, daß diese Idee Chamissos späterhin kaum aufgegriffen worden ist angesichts der ungeheuer vielfältigen Wirkungsgeschichte dieses Märchens. Es erlebte nicht nur zahlreiche Ausgaben und Übersetzungen, sondern viele Nachahmungen, Fortsetzungen und Variationen. Einige Stationen seien hier kurz genannt: Hans Christian Andersens Märchen *Der Schatten*, Wilhelm Salice Contessas *Das Schwert und die Schlangen*, Franz Werfels *Spiegelmensch*, Hans Heinz Ewers' *Student von Prag*, Hugo von Hofmannsthals *Frau ohne Schatten*, Ludwig Bechsteins *Manuskripte des Peter Schlemihl* oder Oscar Wildes *Der Fischer und seine Seele*. Bis in die Gegenwart haben Autoren Weiterungen des Märchens verfaßt, so James Krüss mit *Timm Thaler* (wo es um das verlorene Lachen geht) und Christoph Meckel mit *Die Schatten*, und in seinem jüngsten Buch (*Der Uhrwerker von Glarus*. München 1993) hat Ludwig Harig Schlemihl wieder aufleben lassen: im Märchen *Lachender Hans*, in dem der Held versucht, über den berühmten Schatten zu springen. Von Chamissos Zeitgenossen behandelte Wilhelm Hauff das Thema des Teufelspaktes, und Hoffmann schloß in einem Märchen unmittelbar an Peter Schlemihl an.

Ernst Theodor Amadeus Hoffmanns *Geschichte vom verlornen Spiegelbilde* markiert schon im Titel den Bezug zu Chamissos Märchen. An die Stelle des Schattenmotivs tritt der Verlust des eigenen Spiegelbildes. Auch hier lockt der Teufel in der Tarngestalt einer engelsgleichen Schönheit, hier trägt sie den Namen Giulietta. War schon Chamissos Lockvogel des Teufels »eine Art von Gelehrte[r] und Physikus«, so ist der Giulietta zur Seite stehende Signor Dapertutto ein »Wunderdoktor«, der mit allerlei teuflischen Wässerchen hantiert (und übrigens mit seinen Zynismen ungleich mehr Format hat als Schlemihls Versucher). Anders als bei Chamisso, stärker in Anlehnung an Fouqué und in Übereinstimmung mit anderen Erzählungen von Hoffmann selber (zum Beispiel *Ignaz Denner, Der Sandmann*), hat das Böse seinen Sitz in südlichen Gefilden (eine Diskussion möglicher Vorurteile Hoffmanns sei hier dahingestellt). Die Versuchung des wackeren Deutschen, des braven und frommen Familienvaters, der an seine nördliche Heimat und die kalten Winternächte gewöhnt ist, findet im »schönen warmen Welschland«, im sinnenfreudigen Süden hitziger Sommernächte statt. Dabei gelten die rauschenden Gelage Wein und Gesang, vor allem aber dem Weib: Italiens Frauen sind für die von Haus aus auf Sparflamme köchelnde Sexualität in der kleinen Kolonie deutscher Jünglinge, zu der Erasmus Spikher stößt, eine neue sinnliche Erfahrung. Es bedarf nur eines Fünkchens, gezündet vom glutvollen Blick einer Donna, um die unterdrückte Liebeslust zu entfachen. Sobald Giulietta zum ersten Mal Erasmus in die Augen sieht, ist er nicht mehr Herr seiner selbst. Er hält sie für die Muse seiner künstlerischen Sehnsüchte und Traumprojektionen, nicht ahnend, daß sie die schlaueste Courtisane in Florenz ist. Wenn er in »verzehrender Glut« wünscht, gleichsam in ihr unterzugehen (»nur in dir, nur du will ich sein«), geht daraus jener narzißtische Verdoppelungswunsch hervor, der ihn in den Wahnsinn treibt. Dabei ist Spikhers Wunschprojektion auch Ausdruck seiner geheimen Sexualphantasien, die sein Ich spalten »in Wahrheit und Traum«. Daher bewirken die Mahnungen seiner Gattin, an Treue und Häuslichkeit zu denken, allenfalls ein kurzes Abflauen der Brunst des Familienvaters. Giulietta kommt so zwangsläufig in den Besitz des Spiegelbildes. Auch die nach der Tötung eines Nebenbuhlers ohnehin nötige Flucht aus dem ›teuflischen‹ Süden zurück an den heimischen Herd rettet Erasmus nicht. Wie im Falle Schlemihls folgt ein zweites Angebot des Scharlatans: Rückgabe des Spiegelbildes gegen die endgültige Trennung von der Familie, sprich deren Tod. Wie Schlemihl will Spikher den Pakt schon mit seinem Blut unterzeichnen, da erscheint seine Frau als »weiße Gestalt«, die »gespenstisch starren Augen auf Erasmus gerichtet«, und verhütet in letzter Sekunde das Unheil, so daß der Gatte das geile Gesindel zur Hölle schickt. Wahrscheinlich, so legt es der Text nahe, hätte sich das Teufelsgespann schon angesichts des furiosen Auftritts der lieben, frommen deutschen Hausfrau und guten Seele, die als ›Exorcista ex machina‹ erscheint, selber in Schwefeldunst aufgelöst. Der »magi-

sche Duft« der Donna wie der »stinkende Dampf« – beides Ausdruck des Odeurs sexueller Versuchung – werden, weil degou-
tant, negativ sanktioniert und aus der Sphäre bürgerlichen An-
standes verbannt.

In diesen, dem ganzen Text beigemischten Duftnoten verbirgt
sich eine tiefe Ironie Hoffmanns. Denn die Gattin verlangt am
Ende, der Gatte müsse erst wieder ein »ordentlicher, vollständiger Familienvater« werden: »Wandre also nur noch ein bißchen
in der Welt herum und suche gelegentlich dem Teufel dein Spiegelbild abzujagen.« Dann erinnert sie Erasmus noch daran, dem
Söhnchen Nürnberger Lebkuchen mitzubringen (wir dürfen ergänzen: der so herzig kleinbürgerlich duftet), und – schläft ein.
Wie meist bei Hoffmann haben die Beschränkungen der bürgerlichen Moral, die Wonnen der Normalität, eine unheimliche
Seite. So bleibt der Schluß des Märchens offen, denn Spikher
kehrt – jedenfalls innerhalb des Textes – nicht mehr in den von
Fremdgerüchen freien Schoß der Familie zurück. Er treibt sich in
der weiten Welt herum, begegnet dort auch Peter Schlemihl, mit
dem er aus gemeinsamen Nöten eine Tugend machen will; »es
wurde aber nichts daraus«. Deshalb reisen sie noch heute um die
Welt, auf der Suche nach Schatten und Spiegel.

E. T. A. Hoffmanns Biograph Julius Eduard Hitzig berichtet,
Hoffmann sei über *Peter Schlemihls wundersame Geschichte*
»außer sich vor Vergnügen und Spannung« gewesen. Hitzig selber fand Hoffmanns Variation des Motivs aber »ziemlich unglücklich«, wie auch Chamisso immer den Vorzug seines »Origi-
nals« behauptet hat. Zweifellos besteht das Märchen aus locke-
ren Variationen des Vorbilds, jedoch ist Hoffmanns Weiterung
wesentlich subtiler angelegt, als es die Kritiker wahrhaben wollten. Denn sein Märchen ist erzähltechnisch ganz anders angelegt
als die Vorlage. Zum einen ist es in den größeren Zusammenhang
der *Abenteuer der Silvester-Nacht* eingebettet (die wiederum
Teil der *Fantasiestücke in Callots Manier* sind), zum anderen
wird die Ich-Erzählung Schlemihls durch den in der Er-Form gehaltenen Bericht Spikhers abgelöst. Außerdem ergibt sich durch
den Kontext der *Silvester-Nacht* eine dreifache Fiktionalisierung

des Textes: Es gibt ein Vorwort des Herausgebers (Hoffmann), das Tagebuch des reisenden Enthusiasten (in dem die *Fantasie-stücke* notiert sind) und Spikhers Erzählung, die möglicherweise noch vom Enthusiasten bearbeitet worden ist. Der Enthusiast ist in Julia (der Name von Hoffmanns Bamberger Geliebten, was noch eine vierte, autobiographisch verschlüsselte Ebene ergibt, die uns hier nicht weiter interessiert) verliebt, die bis in wörtliche Übereinstimmungen bei der Beschreibung Giulietta gleicht (das Vorbild lieferte wahrscheinlich Callots Stich »La Dame à l'éven-tail« aus dem Zyklus *La Noblesse Lorraine*).

Liest sich schon diese Analyse der verschiedenen Ebenen viel-leicht verwirrend, so wird dieser Eindruck vom Text noch ver-stärkt, da Spikhers Bericht die Parallelgeschichte zur Liebesaf-färe des reisenden Enthusiasten darstellt. Damit nicht genug: In der *Silvester-Nacht* erscheinen auch noch Schlemihls Geliebte Mina, Schlemihl selbst und sogar – Spikher, den man freilich erst nach der Lektüre des Märchens rückblickend identifizieren kann. Das mag dem Leser Orientierungsprobleme, ja Schwindel bereiten. Und genau das soll es, kommt es Hoffmann doch dar-auf an, die Grenzen zwischen dem inneren und äußeren Leben so zu verwischen, daß sie fließend werden. Dabei ist er viel konse-quenter als zum Beispiel noch Tieck mit seinem Märchenver-ständnis. Die Märchenwelt greift bei Hoffmann so in den zeitge-nössischen Alltag ein – das führt der Text im einzelnen vor –, daß der Leser »manchen kleinen Fieberschauer« verspüren mag, wenn die alltägliche Wirklichkeit mit dem »fremden Zauberrei-che« verschwimmt. So wird sich der Leser nach der Lektüre von Hoffmanns Märchen seines eigenen Schattens und seines Spie-gelbildes, seiner latenten Wunschphantasien und seiner bürgerli-chen Normvorstellungen, nicht mehr ganz sicher sein. Hoff-manns Märchen wirkt darauf hin, daß auch der Leser dem Zau-ber dieser Welt verfallen kann. Wenn dies gelingt, dann setzt sich die von Hoffmann in der Erzählung *Der Sandmann* suggerierte Erkenntnis durch, »daß nichts wunderlicher und toller sei als das wirkliche Leben und daß dieses der Dichter doch nur wie in eines mattgeschliffnen Spiegels dunklem Widerschein auffassen

könne«. Ein Reflex dieser phantastischen Poetik ist das Märchen
vom verlorenen Spiegelbild, in dem sich der Leser selber entdek-
ken kann.

Achim von Arnims *Die Majoratsherren* ist in der Forschung
lange Zeit verkannt worden; inzwischen jedoch hat die äußerst
komplexe Erzählung hohe Anerkennung als groteskes Meister-
werk gefunden (man denke an die Vogelvergleiche für alle Figuren) und kann als eines der herausragenden Werke Arnims gelten. Das Märchen läßt sich in die Reihe jener »Nachtstücke« in
der Art Tiecks *(Der Runenberg)* und vor allem Hoffmanns ein-
ordnen, denn auch Arnim behandelt darin die Nachtseiten der
menschlichen Natur, ein zentrales Thema der Romantik. Den
begriffsprägenden Schlüsseltext dazu schrieb der Naturphilosoph Gotthilf Heinrich Schubert mit seinen *Ansichten von der
Nachtseite der Naturwissenschaft* (1808), die zusammen mit seiner *Symbolik des Traumes* (1814) eine der wichtigsten Quellen
für die Romantiker werden sollten, insbesondere für Hoffmann.
Doch auch Arnim hat diese beiden Werke für seine Erzählung
benutzt, ebenso Jung-Stillings *Theorie der Geisterkunde* (1808)
sowie Werke des Theosophen Swedenborg und Kants *Träume
eines Geistersehers* (1766). Die Phänomene des Somnambulis-
mus und die Lehre vom tierischen Magnetismus (begründet von
dem Arzt Franz Anton Mesmer) stießen in der damaligen Zeit
auf größtes Interesse; auch Arnim befaßte sich intensiv damit,
insbesondere in den *Majoratsherren*. Die Fensterperspektive hat
er aus Tiecks Erzählung *Liebeszauber* (ebenfalls im *Phantasus*)
übernommen, das Motiv des abendlichen Schusses dürfte auf
Goethes Novelle über die Sängerin Antonelli in den *Unterhaltungen deutscher Ausgewanderten* zurückgehen, schließlich gibt
es noch thematische Anklänge an Hoffmanns Nachtstück *Das
Majorat* (1817). Aus all diesen Ingredienzien schafft Arnim weit
über die bloßen Textbezüge hinaus ein höchst eigenständiges
Werk, das mit seinem analytischen Erzählschema auf die Krimi-
nalnovelle vorausweist und zugleich das Wunderbare »bruchlos
integriert« (Wührl, S. 267).

Das Geschehen erstreckt sich über vier Tage und vier Nächte (mit vier Visionen) und wird von einem Rahmen eingeleitet, der die Vorgeschichte erklärt und die okkulten Ereignisse der Gegenwart erst nachvollziehbar macht. Eingangs der Erzählung bedauert Arnim den Zerfall des »Ancien régime« und den damit verbundenen Verlust »geistiger Klarheit«. Die Wirren der Revolution und die egalitären Tendenzen waren dem Feudalherrn von Arnim ähnlich suspekt wie seinem Adelskollegen von Chamisso. So ergibt sich bei beiden eine antikapitalistische Skepsis, hinter der jedoch in erster Linie das Festhalten an der geistigen Vormachtstellung des Adels und ein verantwortungsvoller Reformwille stecken. Fortschritt war für Arnim nur in der Versöhnung zwischen alter und neuer Zeit zu erreichen. So äußert sich in dem Bedauern über die vergangene Epoche zu Beginn der Erzählung zwar eine gewisse Nostalgie, aber der Vertreter der Aristokratie, der Majoratsherr, ist keineswegs nur positiv gezeichnet. Er verfügt zwar über das Zweite Gesicht, kann hinter die Oberfläche der Dinge dringen und die Nachtseiten der menschlichen Natur und Geschichte erkennen, es fehlt ihm jedoch der Blick für die konkrete Alltagswirklichkeit. In dieser zu bestehen, ist er gänzlich unfähig. Umgekehrt erweist sich sein Antipode, der Vetter und Leutnant, zwar als durchaus begabt im lebenspraktischen Sinne (für alle scheinbar okkulten Phänomene hat er stets eine rationale Erklärung parat), doch agiert er im Grunde immer nur als monströse Karikatur seiner selbst. Eine Synthese aus bürgerlicher und adeliger Welt, aus dem Wunderbaren und der Wirklichkeit, könnten allenfalls die vertauschten Geschwister (Esther und der Majoratsherr) leisten. Dies gelingt ihnen aber auf Grund ihrer Unfähigkeit, in der realen Welt zu handeln, sozusagen erst post mortem. Wie es im »Schwalbenlied« zum Ausdruck kommt, erfüllt sich deren Liebe erst in einer höheren Wirklichkeit. Die Höhenflüge der Phantasie, die zwar »zwischen beiden Welten als Vermittlerin steht«, was der Majoratsherr richtig erkennt, aber praktisch nicht umsetzen kann, gelingen ganz erst in der »Unendlichkeit«. Die Liebenden finden dort ihren »Himmel, die Ruhe und Unbeweglichkeit des ewigen Blaus«.

Der Majoratsherr und Esther erschauen zwar mit Hilfe ihrer
hellseherischen Fähigkeiten (der Majoratsherr weiß sich in die
magnetische Beziehung zu der Somnambule Esther zu setzen,
seit er in Paris bei einer prophetischen Kranken war) ihr wahres
Schicksal (»Ich bin Sie, und Sie sind ich«), können trotz ihrer höheren Einsicht aber die Katastrophe nicht verhindern. Esther
bleibt in ihrem »geselligen Wahnsinn« gefangen. Der Majoratsherr bleibt reduziert auf seine Geisterseherei: unschlüssig, ge-
dankenverloren, ein Phantast, kein Mann der Tat. Er erinnert an
Shakespeares Hamlet, wie er seit Goethes Deutung (im *Wilhelm
Meister*) in Deutschland vorrangig gesehen wurde: als typischer
Vertreter des Intellektuellen, gedankenvoll und handlungsarm,
zu schwach für eine Tat, die die aus den Fugen geratene Welt
wieder in Ordnung bringen könnte. Als sich der Majoratsherr,
der vermeintliche Sproß eines alten Geschlechts, endlich entschließt, aktiv ins Geschehen einzugreifen, gelingt ihm nur ein
suizidaler Akt, mit dem er seiner wahnsinnigen Ophelia (Esther)
hinterherstirbt. Zurück bleiben die intrigante, korrupte Hofdame und der Leutnant, der in grotesken Verzerrungen als Diener der Hundemeuten weiterhin das domestizierte Opfer unstill-
barer Rachegelüste abgeben darf. Sieger kann dieses seltsame
Paar nicht sein, daher sterben beide »unbemerkt« ab. So ist am
Ende nicht die alte Welt wieder eingerichtet worden, sondern
noch mehr aus den Fugen geraten. Die eigentliche Triumphato-
rin ist die alte Vasthi, die das »ausgestorbene Majoratshaus« auf-
kauft, planiert und an dessen Stelle eine stinkende Salmiakfabrik
errichten läßt: So »trat der Kredit an die Stelle des Lehnrechts«.
Am Schluß des Märchens wird der Bogen zum Anfang geschlagen, die vergangene Epoche endgültig verabschiedet, die
Zukunft in resignativem Ton kommentiert. Die Jüdin Vasthi ist
dabei in erster Linie Repräsentantin eines rigorosen Besitz-
strebens und darf nicht als Beleg für antisemitische Tendenzen in
Arnims Erzählung mißverstanden werden. Allerdings ist die
Hauptquelle, aus der sich Arnim über jüdische Sitten und Gebräuche wie die Hochzeits- und Bestattungsrituale und das Leit-
motiv des Todesengels informierte, Johann Andreas Eisenmen-

gers *Entdecktes Jerusalem* (Frankfurt am Main 1700), von stark
antisemitischen Ressentiments geprägt, die man in der ausgeprägten Form in Arnims Märchen aber nicht findet. Der Lilith-
Mythos wird von ihm sogar positiv umgedeutet.

Arnim schildert die Nachtseiten der Natur mit dem eminent
modernen Mittel einer filmischen Perspektive (die subjektive
Kamera des Blicks aus dem Fenster; ähnlich in Hoffmanns später
Erzählung *Des Vetters Eckfenster*), die dem Leser die Sichtweise
des Geistersehers aufzwingt. Der Idealist und Träumer verfügt
über das »Auge der Wahrheit«, sieht hinter das Marionettenda-
sein der Menschen, ist aber genauso wie die alte Zeit zum Untergang verurteilt. Wenigstens ist dem Geschwisterpaar am Ende
ein Ziel verheißen: das poetische Himmelreich.

Achim von Arnims Zeitgenossen konnten mit dieser Vision
nicht viel anfangen, das Märchen stieß bis auf wenige Ausnah-
men auf keine besondere Begeisterung. Am schärfsten lehnte es
Jacob Grimm ab, dem Arnim, sich nicht mehr verteidigen wol-
lend, spitz zurückgab: »Doch genug vom poetischen Firlefanz,
meine Werke haben das mit dem Himmelreiche gemeinschaftlich, daß die wenigsten hinein mögen.«

Ernst Theodor Amadeus Hoffmann schildert in seinem Märchen
Die Bergwerke zu Falun das Schicksal eines Menschen, der wie
Tiecks Christian im *Runenberg* auf tragische Weise zugrunde
geht. »Aller Zauber dieser Welt« scheint in den Schächten und
Gruben verborgen, aber Elis Fröbom wird die Entdeckerneugier
das Leben kosten. Hoffmann kannte Novalis' Ideen vom Reich
der Metalle (in dem Versteinerungen als verwundete Pflanzen erscheinen) und Schellings naturphilosophische Vorstellungen,
nach denen Liebe und Tod Übergangsstufen zu einem höheren
Dasein darstellen. Als unmittelbare Quelle benutzte Hoffmann
Schuberts *Ansichten von der Nachtseite der Naturwissenschaft*
(1808), in denen berichtet wird, wie ein in den Gruben von Falun
verschütteter Bergmann fünfzig Jahre nach dem Unglück unversehrt, weil vom Vitriolwasser konserviert, wieder aufgefunden
wurde. Diese im Ursprung authentische Begebenheit hat als lite-

rarisches Motiv eine lange Geschichte (vgl. dazu Frank). In Johann Peter Hebels Erzählung *Unverhofftes Wiedersehen* (1810) wird das Motiv ebenso gestaltet wie von Achim von Arnim *(Des ersten Bergmanns ewige Jugend)*, Hans Christian Andersen *(Die Schneekönigin)*, Richard Wagner *(Die Bergwerke zu Falun, Der Raub des Rheingoldes)* und Nathaniel Hawthorne *(Ethan Brand)*. Auch im unlängst erschienenen Buch von W. G. Sebald wird das Motiv des konservierten Leichnams und des überraschenden Wiedersehens erneut variiert *(Die Ausgewanderten.* Frankfurt am Main 1992. S. 36f.).

Im Vergleich mit Tiecks *Runenberg* ist Hoffmanns Erzählung des gleichen Stoffes stärker von Vorahnungen, Spiegelungen und Traumgebilden geprägt. Elis Fröbom ist (wie zum Beispiel Nathanael im *Sandmann*) eine jener melancholischen Gestalten Hoffmanns, die wie auch Arnims Majoratsherr zu prophetischen Ahnungen befähigt sind. Mit einer wiederkehrenden Formel werden diese poetischen Jünglinge bei Hoffmann eingeführt, so auch in den *Bergwerken zu Falun*, wo der alte Torbern, ein versucherischer Renegat, an Elis sofort erkennt, jener habe »ein tiefes, in sich selbst gekehrtes, frommes, kindliches Gemüt«. Die unschuldige Naivität ist es aber gerade, die den Jüngling ins Verderben stürzen wird. Schon in seinem ersten Traumgesicht erblickt Elis die blinkenden Metalle des Meeresgrundes, die lächelnden Jungfrauen und die mächtige Königin an ihrer Spitze. Das funkelnde Zauberparadies lockt den Narziß in das unterirdische Reich der großen chthonischen Mutter. Die Stimme seiner toten Mutter hörend, ahnt er bereits, daß seine Tiefensehnsucht dem Wunsch nach der Rückkehr in den Schoß von Mutter Erde entspricht. Wie Raimund in Eichendorffs *Zauberei im Herbste* sich in Schellingscher Schwermut ewig hinabgezogen fühlt, so hat auch Elis nach dem ersten Anblick der Zaubergestalten in der Tiefe nur den Wunsch: »Hinab – hinab zu Euch.«

Schon hier hat er den Eindruck, »daß sein Ich zerfloß in dem glänzenden Gestein«. Der Fortgang der Erzählung schildert die Spaltung seines Inneren, die mit den Kontakten zum Wiedergänger Torbern und der Nähe zum Reich des »Metallfürsten« vor-

anschreitet. Im Schacht von Falun erblickt er dann erneut, diesmal nicht im Traum, »das hohe Antlitz der mächtigen Königin,
[…] da durchzuckte ein glühender Strahl sein Inneres und sein
Bewußtsein war nur das Gefühl als schwämme er in den Wogen
eines blauen durchsichtig funkelnden Nebels«. Von dem Augenblick an ist es um sein Herz beziehungsweise seine Seele geschehen. Auch die Aussicht auf ein bürgerliches Glück im Hause des
Bergmanns Dahlsjö und an der Seite von dessen Tochter Ulla
können sein Schicksal nicht wenden. Zu groß ist die Macht der
Königin, das ist vor allem die Macht ihres furchtbaren Antlitzes.
Beim Anblick dieses »entsetzlichen Medusenhaupts«, so ahnt
Elis, würde sich »alles um ihn her versteinen«. Ulla und die Bergkönigin entsprechen sich wie »Urbild und Abbild« (Wührl, S.
264). Doch Elis' Versuch, beides in eine höhere Synthese zu
überführen, Traum und Wirklichkeit zu verschmelzen, damit
auch die Dualität von Mann und Frau zu überwinden (vgl. Schumacher, S. 113), sind zum Scheitern verurteilt, wie schon Christians oder Spikhers Bemühungen. Elis »fühlte sich wie in zwei
Hälften geteilt«, und beim Einstieg in den Schacht steige »sein eigentliches Ich hinab«, während er in Falun nur »sein düsteres Lager suche«. Dem Jüngling kann nicht mehr geholfen werden, seit
er – ähnlich wie Christian Kiesel und Edelsteine verwechselt –
meint, nur er allein könne »die geheimen Zeichen, die bedeutungsvolle Schrift« lesen. Als er vor der Hochzeit den Almandin
mit der »Lebenstafel«, dem Inbild der inneren Verwachsenheit
des Brautpaares mit dem Herzen der Königin, heraufholen will,
wird er bei einem Erdsturz verschüttet, heimgeholt in das Reich
der ewig verlorenen Wiedergänger. Was Elis nicht ahnte, ist folgendes: Nicht nur die ganze Umgebung wird vom Blick der Me-
dusa versteinert, sondern vor allem Elis selbst.

   Der ganzen Erzählung liegt, wie oft bei Hoffmann, eine subtile Symbolik der Zeiten zugrunde. Es beginnt an einem »heitern
sonnenhellen Juliustage«, der im Kontrast steht zu Elis' düste-
rem Schicksal. Man kann als sicher annehmen, daß dies bereits
auf den Johannistag anspielt, Elis' Hochzeitstag, an dem er verschüttet wird: Am Tag des höchsten Sonnenstandes versinkt er

in die ewige Nacht. Schon der Renegat Torbern ist an einem Johannistag verunglückt. Schließlich findet Ulla, später vom Volksmund »Johannismütterchen« genannt, ihren versteinerten Bräutigam just am Johannistage wieder. Während die Leiche ihres Bräutigams zu Staub zerfällt, haucht sie, jetzt Mütterchen und Braut zugleich, ihr Leben aus. Wie in Arnims *Majoratsherren* kommt es in Hoffmanns Erzählung zur Vereinigung der Liebenden erst im Tod.

Das Märchen steht in Hoffmanns nach dem Vorbild von Tiecks *Phantasus* gestaltetem Erzählzyklus *Die Serapions-Brüder* und wird von Theodor vorgetragen. Der Serapionsbruder Ottmar vermerkt zutreffend, die Geschichte hinterlasse »einen sehr wehmütigen Eindruck«. Und Cyprian ergänzt: »Wie oft stellten Dichter Menschen, welche auf irgendeine entsetzliche Weise untergehen, als im ganzen Leben mit sich entzweit, als von unbekannten finstren Mächten befangen dar.« Elis Fröbom ist einer jener romantischen, phantasiebegabten, melancholischen jungen Menschen mit Anlage zum Dichter, die den Zauber dieser Welt erkennen, aber zuletzt, innerlich zerrissen, in ihm untergehen. Sie haben, wie es später Nietzsche vom ›dionysischen‹ Menschen sagt (in *Die Geburt der Tragödie aus dem Geiste der Musik*), einmal einen »wahren Blick in das Wesen der Dinge getan« und »das Entsetzliche oder Absurde des Seins« erkannt. Bei Nietzsche gibt es den Ausweg, daß in der höchsten Gefahr »als rettende, heilkundige Zauberin« die Kunst erscheint.

Für viele der romantischen Künstlerfiguren gibt es jedoch keine Rettung, ja nicht selten werden ihnen gerade ihre künstlerischen Ahnungen (sofern sie verabsolutiert und nicht zugleich mit der Wirklichkeit verknüpft werden) zum Verhängnis. Das verleiht ihnen zumeist den Status von Märtyrern: Opfer des gesellschaftlichen Alltags, gestorben für die Kunst. Vom nackten Heiligen, der in den Himmel aufsteigen darf, führt der Weg zu jenen Opfern des Teufelspaktes, die zur Hölle fahren. Die rettende Kraft der Kunst könnte – wirkungsästhetisch – darin liegen, daß all diese Geschichten vom Schicksal der tragisch gescheiterten Figuren mit dem Grauen konfrontieren, die tiefen

Abgründe der Seele ausleuchten und dem Leser einen Spiegel vorhalten, in dem er sich selber entdecken kann. Das wäre das über das Gesagte hinaus eigentlich Gemeinte, die geheime Wahrheit des Märchens.

Auch Wilhelm Hauffs Märchen *Das kalte Herz* gehört in die Motivgeschichte des Teufelspaktes und des Steinherzens. Allerdings gibt es für den Helden Hauffs, anders als bei Tieck, Eichendorff, Hoffmann und Chamisso, Rettung zu Lebzeiten, weil ein guter Geist über das Schicksal wacht. Wie am Ende von Arnims Erzählung das Kreditwesen seinen Einzug hält, so bestimmt auch in Hauffs Märchen die Macht des aufziehenden Kapitalismus Hirn und Herz des Protagonisten, zumindest vorübergehend, bis das Glasmännlein die vom Besitzstreben gestörte Ordnung wieder herstellt.

Als Hauffs Märchen erschien, war das erste Drittel des 19. Jahrhunderts bald abgelaufen. Die Zeiten hatten sich geändert, man befand sich inmitten der Restauration, und auch der Publikumsgeschmack und die Erwartungen an Märchen hatten sich gewandelt. Die subtile Mehrbödigkeit und Ambivalenz der romantischen Märchen bis hin zu E. T. A. Hoffmann stieß bei den erwachsenen Lesern auf nachlassendes Interesse. So hat sich Hauff, stilistisch an eben diesem höchst differenzierten Hoffmann geschult, ganz gezielt auf die veränderten Erwartungen des Lesepublikums eingestellt und das frühere Utopie-Potential des Märchens beträchtlich zurückgenommen. Seine Märchenalmanache sind für »Söhne und Töchter gebildeter Stände« gedacht, das ist das lesefähige Bildungsbürgertum, das er höchst erfolgreich mit Unterhaltungsstoff versorgte. In seinen beiden ersten Almanachen lieferte er im Grunde längst überholte, orientalisch kostümierte Erzählungen ab, die das Verlangen des heimischen Bürgertums nach Exotik und Abenteuersimulation an fernen Schauplätzen befriedigten. Die Möglichkeiten instrumentalen Erzählens sind dabei zurückgenommen zugunsten der puren Unterhaltung, was sich auch darin zeigt, daß Hauff im Gegensatz zu seinen Vorgängern der Rahmenhandlung einen eigenen, mit den Binnenerzählungen unmittelbar verbunden Spannungsbogen zu geben weiß. In seinem dritten Almanach jedoch, dem *Wirtshaus im Spessart*, in dem sich *Das kalte Herz* findet, verläßt Hauff den Orient und führt das Kunstmärchen als eine Art »Konterbande« (Wührl, S. 191) in heimatliche Gefilde zurück.

Hauff übernimmt im *Kalten Herzen* traditionelle Motive des Volks- und des Kunstmärchens (der Kampf zweier Mächte, die drei Wünsche, Verwandlungen usw.; vgl. dazu die Anmerkungen in diesem Band) und verstärkt vor allem die Tendenz, das Wunderbare im zeitgenössischen Alltag zu verankern. So finden sich in dem Märchen sehr präzise Angaben zur Topographie des Schauplatzes, wir erfahren konkret von den Lebensumständen und der Arbeit der Handwerker in Verbindung mit den sozialen Verhältnissen. Zusammengehalten wird das Märchen vom zentralen Motiv des kalten Herzens (ein Musterbeispiel auch für ein Dingsymbol). Der Handel mit dem Teufel ist hier ein Geschäft um Steinherz und Geldseele (vgl. dazu Frank). Anders als in den Teufelspaktmärchen von Chamisso und Hoffmann sind dabei drei Parteien im Spiel: der Holländer-Michel (als Vertreter des Bösen), das Glasmännlein (als Verkörperung des Guten) und der Kohlen-Munk-Peter, um den sich die rivalisierenden Mächte streiten. Zugleich stellen die beiden Widersacher auch die Kehrseiten der positiven und negativen Charakterqualitäten des Helden dar. Im Grunde geht es bei dem Tauschgeschäft um die bürgerliche Moral; es werden gesellschaftliche Normen verhandelt.

Schon in der die Vorgeschichte enthaltenden Sage des Großvaters wird der Holländer-Michel als Vertreter negativ bewerteter Normen eingeführt. Mit ihm kamen »Geld, Flüche, schlechte Sitten, Trunk und Spiel«, kurz: »alles Böse« ins Land der eigentlich doch fleißigen, arbeitsamen und ehrlichen Schwarzwälder. Äußerlich ist der böse Versucher ein finsterer, überdimensionaler Riese. Das Glasmännlein dagegen erscheint als guter, wohltätiger, um das Seelenheil der Menschen besorgter Zwerg, der mit Hilfe putziger Diminutiva (Geistchen, Gesichtchen, Bärtchen usw.) zum Sympathieträger modelliert ist. Das Böse ist groß und auffallend, das Gute verbirgt sich unscheinbar im Kleinen. Cha- missos Schlemihl und Fouqués Reichard geraten infolge ihrer notorischen Geldnot in die Fänge des Teufels. Peter Munks Ver- führbarkeit hat ihren Sitz in einer ungleich stärker ausgeprägten Gier nach Geld, Reichtum, Ansehen. Anders gesagt: Das Kleine will klein nicht bleiben, und da Munk bei dem kleinen Männlein nicht reüssiert, versucht er es bei dem Großen.

Wofür das Kleine (Gute) und das Große (Böse) stehen, läßt sich unter dem Aspekt der Norm leicht überschauen: Die vom Schatzhauser vertretenen und Munk immer wieder ins Gewissen geredeten Normen sind: Handwerk, gesunder Menschenver- stand, Einsicht, Klugheit, Mitleid, Freigebigkeit, Warmherzig- keit. Der Holländer-Michel steht für Geldgier, Habsucht, Mü- ßiggang, Unredlichkeit, Kaltherzigkeit. Das ganze Märchen führt, konzentriert auf das Motiv des steinernen Herzens, in ver- schiedenen Stationen vor, wie sich am Ende die positiv bewerte- ten Normen durchsetzen und der Held für seine Bekehrbarkeit belohnt wird. Er hört auf die (für ihn aus dem Jenseits spre- chende) Stimme seiner Frau, nutzt die Schonfrist des Glasmänn- leins und darf daher den Holländer-Michel überlisten. Weil er den Normen des Bösen abschwört und »wahre Reue« fühlt, er- hält er sein Herz und die Aussicht auf sein Seelenheil zurück. Und noch einmal predigt das Glasmännlein seinen Normenkata- log. Peter Munk solle in seinen alten Stand zurückkehren (in Hauffs *Märchen vom falschen Prinzen* lautet die Moral, der Schneider solle bei seinem Zwirn bleiben), »brav und bieder« sein »Handwerk ehren«, ein »fleißiger und wackerer Mann« werden, »zufrieden und unverdrossen« sein, die Frau lieben, die Mutter ehren und für die Armen spenden. Dann gibt es, als Mor- gengabe für den Stammhalter, sogar noch einen Tannenzapfen, der sich in Geld verwandelt. Das ist ein schweres Paket an Nor- men, das von dem Märchen mitgeschleppt werden muß. Damit nicht genug, der solchermaßen belohnte Munk benennt zum Schluß noch einmal die moralische Lehre: »Es ist doch besser zu- frieden sein mit wenigem, als Gold und Güter haben, und ein *kaltes Herz*.«

Das Märchen gibt somit ein deutliches Votum ab für Familie, heimisches Handwerk, Häuslichkeit, ehrliche Arbeit und Selbstbeschränkung. Darin ausschließlich eine Kritik Hauffs an den ›eiskalten‹ Geschäftspraktiken des Kapitalismus zu sehen (wie in der auf den Marxismus getrimmten DEFA-Verfilmung von 1950 unter der Regie von Paul Verhoeven, der heute kommerzielle Hollywood-Märchen dreht), hieße verkennen, daß Hauff in dem Märchen auch eine anachronistische Verherrlichung deutschen Biedersinns und Handwerksgeistes versucht. Zweifellos steht dahinter ein optimistischer Appell an die Humanität; allerdings war der junge Hauff bereits ein arrivierter Schriftsteller, um nicht zu sagen ein schwäbisches Cleverle, der sich mit den Erfordernissen der Restauration zu arrangieren wußte. So weist die rückwärts gerichtete Glücksharmonie am Ende des Märchens auf ein biedermeierlich gefärbtes Idyll, das konservative Normen affirmiert. Der »Zauber dieser Welt« wird jetzt beschränkt auf das häusliche Glück des seßhaft an seinem Herd verharrenden Biedermannes (im Gegensatz zu Schlemihl und Spikher hält es Munk nicht lange in der weiten Welt aus). Die Träume von Atlantis und Famagusta, von einem Dschinnistan der Poesie, sind bei Wilhelm Hauff ausgeträumt. Die Zeit der Wunder ist am Ende vorbei. Es bleibt nur das kleine Glück des Biedermannes, der damit aber zugleich – möglicherweise gegen die Absicht des Autors – entzaubert worden ist. Das hat vielleicht auch mit dem bis heute ungebrochenen Erfolg von Hauffs Märchen zu tun.

Die Gattung Kunstmärchen ist mit dieser biedermeierlichen Entzauberung freilich noch lange nicht am Ende. Das Kunstmärchen wird sich immer wieder selber erneuern, solange wir nicht aufhören zu träumen.

Anmerkungen

Ludwig Tieck:
Der blonde Eckbert (1797)

Die Erzählung erschien erstmals im ersten Band der *Volksmär-chen, herausgegeben von Peter Leberecht* (Berlin: Nicolai, 1797) im Druck und wurde in überarbeiteter Form 1812 von Tieck in den *Phantasus, eine Sammlung von Märchen, Erzählungen, Schauspielen und Novellen* aufgenommen. Die August Wilhelm Schlegel gewidmete Sammlung wird mit dieser Erzählung eröff-net. Friedrich Schlegel hatte Tieck zu einer die verschiedenen Texte umspannenden Rahmenhandlung (mit Gesprächen eines Freundeskreises) in der Tradition Boccaccios und Calderóns an-geregt. Dieses von Tieck im *Phantasus* aufgenommene Gestal-tungsprinzip wurde für die späteren Novellensammlungen etwa E. T. A. Hoffmanns *(Die Serapions-Brüder)* oder für Wilhelm Hauffs *Märchenalmanache* richtungsweisend.

Der vorliegende Text ist dem von Marianne Thalmann besorg-ten, auf den *Schriften* von 1828–54 basierenden Band Ludwig Tieck: *Die Märchen aus dem Phantasus*, München: Winkler, 1964, entnommen, in dem allerdings die Rahmenhandlung nicht abgedruckt ist.

7 *Melancholie:* Tiefsinn, Schwermut. Im damaligen Sprachge-brauch Bezeichnung für eine pathologische Gemütsverfas-sung. Die Melancholie (griechisch »schwarze Galle«) wird als seelische Krankheit angesehen, die in den Wahnsinn übergehen kann. Im Zusammenhang mit dem Künstlertum wird die Melancholie in der Romantik auch positiv, als Gnade und Garantin höherer Sensibilität, bewertet (vgl.

Franz Loquai: *Künstler und Melancholie in der Romantik*. Frankfurt am Main u. a. 1984). Bereits hier wird das für das Märchen wichtige Thema der Geisteskrankheit angedeutet.

10 *kindischen:* kindlich-naiven.

11 *schwindlichten:* schwindelerregenden, jähen.

12 *Ahndung:* Ahnung.

13 *Waldeinsamkeit:* eine Neuschöpfung Tiecks, die Wilhelm Heinrich Wackenroder zunächst kritisierte. August Wilhelm Schlegel jedoch sah in diesen Versen die »Quintessenz von Tiecks Poesie«.

   keichte: keuchte.

18 *blöde:* unbeholfen, schüchtern.

19 *erkannt' ich mich:* kannte ich mich aus.

Wilhelm Heinrich Wackenroder:
Ein wunderbares morgenländisches Märchen
von einem nackten Heiligen (1799)

Der Text wurde in dem von Wackenroder und Tieck gemeinsam besorgten Band *Phantasien über die Kunst* (Hamburg 1799) veröffentlicht. Er erscheint dort als erster Abschnitt im »Anhang einiger musikalischer Aufsätze von Joseph Berglinger«, also jener (fiktiven) Künstlerfigur, der Wackenroder in seinen *Herzensergießungen eines kunstliebenden Klosterbruders* (1797) eine Novelle gewidmet hatte. Trotz unterschiedlicher Anteile Tiecks und Wackenroders an dem Gemeinschaftswerk der *Phantasien* kann Wackenroders Verfasserschaft des *Wunderbaren morgenländischen Märchens* als sicher gelten.

Der vorliegende Text wurde der Ausgabe Wilhelm Heinrich Wackenroder und Ludwig Tieck: *Phantasien über die Kunst.* Hrsg. von Wolfgang Nehring. Stuttgart: Reclam, 1973, entnommen.

27 *Morgenland:* Ähnlich wie das Mittelalter wird auch der Orient (vor allem Persien) von den Romantikern idealisiert und als Land der ursprünglichen Harmonie, damit auch der Poesie, verstanden.

Kindheit: im Sinne von Unverdorbenheit.

seltsame Wesen: In der abendländischen, aufgeklärten Medizin (zum Beispiel Johann Georg Zimmermann) gelten die Einsiedler in den Wüsteneien häufig als wahnsinnig.

höhern Genius: In der Romantik werden solche Einsiedlerfiguren (zum Beispiel auch Hölderlins Hyperion oder Hoffmanns Serapion) zu höheren Wesen nobilitiert, die paradigmatisch für das Künstlertum mit allen seinen Begabungen wie Gefährdungen stehen können.

Rad der Zeit: Nach der medizinischen Auffassung entspricht diese Vorstellung einer fixen Idee, stellt also ein Symptom des Wahnsinns dar. Das Motiv erfuhr unterschiedliche Deutungen: als Symbol des Nihilismus, des mechanistischen Weltbildes der Aufklärung und im Zusammenhang mit islamischer Mystik.

30 *ätherische Musik:* Seit der Antike und der Renaissance galt die Musik als Heilmittel gegen Geisteskrankheiten.

Süße Ahndungsschauer gleiten: Das Gedicht stammt möglicherweise von Ludwig Tieck, in dessen Sammlung seiner *Gedichte* (1821) es unter dem Titel »Nacht« erscheint.

Novalis:
Atlantis-Märchen (1802)

Das in dem Roman *Heinrich von Ofterdingen* enthaltene Märchen erschien zuerst im Rahmen der *Schriften* (1802). Es sind Kaufleute aus Schwaben, auf die Heinrich bei seiner Wanderung trifft und die ihm sowohl das Arion-Märchen als auch das Atlantis-Märchen erzählen.

Der vorliegende Text ist folgender Ausgabe entnommen: Novalis: *Schriften. Die Werke Friedrich von Hardenbergs.* Erster Band: Das dichterische Werk. Hrsg. von Paul Kluckhohn (†) und Richard Samuel unter Mitarbeit von Heinz Ritter und Gerhard Schulz. Revidiert von Richard Samuel. Stuttgart: Kohlhammer, 1977.

34 *Rustan:* auch in der Schreibweise Rostam; bedeutendster
Held des persischen Heldenepos *Shah-Nameh* (»Königs-
buch«) von Ferdousi, entstanden um das Jahr 1000. Es erzählt in über 50000 Versen die Geschichte Irans von den
Anfängen bis zum Verfall des Sasanidenreiches.

35 *gegenwärtig:* anwesend.

37 *Chiffern:* geheime Schriftzeichen, ähnlich wie der in der
Romantik ebenfalls häufig gebrauchte Begriff Hierogly-
phen.
Karfunkel: Seit dem Mittelalter werden diesem Edelstein
(Rubin) Wunderkräfte und beschützende Eigenschaften
zugesprochen. In ähnlicher Bedeutung taucht er auch bei
Goethe *(Faust II)* und E. T. A. Hoffmann *(Der goldne
Topf)* auf. Außerdem verweist der Karfunkel auf den »Wai-
sen« in der Kaiserkrone (vgl. dazu Novalis' Entwürfe zum
zweiten Teil des *Heinrich von Ofterdingen).* Die Motivgeschichte des Karfunkels reicht über Adalbert Stifter *(Der
Hochwald)* und Hermann Hesse *(Siddharta)* bis zu Inge-
borg Bachmann *(Malina).*

38 *Es ist dem Stein ein räthselhaftes Zeichen:* Das Gedicht hat
die klassische Form der Stanze.
Mit dem Tage: Bei Tagesanbruch.
Gesichtern: Traumvorstellungen, Phantasiegebilden.

39 *beobachtete:* bewahrte.

40 *einheimisch:* ein vertrauter Gast.

42 *vorstellte:* in Aussicht stellte.
Eydam: Schwiegersohn.

43 *Gnüge:* Genüge, genügendes, ausreichendes Maß.
Monden: Monate.

46 *denkt:* gedenkt.
Hütten... Palast: Das Gegensatzpaar bestimmt die Standes-
grenzen, wird von Novalis in seiner Bedeutung jedoch umgekehrt. Während (zum Beispiel bei Rousseau) die Hütte
eine alle Standesschranken überwindende Menschlichkeit
bezeichnet, wird dies in dem Lied für den Königspalast geltend gemacht. Dahinter steht Novalis' utopische Vorstel-

lung vom »poetischen Staat« als höchster aller denkbaren Staatsformen (vgl. *Glauben und Liebe*, 1798). Dieser »wahrhafte, vollkommene Staat« ist das Ziel von Novalis' Menschheitsideal.
Myrthenkranz: immergrüne Pflanze, Symbol der Liebe und Schönheit. Die Zweige der Brautmyrte finden als Braut-, aber auch als Grabschmuck Verwendung.

47 *gegen den König:* vor dem König.

48 *Mit reichem Wucher:* Mit Zins und Zinseszins.

49 *Atlantis:* Nach antiker Überlieferung (zum Beispiel durch Platon im *Timaios* und im *Kritias*) wurde dieser hinter den Säulen des Herkules im Atlantischen Ozean liegende sagenhafte Kontinent vom Meer überspült und verschlungen. Lokalisierungsversuche verweisen auf eine Insel westlich von Gibraltar, auch die Mittelmeerinsel Santorin ist genannt worden.

Clemens Brentano:
Von dem traurigen Untergang zeitlicher Liebe
(entstanden 1802–10)

Der Text entstammt der Urfassung der *Chronika des fahrenden Schülers*, die erst 1923 erstmals im Druck erschien, nachdem Brentanos Originalmanuskript Anfang der zwanziger Jahre aufgefunden worden war. Ein früherer Druck (1880/81) der Urfassung basiert auf einer Brentanos Text verfälschenden Abschrift unbekannter Hand und ist textkritisch bedeutungslos. Die Fragment gebliebene Urfassung der *Chronika*, einer Sammlung von Erzählungen, hat Brentano über Jahre hinweg beschäftigt, so daß exakte Entstehungsdaten nur schwer festzulegen sind. Brentano hat mit der Niederschrift im Spätsommer 1802 begonnen, dann 1805/06 erneut an dem Manuskript gearbeitet und schließlich die letzten Abschnitte, zu denen auch *Von dem traurigen Untergang zeitlicher Liebe* gehört, vermutlich um das Jahr 1810 fertiggestellt. Für diese Datierung spricht ein Brief Brentanos an Philipp Otto Runge vom 21. Januar 1810, in dem Brentano von seiner intensiven Beschäftigung mit dem Motivkomplex des Bitteren Brunnens und des Sterns Wermut berichtet.

Der vorliegende Text ist dem zweiten Band der von Wolfgang Frühwald, Bernhard Gajek und Friedhelm Kemp besorgten *Werke* Brentanos entnommen (4 Bände, München: Hanser, 1963–68).

51 *der verlorene Sohn:* Vgl. Lukas 15, 11–32.

die drei törichten Jungfräulein … abgebildet sind: Die Rahmenhandlung spielt an einem Maitag des Jahres 1358 im Hause des Ritters Veltlin von Türlingen in Straßburg. Dort liest der fahrende Schüler Johannes »vier Jungfräulein« namens Pelagia, Otilia, Gundelindis und Athala das Märchen aus einem Buch vor, in welchem eine Illustration abgebildet ist: »Das Bild aber stellte drei Jungfrauen vor, die auf offener See mit verschlungnen Armen in einem Schiffe saßen, das eben untergehen wollte; vom Lande aber fuhren drei andere Jungfrauen auf sie zu.« Die Lektüre des Märchens gilt vor allem der melancholischen Athala, die durch das Märchen zerstreut und ermutigt werden soll. Neben der Musik wird auch dem Erzählen von Geschichten traditionell heilende Wirkung gegen die Melancholie zugesprochen.

fast in Sorgen: sehr besorgt.

53 *magst:* vermagst, kannst.

54 *Perlemutter:* Perlmutt.

55 *Ave maris stella:* Meerstern, ich dich grüße; Marienlied (9. Jahrhundert), in dem die Jungfrau Maria als Meeresstern und Schutzheilige der Schiffer verehrt wird.

Becher von Thule: Vgl. Goethes Ballade »Der König von Thule«: Der König wirft den goldenen Becher ins Meer. Bei Brentano symbolisiert der Becher des Königs das profane Streben nach Glück und die Verabsolutierung der Kunst, vor denen das Märchen warnt.

Steinernen Trauer: Bezug auf die antike Sage von der weinenden Niobe, der Tochter des Tantalos und Gattin des thebanischen Königs Amphion. Niobe brüstet sich gegenüber Zeus' Gemahlin Leto mit ihrem Kinderreichtum. Die

beiden Kinder der Leto, Apollon und Artemis, rächen die
Beleidigung ihrer Mutter, indem sie die sechs Söhne und die
sechs Töchter (in manchen Quellen auch sieben Söhne und
Töchter) Niobes mit ihren Pfeilen erschießen. Die trau-
ernde Niobe wird von Zeus in einen Felsen im Sipylosge-
birge in Kleinasien verwandelt, aus dem unaufhörlich Tränen quellen.

die Decke... erheben: den Deckel... hochheben.

Bittern Brunnens: Brentano bezieht sich auf die Offenbarung des Johannes (8, 10f.), in der von einem Stern namens
Wermut berichtet wird, der vom Himmel fällt und das Wasser der Ströme und der Brunnen bitter macht. Der Stern
Wermut besitzt den Schlüssel zum »Brunnen des Ab-
grunds« (Offenbarung 9, 1 f.). Weiter bezieht sich Brentano
auf die Melusinensage, in der Graf Raimund an einem kühlen Brunnen, dem »Durstbrunnen«, die Meerfee Melusine
kennenlernt. Vgl. den Versroman *Melusine* von Thüring
von Ringoltingen (um 1415–83).

der Weinenden: der weinenden Toten.

56 *Bild einer sitzenden Jungfrau... toter Jüngling:* Verweis auf
Darstellungen in der bildenden Kunst: Die Mutter Gottes
birgt Christi Leichnam auf ihrem Schoß (Pietà).

in einem Zirkel: im Kreis.

Peter von Stauffenberg: Held einer mittelhochdeutschen
Versnovelle (um 1310) des elsässischen Dichters Egenolf
von Stauffenberg mit deutlichen Anklängen an die Melusinensage, 1588 von Johann Fischart neubearbeitet und –
nach neuerlicher Bearbeitung – von Achim von Arnim in
Des Knaben Wunderhorn aufgenommen. Der Ritter Peter
Diemring von Staufenberg lernt eine wunderschöne Fee
kennen, der er versprechen muß, keine (sterbliche) Frau zu
heiraten, weil er sonst am dritten Tag nach der Hochzeit
sterben müsse. Als der Ritter das Angebot des Kaisers an-
nimmt und die Erbin des Herzogtums Kärnten heiratet,
tritt die Prophezeiung der Fee ein.

Regnard von Lusignan: identisch mit Graf Raimund von

Poitiers; männliche Hauptfigur der Melusinensage. Der Stoff geht auf französische Geschlechtersagen aus dem Spätmittelalter zurück, wurde in einem Prosaroman (um 1390) von Jean d'Arras, in einem Versroman (nach 1401) von Couldrette, in einem deutschen Versroman des Thüring von Ringoltingen und in einer darauf basierenden Prosafassung (1474), in einem galanten Roman (1698) von Nodot sowie in überaus zahlreichen Volksbüchern bearbeitet und weiter tradiert. Die Sage erzählt die Geschichte von der schönen Meerfee Melusine und dem Grafen Guy de Lusignan (bzw. Raimund von Poitiers), der Melusine vor der Hochzeit versprechen muß, an Samstagen nie nach ihr zu verlangen und nie nach ihrer Herkunft zu fragen. Eines Tages läßt sich der Graf, von seinem Bruder auf die angebliche Untreue Melusines hingewiesen, dazu anstacheln, sie an einem Samstag seinem Versprechen entgegen heimlich beim Bad zu beobachten. Dabei entdeckt er ihre Nixengestalt. Melusine verläßt ihn, indem sie laut klagend durch das Fenster davonschwebt. – Auch in anderen Prosatexten hat Brentano die Melusinensage verwendet (*Der arme Raimondin, Das Märchen von dem Hause Starenberg und den Ahnen des Müllers Radlauf*); weitere Nachdichtungen stammen von Justus Friedrich Wilhelm Zachariae, Tieck und Franz Grillparzer. Auch Albert Camus hat sich mit der Sage befaßt. Goethes *Neue Melusine* aus *Wilhelm Meisters Wanderjahren* bezieht sich nur im Titel auf den Stoff.

abscheulicher Wurm: Schlange; Anspielung auf den Teufel.

ein Stern... Wermut: Vgl. die fünfte Anmerkung zu S. 55 und die Offenbarung des Johannes 8, 10f., wo es heißt: »und es fiel ein großer Stern vom Himmel, der brannte wie eine Fackel und fiel [...] über die Wasserbrunnen. Und der Name des Sterns heißt Wermut. Und der dritte Teil der Wasser ward Wermut; und viele Menschen starben von den Wassern, weil sie waren so bitter geworden.« Von daher auch der Begriff »Wermutstropfen«.

57 *Rosenkranz:* Das Jungfräulein soll durch den Rosenkranz vor der Verführung durch das Böse geschützt werden.

sage mir: erzähle mir.

59 *um die Sünde der Welt und um das Lamm:* Vgl. Johannes 1, 29.

60 *Wasserflut:* Sintflut; vgl. 1. Mose 6, 7.

Denkmal weltlichen Stolzes: Der Stolz bzw. der Hochmut (lat. superbia) ist eine der sieben Todsünden und Zeichen der Abkehr von Gott.

Du sollst dein Brot... erringen: Vgl. 1. Mose 3, 19.

62 *aufgerichtet:* geschlossen.

63 *Sirene:* In der *Odyssee* wohnen auf einer Insel des Tyrrhenischen Meeres Fabelwesen, die mit ihrem unwiderstehlichen Gesang vorüberfahrende Seeleute anlocken, um sie zu töten. In christlicher Deutung verkörpern die Sirenen die irdischen, zur Sinnenlust führenden Verlockungen.

67 *begriffen:* umfaßt, umspannt.

möchte: könnte.

68 *unsinnig:* wahnsinnig.

69 *die Sirene... um die Insel:* Variation der antiken Sage von Hero und Leander, hier mit vertauschten Rollen. Leander schwimmt jede Nacht über den Hellespont zu seiner Geliebten Hero, die ihm von ihrem Turm aus mit einer Lampe den Weg durch die Meeresenge weist. Eines Nachts wird die Lampe bei einem Sturm ausgelöscht, und Leander ertrinkt in den Fluten. Hero findet die Leiche ihres Geliebten am Strand und stürzt sich daraufhin von ihrem Turm ins Meer.

70 *Eile! Eile hin nach Thule:* für das Märchen leicht veränderte Fassung der achten Strophe von Brentanos Gedicht »Der Jäger an den Hirten«.

Da stand sein ganzes Geschick geschrieben: Ähnlich im fünften Kapitel von Novalis' Roman *Heinrich von Ofterdingen*, wo Heinrich in einem illustrierten Buch seine eigene Geschichte erzählt findet.

71 *der Schmerzhaften Maria:* der schmerzensreichen Mutter Gottes. Die Vorstellung der Mater dolorosa entsteht jedoch erst im 15. Jahrhundert; ein bewußter Anachronismus Brentanos (die Rahmenhandlung ereignet sich im Jahre 1358).

Ludwig Tieck:
Der Runenberg (1804)

Das Märchen erschien erstmals im *Taschenbuch für Kunst und Laune* (Köln: Haas, 1804), dann erneut im ersten Band von Tiecks Novellensammlung *Phantasus* (1812), später im vierten Band der *Schriften* (1828–54).

Der vorliegende Text ist dem auf den *Schriften* basierenden, von Marianne Thalmann besorgten Band Ludwig Tieck: *Die Märchen aus dem Phantasus*, München: Winkler, 1964, entnommen.

73 *Runenberg:* wohl nach der Tafel mit Geheimzeichen, die Christian auf dem Berg gegeben wird. Möglicherweise auch Anspielung auf die Alrunenwurzel (siehe die Anmerkung zu S. 75).

   Vogelherde: Gerät für den Vogelfang.

74 *Auroras:* Aurora: römische Göttin der Morgenröte.

   Diana: römische Göttin der Jagd.

75 *Alrunenwurzel:* Alraunenwurzel, im Altertum als Zaubermittel und Amulett verwendet. Dem Aberglauben zufolge stößt die menschenähnlich geformte Wurzel der Pflanze Mandragora einen Schrei aus, wenn man sie aus der Erde zieht (ähnlich in E. T. A. Hoffmanns Märchen *Klein Zaches*). – Das Thema der Teufelsbündelei wird u. a. schon von Hans Jakob Christoffel von Grimmelshausen (*Galgen-Männlin*, 1673) gestaltet, nach ihm von Friedrich de la Motte Fouqué in seiner *Geschichte vom Galgenmännlein* und in *Die vierzehn glücklichen Tage* (1812) sowie – in Verbindung mit der Golemsage – von Achim von Arnim in der Novelle *Isabella von Ägypten* (1812), von Karl Wilhelm Salice Contessa in seinem Märchen *Magister Rößlein* (1810), von Adelbert von Chamisso im *Peter Schlemihl*, von Hoffmann in der *Geschichte vom verlornen Spiegelbilde* und von Wilhelm Hauff in *Das kalte Herz*.

80 *demantnen:* diamantenen.

82 *Gemeine:* Gemeinde.

90 *wegt:* bewegt.
92 *Lineamente:* Linienführung.

Joseph von Eichendorff:
Die Zauberei im Herbste (entstanden 1808/09)

Das Märchen wurde erst 1906 veröffentlicht (*Aus dem Nachlaß des Freiherrn Joseph von Eichendorff*. Briefe und Dichtungen. Köln: Bachem, 1906).

Der vorliegende Text wurde dem Band Joseph von Eichendorff: *Werke. Band 2: Romane – Erzählungen*. Nach den Ausgaben letzter Hand unter Hinzuziehung der Erstdrucke. Textredaktion: Jost Perfahl. Mit einer Einführung, einer Zeittafel und Anmerkungen von Ansgar Hillach. München: Winkler, 1970, entnommen.

97 *mit dem frühesten:* in aller Frühe.
   Waldesschluften: Waldschluchten.
100 *Sirenen:* Vgl. die Anmerkung zu S. 63.
   Hausfrau: Gattin.
101 *Gottfried:* Gottfried IV. von Bouillon (gestorben 1100 in Jerusalem), Herzog von Niederlothringen; war als einer der Anführer im Ersten Kreuzzug (1096–99) der Eroberer Jerusalems; nannte sich »Vogt des Heiligen Grabes«.
103 *Golden meine Locken wallen:* Vgl. Eichendorffs Schilderung der Loreley in dem Gedicht »Waldgespräch«.
   das... meinten: dem... galten.
106 *dicksten:* dichtesten.
107 *sinnlos:* besinnungslos.
109 *Basiliskenaugen:* Der Basilisk ist ein Fabelwesen der Antike und des Mittelalters, dessen Blick tödlich ist.
   Mädchen: verführerische Elfen, Luftgeister.
110 *Fehle:* Verfehlungen.
   ausspreitete: ausbreitete.
111 *Armer Raimund:* Anspielung auf die Melusinensage. Vgl. die vierte Anmerkung zu S. 56.

Friedrich de la Motte Fouqué:
Eine Geschichte vom Galgenmännlein (1810)

Die Erzählung erschien zuerst in: *Pantheon. Eine Zeitschrift für Wissenschaft und Kunst*. Herausgegeben von Johann Gustav Büsching und Karl Ludwig Kannegießer. Ersten Bandes zweites Heft. Leipzig: Saalfeld, 1810.

Der vorliegende Text ist der Ausgabe Friedrich de la Motte Fouqué: *Romantische Erzählungen*. Nach den Erstdrucken mit Anmerkungen, Zeittafel, Bibliographie und einem Nachwort von Gerhard Schulz. München: Winkler, 1977, entnommen.

114 *Galgenmännlein:* Volksname für die Alraune. Nach dem Volksglauben wächst an der Richtstätte der Alraun oder das Galgenmännlein. Vgl. auch die Anmerkung zu S. 75. Das Wort wird auch gebraucht zur Bezeichnung des ›guten Geistes des Hauses‹.

Dreißigjährigen Krieges: 1618–48, bezeichnet den Handlungszeitraum des Märchens.

absonderlicher: besonderer.

kecklich: mutig.

groben: dummen, unbedarften.

115 *täte:* handelte.

ausgewamst: ausgenommen.

dafern: wenn.

Fant: von »Infant«: Kind, Edelknabe; hier ironisch für Galan.

bedungen: die Bedingungen ausgehandelt.

116 *beschatzen:* ausnehmen.

118 *sittig:* wohlgesittet, höflich.

Pönitenz: Buße.

arbeitest... recht kurz: verkürzest... sehr.

121 *grinzendes:* grinsendes.

bedunkte: erschien.

122 *sich... entschlagen:* lossagen.

foderte: forderte.

123 *mochte:* vermochte, konnte.

lichten Augenblicken: Augenblicken, in denen die Vernunft regiert. Standardausdruck der Medizin (»lucida intervalla«) für die Augenblicke, in denen Geisteskranke vorübergehend zur Vernunft kommen. Damit deutet Fouqué auf das pathologische Verhalten seines Helden.

Blankette: Blankoscheine.

124 *turbieren:* verwirren.

125 *narriert:* betrogen.

Attestat: Bescheinigung.

Tabulettkrämer: wandernder Händler mit Bauchladen.

127 *innerlich:* innig, tief.

angeben: anzeigen.

128 *billiger:* gerechter.

129 *Parten:* Parteien.

130 *Falkonettkugel:* Falkonett: Kanone, die zwei bis drei Pfund Eisen verschießen kann.

131 *losnarrieren:* abgaunern.

133 *Satz:* Einsatz.

134 *gegen des:* bis dahin.

verschworen: abgeschworen.

140 *freisamen:* wilden, fürchterlichen.

141 *verwechselte:* umtauschte.

Adelbert von Chamisso:
Peter Schlemihls wundersame Geschichte (1814)

Das Märchen entstand im Jahre 1813 auf dem Gut Kunersdorf. Erstdruck: *Peter Schlemihl's wundersame Geschichte.* Mitgetheilt von Adelbert von Chamisso und herausgegeben von Friedrich Baron de la Motte Fouqué. Nürnberg: Johann Leonhard Schrag, 1814.

Der vorliegende Text folgt dem genannten Erstdruck, verzichtet aber auf die dort enthaltenen Widmungsgedichte und Vorreden sowie auf den fiktiven Briefwechsel zwischen Chamisso, Fouqué und Julius Eduard Hitzig (1780–1849, Freund und späterer Biograph Chamissos und E. T. A. Hoffmanns) und auf die letzterem geltende Widmung.

145 *Schlemihls:* Den Namen erklärt Chamisso selbst in einem Brief an seinen Bruder. Es sei »ein hebräischer Name und bedeutet Gottlieb, Theophil. [...] Dies ist in der gewöhnlichen Sprache der Juden die Benennung von ungeschickten oder unglücklichen Leuten, denen nichts in der Welt gelingt«.
Norderstraße: Hinweis auf den Schauplatz Hamburg.

147 *Dolon:* achromatisches Fernrohr, benannt nach dem Londoner Optiker John Dollond, der es um 1758 erfand.

148 *Zeuge:* Stoffe, Tücher.

149 *stier:* starr.

150 *Springwurzel ... Galgenmännlein:* Die Springwurzel sprengt alle Schlösser, öffnet alle Türen. Wechselpfennige bringen jedesmal ein Goldstück hervor, wenn man sie umdreht. Der Raubtaler kehrt stets zu seinem Besitzer zurück. Das Tellertuch bedeckt sich mit allen Speisen, die man wünscht. Zur Alraunwurzel vgl. die Anmerkung zu S. 75, zum Galgenmännlein die erste Anmerkung zu S. 114.

151 *Fortunati Glückssäckel:* Fortunatus, der Held des berühmten Volksbuches (erstmals gedruckt 1509), hat das Glück, daß sein Geldbeutel nie leer wird. Der Stoff wurde u. a. von Tieck (in dem Märchenlustspiel *Fortunat*, 1815/16), im Wiener Volkstheater und auch von Chamisso (*Fortunati Glücksäckel und Wunschhütlein*, 1806) variiert. Es gibt Querverbindungen des Motivs zum *Galgenmännlein*-Stoff.

153 *Haller, Humboldt und Linné:* Albrecht von Haller (1708–77), Professor u. a. der Medizin und Botanik in Göttingen und Bern, berühmt durch sein Lehrgedicht *Die Alpen* (1729). Alexander von Humboldt (1769–1859), bedeutender Naturforscher; sein dreißigbändiges Hauptwerk ist die *Voyage aux régions équinoxiales du nouveau continent* (1805–39). Carl von Linné (1707–78), schwedischer Naturforscher, schuf mit seinem *Natursystem* (1735) die Grundlagen der modernen Biologie. – Durch die Nennung dieser

Forscher deutet Chamisso auf Schlemihls spätere natur-
kundliche Studien voraus.

Zauberring: Ritterroman Fouqués (3 Bände, Nürnberg
1813).

157 *Faffner:* Fafnir, der Drache, der in der Siegfriedsage den Nibelungenhort bewacht.

160 *gemeine:* gewöhnliche.

161 *tragieren:* tragisch spielen.

162 *Champagner Elfe:* der hervorragende Jahrgang 1811.
Plan: Ebene, Freifläche.

163 *wesmaßen:* auf welche Weise.
gute König: Friedrich Wilhelm III. (1797–1840).

164 *sinnreiche Erleuchtung:* geschickte Beleuchtung.

167 *Zeuch hin:* Ziehe hin, gehe fort.

172 *Arethusa:* Nymphe, die beim Baden vom Flußgott Alpheios
überrascht und verfolgt wurde; von Artemis durch die Verwandlung in eine Quelle gerettet.

175 *Tarnkappe:* der unsichtbar machende Tarnmantel Sieg-
frieds.

176 *nervigten:* nervigen, starken.

178 *Vogelnest:* ein Zaubergegenstand, der wie die Tarnkappe
unsichtbar machen kann. Vgl. zum Beispiel Grimmelshau-
sens *Wunderbarliches Vogelnest* (1672–75).

191 *Justo judicio... sum:* Durch das gerechte Gericht Gottes bin
ich gerichtet, durch das gerechte Gericht Gottes bin ich verdammt.

193 *Kurtka:* langer, mit Schnüren besetzter Rock der damaligen
Mode.

196 *Theben:* Hauptstadt von Oberägypten; in ihrer Umgebung,
der Thebais, lebten die sogenannten Anachoreten (asketi-
sche Einsiedler, vgl. Wackenroders *Wunderbares Märchen*).
Herkules-Säulen: die Straße von Gibraltar.

197 *Eliasberg:* Mount St. Elias an der Grenze zwischen Kanada
und Alaska.
Neuholland: Australien.

Zoophyten-Inseln: ein Teil der Südseeinseln, benannt nach den Korallenpolypen, aus denen sie entstanden sind.

Land van Diemen: Tasmanien.

202 *Tieckius:* Vgl. Tiecks Märchen *Leben und Taten des kleinen Thomas, genannt Däumchen* (1812), in dem die Siebenmeilenstiefel nach jeder Reparatur an Wunderkraft verlieren.

Historia... orbis: Geschichte der Wurzeln und Pflanzen beider Erdhälften. Titel in Anlehnung an ein Werk Albrecht von Hallers.

Flora... terrae: Pflanzenkunde der ganzen Erde.

Systema naturae: System der Natur, Titel in Anlehnung an Carl von Linnés berühmtes Werk. Vgl. die erste Anmerkung zu S. 153.

203 *Explicit:* mittelalterliche Schlußformel: Ende des Buches.

Ernst Theodor Amadeus Hoffmann:
Die Geschichte vom verlornen Spiegelbilde (1815)

Das Märchen erschien zuerst im vierten Band von Hoffmanns *Fantasiestücken in Callots Manier* (Bamberg: Carl Friedrich Kunz, 1815), wo es in die Erzählung *Die Abenteuer der Silvester-Nacht* eingebaut ist. Der Begriff »Stücke« ist an die Malerei angelehnt, bezeichnet also Phantasiegemälde in der Art des lothringischen Kupferstechers und Radierers Jacques Callot (1592–1635).

Der vorliegende Text ist der von Walter Müller-Seidel besorgten Ausgabe E. T. A. Hoffmann: *Fantasie- und Nachtstücke.* München: Winkler, 1976, entnommen.

205 *Buffonerien:* launige Scherze; nach dem »Buffone«, der Hanswurstfigur in der Commedia dell'arte.

Melancholikus: Melancholiker; im medizinischen Sprachgebrauch der damaligen Zeit ein vom Wahnsinn bedrohter Mensch.

206 *Mieris:* Frans van Mieris (1635–81), niederländischer Genre- und Porträtmaler der Leidener Schule, richtungsweisend in der Feinmalerei.

208 *Dapertutto:* deutsch: Überall.

209 *Ciarlatano:* Scharlatan.

212 *Dieselben haben sich etwas alteriert:* Sie haben sich etwas aufgeregt.

inklinieren: neigen.

Amoroso: Verliebten.

sympathetisches: geheimnisvoll wirkendes.

214 *ein mauvais sujet, ein homo nefas:* ein übles Subjekt, ein unglückbringender Mensch.

Suwarow: Alexander Wassiljewitsch Suworow (1729 bis 1800), russischer Generalfeldmarschall. In der dem Märchen vorausgehenden Handlung der *Abenteuer der Silvester-Nacht* auch der Spitzname Spikhers.

220 *Peter Schlemihl:* die Figur aus dem Märchen Chamissos; taucht auch in der Rahmenhandlung der *Abenteuer der Silvester-Nacht* auf, wo sie dem »reisenden Enthusiasten« und Spikher begegnet.

Achim von Arnim:
Die Majoratsherren (1819)

Der Text erschien erstmals im *Taschenbuch zum geselligen Vergnügen auf das Jahr 1820.* Leipzig: Johann Friedrich Gleditsch und Wien: Carl Gerold, 1819.

Der vorliegende Text ist der auf den Erstdrucken basierenden Ausgabe Achim von Arnim: *Sämtliche Romane und Erzählungen.* Dritter Band. Hrsg. von Walther Migge. München: Hanser, 1965, entnommen.

221 *Majoratsherren:* von lateinisch »major« (der Ältere); eine vom Erblasser geregelte Erbfolgeordnung, bei der nur der Älteste einer Linie erbt. Der Begriff bezeichnet auch das Erbe selbst.

Chodowieckis: Daniel Chodowiecki (1726–1801), Maler und Kupferstecher in Berlin, der bedeutendste Illustrator des 18. Jahrhunderts, dessen Stiche eine Kulturgeschichte des damaligen deutschen Bürgertums ergeben.

223 *Portépée:* Quaste, an welcher der Degen hängt.
224 *Filetarbeit:* Spitzenhandarbeit.
225 *prophetischen Kranken:* Geisteskranke mit der Fähigkeit, im Wahn weissagen zu können.
Fieber: medizinisch damals auch im Sinn von Fieberwahn als Symptom einer Geisteskrankheit.
226 *Katillon:* Herkunft und Bedeutung nicht nachweisbar; vermutlich ein Haarbeutel oder Zopf.
Liebestritt: tänzelnder Gang.
227 *Schickselchen:* jüdisches Mädchen; das jiddische »Schickse« bezeichnet eigentlich ein nichtjüdisches Mädchen.
Roßtäuscher: betrügerischer Pferdehändler.
Vasthi: Im Buch Esther ist Vasthi eine Nichtjüdin und neben der Jüdin Esther die Gemahlin des Perserkönigs Ahasverus (hebräische Namensform von »Xerxes«). Ahasverus heißt auch der »Ewige Jude«.
228 *der Erde... binden:* an die Erde... binden.
232 *italienisches Gedicht... Putztische:* Vgl. Arnims Gedicht »Siehst du in den hohen Spiegel«.
234 *unzählige Augen:* In der jüdischen Mythologie trägt der Todesengel ein Kleid voller Augen. An seinem Schwert hängt der tödliche Tropfen Galle, den der Todesengel dem Sterbenden auf die Zunge träufelt.
235 *Komplexion:* Begriff aus der antiken Säftelehre zur Bezeichnung des Temperaments.
Karfunkel: Rubin. Vgl. die zweite Anmerkung zu S. 37.
236 *Zeuge:* Stoffe, Tücher.
237 *abdingen:* herunterhandeln.
Vorschlag: Verhandlungsbasis.
238 *Lilis:* Lilith, sagenhafte erste Frau Adams, nach der jüdischen Mythologie später ein Dämon, der Neugeborenen nach dem Leben trachtet. Bei Arnim die keusche Gattin Adams, die nach dem Sündenfall zum Todesengel wurde.
240 *Diversion:* Ablenkung.
241 *›Nathan den Weisen‹:* In diesem Drama Lessings wird ebenfalls ein Christenmädchen von einem Juden erzogen.

243 *Potpourri:* hier: Gefäß mit verschiedenen Duftstoffen.
schwarze Pudel... Teufels: Vgl. die Studierzimmerszene in
Goethes *Faust.*

247 *David... Bundeslade:* Vgl. 2. Samuel 6, 14ff.
Hautboen: Oboen.
Fandango: alter spanischer Nationaltanz.

251 *Es war eine alte Jüdin:* Volksballade, von Arnim bearbeitet
und in *Des Knaben Wunderhorn* aufgenommen. Hier in
verändertem Wortlaut.

256 *erfunden:* gefunden.

258 *Kartusch:* nach Louis Dominique Bourguignon (1693 bis
1721), gewöhnlich Cartouche genannt, einem berüchtigten
Banditen.
der Kontinent... eingesperrt: Die linksrheinischen Gebiete
waren 1797 an Frankreich gefallen, wodurch der Adel seine
Vorrechte verlor und die Juden bürgerliche Rechte erhielten. Mit der Kontinentalsperre von 1806 verbot Napoleon
den Handel mit England in der Absicht, sich auch dieses
Land zu unterwerfen.

Ernst Theodor Amadeus Hoffmann:
Die Bergwerke zu Falun (1819)

Der Text erschien erstmals im ersten Band von Hoffmanns Novellensammlung *Die Serapions-Brüder* (Berlin: Georg Reimer,
1819). Der Serapionsbruder Theodor (Hoffmanns alter ego) ist
der Verfasser dieses Märchens, das er in geselliger Runde seinen
Freunden vorliest.

Der vorliegende Text ist der von Walter Müller-Seidel besorgten, auf der Erstausgabe basierenden Ausgabe Ernst Theodor
Amadeus Hoffmann: *Die Serapions-Brüder.* München: Winkler, 1963, entnommen.

260 *Falun:* schwedische Stadt in der Provinz Dalarna, bekannt
durch den Bergbau (Kupfer, Blei, Zinkerz).
Götaborg: Göteborg.

Götaelf: bei Göteborg mündender Fluß.

Masthuggetorg: befestigter Platz am Stadtrand von Göteborg.

Hönsning: Fest, das ein Seemann zum Einstand gibt (z. B. anläßlich seiner ersten Äquatorfahrt).

261 *Gästgifvaregard:* großer Gasthof.

Öl: Bier.

Bumper: Humpen.

Seeteufel Näcken: Neck oder Nöck, ein Wassergeist, der in die Tiefe lockt.

Troll: riesenhafter Unhold.

Neriker: Bewohner von Närke oder Nerika, einer Landschaft in Mittelschweden.

265 *Ähl:* Bier.

kindliches Gemüt: ein naives, unverbildetes Gemüt; bei Hoffmann Ausdruck poetischer Anlagen.

266 *Bergmannshemman:* kleines Anwesen.

Kuxe: Anteile am Bergwerk.

Pyrosmalith… Almandin: Der Pyrosmalith ist ein Eisenmangansilikat, der Almandin ein roter Granat.

270 *Gefle:* Gävle nordöstlich von Uppsala.

271 *Hausmanns Reise:* Hinweis Hoffmanns auf eine seiner Quellen: Johann Friedrich Ludwig Hausmann: *Reise durch Skandinavien in den Jahren 1806 und 1807.* 5 Bände. Göttingen 1811–18. Daneben benutzte Hoffmann auch den Bericht von Ernst Moritz Arndt: *Reise durch Schweden im Jahre 1804.* 2 Bände. Berlin 1806. – Aus beiden Berichten übernahm Hoffmann Fachbegriffe, schwedisches Vokabular und Einzelheiten zur Erzeugung des Lokalkolorits.

273 *Dalkarl:* Bewohner von Dalarna, einer Landschaft um den Siljansee.

Masmeister Altermann: Aufseher bzw. Vorsteher.

Stora-Kopparberg: «Stora» bedeutet »groß«; Kopparberg ist eine Stadt in Mittelschweden.

275 *von wannen:* woher.

278 *Puchhammer:* mörserähnlicher Hammer zum Zerhauen des Gesteins.

Trappgang: eisenhaltige Ader; *Trum* bezeichnet deren Verzweigung.

279 *Garkönig:* gereinigtes Metall.

280 *Flor:* Blüte.

282 *Salbänder:* seitliche Stollenwand.

Streichen und Fallen: waagrechte und senkrechte Richtung des Gesteins.

285 *wie in zwei Hälften geteilt:* Hinweis auf eine schizophrene Persönlichkeitsspaltung; von Hoffmann auch oft im Doppelgängermotiv gestaltet.

286 *Karfunkel:* Rubin, vgl. die zweite Anmerkung zu S. 37.

288 *Naphthafeuer:* Naphtha: Erdöl.

Ornäs: kleiner Ort in Dalarna.

Wilhelm Hauff:
Das kalte Herz (1828)

Das Märchen steht, aufgeteilt in zwei Abteilungen, in der Sammlung *Das Wirtshaus im Spessart*, die Hauffs dritten Almanach bildet. Erstdruck: *Märchenalmanach für Söhne und Töchter gebildeter Stände auf das Jahr 1828.* Stuttgart: Franckh, 1828.

Der vorliegende Text ist der auf den Erstdrucken basierenden, von Sibylle von Steinsdorff und Helmut Koopmann besorgten Ausgabe Wilhelm Hauff: *Sämtliche Werke. Band 2: Märchen, Novellen.* München: Winkler, 1970, entnommen.

291 *Mynheers:* meine Herren; hier scherzhafte Bezeichnung der Holländer.

292 *kölnische Pfeifen:* Pfeifen aus weißem Ton, der in der Nähe von Köln vorkommt.

293 *Sechsbätzner:* alte Münze mit dem Wappen der Stadt Bern, dem Bären oder Bätz; entspricht 24 Kreuzern.

Schlurker: schleppend gehender Mensch.

Nibelungenhort: Der von Siegfried gewonnene Hort der Nibelungen soll von Hagen bei Bingen im Rhein versenkt worden sein.

295 *spielen:* auslosen.

Witwe... Sohn: Diese Begründung konnte eine Freistellung vom Militärdienst erwirken.

297 *Kunkeln:* Spinnrocken, Spindeln.

298 *Ehni:* Großvater.

300 *ihre Stangen beisetzen:* ihre Flößerstangen auslegen.

Weberbaum: hölzerne Walze in alten Webstühlen, hier: besonders starke Stange zur Steuerung.

Seelenverkäufer: Sklavenhändler.

305 *Auerhahn... Schlange:* Motiv aus *Tausendundeiner Nacht.*

307 *drei Wünsche:* volkstümliches Märchenmotiv (z. B. Grimm: *Der Arme und der Reiche* oder Musäus: *Die Nymphe des Brunnens*).

309 *Bot:* Angebot.

Beinglas: unter Zusatz von Knochenasche hergestelltes Milchglas.

310 *knöchelte:* würfelte (die Würfel wurden früher aus Tierknochen hergestellt).

311 *verschleißen:* verkaufen.

vergantet: versteigert.

313 *Satz:* Einsatz.

315 *Separatist:* Frömmler, Anhänger einer schwärmerischen Sekte, z. B. der Quietisten.

317 *Zettel ... Namen:* Vgl. den in Kristallgläser eingeschlossenen Anselmus in E. T. A. Hoffmanns Märchen *Der goldne Topf.*

318 *den Stein und das Geld:* ähnliches Motiv wie in Chamissos *Peter Schlemihl* und in Hoffmanns *Abenteuer der Silvester-Nacht.*

323 *betreten:* erwischen.

324 *Ehrenwein:* besonders edler Wein, an Festtagen oder zur Ehre eines Gastes getrunken.

333 *Patengeschenk:* Vgl. die Verwandlung von Tannenzapfen in Goldrollen durch Rübezahl.

Bibliographische Hinweise

Zum Kunstmärchen und zur Romantik

Apel, Friedmar: Die Zaubergärten der Phantasie. Zur Theorie und Geschichte des Kunstmärchens. Heidelberg 1978

Bäuerle, Dorothea: Das nachromantische Kunstmärchen in der deutschen Dichtung. Würzburg 1937

Benz, Richard: Märchen-Dichtung der Romantiker. Mit einer Vorgeschichte. Gotha 1908

Bieringer-Eyssen, Jürgen: Das romantische Kunstmärchen in seinem Verhältnis zum Volksmärchen. Diss. [masch.] Tübingen 1953

Brackert, Helmut (Hrsg.): Und wenn sie nicht gestorben sind... Perspektiven auf das Märchen. Frankfurt am Main 1980

Buchmann, Rudolf: Helden und Mächte des romantischen Kunstmärchens. Beiträge zu einer Motiv- und Stilparallele. Leipzig 1910. Nachdruck Hildesheim 1976

Dippel, Gisela: Das Novellen-Märchen der Romantik im Verhältnis zum Volksmärchen. Versuch einer Analyse des Strukturunterschiedes. Diss. [masch.] Frankfurt am Main 1935

Enzyklopädie des Märchens. Handwörterbuch zur historischen und vergleichenden Erzählforschung. Hrsg. von K. Ranke und anderen. Berlin und New York 1977ff.

Ewers, Hans-Heino: Das Kunstmärchen – eine moderne Erzählgattung. In: Zauberei im Herbste. Deutsche Kunstmärchen von Wieland bis Hofmannsthal. Stuttgart 1987. S. 645–678

Fink, Gonthier-Louis: Naissance et apogée du conte merveilleux en Allemagne 1740–1800. Paris 1966

Fontaine, Cary-Madelaine: Das romantische Märchen. Eine Synthese aus Kunst und Poesie. München 1985

Frank, Manfred: Das kalte Herz. Texte der Romantik. Ausgewählt und interpretiert von M. Frank. 2. Auflage. Frankfurt am Main 1981

Jehle, Mimi Ida: Das deutsche Kunstmärchen von der Romantik bis zum Naturalismus. Urbana, Illinois 1935

Karlinger, Felix: Grundzüge einer Geschichte des Märchens im deutschen Sprachraum. Darmstadt 1983

Kesselmann, Heidemarie: Kunstmärchen. München 1980

Klotz, Volker: Das europäische Kunstmärchen. Fünfundzwanzig Kapitel seiner Geschichte von der Renaissance bis zur Moderne. Stuttgart 1985

Kreuzer, Ingrid: Märchenform und individuelle Geschichte. Zu Text- und Handlungsstrukturen in Werken Ludwig Tiecks zwischen 1790 und 1811. Göttingen 1983

Lüthi, Max: Märchen. Achte, durchgesehene und ergänzte Auflage. Bearbeitet von H. Rölleke. Stuttgart 1990

Merkel, Ingrid: Wirklichkeit im romantischen Märchen. In: Colloquia Germanica 3 (1969) S. 162–183

Metzger, Michael M., und Mommsen, Katharina (Hrsg.): Fairy Tales as Ways of Knowing. Essays on Märchen in Psychology, Society and Literature. Bern, Frankfurt am Main und Las Vegas 1981

Moser, Hugo: Sage und Märchen in der deutschen Romantik. In: Die deutsche Romantik. Poetik, Formen und Motive. Hrsg. von H. Steffen. Göttingen 1967. S. 253–276

Mudrak, Gertrud: Das Kunstmärchen des 19. Jahrhunderts in seinen Beziehungen zur Volksüberlieferung. Diss. [masch.] Wien 1953

Obenauer, Karl Justus: Das Märchen. Dichtung und Deutung. Frankfurt am Main 1959

Propp, Vladimir: Morphologie des Märchens. Hrsg. von Karl Eimermacher. München 1972

Rötzer, Hans Gerd: Märchen. Bamberg 1982

Schumacher, Hans: Narziß an der Quelle. Das romantische Kunstmärchen. Geschichte und Interpretation. Wiesbaden 1977

Steffen, Hans: Märchendichtung in Aufklärung und Romantik. In: Formkräfte der deutschen Dichtung vom Barock bis zur Gegenwart. Göttingen 1963. S. 100–123

Stumpfe, Ortrud: Die Symbolsprache der Märchen. Vierte Auflage. Münster 1978

Thalmann, Marianne: Das Märchen und die Moderne. Zum Begriff der Surrealität im Märchen der Romantik. Stuttgart 1961

Tismar, Jens: Kunstmärchen. Zweite, durchgesehene und vermehrte Auflage. Stuttgart 1983

Wührl, Paul-Wolfgang: Das deutsche Kunstmärchen. Geschichte, Botschaft und Erzählstrukturen. Heidelberg 1984

Zipes, Jack: The Revolutionary Rise of the Romantic Fairy Tale in Germany. In: Studies in Romanticism 16 (1977) Heft 4–8. S. 409–450

Zu den einzelnen Märchen

Ludwig Tieck: Der blonde Eckbert

Arendt, Dieter: Der poetische Nihilismus in der Romantik. Band 2. Tübingen 1972. S. 257–303

Bürger, Christa: Der blonde Eckbert. Tiecks romantischer Antikapitalismus. In: Literatursoziologie II. Beiträge zur Praxis. Hrsg. von J. Bark. Stuttgart 1974. S. 139–158

Ewton, Ralph W.: Childhood without End. Tieck's »Der blonde Eckbert«. In: The German Quarterly 46 (1973) S. 410–427

Fink, Gonthier-Louis: Le conte fantastique de Tieck. In: Recherches Germaniques 4 (1974) S. 71–94

Finney, Gail: Self-Reflexive Siblings. Incest as Narcissism in Tieck, Wagner and Thomas Mann. In: The German Quarterly 56 (1983) S. 243–256

Fries, Thomas: Ein romantisches Märchen: Der blonde Eckbert von Ludwig Tieck. In: Modern Language Notes 88 (1973) S. 1180–1211

Gellinek, Janis: A Tieckian Fall from Paradise. In: Lebendige

Form. Interpretationen zur deutschen Literatur. Festschrift für Heinrich Henel. Hrsg. von J. L. Sammons und Ernst Schürer. München 1970. S. 147–166

Greiner, Bernhard: Pathologie des Erzählens: Tiecks Entwurf der Dichtung im »Blonden Eckbert«. In: Der Deutschunterricht 39 (1987) Heft 1. S. 111–123

Horton, David: »Verwirrung« in »Der blonde Eckbert«. In: German Life & Letters 37 (1983/84) S. 322–335

Klussmann, Paul Gerhard: Die Zweideutigkeit des Wirklichen in Ludwig Tiecks Märchennovellen. In: Zeitschrift für deutsche Philologie 83 (1964) S. 426–452

Lillyman, William J.: Reality's Dark Dream. Berlin 1978. S. 79–92

Münz, Walter: Ludwig Tieck: Der blonde Eckbert / Der Runenberg (1797/1804). In: Erzählungen und Novellen des 19. Jahrhunderts. Band 1. Stuttgart 1988. S. 7–59

Ribbat, Ernst: Ludwig Tieck. Studien zur Konzeption und Praxis romantischer Poesie. Kronberg/Taunus 1978. S. 140–155

Schlaffer, Heinz: Roman und Märchen. Ein formtheoretischer Versuch über Tiecks »Blonden Eckbert«. In: Gestaltungsgeschichte und Gesellschaftsgeschichte. Hrsg. von H. Kreuzer. Stuttgart 1969. S. 224–241

Vitt-Maucher, Gisela: Eckbert, der gescheiterte Romantiker? Eine Strukturanalyse von Tiecks »Der blonde Eckbert«. In: Wege der Worte. Festschrift für W. Fleischhauer. Hrsg. von D. C. Riechel. Köln und Wien 1978. S. 332–346

[Apel, S. 192–199. Klotz, S. 153–161. Kreuzer, S. 157–187. Schumacher, S. 46–53. Thalmann, S. 35–58. Tismar, S. 39–44. Wührl, S. 239–247]

Wilhelm Heinrich Wackenroder:
Ein wunderbares morgenländisches Märchen
von einem nackten Heiligen

Arendt, Dieter: Der poetische Nihilismus in der Romantik.
Band 2, Tübingen 1972. S. 246–257

Bollacher, Martin: Wackenroder und die Kunstauffassung der
frühen Romantik. Darmstadt 1983

Kühnlenz, Günter: Wackenroders »Wunderbares Märchen von
einem nackten Heiligen« im Deutschunterricht der Prima. In:
Pädagogische Provinz 12 (1958) S. 199–209

Littlejohns, Richard: Wackenroder-Studien. Gesammelte Aufsätze zur Biographie und Rezeption des Romantikers. Frankfurt am Main u. a. 1987

Tecchi, Bonaventura: Wilhelm Heinrich Wackenroder. Bad
Homburg 1962

Tekinay, Alev: Der morgenländische Bestandteil im »Wunderbaren morgenländischen Märchen von einem nackten Heiligen« Wackenroders. Eine Studie zum romantischen Orientbe-
griff. In: Archiv für das Studium der neueren Sprachen und Literaturen 133 (1981) Band 218. S. 323–330

[Thalmann, S. 9–16. Wührl, S. 70–72]

Novalis: Atlantis-Märchen

Albert, Luitgard: Der magische Idealismus in Novalis' Märchen-
theorie und Märchendichtung. Hamburg 1948

Birrell, Gordon: The Boundless Present. Space Time in the Lite-
rary Fairy Tales of Novalis and Tieck. Chapel Hill 1979

Heftrich, Eckhard: Novalis. Vom Logos der Poesie. Frankfurt
am Main 1969. S. 116–128

Mähl, Hans-Joachim: Die Idee des goldenen Zeitalters im Werk
des Novalis. Heidelberg 1965

Mahoney, Dennis F.: Die Poetisierung der Natur bei Novalis.
Bonn 1980

Reble, Albert: Märchen und Wirklichkeit bei Novalis. In: Deutsche Vierteljahrsschrift für Literaturwissenschaft und Geistesgeschichte 19 (1941) S. 70–110

Rogers, Elvin E.: Novalis' Atlantis-Erzählung: Goethe Surpassed? In: The German Quarterly 50 (1977) S. 130–137

[Klotz, S. 142–148. Schumacher, S. 26–30. Thalmann, S. 17–34. Tismar, S. 45–50. Wührl, S. 106–111]

Clemens Brentano: Von dem traurigen Untergang
zeitlicher Liebe

Becker, Rudolf: Clemens Brentano und die Welt seiner Märchen. Diss. Frankfurt am Main 1960

Hosch, Reinhard: Immanente Reflexion und Binnen-Rahmen-Struktur. Zum formalen und stofflichen Zusammenhang von Clemens Brentanos Erzählungen. Diss. Heidelberg 1988

Huber, Michael: Clemens Brentano: Die Chronika des fahrenden Schülers. Eine Analyse der Figurenkonstellation und der kompositorischen Prinzipien der Urfassung. Bern und München 1976

Kathan, Anton: Die Chronika des fahrenden Schülers. Zum Erzählproblem bei Brentano. In: Literaturwissenschaftliches Jahrbuch der Görresgesellschaft 13 (1972) S. 181–216

Reindl, Nikolaus: Die poetische Funktion des Mittelalters in der Dichtung Clemens Brentanos. Innsbruck 1976. S. 25–71

Riley, Helene M. Kastinger: Clemens Brentano. Stuttgart 1985

Schaub, Gerhard: Nachwort. In: Clemens Brentano: Sämtliche Erzählungen. München 1991. S. 263–374

Stopp, Elisabeth: Nachwort. In: Clemens Brentano: Die Chronika des fahrenden Schülers. Urfassung. Stuttgart 1971. S. 112–136

[Apel, S. 168–192. Schumacher, S. 70–106. Thalmann, S. 59–77. Wührl, S. 75–78]

Ludwig Tieck: Der Runenberg

Böhme, Hartmut: Romantische Adoleszenzkrisen: Zur Psychodynamik der Venuskultnovellen von Tieck, Eichendorff und
E. T. A. Hoffmann. In: Literatur und Psychoanalyse. Hrsg.
von K. Bohnen u. a. Kopenhagen und München 1981. S.
133–176

Ewton, Ralph W., Jr.: Life and Death of the Body in Tieck's
»Der Runenberg«. In: The Germanic Review 50 (1975) S.
19–33

Fink, Gonthier-Louis: Le »Runenberg« de L. Tieck. In: Recherches Germaniques 8 (1978) S. 20–49

Frye, Lawrence O.: Irretrievable Time and the Poems in Tieck's
»Der Runenberg«. In: Literaturwissenschaftliches Jahrbuch
der Görresgesellschaft 18 (1977) S. 147–171

Kimpel, Richard: Nature, Quest and Reality in Tieck's »Der
blonde Eckbert«. In: Studies in Romanticism 9 (1970) S.
176–192

Lindemann, Klaus: Von der Naturphilosophie zur christlichen
Kunst. Zur Funktion des Venusmotivs in Tiecks »Runenberg«
und Eichendorffs »Marmorbild«. In: Literaturwissenschaftliches Jahrbuch der Görresgesellschaft 15 (1974) S. 101–121

Münz, Walter: Ludwig Tieck: Der blonde Eckbert / Der Runenberg (1797/1804). In: Erzählungen und Novellen des 19. Jahrhunderts. Band 1. Stuttgart 1988. S. 7–59

Rasch, Wolfdietrich: Blume und Stein. Zur Deutung von Ludwig Tiecks Erzählung »Der Runenberg«. In: The Discontinu-
ous Tradition. Studies in German Literature in Honour of
E. L. Stahl. Oxford 1971. S. 113–128

Tatar, Maria M.: Deracination and Alienation in Ludwig Tieck's
»Der Runenberg«. In: German Quarterly 51 (1978) S.
285–304

Vredeveld, Harry: Ludwig Tieck. »Der Runenberg«: an Arche-
typal Interpretation. In: The Germanic Review 49 (1974) S.
200–214

[Frank, S. 9–16, 253–387. Klotz, S. 153–161. Kreuzer, S.

134–157. Schumacher, S. 53–58. Thalmann, S. 35–58. Tismar, S. 41–43. Wührl, S. 247–251]

Joseph von Eichendorff: Die Zauberei im Herbste

Grenzmann, Ludger: Nachwort. In: Joseph von Eichendorff: Sämtliche Erzählungen. 3. Auflage. München 1991. S. 389–418

Köhnke, Klaus: »Hieroglyphenschrift«. Untersuchungen zu Eichendorffs Erzählungen. Sigmaringen 1986. S. 38–49

Mühlher, Robert: »Die Zauberei im Herbste«. Aus der Werkstatt des jungen Eichendorff. In: Aurora 24 (1964) S. 46–65

Wendler, Ursula: Eichendorff und das musikalische Theater. Untersuchungen zum Erzählwerk. Bonn 1969. S. 162–174

[Schumacher, S. 159–161. Wührl, S. 251–254]

Friedrich de la Motte Fouqué: Eine Geschichte vom Galgenmännlein

Bruyn, Günter de: Ein märkischer Don Quijote. In: Ritter und Geister. Romantische Erzählungen. Frankfurt am Main 1981. S. 267–301

Ludwig, Albert: Dahn, Fouqué, Stevenson. In: Euphorion 17 (1910) S. 606–624

Max, Frank Rainer: Der »Wald der Welt«. Das Werk Fouqués. Bonn 1980

Schmidt, Arno: Fouqué und einige seiner Zeitgenossen. Karlsruhe 1958

Schulz, Gerhard: Nachwort: Fouqué als Erzähler. In: Friedrich de la Motte Fouqué: Romantische Erzählungen. München 1977. S. 493–515

Sells, Iris: Stevenson and La Motte Fouqué: »The Bottle Imp.« In: Revue de la littérature comparée (1954) S. 334–343

[Wührl, S. 142–144]

Adelbert von Chamisso:
Peter Schlemihls wundersame Geschichte

Berger, Willy R.: Drei phantastische Erzählungen. Chamissos »Peter Schlemihl«, E. T. A. Hoffmanns »Die Abenteuer der Silvester-Nacht« und Gogols »Die Nase«. In: Arcadia. Sonderheft 1978. S. 106–138

Freund, Winfried: Adelbert von Chamisso: »Peter Schlemihl.« Geld und Geist. Ein bürgerlicher Bewußtseinsspiegel. Paderborn u. a. 1980

Gille, Klaus F.: Der Schatten des Peter Schlemihl. In: Der Deutschunterricht 39 (1987) Heft 1. S. 74–83

Hoffmann, Ernst Fedor: Spiegelbild und Schatten. Zur Behandlung ähnlicher Motive bei Brentano, Hoffmann und Chamisso. In: Lebendige Form. Festschrift für Heinrich Henel. Hrsg. von J. L. Sammons und Ernst Schürer. München 1970. S. 167–188

Hotz, Karl: A. v. Chamisso: Peter Schlemihls wundersame Geschichte. Bamberg 1984

Lahnstein, Peter: Adelbert von Chamisso. Der Preuße aus Frankreich. München 1984

Nettesheim, Josefine: Poeta doctus oder die Poetisierung der Wissenschaft von Musäus bis Benn. Berlin 1975. S. 57–76

Pavlyshyn, Marko: Gold, Guilt and Scholarship. Adelbert von Chamisso's »Peter Schlemihl«. In: The German Quarterly 55 (1982) S. 49–63

Schulz, Franz: Die erzählerische Funktion des Motivs vom verlorenen Schatten in Chamissos »Peter Schlemihl«. In: The German Quarterly 45 (1972) S. 429–442

Walach, Dagmar: Erläuterungen und Dokumente zu »Peter Schlemihls wundersamer Geschichte«. Stuttgart 1982

Dieselbe: Adelbert von Chamisso: Peter Schlemihls wundersame Geschichte. In: Erzählungen und Novellen des 19. Jahrhunderts. Band 1. Stuttgart 1988. S. 221–255

Wilpert, Gero von: Der verlorene Schatten. Varianten eines Motivs. Stuttgart 1978. S. 20–50

Wührl, Paul-Wolfgang: Peter Schlemihl. Der romantische Wanderer wider Willen. Grundriß zu einer Textanalyse auf der Sekundarstufe I. In: Die Realschule 88 (1980) Heft 12. S. 730–741
[Tismar, S. 52–54. Wührl, S. 153–159]

Ernst Theodor Amadeus Hoffmann: Die Geschichte vom verlornen Spiegelbilde

Berger, Willy R.: Drei phantastische Erzählungen. Chamissos »Peter Schlemihl«, E. T. A. Hoffmanns »Die Abenteuer der Silvester-Nacht« und Gogols »Die Nase«. In: Arcadia. Sonderheft 1978. S. 106–138
Giraud, Jean: E. T. A. Hoffmann: »Die Abenteuer der Silvester-Nacht.« Le double visage. In: Recherches Germaniques 1 (1971) S. 109–145
Kontje, Todd: Biography in Triplicate. E. T. A. Hoffmann's »Die Abenteuer der Silvester-Nacht«. In: The German Quarterly 58 (1985) S. 348–360
Wilpert, Gero von: Der verlorene Schatten. Varianten eines Motivs. Stuttgart 1978. S. 57–67
Wührl, Paul-Wolfgang: Die poetische Wirklichkeit in E. T. A. Hoffmanns Kunstmärchen. Untersuchungen zu den Gestaltungsprinzipien. Diss. München 1963

Achim von Arnim: Die Majoratsherren

Casey, Paul F.: Images of Birds in Arnim's »Majoratsherren«. In: German Life and Letters 33 (1980) Nr. 3. S. 190–198
Frye, Lawrence O.: Mesmerism and Masks: Images of Union in Achim von Arnim's »Hollins Liebeleben« and »Die Majoratsherren«. In: Euphorion 76 (1982) S. 82–99
Haustein, Bernd: Herrschaft, Mythos, Verbrechen: Entlarvungstechniken in der Prosa Achim von Arnims, insbesondere in der Erzählung »Die Majoratsherren«. Stuttgart 1973

Heinisch, K. J.: Achim von Arnims »Die Majoratsherren«. In: Deutsche Romantik. Interpretationen. Hrsg. von W. Grenzmann. Paderborn 1966. S. 49–63

Henel, Heinrich: Arnims »Majoratsherren«. In: Deutsche Erzählungen von Wieland bis Kafka. Frankfurt am Main 1966. S. 151–178

Kluge, Gerhard: Gotthilf Heinrich Schuberts Auffassung vom tierischen Magnetismus und Achim von Arnims Erzählung »Die Majoratsherren«. In: Aurora 46 (1986) S. 168–173

Knapp, G.: Groteske, Phantastik, Humor und die Entstehung der polyphonen Schreibweise in Achim von Arnims erzählender Dichtung. Diss. München 1972

Nerjes, Günther: Symbolik und Groteske in Achim von Arnims »Majoratsherren«. In: Seminar 3 (1967) Nr. 1 S. 127–137

Oesterle, Günter: »Illegitime Kronzeugen.« Zur Ikonität und Temporalität des Grotesken in Achim von Arnims »Die Majoratsherren«. In: Etudes germaniques 43 (1988) Nr. 1. S. 25–51

Rasch, Wolfdietrich: Achim von Arnims Erzählkunst. In: Der Deutschunterricht 7 (1955) Heft 2. S. 38–55

Wingertszahn, Christof: Ambiguität und Ambivalenz im erzählerischen Werk Achim von Arnims. St. Ingbert 1990
[Wührl, S. 266–270]

Ernst Theodor Amadeus Hoffmann: Die Bergwerke zu Falun

Böhme, Hartmut: Romantische Adoleszenzkrisen: Zur Psychodynamik der Venuskultnovellen von Tieck, Eichendorff und E. T. A. Hoffmann. In: Literatur und Psychoanalyse. Hrsg. von K. Bohnen u. a. Kopenhagen und München 1981. S. 133–176

Elardo, Ronald J.: The Maw as Infernal Medium in »Ritter Gluck« and »Die Bergwerke zu Falun«. In: New German Studies 9 (1981) S. 29–49

Feldges, Brigitte, und Stadler, Ulrich (Hrsg.): E. T. A. Hoffmann. Epoche – Werk – Wirkung. München 1986. S. 179–193

Gold, Helmut: Erkenntnisse unter Tage. Bergbaumotive in der Literatur der Romantik. Opladen 1990

Jennings, Lee B.: The Downward Transcendence. Hoffmann's »Bergwerke zu Falun«. In: Deutsche Vierteljahrsschrift für Literaturwissenschaft und Geistesgeschichte 59 (1985) S. 278–289

Lorenz, Emil Franz: Die Geschichte des Bergmanns von Falun, vornehmlich bei E. T. A. Hoffmann, Richard Wagner und Hugo von Hofmannsthal. In: Imago 3 (1914) S. 250–301

Maillard, Christine: »Die Bergwerke zu Falun« d'E. T. A. Hoffmann. Le moi et l'inconscient. In: Recherches Germaniques 22 (1992) S. 73–102

Neubauer, John: The Mines of Falun: Temporal Fortunes of a Romantic Myth of Time. In: Studies in Romanticism 19 (1980) S. 475–495

Smith, Albert B.: Variations of a Mythical Theme: Hoffmann, Gautier, Queneau and the Imagery of Mining. In: Neophilologus 63 (1979) S. 179–196

Tecchi, Bonaventura: Le fiabe di E. T. A. Hoffmann. Firenze 1962. S. 53–68

Wellenberger, Georg: Der Unernst des Unendlichen. Die Poetologie der Romantik und ihre Umsetzung durch E. T. A. Hoffmann. Marburg 1986. S. 169–198

[Frank, S. 9–16, 253–387. Schumacher, S. 108–115. Wührl, S. 260–265]

Wilhelm Hauff: Das kalte Herz

Beckmann, Sabine: Wilhelm Hauff. Seine Märchenalmanache als zyklische Kompositionen. Bonn 1976

Castein, Hanne: Nachwort. In: Wilhelm Hauff: Sämtliche Märchen. München 1986. S. 361–403

Roggenhausen, Paul: Hauff-Studien. In: Archiv für das Studium der neueren Sprachen und Literaturen 84 (1929) S. 161–168 und 85 (1930) S. 13–25, 161–181

Schaub, Franz: Das Wirtshaus im Spessart: Wahrheit und Le-
    gende. Würzburg 1975
Schütz, Erhard: Wilhelm Hauff oder die Spuren der zweideuti-
    gen Vernunft. In: literatur für leser (1983) Nr. 3. S. 141 ff.
Schwarz, Egon: Wilhelm Hauff: Der Zwerg Nase, Das kalte
    Herz und andere Erzählungen (1826/27). In: Romane und Er-
    zählungen zwischen Romantik und Realismus. Neue Inter-
    pretationen. Hrsg. von P. M. Lützeler. Stuttgart 1983. S.
    117–135
[Frank, S. 9–16, 253–387. Klotz, S. 216–218. Wührl, S.
    196–198]